CHRONOS

Jorgelina Tella Fischer

Gris Orbayu de septiembre

Historia de una biografía antibiográfica

www.grupoeditorialeuropa.es

ISBN 9791256960156

I edición: diciembre del 2024

Distribuidor para las librerías: **CAL Málaga S.L.**

Impreso para Italia por *Rotomail Italia S.p.A. - Vignate (MI)*

Stampato in Italia presso *Rotomail Italia S.p.A. - Vignate (MI)*

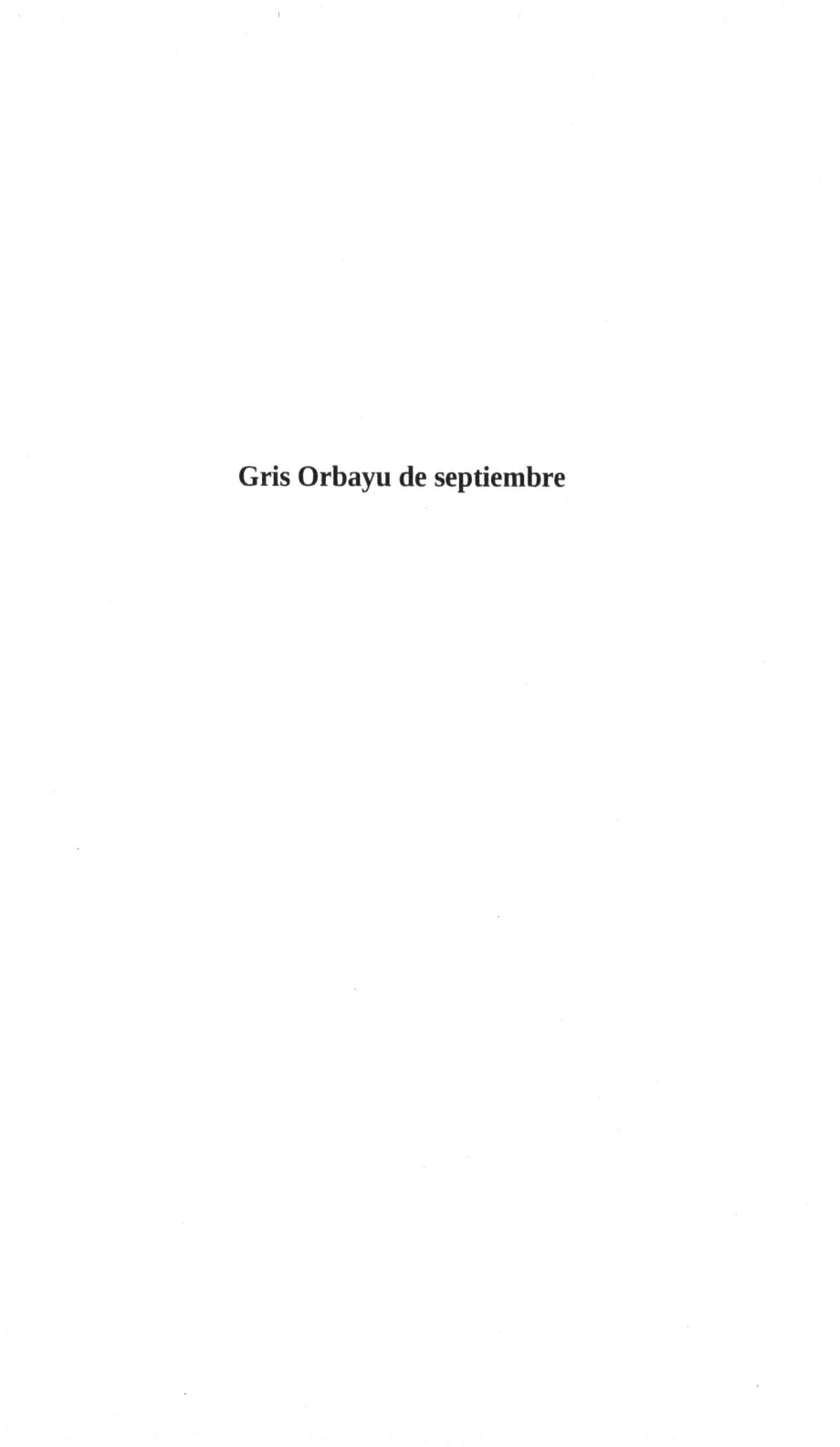

Gris Orbayu de septiembre

A todos los que han sido, son y serán parte de mí

A pesar de las leyendas que me rodean, he amado muy poco la juventud, y la mía menos que ninguna otra. Considerada en sí misma, esa juventud tan alabada se me presenta la mayoría de las veces como una época mal desbastada de la existencia, un periodo opaco e informe, huyente y frágil. De más está decir que en esta regla he hallado cierto número de excepciones deliciosas, y dos o tres admirables (…) Por lo que se refiere a mí, a los veinte años era poco más o menos lo que soy ahora, pero sin consistencia. No todo en mí era malo, pero podía llegar a serlo: lo bueno o lo excelente apuntalaban lo peor. Imposible pensar sin ruborizarme en mi ignorancia del mundo que creía conocer, mi impaciencia, esa especie de ambición frívola y avidez grosera (…)

YOURCENAR Marguerite, *Memorias de Adriano*

Índice

El Equipaje

<<Hay sueños así en los que de camino al castillo de la princesa encantada uno queda empantanado en barrizales y callejas llenas de malos olores y basuras>>

HESSE Hermann, *Demian*

Capítulo Uno

Eva

El ritmo monótono y melancólico con el que las gotas de lluvia se dejaban caer perezosas sobre la región le gustaba aún menos que la lluvia torrencial, odiaba el *orpinar* desde que era pequeña, vulnerable, atacada en cualquier época del año por la sinusitis, las alergias y los constipados nasales inacabables que la obligaban a sorber de continuo, cuando el pañuelo, siempre a mano, siempre presto para ser utilizado, arrugado, hecho un ovillo de sombras y líquido, era su aliado preferente en cualquier movimiento corporal instintivo, en cualquier pensamiento mesurado o furtivo: atrapar el trapo de tela húmedo y sonarse, estornudar y volverse a sonar, así una vez y otra, tres, diez, veinte veces. Aquel tormento infantil inocuo, despreciado entre sus cercanos más por su inofensividad que por la lastimera imagen de nena mocosa, por fortuna había quedado atrás con la misma lenta rapidez que la mocedad para permitirle al fin "vivir de veras", pero la visión de esa lluvia fina persistente, real incluso cuando los pronósticos meteorológicos la descartaban, continuaba transportándola a aquellos días remotos de irritación nasal y pesadez ocular ligados a la tristeza oscura del invierno lluvioso y al abatimiento enérgico de la niñez. Sin embargo, observando concentrada las gotas golpear en audaces brincos contra los cristales, de igual modo que cuando limpiaba el cuarto de baño, los sanitarios, recogía los trastos de la cocina, barría los suelos de casa, se duchaba, al tocarse la cara ante el espejo mientras contemplaba con una mirada absurda, sorprendida, el rostro desdeñoso del despertar, practicando deporte, corriendo, o senderismo, haciéndose los pies, entre uñas, pellejos y durezas, o incluso como en ese instante, sentada en la taza del váter a primerísima hora de la mañana, mientras la oscuridad invade aún espacios y mentes, era entonces cuando con frecuencia a Eva Solgarcía Alonso, lo había comprobado muchas veces, le llegaban a la cabeza las mejores ideas, los razonamientos más acertados o las palabras adecuadas. Pensaba que, al tratarse de actos mecánicos, sin una concienzuda preparación mental, automáticos, el pensamiento queda liberado de esas funciones "poco importantes" o "básicas" y se dispersa sin control saltándose los esquemas y el ordenamiento justo de las ideas para recorrer sin ataduras los caminos por los que la concentración y el sosiego van más despacio. Los pensamientos salvajes y los sensatos, los ordenados, llegan a los mismos lugares, pero los primeros, no le cabía duda, lo hacen antes, con más facilidad, en instantes perdidos de trabajo mecánico y distracción etérea, cuando surgen sin ningún tipo de control u orden predeterminado.

Y en uno de esos momentos, al estirar el brazo para alcanzar el rollo de papel higiénico y cortar un trocito con el que limpiarse, mientras veía las gotas de lluvia bailar contra el cristal y sentía su cadencioso chisporroteo, antes de agachar la cabeza para comprobar si las maniobras efectuadas en la entrepierna se habían ejecutado bien, fue entonces cuando le surgió como un relámpago estival, sin avisar, cuál chispazo eléctrico que chamuscara un cable neuronal, la palabra con la que mejor creía poder definir su momento vital aquel naciente día de verano de 2016, un 25 de agosto aún vacacional en su ciudad y en el resto del país: "Iniciático". "Iniciático", sí. Eva no paró desde entonces, desde la primera micción matinal, de darle vueltas en la cabeza a ese adjetivo.

Iniciático, sí, pensaba, una palabra con enjundia, de esas que te llenan la boca, rimbombante, sonora, pretenciosa, del tipo que dicen odiar los historiadores, escritores, sabios o eruditos que quieren hacerse pasar por laboriosos artesanos de la palabra, trabajadores sesudos de lo sencillo, buscadores infatigables del minimalismo expositivo, fanáticos detractores de lo artificioso y solemnes responsables de la exactitud descriptiva.

Ella no era nada de todo eso. En sus sueños más disimulados, por entre las covachas de su alma, lo deseaba, pero no era una intelectual, o al menos no lo era en su acepción literal, no era alguien que se dedicara de manera profesional a pensar. Pero pensar en lo que no podía pensar no dejaba de ser otra forma de hacerlo, de cavilar, y a esas alturas de su vida no era momento de replanteárselo, máxime cuando se disponía a comenzar (o a continuar) el viaje alucinante, como la película (para ella vida y cine eran indisociables), tan insospechado, sorprendente, retador y atractivo a la vez, desconcertante, tan diferente a cualquiera otro de los realizados hasta entonces, hacia el que había encaminado su vida con la determinación propia de la madurez y la audacia de la juventud. Y, qué demonios, era pretenciosa, siempre lo había sido. Porque le gustaba la música pretenciosa, el rock simbólico o el sinfónico, los nuevos románticos, también la música clásica, tras años de oír los "Clásicos populares" en la radio y la colección escogida de *Deutsche Grammophon*, aunque careciera de conocimientos sólidos para disfrutarla con mayor intensidad; le gustaba la literatura pretenciosa (pero comprensible) y las películas pretenciosas, Woody Allen, Ingmar Bergman, Stanley Kubrick, Christopher Nolan, lo grande y ambicioso, lo imbuido por ínfulas de trascendencia e intelectualidad.

Era una mujer de mundo, inquieta, siempre presta a aprender, que había realizado diversos viajes, ni muchos ni pocos, a Francia, a Italia, París, Roma y por supuesto por España, sola, con la familia o con Ernesto Besga, el último novio, el más diletante, tan lejano ahora como los parajes visitados; no tantos viajes, eso sí, como su hermano Héctor que también conocía Grecia y Gran Bretaña, Atenas y Londres o Egipto, Turquía, Viena, San Petersburgo o Noruega, pero suficientes. Porque en realidad nunca había estado obsesionada por viajar. Hacerlo la cansaba sobremanera y, siendo como era una mujer cuadriculada y previsible, cómodamente instalada en su organizada rutina, el mero hecho de hacer y deshacer las maletas –"el secreto está en llevar lo imprescindible y no deshacerlas nunca", le decía su hermano–, trastocaba demasiado su vida como para ponerse a realizar tales actividades con demasiada frecuencia. Además, nunca había considerado el viaje como un fin en sí mismo, sino como el medio por el que poder descubrir lo que la interesaba, una fuente más de conocimiento aunque, desde luego, ni excluyente ni la única. Pero este que en breve iba a iniciar era diferente por las circunstancias que lo rodeaban y por el momento en que se producía, por su íntimo estado de

16

ánimo, por sus asuntos personales o familiares, por su momento profesional y por el lugar de destino, por los paisajes y las personas que la aguardaban.

Eva era una férrea, disciplinada mujer, esculpidora de su propia vida mental y física; llevaba años, muchos, al menos desde los quince o los veinte, acostumbrando a su cerebro a intentar razonar, analizar, delimitar, deducir e interpretar con lógica y frialdad, tal vez con demasiada frialdad, de manera tan concienzuda y metódica que había conseguido transformar el entrenamiento tenaz y prolongado en una profunda, sólida y sincera convicción ideológica de base en choque frontal con casi cualquier axioma radical, certeza absoluta o verdad universal defendida en los campos del humanismo aún por las mentes más supuestamente lúcidas. De igual forma, desde hacía parecido número de años, desde que el *running* era *footing* y el *footing* tan sólo correr, desde que se enganchara al deporte gracias a su padre, un pionero, y a la atleta Ruth Mecerreyes, al físico, a su cuerpo, le infligía un castigo terapéutico similar alternando una dieta sana, equilibrada y frugal no exenta de caprichos habituales en forma de pizzas, Martinis, galletas de chocolate o comida basura, con la práctica deportiva, con salir a pasear, a *caleyar*, o a correr, en cualquier época del año, despreciando –en opinión de su amiga Carla de manera casi suicida –, los rigores frígidos o caniculares. "Correr menos y más de lo otro", le repetía cómplice y risueña su amiga, menos disciplinada, menos organizada, más espontánea y más vaga, tal y como ella misma se definía. Eva se cuidaba por egoísmo, por supuesto, pero no tanto por un ansia decorativa o por intentar gustar a alguien... más, como por una profunda convicción de intentar disfrutar la existencia con salud, retardando lo más posible el

17

inevitable deterioro, el físico y el mental, al que se sentía, como todos abocada.

Eso sí, aun admitiendo la degradación lenta y tozuda de nuestras facultades en paralelo con un paso del tiempo tan pertinaz como ese deterioro o como el *orpinar*, sí sentía algo así como un destello íntimo de rebelión contra la naturaleza, contra la especie humana –"un enfado cromosómico de género", le gustaba denominarlo–, contra el hecho comprobado de que, con la edad, el desgaste de las articulaciones, los huesos, los tendones o los músculos hacen más mella, por lo general, o al menos de una forma más prematura, en las mujeres que en los hombres como consecuencia fundamental de las convulsiones internas ejercidas por la menopausia. "Hasta la naturaleza es machista", interiorizaba hacia afuera cuando descubría un malestar, un pinzamiento, un tirón o un acaloramiento cutáneo nuevo cualquiera que la impedía o, como poco, limitaba para realizar aquello que le era perentorio para sanearse por dentro y por fuera: sudar y sentir fluir a través de esas gotitas, mientras caminaba y corría por el paseo marítimo hasta el Rinconín, hasta la estatua de la *Lloca*, por el cerro de Santa Catalina junto al Elogio del Horizonte, en el *kilometrín*, junto al río Piles, por el parque de los Pericones, por las sendas verdes y fluvial, por el Jardín Botánico en los alrededores de la Universidad Laboral en Cabueñes o por arrulladoras veredas de la parroquia de Deva… aquello que le era perentorio para la liberación de tensiones y preocupaciones inmediatas.

El ejercicio, el uno y el otro, el mental y el físico, la mantenían con buen aspecto, juvenil, bonita, delgada, fuerte, con buen color; sus piernas eran finas, pero recias, fibrosas, y su pecho, aunque ralo, seguía firme. Incluso aquella media melena lisa caoba, veteada de hilos rubios, cada vez más amarilla según iban pasando los años, que resguardaba en una especie de doble paréntesis su agradable rostro, su bien formada boca de uniforme dentadura blanca, impoluta, cuidada, y su graciosa y estilizada nariz, contribuían a darle también un cierto aire colegial, de estructura corporal adolescente acorde con su estatura estándar, ni alta ni baja, una apariencia física juvenil en la edad adulta en contraste con los pensamientos de vieja que la asaltaban desde la pubertad. Ni sus ojos marrones, algo saltones, un poco grandes, como los de Joan Crawford o Bette Davis, y con ojeras como las de Anna Magnani, eran capaces de delatar aún la verdadera edad de su propietaria.

Nacida casi una década antes de que muriera Franco, era en verdad hija de la transición y recordaba bien aquellos años de intensos y continuos acontecimientos: desde el día en que su madre, al ir a despertarla, le dio la, para ella buena nueva, de que no había clase a causa del fallecimiento del Caudillo; pasando por las imágenes vistas en la televisión del entierro en el Valle de los Caídos, la Coronación del Rey Juan Carlos, la matanza de Atocha, la efervescencia de las primeras elecciones y los referéndums, el de la Reforma Política y, sobre todo, el constitucional, los atentados o el 23F; y terminando en aquella pregunta que, en su ingenuidad infantil pero curiosa le había formulado a su madre después de escuchar las declaraciones de un político extranjero: mamá: ¿ir en camino hacia la democracia es positivo o negativo? No menos profunda que la que años después le formuló a ella su sobrino: ¿Quiénes eran los buenos, los rojos o los nacionales? Ahí es nada. Y creía recordar que tanto la una como la otra, una vez superados el mal trago y la sorpresa inicial, fueron respondidas por los interpelados con todo el buen criterio y la imparcialidad con que supieron hacerlo. Esa época la marcó mucho y después la estudiaría en profundidad. Era hija pues de aquella democracia asentada, de las "movidas" de la Movida, la Guerra Fría, la caída del Muro de Berlín, la globalización, el 11-S, el 11-M, el auge del feminismo reivindicativo, la concienciación climática y mil sucesos tan históricos como el que más, tan susceptibles de estudio como cualquier otro, pero desde que apenas hubiera cumplido trece o catorce años, en verdad no había vivido tanto en su propia época como en alguna otra pasada, lejana o no tanto.

Física, socialmente, pertenecía a su mundo correspondiente, a la pubertad, a la juventud, a su familia y su círculo de amigos, a la escuela, el instituto, sus compañeros, a la Universidad, al trabajo, a sus amores, estaba con ellos, en ellos, compartía su mismo espacio, sus mismas palabras y expresiones, comía con ellos, dormía, abrazaba, besaba, hacia el amor, planificaba, disentía y soñaba como ellos, juntos. Más en el fondo de sus hechos, ocupando de forma inconsciente, pero también adrede cada una de sus acciones, su mente perteneció pronto también a otros, a otras épocas, a otros mundos, ciudades, calles, olores, cielos y personas, usos, costumbres, tradiciones, mentalidades, valores, principios e ideologías. Pertenecía a Roma, la aglutinadora Roma que lo es todo, aún hoy, como demostraban los restos conservados en su ciudad, las termas del Campo Valdés, la muralla de Cimadevilla, el asentamiento militar de la Campa de Torres, la villa de Veranes; hoy, cuando, creía, no dejamos de ser sino unos simples hijos de ella, matizados por algunas otras varias notables influencias posteriores, filtrados con el cedazo del cristianismo. Pertenecía a la Transición, vivía en ella, pero también en esa Roma y en los años 30 del siglo XX.

No le era fácil evitar que su cabeza habitara más en tales momentos, a los que intentaba acceder, "hacer carne" a través de los libros, el cine, la televisión o la evocadora imaginación inspirada por la presencia física en los lugares del recuerdo, que en la realidad circundante.

Porque no le hacía falta estar en la ciudad eterna, en la Basílica de Majencio, el teatro de Marcelo, el Mercado de Trajano o el Coliseo, en las Termas de Caracalla o el Circo Máximo para trasladarse en el tiempo a la Roma imperial y evaporarse del presente. Ni estar en Madrid, Londres, Atenas, París, Berlín, El Cairo... Incluso en el día a día en su ciudad, en Gijón, cuando caminaba por sus calles, un pensamiento incontrolable, instintivo, similar al juego de los rostros que la llevaba a asociar de inmediato los nuevos con los antiguos, los anónimos con los famosos, vistos y desconocidos, también la llevaba a pasear por el espacio, pero no siempre exactamente por el tiempo.

A menudo, en el muro de la playa de San Lorenzo no veía tanto el actual como aquel que en su día albergó soldados alemanes; en el paseo de Begoña y sus aledaños veía las fachadas del teatro Dindurra (ahora Jovellanos) y de la Iglesia de San Lorenzo semiderruidas, la entrada al refugio antiaéreo o el monolito nazi; en las avenidas de Schulz y de los hermanos Felgueroso las barricadas levantadas por los obreros durante la revolución de octubre de 1934 o la Guerra Civil; en la plaza del Instituto (el Parchís), la Casa Blanca, sede del Gobierno republicano en Asturias y el Socorro Rojo; en el colegio San Vicente de Paúl un hospital de Sangre; en el portal situado al comienzo de la avenida de la Constitución lo que leía era la pequeña placa de latón o adoquín de la memoria situado en la acera frente al lugar donde nació el homenajeado: <<Aquí vivió Manuel Cortés García. Nacido 1925. Exiliado Francia. Deportado 1940. Mathausen. Liberado>>; en el parque de la Plaza de Europa, la placa en homenaje a las mujeres republicanas fusiladas, víctimas de la represión franquista; y en el monumento a las Brigadas Internacionales, el recuerdo de aquellos voluntarios extranjeros llegados a nuestro país para combatir al fascismo. En la plaza del Marqués imaginaba el Palacio de Revillagigedo y la Colegiata de San Juan Bautista seriamente dañados por los ataques de la aviación y los buques franquistas, así como la entrada al refugio antiaéreo en el que se guarecía su abuela Teresa Alonso; en las plazas de El Carmen y El Humedal, la calle Jovellanos, el Natahoyo o el puerto de El Musel, los escombros, las columnas de humo o los edificios afectados por los proyectiles e incluso los cadáveres tirados en el suelo o los heridos evacuados; en el barrio de El Coto los restos de lo que fueran el cuartel y la negra cárcel, de infausto recuerdo represivo; si caminaba frente al colegio de la Inmaculada, el de los Padres Jesuitas, imposible no fijarse en el relieve monumental que aún preside su fachada en recuerdo de los resistentes del cuartel allí ubicado, el de Simancas; en el cementerio de Ceares veía los paredones donde fueron fusilados por los vencedores decenas, centenares de antifranquistas; en la Iglesiona y en la plaza de toros de El Bibio evocaba los presos de uno y otro bando allí concentrados...

No podía evitarlo, no quería resistirse, aunque sabía que erraba, aunque sabía que el hoy, el presente, va desarrollando también cada día los hechos sobre los que ella u otras personas como ella se interesarán en un futuro, quizás no demasiado lejano. Pero así era, una y otra vez, en calles y más calles, en avenidas, plazas, paseos, edificios y monumentos, puertos, descampados y praderas, montes y mar, todos con su pasado, testigos de sueños, deseos, alegrías y penas, hazañas, asesinatos, miserias y grandezas, generación tras generación a lo largo de la historia. Le ocurría con otros lugares ligados a diferentes épocas, pero sobre todo con los que asociaba a los años treinta. A Eva siempre le resultó fascinante saberse en los mismos espacios de antes, ahora y para siempre. Era una chica extraña.

Su realidad, la que cada uno de nosotros nos creamos o inventamos filtrando la inabarcable cifra de sensaciones percibidas, la que da verdadero sentido a nuestra vida, pertenecía desde entonces, desde que había comenzado a esbozarse en ella lo que suele denominarse como uso de razón, mucho más a pretéritos años que a su entorno actual, próximo, palpable y tangible. "Pareces tener la cabeza en otro lado. ¿Dónde estás, estás aquí?", le preguntaba a veces Ernesto Besga, su última pareja más o menos estable. Y ella no sabía qué responder. Había partido de la realidad para militar en el ayer desde el mismo momento en el que abandonó la niñez e intuyó la que para siempre iba a ser su vocación: el estudio de la Historia. Eva sabía que había nacido vieja. O para ser más exacta: sabía que había nacido para ser vieja.

Así que ahora que tenía cincuenta años y por fin casi lo era, vieja, por lo menos desde luego ya no era joven, creía hallarse en el momento justo para el que había nacido, frente a un viaje que se planteaba ante ella, entre otros muchos motivos, también como la ocasión definitiva para alcanzar el equilibrio total, el último, esta vez sí –"si fuera un trozo de queso sería mi punto final de curación, pensaba"–, la serenidad, el triunfo de los segundos, terceros, cuartos pensamientos, los repensados, los gestados con cautela, los elaborados sin prisa, apartando los que primero centellean en el cerebro sin reflexión alguna, como una oportunidad única para la comprensión, para el acercamiento definitivo a la familia y a la sangre, para un último tamizado de personas y paisajes, ideas y pensamientos, espacios y tiempos, un viaje de encuentro personal y plural, el viaje de toda una vida que debía compartir con los demás. Así lo sentía. "Iniciático", sí, ni más ni menos, ese era el adjetivo adecuado para aquel momento, para su momento, sonase como sonase, grandilocuente o no.

No quería olvidar los comprimidos de Biodramina para el mareo: en el despegue o aterrizaje o si las turbulencias entretenían algo el vuelo, a Eva siempre se le acababa yendo un poco la cabeza y ya la tenía bastante alborotada como para que se le extraviara más. Pensó también en que tal vez debiera meter en el bolso de mano pastillas contra el vértigo, para el físico (como el de James Stewart), ese que el año anterior la había tenido durante quince días más mareada y borracha, revuelta de estómago y débil de fuerzas que cuando, con muchos años menos, el cuerpo y la edad le permitían darse algunas alegrías alcohólicas con cierta frecuencia en compañía de su amiga Carla y su pandilla, y para el intelectual, algo tipo Ansium, Dogmatil o Valium, válidos para aliviar ansiedades.

Después de vestirse y de repasar de nuevo la lista de cosas imprescindibles cerró su carpeta azul, de eso tipo archivador de anillas con papeles protegidos dentro de fundas transparentes, y arrastró las dos maletas de ruedas, una más grande y pesada y otra menor superpuesta, cargadas con todo lo que creía precisar durante las casi dos semanas que iba a estar fuera de casa, así como el voluminoso bolso de mano; cerró la puerta, llamó al ascensor y descendió a la calle, al amplio Paseo de Palacio Valdés, para ella por siempre el punto de encuentro de su primera cita amorosa, antes que su lugar de residencia actual, un amplio paseo, pero no tanto como su rimbombante nombre sugiere: la *Acerona*. Era aún de noche. Cruzó la calle y unos pocos metros más allá, apenas cien y tres pasos de cebra, llegó a la gris estación de autobuses. Seguía *orpinando* y apenas había nadie aún en las calles. Poco después, ya camino del aeropuerto, la fulgurante luz del amanecer reflejada sin control con decenas de rayos multicolor en la ventanilla del vehículo no tardó en hacer olvidar la lluvia previa al alba y anunció la llegada de un luminoso día de verano. Era la primera vez en su vida que Eva iba a pasar tantos días seguidos de vacaciones, algunos en compañía de su hermano Héctor, funcionario de la Biblioteca Jovellanos, la más importante de la ciudad, otro lugar emblemático con una sala de exposiciones y un salón de actos que, en su día, fueron también un refugio antiaéreo, pero dormiría dos días más fuera de casa a causa de las conexiones aéreas, los trasbordos y las dificultades que acarreaba cuadrar los horarios de todos. Vivir en Asturias, en Gijón, tenía muchas ventajas, una región amable, bella, tranquila, segura y una ciudad de tamaño justo, ni demasiado grande ni pequeña, con buenos servicios y equipamientos, pero también con algún inconveniente, entre los que para ella no eran menores el clima y las comunicaciones, el eterno aislamiento, denunciado ya por Jovellanos, al que la región se había visto sometida a lo largo de los siglos, hasta la actualidad, por el régimen oceánico de borrascas lluviosas y la imponente cordillera que la separa del resto del país, un paraíso atrapado entre el mar y la montaña, nacido de la lluvia y el viento, de belleza salvaje cuando los rayos solares son capaces de derrotar a las nubes, cuando el amarillo se impone al gris y permiten verlo.

Por tanto, se veía obligada a hacer noche en Madrid, en uno de esos hoteles tipo cualquiera, megamodernos y confortables, de espacios amplios, enseres escasos y colores fríos, que florecen en los desolados polígonos industriales de las cercanías del aeropuerto de Barajas. Tras un vuelo tranquilo, después de haberse dado una ducha y cenado, permanecía tumbada en la cama de su habitación aguardando la llegada del sueño y el vuelo del día siguiente con destino Múnich mientras ojeaba las tonterías del Facebook, veía la tele e informaba por WhatsApp a su hermano Héctor, al que esperaría en Múnich unos días más tarde, y a su sobrino Alejandro. <<He llegado. Ya estoy en Madrid. Mucho calor. Todo bien. ¿Y vosotros? ¿Os parece que nos llamemos todos los días hacia las diez y media si nos es posible?>>

Era buena la relación que Eva mantenía con su sobrino Alejandro, de veintidós años, tan correcta como le permitían serlo las divergencias intergeneracionales, lógicas e inevitables, pero nunca incompatibles. Era mucho más lo que les unía que lo que les separaba. Él era un buen chico, menos perdido que el resto de los habitantes del planeta, pasados, presentes o futuros, a su misma edad, responsable, trabajador, buen estudiante y educado, no había queja alguna sobre él, no podía haberla, aunque tanto a su padre como a su tía Eva les hubiera gustado que los acompañara en aquel viaje; habría aprovechado la ocasión para hablar más con él, para compartir opiniones y actitudes, puntos de vista y lugares, para afianzar su relación (pese a su cercanía continuada, Eva deseaba haber estado más tiempo con él tanto de niño como de joven) y solidificarla hacia el futuro desde el presente y el pasado.

Alejandro, amante de la naturaleza y los animales, estudiante de veterinaria, era para ella la persona cabal que hubiera deseado ser y el hijo que nunca tuvo, su mayor bien, del que se sentía más orgullosa.

En principio, la escapada estival fue planificada para los tres, pero por poderosísimas razones –según expresión del muchacho –, que se traducían en un comprensible preferir disfrutar de sus días de vacaciones enredado entre sus aficiones, con sus amigos y en un trabajo temporal de verano con el que poder ganarse los primeros euros, así como en un repudio mal disimulado a los tediosos viajes culturales en compañía de "viejos" de los años ochenta, es decir su padre y su tía, o a algunos asuntos del pasado, el caso es que al final rehusó volar con ellos.

Así es que a los dos hermanos no les restó más que asumir la decisión del chico comprendiendo, ¡cómo era posible no hacerlo!, la elección del mismo: aquella que le impelía a separarse de los representantes de la generación previa para, tierra de por medio mediante, acercarse más, al menos durante unos cuantos días, a la anterior, a la de los abuelos. De cualquier forma, a su pesar, vía móvil, iba a ser informado de todos los aspectos que los viajeros determinasen como importantes, con profusión de datos y fotografías, lo tenía asumido; quisiera o no, cada día recibiría en su teléfono la información pormenorizada de todos los movimientos efectuados por su padre y su tía. En el fondo, bajo esa apariencia de indiferencia e indignación fingida inherente a su edad, también lo deseaba: no era lo mismo disfrutar de la separación física que mantenerse alejados electrónicamente; la conexión virtual, digital, era para él, como para la inmensa mayoría de los muchachos de su generación, tan real, tan asumida y veraz como la otra, la de toda la vida, la corpórea. Las dos partes lo sabían. Los lazos de unión eran tan férreos e indispensables para todos como la necesidad de un espacio personal.

<<Bueno, en resumen: que lo que simplemente vas a hacer es hablar con un viejo empresario de la construcción y con su hijo, un empleado de la BMW, ¿no es así?>>, le había preguntado Alejandro a su tía a través del móvil. <<Sí, sí, más o menos>>, le respondió ella. <<Y para eso, ¿hace falta tanto revuelo?>>. Rieron los dos enviándose unos emoticonos.

Para los viajeros, la convivencia durante esos días juntos no iba a resultar tampoco problemática. Siempre se habían llevado bien, como dos hermanos bien avenidos en la acepción más literal del término, siempre cómplices, siempre defendiéndose mutuamente frente a injerencias externas, no sólo durante la niñez en la que la mayor, Eva, actuaba como lo que era vigilando al pequeño, sino también cuando alcanzaron la edad adulta, conectados, unidos, cercanos, pues el alejamiento de ámbitos y círculos de amistades no se contradijo en ningún momento con el respeto, la solidaridad y, en especial, la fidelidad prioritaria que se mantuvo por encima de las influencias extrañas, de las relaciones sentimentales, con los padres, o de los caracteres opuestos que, lo uno no se contradecía con lo otro, a veces les enfrentaba. Complicidad nunca fue sinónimo de uniformidad, pero el amor fraternal, conviviendo junto a profundos sentimientos de amistad, les mantuvo unidos siempre, con anclajes más recios incluso en la madurez, cuando las razones de afinidad prevalecen sobre las de la sangre en cualquier tipo de contacto personal. Y más aún desde hacía nueve años, cuando un infarto fulminante había dejado al padre, Héctor, sin esposa y al hijo, Alejandro, sin madre, sin Laura, una bella chica morena (a Eva siempre se le había parecido a Demi Moore o Jennifer Connelly), menuda y educada, lo que la obligó a acercarse más a ellos y a compaginar el papel de hermana o tía también con el de confidente, amiga y casi madre de un niño de, entonces, trece años. La respuesta por WhatsApp tardó un buen rato en llegar: <<Vale, vale, pero no hace falta que llames todos los días>>

<< ¿Tú crees que Alejandro ha comprendido realmente del todo el motivo por el que viajamos? >> –preguntó Héctor a su hermana también por WhatsApp de forma privada. <<Sí. Creo que lo ha comprendido bien. Sabes mejor que yo que es *espabilao*. Pero aún lo entenderá mejor dentro de unos años>> –respondió ella.

El sueño no tardó en llegar a la habitación de aquel cómodo pero frío hotel de la periferia de la capital. El verdadero viaje comenzaría en realidad al día siguiente, muy temprano. "Iniciático", sí, pensó por última vez Eva, suena bien, suena grande.

Hans

Tras haberse retirado pronto, el viejo Hans Fritzhofer se levantó como cada día, no demasiado tarde, hacia las ocho, y cumplió con sus rutinas: las obsesivas, necesarias e inexcusables rutinas o más bien rarezas de anciano, como le gustaba repetir a cualquiera que estuviera dispuesto, o no, a escucharlo una vez más, que consistían en una serie de sencillos ejercicios de estiramientos durante no más de cinco o diez minutos. Todo un logro a su avanzada, avanzadísima edad, pero tan sólo un vago recuerdo del entrenamiento diario que, en sus años de plenitud, no hacía tantos, llegaba a realizar; un intento vano de emular los potenciales de su capacidad física pasada adaptándose de forma testimonial a la muy limitada realidad del presente. Luego se aseaba, se vestía, o le ayudaba a hacerlo su asistente Mina, que había viajado con ellos desde Berlín, y desayunaba. Cada día igual, siempre de la misma manera, los mismos ejercicios, el mismo horario y hasta el mismo desayuno a base de cereales, miel, piezas de fruta, zumo natural recién exprimido, un café con leche rebajado tanto de café como de azúcar y una rebanada de pan tierno rellena, eso sí, a capricho, según el gusto del día, con mermelada o mantequilla. Un buen desayuno, calórico, para cubrir sus necesidades, con el que se había visto obligado a olvidar desde hacía lustros aquel otro tradicional bávaro, rebosante de salchichas blancas cocidas en agua con una pastilla de caldo, acompañadas de mostaza dulce, bretzel y cerveza, con el que iniciaba cada día sus años de paz y abundancia, pero también los otros, los de agua e imaginación, con los que se vio obligado a saciarse en los tiempos de guerra e infinitas carencias.

Al terminar, volvía a su habitación y permanecía un buen rato sentado, leyendo, el periódico las más de las veces, con la cabeza en algún otro espacio y los ojos tan cerrados como abiertos, hasta que era requerido de nuevo por Mina, asistente personal de origen turco, la principal de ellas, pero también una eficiente acaparadora eventual de otros oficios y tareas: médico, fisioterapeuta, cocinera, rehabilitadora, confidente, chofer o criada para todo del anciano matrimonio, según se diera el caso, tan bien pagada en dinero como esclavizada mentalmente. "Yo no necesito hacer esos ejercicios para fortalecer la dichosa memoria que me ordenó el maldito médico. No tengo demencia, sólo soy un viejo sordo –protestaba–, y tampoco tengo que tratar las articulaciones". Pero cumplía con lo que se le ordenaba como un alumno obediente, amasando la pelota de goma, haciendo crucigramas y escribiendo oraciones en un papel con el objeto de intentar obstaculizar el progresivo avance de la artrosis en las manos y la senectud en todo su ser.

–¿Qué le ha ocurrido hoy con la palabra "diversión"? –le preguntaba Mina con tierno interés en voz baja.

–Querida, en todo esto ya es casi imposible encontrar diversión alguna –respondía burlón.

Aun con movimientos lentos y dificultosos, cansinos, Hans Fritzhofer, ayudado por un elegante bastón de empuñadura trabajada, y a veces de un andador o de una silla de ruedas autónoma, conservaba un porte altivo, de junco esbelto reacio a doblarse, espalda recta, mirada baja y pasos cortos, mientras daba su habitual paseo matutino una vez que Mina había dado por finalizado su mantenimiento físico y mental. Caminaba unos pocos pasos y se sentaba, volvía a levantarse y unos metros más allá volvía a descansar, "camino como un viejo" –se quejaba a veces. Caminaba como un viejo, sí, como lo que era, pero ni su calvicie absoluta, sus abundantes manchas de edad en la piel, sobre todo en el rostro y la cabeza, ni sus marcadas arrugas, geométricamente paralelas a las líneas de los ojos, la nariz y la frente, ni su incipiente curva abdominal, ni incluso sus huesudos y finos dedos, alcanzaban a reflejar la realidad de su avanzada edad, disimulada también por su elevada estatura, su delgadez y sus pensados esfuerzos diarios por estirar la espalda, por perseverar en su titánica lucha personal, en su tozuda apuesta de gallardía, contra los efectos implacables de la gravedad.

Sólo sus ojos, menudos y alargados, achinados, semicerrados, bordeados por largas línea de expresión y, sobre todo, su voz, frágil, extraída a duras penas de lo más hondo de su garganta, viajera de un ímprobo recorrido hasta asomarse por la boca, tenue, tímida, certificaban que aquella altiva anatomía, tiempo, mucho tiempo atrás, atlética, casi hercúlea, se había deformado con la tozuda lógica del paso del tiempo, del transcurrir de casi un siglo; una anatomía ya poco menos que milagrosa. "Deberíamos ir regresando poco a poco" –le apremiaba Mina–, y él obedecía.

Sus horarios estaban tan ajustados al segundo, eran tan controlados, tan impermeables a la improvisación como sólo los ancianos y los cronometradores deportivos profesionales son capaces de precisar. Ese aspecto recio y distinguido a la par que frágil, su mirada extraviada y su actitud distante, desconectado ya de su entorno y de sí mismo, hacía tiempo que lo habían alejado también de sus vecinos, al tiempo que la muerte, la de todos ellos, lo había hecho de sus amigos y conocidos. Hans era un anciano enfermo, frágil, bien atendido, pero solo. Solo con su sordera, solo con sus lagunas en la memoria, solo consigo mismo, con su vulnerabilidad, y solo ante su inminente encuentro con la muerte.

–¿Qué tal la comida de hoy –le preguntaba Mina a media tarde–, le ha sentado bien?

–¿Ya hemos comido?

–Sí, ya hemos comido.

Parecía incapaz de recordar lo que había almorzado hacía apenas un par de horas, ni los ejercicios de la mañana, ni la conversación de la noche anterior, ni la visita de la semana pasada, pero en la nebulosa espesa de olvidos voluntarios y lagunas inconscientes que envolvían sus pensamientos, entre las terminaciones nerviosas de activación del desinterés, la apatía, la desidia y el desdén o la desconexión de las iniquidades, las calumnias, las torpezas y las equivocaciones, solidario con los miles de viejos de Alemania o de cualquier otro lugar del planeta en su misma situación de desmemoria selectiva, aún le era posible rescatar de entre el saturado fichero de los sueños y las realidades, algunos episodios lejanos, siempre lejanos, y amables, momentos felices o especiales que le hacían abstraerse aún más, perdida la mirada en el cristal, en cualquier enser o mueble de la casa carente de significado, de su familia, su cuidadora y del universo. Así, sentado en su butaca favorita del salón, fue como recordó aquella última visita a Gijón en 1982.

Las playas nunca cambian –pensaba ahora y entonces–, o, mejor dicho, lo hacen continuamente a lo largo de miles de años, pero de forma inapreciable para la corta existencia individual. Allí estaba aquella, tantos años después. Hans Fritzhofer se encontraba de nuevo apoyado en la barandilla de metal, tan blanca, ¿no era antes negra?, que bordea el largo paseo del arenal, oliendo a mar. Contemplaba la extensa bahía y fijaba su mirada en los grandes buques de carga que, en la lejanía, en la raya del horizonte, esperaban turno para desembarcar sus mercancías en el puerto de El Musel o se alejaban de él tras efectuar sus operaciones de carga o desestiba. La noche anterior, recién llegado a la ciudad junto a su esposa Ulrike y su hijo Hansi, apenas si había podido observar la hilera uniforme de luces que enmarcaban el paseo y los lejanos puntos brillantes que, amarillo sobre fondo negro, señalaban las posiciones de algunos barcos en la bocana del puerto. Además, era ya muy tarde y los tres se encontraban muy cansados, así es que recogieron las llaves, desembarcaron en sus habitaciones, se dieron una ducha, bajaron a cenar algo ligero y no tardaron en meterse en la cama. El viaje vespertino, a pesar de haber tenido un plácido vuelo desde Múnich de casi dos horas de duración y un trayecto en autobús desde el aeropuerto de casi otra en los que pudieron apreciar la belleza paisajística, "casi bávara" –según Hansi –, de la región, había terminado por fatigarles a los tres. Se acostaron sin apenas cruzar palabras: el uno, el menor, de veinte años, era un joven parco en ellas y el otro, el padre, no quería conversar. Ulrike, la madre, fue la que habló por los tres.

Pero al día siguiente, tras una reparadora noche de descanso cerca del mar Cantábrico, frescos como la brisa que se colaba por las ventanas entreabiertas de las habitaciones, dieron buena cuenta del desayuno y salieron a primera hora del día, una nubosa jornada del mes de junio, dispuestos a visitar la ciudad con calma. Calle Contracay, Pescadería Municipal, en apenas dos requiebros sobre estrechas aceras, se situaron en el paseo que bordea la playa. Hans sintió entonces una punzada extracorporal. Fue consciente del paso del tiempo, pero se situó de nuevo, como por efecto de un viaje fulgurante intertemporal, en aquel mismo lugar como si no hubieran transcurrido 45 años, sino apenas cinco minutos. A la izquierda, muy cerca, la imponente Iglesia de San Pedro, como entonces, pero no la misma. Esta tenía una torre más alta, era nueva, más amplia. Tras visitarla, pasaron ante la sobria estatua de Octavio Augusto y reanudaron el paseo hacia el este, hacia el sol entrevisto reflejado en la humedad de la acera, despacio, mirando a la cara a los muchos paseantes que realizaban el tránsito a la inversa, desde la Providencia, apretándose contra ellos en el momento en que el espacio se redujo a la altura de la manzana de Capua, donde los orgullosos edificios parecían apuntar hacia el mar como una flecha vuela hacia el centro de la diana, para volver a distanciarse a medida que avanzaban hacia el río y el paseo se ensanchaba de nuevo.

El ruido del tráfico, el rumor de las olas del mar muriendo mansamente contra la orilla, el vuelo de las gaviotas, las voces de los grupos que jugaban al fútbol en la arena y las conversaciones en los corrillos improvisados alrededor de los bancos de madera que flanqueaban la acera, se mezclaban con un cielo gris y una brisa fresca, demasiado típico para el ya recién estrenado verano, que conformaban una estampa nostálgica y tristona, a la par que revitalizante, a ojos del expectante Hans, un hombre ilusionado ante la posibilidad de emprender este viaje al que la animosa insistencia de su esposa y la pasión de su hijo Hansi −un chico poco apasionado entonces y después en casi ningún aspecto vital −, acabaron por convencer.

−Aquí es donde se aloja el equipo nacional −dijo Hansi, que hasta entonces había permanecido distante, en silencio.

El padre asintió con la cabeza mientras se fijaba en la fachada acristalada del hotel Príncipe de Asturias, situado a ras de playa, y se mezclaba absorto entre los curiosos que, ya a aquella temprana hora, hacían guardia frente al edificio o caminaban hacia el lugar por el arenal portando sus banderas. "En una hora irán a entrenar a la playa" − avisó uno de ellos, un grueso alemán de colorados mofletes que salía. Y los dos hombres de la familia se miraron sabiendo dónde iban a estar una hora más tarde. Ulrike, aunque no tan entusiasmada, también lo supo.

Pero antes, tras cruzar el puente, mientras la línea de costa gira hacia la izquierda, al norte, entre peñascos multiformes, continuaron su paseo caminando de frente, a través de una no muy larga y arbolada avenida, y llegaron al lugar por el que, en teoría, se suponía habían viajado hasta allí: el estadio. Era feo, irregular, con una fachada color verde disonante, aunque situado en un bonito lugar, a la vera de un pequeño río, colindante con el mayor parque de la ciudad, repleto de frondosos árboles, fuentes, canales, pavos reales en libertad y paseantes. A Hansi le recordó vagamente al entorno del estadio del equipo de su ciudad al que acudía cada fin de semana, pero sólo un poco, ¡nada que ver con la modernidad, belleza y magnitud del Olimpia Stadium, claro!, ubicado en aquel privilegiado promontorio de Múnich. En uno de los puestos de venta exteriores se compraron una bufanda cada uno, saludaron a algunos compatriotas que encontraron y conversaron sobre el partido que allí se iba a disputar al día siguiente, un trascendental República Federal de Alemania-Austria, el último de la primera fase del Campeonato Mundial de fútbol. Luego regresaron por el parque, de nuevo hacia la playa, y comprobaron cómo la presencia en el arenal de los jugadores había levantado un considerable y esperado revuelo entre lugareños, turistas alemanes, paseantes y curiosos. Estaban todos: el capitán Rummennigge, trabajando al margen de sus compañeros, Littbarsky, Stielike, los hermanos Foster, el gran Paul Breitner, Allofs, el corpulento Briegel y el gigante Hrubesch, el altivo guardameta Schumacher con su bigotón rubio y, por supuesto, el entrenador de todos ellos, Jupp Derwall. Corrían, realizaban ejercicios ante la atenta mirada de los preparadores y bromeaban, a pesar de que el comienzo de la competición no había resultado tal y como esperaban.

Al joven Hansi y a otros muchos curiosos locales y alemanes les resultaba chocante poder ver a los jugadores tan de cerca. El padre contemplaba la escena distante: en vez de en Rummennigge levantaba la vista más allá y se fijaba en la bahía, en la iglesia, en la gran escalera de bajada a la arena (la Escalerona) y en su reloj, en las rocas, la espuma de las olas, los edificios de la línea de costa y en el ayer, en otra ciudad, la misma pero diferente a la que encontraba ante sí.

Por la tarde, después de comer en el hotel, mientras Ulrike permanecía acostada en la habitación antes de dar un paseo por las cercanías del mismo, padre e hijo cogieron un taxi (¡qué caro les pareció!) y fueron hasta el campo de entrenamiento situado en un complejo deportivo, en Mareo, a las afueras de la ciudad. Volvieron a ver a los jugadores, estuvieron cerca de ellos, los animaron y Hansi se atrevió a pedirle un autógrafo al lateral Kaltz cuando se retiraba a los vestuarios. Ya de regreso en la ciudad pasearon todos juntos por el casco viejo, no demasiado distante de su hotel, y Hans volvió a contemplar la puesta de sol sobre el puerto pesquero, vio las embarcaciones encalladas en el verde mohoso del terreno, sintió aquel fuerte y extraño olor a salitre, humedad y cloaca mientras caminaban por el dique, el paseo marítimo y las estrechas callejuelas de la parte alta de la ciudad, apretujadas entre pasadizos diminutos y extraños, pobladas por mujeres habladoras y escrutadoras, de falda larga y mandil, que les saludaban con una media sonrisa burlona, una mueca de sarcasmo y desdén, hasta que llegaron al promontorio que corona la ciudad, el cerro de Santa Catalina, una antigua plaza fuerte militar abandonada a la que no tuvieron acceso. Cuántos recuerdos y cuántas preguntas. ¿Dónde estaba la casa?, ¿por aquí? No, creo que no. En efecto, estaba más abajo, lejana, ¿Y la de ella? Sí, vivía con sus padres por aquí, en una de las callejas que conducen al mirador. Ni la sagaz Ulrike ni el apagado Hansi ignoraban el cóctel de sentimientos encontrados que

37

debían estar batiéndose en su cabeza. Lo respetaron. Hablaron poco.

–¿Recuerdas las calles? –preguntó su esposa escuetamente, compasiva, susurrando con la mirada.

–Sí, unas cuantas –le respondió Hans–, esta zona de la ciudad ha cambiado, pero no tanto como para no reconocerla. Se ha extendido mucho a lo largo de la playa, pero el casco antiguo y el puerto apenas han variado. Lo recuerdo bastante bien. Y el crepúsculo en este lugar sigue siendo hermoso.

Continuaron caminando un rato más en silencio e hicieron algunas fotos antes de regresar al hotel.

Al día siguiente, la mañana la dedicaron a visitar el centro de la ciudad, la parte más moderna, pero lo primero que les ocupó fue la visita a la Plaza Mayor, próxima al hotel. Mientras Ulrike callaba con una media sonrisa comprensiva en su rostro y asía de la mano a su marido, Hansi no acababa de entender el porqué del interés de su padre por detenerse tanto en aquel lugar ya que no dejaba de ser una más de tantas casas consistoriales, ni mucho menos espectacular o imponente: era pequeña, adoquinada, con los bajos aportalados y vistas al mar, bella pero no merecedora de más de diez o quince minutos de atención, no era la Marienplatz. Pero lo cierto es que no entendía mucho de lo que su padre retenía en la cabeza. Menos aún su inquebrantable decisión de entrar en el edificio principal y de observar el recibidor, arriba y abajo, a derecha e izquierda, como un niño asombrado.

No fue menor la sorpresa del funcionario que, abandonando su cabina, le salió al encuentro y con gesto de amabilidad –no era difícil cerciorarse de que se encontraba ante unos turistas alemanes–, los saludó. "Buenos días. ¿Puedo ayudarles en algo?". Con su mal español y muchos ademanes explicativos, llevándose el dedo índice de la mano derecha a su ojo, Hans trataba de hacerle entender que sólo deseaba ver el lugar unos instantes. El funcionario pareció entenderlo o simuló hacerlo. Aquella estancia no demasiado amplia en la que se encontraban servía de recibidor dando paso a la, bastante más solemne, escalinata principal de acceso a la sede de la alcaldía, pero eso no pareció importarle al visitante. Hans permaneció callado durante un largo y algo solemne instante y concentró su atención en la parte superior de la pared derecha, en un manchón rectangular negro, vestigio de un antiguo uso y de la degradación del tiempo. La placa que en su día allí estuvo colocada, según pudo saber el alemán por los gestos de aquel voluntarioso y algo adusto funcionario municipal, había sido eliminada del lugar hacía un par de años, en las mismas fechas que el monolito ubicado en el céntrico paseo de Begoña, una hermosa y arbolada avenida con aires decimonónicos que albergaba el principal teatro de la ciudad. Hacia allí se dirigieron a continuación antes de trasladarse a comer en un restaurante del puerto pesquero con vistas al mar.

Por la tarde se concentraron en el "otro" objeto de su visita, especialmente prioritario para el hijo: el fútbol.

El estadio estaba a rebosar. Miles de espectadores se apiñaban de pie en la parte inferior y otros muchos completaban el aforo (unas 42.000 personas) sentados cómodamente en las partes más altas, como ellos tres, o en la tribuna de preferencia. Todo hacía prever al comienzo que allí se iba a poder disfrutar de un bonito y emocionante espectáculo deportivo en el que los dos equipos, sobre todo el de la República Federal de Alemania, obligado a ganar, debían dar lo mejor de sí para certificar su clasificación. Pero aquel no fue un día glorioso para ninguna de aquellas dos selecciones nacionales, ni para el fútbol, ni para los aficionados que se habían congregado en el estadio, ni para la familia Fritzhofer. El bochornoso apaño que, durante más de una hora, tras el temprano gol alemán, se vivió allí no permitió a nadie abandonar el lugar sin experimentar algo de asco, decepción y no poca vergüenza: los alemanes y los austriacos por adulterar la competición, los argelinos (el equipo perjudicado) por sentirse engañados y todos los demás, cuanto menos, por sentirse estafados y aburridos.

Cuando a última hora del día tomaron el avión de Lufthansa de regreso a Alemania, un vuelo chárter directo Asturias-Múnich, Hans no pudo dejar de pensar en su mala suerte: alejarse de aquella ciudad, aquella región y aquel país con tal sentimiento de vergüenza sonaba a irónico capricho del destino. La ilusión con la que, desde el día en el que había escuchado en la televisión pública, la ZDF, el lugar de España con nombre impronunciable, ¿cómo podía tener tantas jotas?, en el que la *Mannschaft* iba a disputar sus partidos de primera ronda del Mundial de fútbol, había planeado viajar, se había vuelto ahora agria desazón. Los recuerdos, la nostalgia, esa impresión común de vivir el ayer como si fuera hoy y el hoy como el ayer, rebosaban en su cabeza, haciéndole sentir una especie de sueño virtual que, por suerte, se convirtió en real en cuanto apoyó la cabeza en el asiento del avión. Dormir es no pensar, no recordar, o al menos hacerlo de otra manera, y tanto una como otra opción, sobre todo la segunda, le resultaban apropiadas entonces a Hans para afrontar la nueva etapa que, a no mucho tardar, pensaba abrir en su vida; les serían útiles para el futuro. Pero algunos asuntos no se borran nunca de la memoria. Treinta y cuatro años más tarde, el viejo, a punto de cumplir los cien, mientras aguardaba en la casa de su hijo Hansi la visita de una mujer gijonesa, podía certificarlo.

El domicilio familiar de Hansi, el hijo, su esposa Irena y la hija de ambos, Marlene, estaba situado en un acomodado barrio de los alrededores de Múnich entre zonas verdes y humedales. Hans, Ulrike y Mina habían llegado a esa casa, a aquella urbanización de diáfanas y amplias viviendas unifamiliares muy a la moda minimalista, hacía unos días directamente desde el aeropuerto Franz Josef Strauss, a donde su hijo les había ido a recoger en el automóvil. Ulrike, bávara de nacimiento, siempre estaba dispuesta a dejarse convencer por los reiterados ofrecimientos de su hijo acerca de las ventajas que para todos supondría la instalación definitiva del matrimonio de ancianos cerca de su nieta, en la misma vivienda como él pretendía, donde había espacio para todos, o en una apacible residencia cercana, como ella quería, para estar lo suficientemente juntos que ambas partes desearan, para verse siempre que quisiesen, sólo siempre que quisiesen. Pero a Hans no le entusiasmaban tanto ni una ni otra idea; se sentía bien allí en Múnich, había pasado muchos buenos periodos de su dilatada vida, pero después de estar una semana, dos como mucho, en la ciudad "de los ricos" –tal y como a él le gustaba denominarla–, comenzaba a dar síntomas inequívocos de nostalgia por su ciudad, por Berlín, cuando se enclaustraba en casa a ver la tele sin apenas salir ni pasear o la comida de cada día pasaba a ser el rancho incomible de hoy. Entonces, Ulrike sabía que había llegado el momento de bajar de la parte superior del armario las dos maletas, pensar en horarios de vuelos y prepararse para el viaje de vuelta.

Aquella casa muniquesa estaba diseñada para favorecer el aislamiento, la tranquilidad y el silencio en una

41

urbanización donde poco sabía nadie de la vida del que tenía al lado, incluido su vecino de finca, pero tampoco era un espacio hermético, inaccesible, cerrado a cualquier contacto externo por rígidas restricciones de guardias de seguridad privados o escrutadoras cámaras de vigilancia. De allí se podía entrar y salir libremente. Aunque salían cada vez con menos frecuencia, a Hans aún podían encontrarlo sus vecinos dando el paseo matutino y a Ulrike verla llegar junto a su nuera o su hijo de regreso del centro de la ciudad, con el bolso cruzado a la altura del pecho, con alguna bolsa o con pequeños paquetes, el botín de una tarde de compras por los alrededores de Neuhauserstrasse. Cuando llovía, como le resultaba imposible sujetar la carga y el paraguas a un tiempo, la anciana, con gesto amable acompañado de palabras indescifrables, respondía con educación a los ademanes corteses que algún viandante, vecino o corredor iniciaba con timidez para prestarle ayuda: *Danke Shön*, y charlaba con ellos un rato –ella hablaba y su interlocutor escuchaba–, antes de que su acompañante o desde el interior, al otro lado del recio portón gris, alguien, Mina o el propio Hans, salieran a socorrerla a ella y a su ayudante.

–¿Por qué no ha llamado usted? –le reprochaba Mina.

–Espera, que yo te lo llevo –le decía su hijo.

–Este chico tan guapo que venía corriendo me ha ayudado y nos hemos quedado un rato charlando –replicaba ella, pícara, seductora, ante la sonrisa desconcertada de su vecino–. Gracias.

–De nada, Frau Fritzhofer.

Ulrike tenía un hermoso cabello cano y entre las innumerables arrugas que dibujaban su cara aún podían apreciarse rasgos de lo que en su día fueron unas bellas facciones, una piel blanca suave y un rostro hermoso. La edad no le había dado aún excusa para abandonar su aspecto ni su aseo personal y salía siempre de casa con ropa limpia, bien peinada, salpicada por unas cuantas gotitas de suave perfume afrutado espaciadas de forma estratégica detrás de las orejas, en el cuello, por encima del pecho y en las muñecas; la obsesionaba oler bien, no oler a vieja, y ese olor, la agradable fragancia que la envolvía, definía sus movimientos cuando hablaba, gesticulaba, se sentaba o caminaba, la acompañaba allí donde fuese e hiciera lo que hiciera, sobremanera al andar, acto en el que, al igual que su marido, se esforzaba por demostrar que la acción del paso del tiempo –aun encorvando su espalda o limitando la firmeza y velocidad de sus pasos–, no había logrado disimular su orgullo ni la elegancia de sus movimientos. Ayudada a veces por una muleta, aferrada a ella, parecía querer seguir desafiando a las leyes no escritas de la naturaleza, pero éstas no se dejaban desafiar.

Por las tardes, si el tiempo acompañaba, los dos ancianos gustaban de sentarse en algún café cercano o en una cervecería, "a ver la vida pasar" –decía ella–, esperando la llegada de su nuera, de su hijo y de su nieta o, mejor aún, de todos ellos, aunque esto último no solía suceder a menudo, para conversar con ellos un rato antes de regresar juntos a casa. Hablaban de los vecinos, la comida, el tiempo, la ciudad, el fútbol, el trabajo, también de actualidad, y por supuesto de la familia, de su situación anímica, el asunto en el que ahora desembocaban siempre todas las conversaciones. También aquella misma agradable tarde de verano en la que los viejos permanecían sentados junto a su hijo horas antes de la llegada a Múnich de Eva Solgarcía.

–¿Cómo estáis, cómo está la chica, cómo veis todo este asunto, cómo os ha afectado? –preguntó la vieja a su hijo Hansi con insistencia.

–Todo ha sido muy novedoso y repentino –se limitó a decir él–, tal vez demasiado, pero bien –mintió–. Voy a la barra a pedir una cerveza.

Ulrike se volvió entonces hacia su esposo Hans escrutadora, fría, entre enfadada y sosegada, distante, dejando salir las palabras más para sí misma que para su esposo.

–¿Cómo crees tú que están los chicos, Hans, cómo los ves, crees que son felices?

–¿Por qué no han de serlo? –contestó él quedo tras paladear el sorbito de cerveza que acababa de llevarse a la boca y colocar su mano izquierda tras la oreja para ajustar su audífono e intentar escucharla mejor–. Tan felices o no como lo eran hace apenas unos meses.

–Yo los encuentro cambiados, inquietos, no sólo a Marlene, también a Hansi y a Irena –dijo ella mirando hacia su hijo que volvía a acercarse a la mesa caminando.

–Irena no necesita que ocurran cosas muy extraordinarias para perder la serenidad.

–Eres injusto. Se preocupa por su familia.

–Y nuestro hijo también, ¿no?

–Ya sabes lo que quiero decir.

–No, no lo sé, ¿qué quieres decir?

–Que temen que las nuevas circunstancias afecten aún más a su hija.

–Es posible. Nos van a afectar a todos. Ya lo ha hecho, ¿no crees? –Hans se atusó la cabeza sin pelo–, ¿No crees que lo ocurrido es lo suficientemente importante como para afectarnos a todos? –volvió a beber.

–Sí.

–¿Y crees que podemos hacer algo para remediarlo? ¿Serviría de algo preocuparnos más aún?

–No –replicó Ulrike pensativa–, eso es lo que más temo.

–Pues dejemos que las cosas sigan su curso y afrontémoslas con entereza como hemos hecho hasta ahora, juntos. Ocurrirá lo que tenga que ocurrir. Hansi e Irena son ya mayorcitos para enfrentarse a una situación como esta y Marlene está madurando también. Esto nos pilla a todos muy grandecitos, sobre todo a ti y a mí –titubeó, se paró a pensar, volvió a rascarse la cabeza–. En realidad, no sé qué es lo que esto significa para ellos, si es que tiene algún significado para alguien. Espero que los padres hayan vuelto a hablar con la chica.

–Sí, creo que han vuelto a hablar –le corroboró su esposa.

–Entonces no hay que preocuparse más ni antes de tiempo.

–Quizás tengas razón –dijo ella alargando su mano hasta encontrar la de él–, esperemos a ver qué ocurre mañana.

Una tranquila actitud expectante maquillaba las ambiguas sensaciones que ninguno de los dos podría definir si no era de manera contradictoria.

–¿De qué estabais hablando? –preguntó Hansi.

–De nada importante –contestó su madre.

—Ya me imagino. Irena y Marlene están de camino.

De vuelta a casa, la excitación nerviosa ante los sucesos del día siguiente anidó aún más en todos los miembros de la familia, sobre todo en el viejo Hans. Sabía que con el amanecer nacería también la primera de unas cuantas jornadas especiales, de inusual desorden de sus rutinas, se introduciría en una boca de entrada hacia el túnel del pasado, pero sin esperanza en futuro alguno, en un túnel cada vez más oscuro y de final ciego, tapiado por un grueso muro de ladrillo sin resquicio para la filtración de rayo de luz alguno y con un silencio ancestral, infinito, que sabía no ya sólo que no sería capaz de atravesar, sino que carecía de tiempo material de acercarse a él para intentarlo. Súbitamente, le entraron prisas, más prisas.

Ulrike se retiró a dormir y, aun habiendo tomado una pastilla, no lo consiguió hasta muy entrada la madrugada, cuando su marido Hans aún continuaba pensando en "todo", en todos, en su mujer, en su hijo, en su nieta, en su nuera y en sí mismo, sentado en el sofá del salón ante la televisión. Allí lo sorprendió el sueño.

Cuando a primera hora de la mañana Mina lo descubrió, se limitó a apagar la tele y echarle un grueso cobertor por encima hasta el cuello. Entonces parecía tranquilo, un anciano cansado y tranquilo.

Capítulo Dos

La familia Fritzhofer

El trayecto entre Barajas y el aeropuerto Franz Josef Strauss de Múnich fueron dos horas y media de plácido vuelo que Eva aprovechó para echar una leve cabezadita tras el madrugón, releer alguno de los artículos archivados en su cuaderno azul y para ojear un par de folletos turísticos: uno sobre Alemania y otro sobre la capital bávara que, como buena turista, se creía en la obligación de revisar. Aunque el fondo de la cuestión, de las cuestiones que allí la llevaban, las que la habían decidido a emprender aquel viaje profesional y de placer a la par que personal, las tenía ya muy bien estudiadas, tan sólidamente apoyadas en la parte académica y científica de su ordenado cerebro como las edificaciones de la Roma clásica, que tanto la entusiasmaban, lo hacían sobre gruesos bloques graníticos o sobre cientos de pilotes insertados en el interior de los terrenos más inestables. Así que llegó un momento en que guardó los libros y optó por mirar a través de la ventanilla y disfrutar del cielo despejado, rasgado por el ala del aparato, o del minúsculo tamaño de los objetos diseminados por el paisaje, tratando de no pensar. Lo consiguió sólo a medias.

El aeropuerto le pareció más pequeño de lo que esperaba. Los estereotipos, odiosos, tan falsos y tan reales como los tópicos, se resisten a ser talados de los frondosos bosques neuronales del cerebro y las ideas de un país eficiente, de una Alemania técnicamente avanzada y fiable, desarrollada y moderna, frente a una España aún en vías de asimilarse a ella que quedaban muy bien reflejadas, por ejemplo, en alguna comedia de principios de los años 70, en pleno siglo XXI eran ya un anacronismo carente de veracidad, tan sólo un recuerdo histórico: las abismales e incuestionables diferencias económicas, sociales, de infraestructuras, existentes entre ambas naciones en los años 60, 70 u 80 se habían acortado de forma notable desde el ingreso de España en la Unión Europea –bien lo sabía Eva y cualquiera–, pero la visión de aquel primer espacio germano, un moderno aeropuerto, a poco más de dos horas de haber partido de Barajas, tan moderno o más que él pero mucho más grande, le produjo una primera impresión inesperada y absurda de decepción. No pudo por más que pensar sonriendo en Alfredo Landa.

Eva llegó al hotel a mediodía. Dejó las maletas y bajó a dar una vuelta por los alrededores hasta la hora del almuerzo. Múnich permanecía envuelta por un sol veraniego embrujador, un calor soportable, una luminosidad bávara que invitaba a caminar, pero apenas le dio tiempo de distanciarse un rato. A primera hora de la tarde había quedado con Viveka, la traductora que la ayudaría con aquel idioma del diablo, tan suave como repleto de palabras interminables, tanto o más complicado que el ya suficientemente indomable español. Resultó ser una mujer bella, alegre, habladora, nerviosa, de padre alemán y madre española, madrileña, envuelta en un ligero vestido de tela estampado, apenas apto para cubrir todo su cuerpo menudo, y unas chanclas. Era profesional, locuaz, abrupta, expresiva, risueña, una persona fácil de tratar, acostumbrada a relacionarse con los demás, dueña de las palabras y de los silencios, que a Eva le resultó en el acto tan agradable para la vista –iba perfectamente maquillada

48

para disimular unas pequeñas erupciones cutáneas en el rostro que sólo se revelaban cuando se ponía nerviosa–, como lo era su voz –ya había podido comprobarlo en alguna conversación previa–, para el oído. Al instante la relacionó con Sarah Jessica Parker o con Irene Dunne.

–Sé cuál es mi cometido, Fraulein Eva. Haré bien mi trabajo, no debe preocuparse. Seré traductora y a la vez intentaré ser también, si me lo permite, un poco psicóloga.

–Se lo ruego. Es lo que deseo. Si quieres, podemos tutearnos.

–Perfecto.

–Pues pongámonos en marcha.

No fueron necesarias más presentaciones. Se conocían, ya habían hablado por teléfono lo suficiente sobre los pormenores particulares del trabajo, llamaron a un taxi y emprendieron el camino por una circunvalación hacia los alrededores de la ciudad. Veinte minutos después ya estaban frente al portón gris del chalé de los Fritzhofer. Descendieron del coche, llamaron al timbre y, en el acto, –estaba claro que las esperaban–, mientras el auto se alejaba calle abajo, fueron atendidas en la misma puerta por Mina.

–¿Fraulein Eva?

–Sí.

–*Guten abend* –Buenas tardes, intervino Viveka por detrás como un resorte–, llegan ustedes muy puntuales. Soy Mina, la asistente de los señores Fritzhofer. Ellos se encuentran en el interior. Sean bienvenidas. Pasen, permítanme acompañarlas. Era una *mutter* fornida y briosa, "como una Judy Garland, una Katty Battes, una Thelma

49

Ritter o una Encarna Paso rotundas, pero con rasgos árabes", pensó Eva de inmediato.

Atravesaron un pasillo ajardinado y un aparcamiento en el que se encontraban estacionados dos coches, un utilitario rojo sencillo y un monovolumen familiar gris metalizado de esos que sirven para todo, para transportar enseres y personas, cuando, antes de completar el recorrido, fueron abordados por otros dos individuos de edad similar.

–¿Fraulein Eva?

–Sí.

–Soy Hans Fritzhofer, Hansi. Y esta es mi esposa Irena.

–Encantada de conocerlos. Es usted igual que en las videollamadas.

–Igualmente. Usted también –sonrió–. Se estrecharon la mano y se dieron dos besos.

–Ella es Viveka.

–Sí, nos conocemos. Frau Viveka. ¿Ha tenido usted un buen viaje? –se giró para interesarse de nuevo por Eva.

–Estupendo, gracias.

–Me alegro. Mis padres nos esperan allí, al pie de la escalera, puede verlos. Acompáñenme, por favor. Gracias Mina, es todo por el momento.

Las dos figuras, en efecto, aguardaban al pie de la escalera de piedra que daba acceso al acristalado chalé situado a su espalda. Le parecieron a Eva, al primer golpe de vista, dos ancianos frágiles, temerosos y dubitativos cogidos del brazo lo mismo para hacer patente un gesto de amor, complicidad, recelo y unidad frente a cualquier posible agresión externa, como para ayudarse mutuamente a mantenerse en pie. Allí estaba el anciano con el que iba a dialogar, el hombre que había accedido a conversar, para sorpresa de muchos, en la edad en la que por pereza y cansancio suelen racanearse las explicaciones descriptivas en beneficio de una introspección tediosa que sólo es posible quebrar si se les insta a hablar de ellos mismos. Tal era el caso. Y escuchándole hablar de sí mismo, de sus experiencias, de sus recuerdos y sus opiniones, Eva confiaba en extraer algo cercano a la verdad, mantenía en ello la ilusión por saber, la ilusión por aprender.

–Fraulein Eva, *Willkommen*, bienvenida a Múnich, bienvenida a Alemania –habló primero el viejo, en voz baja, con esfuerzo, acercándose a ella con lentitud para cogerla los dos antebrazos hasta la altura de los codos y besarla–. La mujer sintió sus manos frías, blandas, sin el vigor que, contra toda lógica, sin saber por qué, esperaba encontrar. –Le presento a mi esposa Ulrike.

Viveka, cerca, pero al margen, recitaba la traducción.

–Encantada. Mua, mua –fue ahora la anciana la que se acercó a la mujer con más decisión que su marido, mirándola fijamente mientras sonreía apenas.

–Es usted muy bella, Frau Ulrike.

–Gracias. Y usted muy amable.

–Permítame que le diga también a usted que le encuentro espléndido, Herr Hans, no aparenta su edad ni mucho menos –prosiguió Eva sin salirse del carril de la cortesía– parece mucho más joven.

–¡Oh, gracias! Se lo agradezco mucho. Es un cumplido muy educado, pero no por ello deja de ser mentira. Soy un anciano en las últimas y lo sé, aunque me conservo aún muy bien para mi edad, eso es cierto. ¿Les parece que entremos?

Ya instalados en el amplio salón, sentados alrededor de la chimenea, fue el anciano el que reanudó la charla.

–¿Le importa que fume? Los médicos y mi familia me lo tienen prohibidísimo, pero hoy es un día especial y espero que me lo consientan.

–Por supuesto que no me importa. Si lo desea usted y ellos no se enteran. Espero no ser yo la responsable –Ulrike, Hansi e Irena esbozaron una sonrisa forzada.

–No se preocupe por las reprimendas, eso no es problema, son siempre para mí –continuó el viejo mientras encendía el pitillo–. Ellos creen que la cabeza se me comienza a ir y que no sé muy bien lo que hago, lo que digo, lo que me conviene y lo que no, lo que es bueno para mí o perjudicial. Más bien creen que se me ha ido ya del todo, que la demencia senil no me permite controlar ya ni mis pensamientos ni mis recuerdos con un mínimo de coherencia y que no estoy en condiciones de decidir por mí mismo, ni siquiera si debo o no fumar.

–Papá, eso no es cierto –intervino Hansi.

–Creen que no lo sé –prosiguió el viejo–, pero no es así. O sí, eso sí que lo sé. Tampoco me importa demasiado. Tengo casi cien años –la esposa, el hijo y la nuera ya no sonrieron. Hans habló pausado, pensando muy bien lo que quería decir, con una determinación que sorprendió a Eva, como si tuviera muy claras, muy meditadas, las primeras palabras que le iba a decir, directo a sus ojos, buscando su corazón–. Sé que ni siquiera estoy ya en los días prestados –la voz débil, interrumpida por la tos blanda, apenas salía, entorpecida aún más si cabía por el humo del tabaco exhalado tras una primera calada–si no en los de regalo. Pero cada día no es un día menos para mí, al contrario, es un día más, una generosa donación y quiero aprovecharlos para ordenar mis asuntos –Viveka repetía rítmicamente al español, sin pestañear. Eva sonrió–. ¿Había estado ya en nuestro país? –concluyó él.

–No. Muy a mi pesar esta es la primera vez que lo visito. Espero aprovechar bien el tiempo para conocerlo algo mejor.

–Querida, nadie conoce demasiado bien Alemania, ni los propios alemanes. Nosotros tal vez la conozcamos peor que los demás.

–Después de instalarme sólo me ha dado tiempo a dar un paseo por los alrededores del hotel. Sólo he visto algo desde el taxi durante el trayecto hacia aquí.

–Y, ¿cómo está su ciudad? ¿Cómo está Gijón? No he estado allí desde hace muchos años, desde el Mundial de fútbol de 1982.

–Ha pasado ya mucho tiempo –respondió ella–. Pero bien. Ha cambiado mucho. Mejor. Muy bonita.

Hubo una pausa. Ulrike, la esposa de Hans, no parecía dispuesta a hablar, Hansi no era demasiado locuaz –Eva lo había podido comprobar durante sus conversaciones telefónicas previas–, Irena, la esposa de Hansi, parecía encontrarse como agazapada, a la espera, estudiando los acontecimientos, los movimientos de sus protagonistas, en especial los del viejo y Eva, y éstos últimos alcanzaban ya los límites de lo exprimible a los tópicos temas de convencionalismo social utilizados en cualquier contacto para romper el hielo, así es que los segundos transcurridos a continuación no pudieron ser rellenados ni por el suave fumar del anciano, ni por el toqueteo nervioso de los dedos de su esposa, ni por la mirada perdida en el exterior de la traductora. Finalmente, fue Eva la que se decidió a volver a hablar.

—Herr Hans, ¿desea que comencemos hablando de su vida actual, le parece bien? —su voz sonó como un alivio gástrico para todos.

—Qué tal si lo hacemos mejor de la familia, de la mía y de la suya —respondió el anciano.

—Como desee.

—Con su permiso, pondré en marcha la grabadora.

—Adelante.

Hans miró a su mujer y a su hijo y este miró a su esposa.

—Creo que ha llegado el momento de dejarlos solos —se atrevió a decir Hansi a Irena mientras se levantaba del sofá en el que permanecía hasta entonces sentado.

—Por mí no es necesario que se vayan —se apresuró a contestar Eva algo azorada—, no hay ningún problema.

Ahora fue Hansi el que miró a su padre.

—No se preocupe por nosotros, Fraulein Eva: así estarán más tranquilos. Estaremos aquí al lado por si nos necesitan—, y se levantó cogiendo de la mano a su mujer dispuesto a abandonar la estancia.

—Yo desearía tomar una cerveza y un trozo de *apfelstrudel* —apuntó el viejo.

–Ahora te traerán tu té –respondió el hijo ignorando la petición–. Y usted, Fraulein, ¿desea algo?

–Si es posible un café con leche.

–Por supuesto. ¿Frau Viveka?

–*Wasser, bitte.*

–Ya que nos ha dejado, ¿qué me dice de su hijo Hansi, cómo es su relación? –comenzó hablando Eva–, en los contactos que he mantenido con él hasta ahora, por todo este asunto me ha parecido un hombre muy sensato.

–Lo es. Nunca nos hemos entendido muy bien. Cuando era niño apenas lo veía debido a mis obligaciones laborales, a mis muchas horas en la oficina y en las obras, los viajes, las reuniones, los negocios, ya sabe –pausa aprovechada por Viveka para realizar su trabajo–. Y cuando fue creciendo, no tardó demasiado en alejarse de sus padres, sobre todo de mí ya que con su madre siempre ha mantenido un vínculo más estrecho. Era un chico normal, también en los estudios, y cuando decidimos –decidí–, regresar a Berlín y a él le surgió la ocasión de seguir trabajando aquí en Múnich. Vio la oportunidad perfecta de asentar su vida autónoma lejos, incluso en kilómetros, de nosotros. Y creo que no se ha arrepentido nunca de tomar tal decisión. Siempre ha sido muy responsable y tiene su vida aquí. Y aunque los últimos años –bueno, antes también–, al ir deteriorándose nuestra salud, se ha mostrado amable y cariñoso con sus padres, empeñado en traernos aquí junto a él, creo que todos somos más felices viviendo en nuestro correspondiente lugar.

Llegó entonces hasta ellos Irena con la bandeja que contenía la tetera, la cafetera, la leche, el azucarero, las dos tazas y el agua, además de un plato con pastas. Irena, la esposa de Hansi, era una rubia mujer silenciosa, delgada de tronco, sin apenas pecho, y más gruesa de extremidades, con un dulce rostro de madre responsable, una nariz elegante (Eva pensó en Susan Sarandon, en Sigourney Weaver) y unos labios que se desdibujan al hablar cuando, mecánicamente, torcía un poco la boca. Era de dulces ademanes, aunque no podía evitar anadear en sus andares, y poseía una timbrada y suave voz; rasgos que llegaban hasta su interlocutor, traduciéndose en una impresión amistosa, cómplice y tranquilizadora en el trato cercano.

–Perdón. Siento interrumpir. Les traigo las bebidas. ¿Las sirvo? –En su largo dedo índice de la mano derecha destacaba una profunda cicatriz.

–Muchísimas gracias, *Danke Shön* –dijo Eva–, no hace falta, yo misma las serviré. Muy amable.

E Irena desapareció por la puerta con el mismo grácil andar con el que había entrado.

–¿Quiere azúcar en el té? –preguntó Eva.

–Sí, gracias. Póngame tres o cuatro terrones ahora que mi esposa no me ve –dijo Hans mientras miraba a su mujer Ulrike, sentada a su lado.

–¿No se acabará enterando?

–No si usted no dice nada –Eva sonrió forzadamente al tiempo que se afanaba en servir el té y el café mientras Viveka se hacía cargo de su agua.

–¿Quiere seguir hablándome de su hijo Hans?

–Sabe Fraulein Eva –prosiguió el viejo–, yo no siempre le presté a mi familia, ni a mis padres, ni a mi hermana, ni a mi esposa, ni tampoco a mi hijo toda la atención debida y con los años me he ido dando cuenta de que les resté a ellos y a mí mismo muchos momentos de disfrute que ahora lamento. Lo malo es que presiento que a mi hijo puede haberle ocurrido algo parecido –siguió una ronca y prolongada tos–, me gustaría decirle que tan importante o más que intentar asegurar el futuro de los tuyos, de su hija (que es muy importante, sin duda) es estar a su lado el mayor tiempo posible, compartiendo sus problemas y alegrías, dialogando, disfrutando de las diversas etapas de su crecimiento y de su madurez, ayudándoles, aconsejándoles, sirviéndoles de ejemplo, aprendiendo con ellos, compartiendo y, sin duda, respondiendo a sus preguntas. Pero sé por experiencia que el maldito trabajo, las inexcusables obligaciones, también la vida social e incluso el egoísmo personal acaban por devorar tu tiempo y el de aquellos que te importan. Todo lo haces, te consuelas, por ellos, por ofrecerles lo mejor, las mayores comodidades y seguridades, por garantizarles en la medida de tus posibilidades un futuro de tranquilidad material y bienestar personal. A fin de cuentas: ¿qué es lo que debe uno hacer, dejar de trabajar, hacerlo menos horas, ganar menos dinero, desatender a las obligaciones? Nosotros teníamos obras por todas partes en la ciudad, trabajamos en la villa olímpica, en el estadio, en los barrios y en el centro, contribuimos a la reconstrucción de Múnich y a su despegue económico. ¿No debí hacerlo? Es tan complicado –musitó el viejo apareciéndole de nuevo la tos, una tos pastosa, espesa, profunda, de fumador acatarrado, aunque hacía años que no fumaba salvo de forma esporádica a escondidas de su esposa–, y mientras tanto –continuó–, los años pasan, las muestras de amor se desvanecen y el egoísmo se consolida.

Viveka respiró aliviada y Eva se sorprendió ante aquel nuevo, inesperado arranque de sinceridad del frágil y menudo anciano, mucho más que por su locuacidad, por la nitidez en la exposición o su empeño en hacerse entender.

–Es una cuestión que nos acosa y obsesiona a todos como padres o como personas –repuso Eva–, el aprovechamiento o la perdida de nuestro tiempo, un problema envenenado, una dicotomía difícil de resolver.

–Tardamos una vida entera en aprender, si es que lo hacemos, y entonces uno tal vez ya no está en condiciones de solucionarla, no le quedan fuerzas apenas. Ese es al menos mi caso. Y me entristece ver como todos cometemos similares errores con nuestros seres queridos –el viejo se quedó pensativo y tomó un trago de té.

–Aunque nos lo adviertan, tampoco los hijos solemos hacer mucho caso a nuestros mayores. Supongo que eso también es inevitable –prosiguió Eva–. Todos tenemos nuestra propia vida y el derecho y la obligación de equivocarnos para aprender, de cometer errores personales. Cada generación es diferente, rompedora, única en su manera de integrarse en el todo desde que el mundo es mundo, la suya, la de mis padres, la mía, la de su nieta, todas. Eso también es comprensible.

–La vida es difícil, ¿eh?

–Sí, ciertamente –los dos se miraron sonriendo.

Ulrike escuchaba, tomaba a veces un pequeño sorbo de agua y observaba, aguardando su momento, el cómo y el cuándo debía hablar.

–Ha sido mejor padre de lo que él se cree –intervino entonces por vez primera.

–Seguro –asintió Eva.

–No es fácil ser padre –volvió a decir la vieja.

–Por supuesto. Ni madre. Tampoco hija, hermano, tía o amante. No es sencillo saber cómo ha de comportarse uno, sobre todo con los cercanos, sobre todo con los que más quieres. Estoy de acuerdo –Eva, con la mirada baja, jugueteaba tocando el asa de la taza de café–, los padres hacen todo lo que pueden y a menudo más –concluyó.

–Cuando creemos conocer a nuestros hijos –prosiguió la anciana acercándose un poco más a su marido, sentada frente a Eva y Viveka–, nos equivocamos, y cuando pensamos que son unos desconocidos, también. Creo que usted no tiene hijos, ¿es así Fraulein Eva?

–En efecto.

–Puedo preguntar por qué.

–Se imaginará que no puedo darle una respuesta simple pero, como en el caso del matrimonio, resumiéndolo mucho, supongo que todo se reduce a que no he encontrado a la persona adecuada para poder tenerlos, no he sido muy afortunada con mis relaciones personales. Quien me gusta me desprecia e ignoro a quién intereso. No es fácil coincidir. Y cuando ese milagro sucede, tampoco lo es el complementarse ni la convivencia. Mis exparejas acaban detestándome. Así es que mejor recurrir a la mala suerte, una excusa muy socorrida, que enumerar un sinfín de otras causas o posibilidades: el egoísmo, el temperamento, la personalidad, los hábitos o el carácter, con los que siempre sería yo la que saldría muy mal parada personalmente. Permítame que lo dejemos así.

–Claro. Comprendo. Aunque pudo haberlos tenido de igual manera. Sin un padre, quiero decir.

–Sí, es cierto. Supongo que el problema es que tampoco está lo suficientemente desarrollado en mí eso que se conoce como instinto maternal. Educar y ser referente es una responsabilidad que me abruma y sobrepasa. Siempre me ha dado miedo proyectar mis muchas dudas e imperfecciones en otras personas bajo mi responsabilidad, ya sea alumnos o, peor aún, hijos. Me aterroriza enseñar porque no soy experta en materia alguna, no sé sobre nada. Rafael Alberti, un famoso escritor de mi país, decía que sólo era poeta. Yo, ni eso. Lo más parecido a un hijo que tengo –prosiguió Eva tras un respiro–, es mi sobrino y siento la angustia de no estar a la altura que se merece. Es mi debilidad, mi amor, la persona que más me interesa del mundo, a la que sería capaz de perdonarle todo y ofrecerle todo. Esos sentimientos, que surgieron en mí en cuanto nació y se acrecentaron tras el fallecimiento de su madre, he de suponer que se asemejan muy mucho a los maternales pero, entenderán que sólo es una suposición. Por cierto –remató–, es un estupendo muchacho, guapo, aplicado, inteligente, responsable y trabajador.

Hubo una pausa. Los reunidos se miraron con timidez, disimulando, hasta que fue Hans el que retomó la palabra.

–Me hubiera gustado conocerlo. Y, ¿tiene usted en estos momentos a alguien en su vida, Fraulein Eva, un novio o compañero? Permítame que se lo pregunte –insistió ahora el viejo.

–En estos momentos no, nada serio –respondió tras dejar la taza de café en el platillo–. La última relación más o menos estable que he tenido fue con Ernesto Besga, ustedes lo conocen. Rompimos hace años por diferentes razones. Mi vida es bastante simple y sencilla. Volvió la calma.

Eva trataba de que no se le notara demasiado lo poco que le gustaba hablar de esos aspectos íntimos, de su vida privada; tomó otro trago de café para aliviar la sequedad de garganta y decidió retomar las pesquisas sobre la familia Fritzhofer–. Ya saben que he conocido también a su nieta, muy poco. Quiero decirles que a mí también me hubiera gustado que hubiera estado hoy aquí, sólo he hablado con ella en una ocasión, pero no ha sido posible. ¿Qué me pueden decir de ella?

–Marlene es una chica estupenda –intervino Ulrike de inmediato.

–Aunque está en una mala edad –matizó su marido con voz leve, casi ausente, sin fuerza, al borde de la tos otra vez.

–¿Existe alguna buena? –interrumpió ahora traviesa Eva.

–No, supongo que no. Pero unas son mejores que otras –sonrió él.

–Es una muchacha de su época, estudia informática, es incapaz de soltar el teléfono móvil ni cinco minutos, completamente enganchada al ordenador, los videojuegos y las series de televisión, supongo que como tantos otros jóvenes de su generación –comenzó a decir Ulrike, sentada junto a su marido para algo más que para acompañarlo callada–. Es capaz de pasarse horas y horas en su habitación encerrada, estudiando (o eso creen sus padres porque los estudios no le han ido mal) o, sino, jugando, conectada con otros amigos o conocidos de esos virtuales, o con su novia.

–*Sie ist lesbisch* –interrumpió Hans.

–Es lesbiana –repitió Viveka impertérrita. Eva hizo un gesto afirmativo.

–Sí, desde hace más de dos años –prosiguió Ulrike–, también se pasa bastante tiempo al lado de Henriette.

–Las dos son igual de extravagantes –volvió a intervenir el viejo.

–¿*Extravagant*? –preguntó Viveka poniéndose el dedo índice por debajo del lóbulo de la oreja.

–*Ja.*

–Extravagantes.

–Extravagante es una bonita palabra, alguien que se sale de lo esperado. Es bueno que tenga pareja. La ayudará a conocerse mejor, a conocer a los demás, a crecer, a aprender y a madurar –Eva habló sin pensar demasiado, sonriendo, intentando relajar la tensión creciente.

–No sé yo –dudó el anciano–. Me temo que las dos tienen la cabeza demasiado extraviada aún y su mutua compañía no hace sino alimentar el embrollo mental de la una y la distracción de la otra. Temo que pueda acabar mal.

–O no. Tal vez se entiendan –dijo Eva–. Es normal la búsqueda de respuestas a su edad. Bueno, a cualquier edad. ¿A qué se refiere cuando habla de embrollo mental? ¿De su condición sexual? –requirió incisiva, alerta.

–No, por supuesto que no. Verá Fraulein Eva: yo, siendo casi un niño ya viví el Berlín de finales de los años veinte y principios de los treinta y supe de los clubes y los cabarets provocativos, y vi a prostitutas, homosexuales, lesbianas y travestidos. Quiero decir que nada de esto es escandaloso o nuevo para mí. Más que su condición sexual, me preocupan sus posicionamientos políticos. Sus padres han intentado darle una buena educación, que se interesara por los libros, la literatura, el cine, el arte, que tomara interés por los deportes o por una actividad cualquiera al aire libre (y no digo que no lo haga o que no lo tenga) –expuso Hans tomando nuevo vigor–, pero me parece que prefiere otras formas de conocimiento.

Marlene era una muchacha alta y rubia como su madre Irena y robusta, más bien gruesa, como su padre Hansi, antes de que decidiera ponerse a dieta después de conocer a Henriette, ni guapa ni fea –"bien parecida", la definía su abuelo y "apuesta" su abuela–, no muy habladora, no muy divertida, más bien melancólica, con un sentido del humor atrofiado y una sonrisa tan rácana que su pose circunspecta y rígida, escondida tras unas gafas de ancha montura, podía inducir a pensar que se había petrificado en su redondeado rostro a perpetuidad. Cuando vio su foto en Internet, Eva la relacionó de inmediato con Jennifer Jones y Jean Simmons.

Después de haber superado sin problemas la enseñanza primaria y con algunos más el bachillerato, para dar satisfacción a las pretensiones de sus padres había comenzado a cursar estudios de informática, materia que sin duda le interesaba, pero ahora ya más para utilizarla como medio de activismo social en lucha contra las injusticias del sistema que como herramienta para convertirse en una emprendedora de ese mismo sistema. Y en ello estaba, cada vez más comprometida con la causa. Porque con la llegada a la Facultad algo había ido cambiando en ella al comenzar a reunirse con su grupo de compañeros, enérgicos agitadores políticos todos ellos, ahormados por el vigoroso ímpetu de la juventud que, poco a poco, fueron insuflando en aquella evanescente y apagada muchacha más bruscas sacudidas de energía con las que abordar el mundo que la rodeaba y sus contradicciones. Su novia Henriette fue la más influyente artífice del cambio de actitud experimentado desde que se conocieron, cuando Marlene era una tímida joven atenazada por su entorno, con un novio delgado y barbudo tan apocado y dubitativo como ella, y aquella una poco agraciada chica de pelo rosa también paralizada por su complejo pero rebosante de ideología, feminismo militante y porte andrógino –un cruce entre Tilda Swinton, Glen Close y David Bowie, pensó al instante Eva observándola en la misma fotografía colgada por su novia Marlene en las redes sociales–, y profundas convicciones "alternativas" a no sabía bien qué, con la imperiosa necesidad de encontrar un alma gemela con la que compartir traumas y proyectos de cambios sociales.

En cuanto se conocieron, encajaron tan eficazmente como las piezas del Airbus que, aún fabricadas en lugares dispares y remotos, en Alemania, Francia o España, acaban por engarzarse una con la otra hasta conseguir volar como un solo mecanismo. Por mediación de Henriette y los demás, Marlene había tenido ocasión de ir conociendo a ciertos personajes más o menos relevantes del sector local de la lucha obrera, políticos de segundo o tercer orden, sindicalistas, afiliados, otros estudiantes o profesores, para ella fiables contactos gracias a los cuales comenzó a tener amplios caudales de información respecto a la realidad social que la rodeaba. Y así, se sentía cada día más concienciada, más determinada en la necesidad de promover los profundos cambios estructurales que su país y el mundo –pensaba ella–, necesitaban. Esas eran las otras fuentes de conocimiento alternativas a las que se refería su abuelo.

—Ciertamente —habló Hans–, ella, que ha tenido una vida bastante acomodada, se ha propuesto llevar a término una labor titánica en beneficio de los menos favorecidos; una labor sólo excusable por la audacia de la juventud, pero… supongo que en todo ello también ha influido mucho lo ocurrido en estos últimos meses y años en nuestra familia.

—¿A qué se refiere usted? –preguntó Eva por inercia, aun sabiendo la respuesta.

—A las muchas noticias hechas públicas últimamente referentes a mi pasado.

—Comprendo. Es loable su interés por los otros. Y no es una mala noticia precisamente que los jóvenes, las nuevas generaciones, su nieta y mi sobrino, se interesen por su sociedad, por la política, por la historia, todo ello forma parte de nuestro mundo –respondió Eva apurando el último trago del café que ya casi no había–. No deben dejar su futuro y el de todos sólo en manos de los mayores, es necesario que dejen oír su voz, sus opiniones, sus intereses y luchen por las ideas en las que creen, respetando lo vivido por los que les han precedido y, al tiempo, librándose de esas ataduras pasadas. No es fácil, pero hay, debe haber, un camino compatible entre las generaciones.

—Razona usted bien, Fraulein Eva –quiso hablar el viejo tras hacer una seña con el dedo índice de su mano derecha–. En principio estoy de acuerdo. Su novia y sus compañeros de Facultad ejercen sobre ella influencia y no dudo que sean unos buenos muchachos con mentes abiertas, ideas grandes y creencias encomiables.

—¿Entonces? –requirió ella interesada.

–En el fondo, usted y yo podemos sospechar que sus posturas tienen algo, mucho –recalcó mirando con fijeza al frente–, de reacción contra sus padres y, de manera especial, contra sus abuelos, contra mí más en concreto. Cree que nosotros la hemos mentido, que sus padres se han callado y que todos la hemos fallado; se siente decepcionada y resentida. Ha sido una reacción antifamiliar.

–Es comprensible hasta cierto punto.

–¿Hasta qué punto? –preguntó el anciano.

–Pues: respecto a ustedes –miró hacia Ulrike también, como queriendo dar a entender que los consideraba un "todo"–, los abuelos, puedo imaginarme que le ha sorprendido todo lo que se ha sabido en estos últimos tiempos. Y respecto a todos, a ustedes y a sus padres, supongo que el silencio.

–El silencio, ya –respondió el viejo sin dudar–. Hansi e Irena, es cierto, nunca se han interesado mucho por la política. Nunca han hablado demasiado sobre todos esos temas, ni con nosotros ni con su hija. Y nosotros –miró a su esposa–, callamos cuando es posible que no debíamos haberlo hecho… tanto.

No, Hansi, el hijo, nunca había estado involucrado en líos políticos ni en líos de cualquier otra índole. Era inteligente, trabajador, cumplidor, lo había demostrado en su empresa, en la BMW, donde logró entrar siendo aún muy joven gracias a su bien sentada cabeza y a unos no menos importantes contactos convenientemente avisados por sus padres, prosperando desde los puestos más bajos. Era organizado, discreto, con actitudes para el mando y toma de decisiones, pero lo suyo no eran las complicaciones, cómo decirlo, de tipo intelectual.

Tenía creencias, sus preocupaciones, su ideología, respetaba las opiniones de los demás, pero jamás se había planteado jaleo mental alguno que pudiera alejarlo de lo que más le importaba: su familia, su trabajo (o su trabajo y su familia) y sus amigos. Solo en la ciudad desde que sus padres habían decidido regresar a Berlín en 1986, se había acostumbrado a salir adelante no exento de valentía, pero sin complicaciones. Luego conoció a Irena, una bella joven secretaria de su misma empresa automovilística, una chica agradable y educada con similares ambiciones vitales a las suyas, se enamoraron, se casaron y tuvieron una niña rubia, estupenda. A él le gustaba la cerveza, comer salchichas, los bombones de chocolate e ir al estadio a ver jugar al Bayern. Y poco más.

—Mi hijo y su mujer llevan una vida sencilla y digna. Pero si él nunca ha tenido pretensiones intelectuales no ha sido por incapacidad para ello, sino porque así lo ha elegido —intervino la anciana Ulrike sin disimular ni por un instante el amor y el profundo respeto que sentía hacia su hijo, evidenciando una vez más ese vínculo umbilical, perpetuo e irrompible que intuye más que conoce las acciones y los comportamientos del alumbrado antes incluso de que las realice—. Antes lo lamentaba. Como yo he sido una ignorante toda mi vida —prosiguió—, no comprendía a quien, pudiendo seguir estudiando y teniendo capacidad para ello, para prosperar y crear, pintar o escribir, no lo hacía, porque a otros nos hubiera encantado poder hacerlo y no tenemos las habilidades necesarias para ello. Pero supongo que tenía sus razones. Y lo respeto, lo respeto mucho.

—Yo lo admiro, aunque él no lo sepa —intervino Hans— pero su celo por intentar llevar una vida sencilla, por no remover asuntos del pasado, por alejarse de las vidas de sus padres y distanciar a los suyos no le ha servido para garantizarse la comprensión de su hija.

Viveka traducía sin duda apenas.

—Todos tenemos derecho a conocer la historia, el pasado, el personal y el de los tuyos, el colectivo, contribuye a que nos conozcamos mejor. A la larga, el silencio es peor opción que el diálogo, sin duda, acaba por no proteger y abre la puerta a las mentiras, las dudas y las tergiversaciones —intervino Eva.

—Usted defiende con brillantez su terreno, Fraulein Eva y hace bien. Claro, comprendo y comparto su punto de vista —expresó de nuevo Hans—, pero mi nieta Marlene tampoco parece que confíe en usted demasiado. O, mejor dicho, se fía de usted igual o menos que de todos nosotros. Cree que el metódico, profesional, ortodoxo estudio de la Historia, el rigor academicista, es una armadura bajo la que se esconden casi siempre reaccionarios y conservadores, comprensores de lo inexcusable, defensores de lo indefendible o mercenarios de los partidos políticos.

—Sí, es cierto. Lo poco que nos hemos tratado no ha ido muy bien, precisamente. Cuando nos conocimos tuvimos un encontronazo por esa causa. No hemos empezado muy bien nuestra relación. Está en su derecho de pensarlo. La Historia no es simple, es complicada, harto complicada, su estudio es el oficio de los matices. Y en el trabajo de historiador, como en cualquier otro, hay de todo: vendidos, sinvergüenzas, mentirosos, copistas y también honestos buscadores de la verdad, minuciosos, serios, responsables profesionales que huimos, o intentamos huir, de la manipulación partidista y de los sesgos ideológicos. Quiero pensar que pertenezco a este último grupo e intenté demostrárselo a su nieta Marlene, pero…

–dudó un momento–, supongo que me equivoqué, no nos entendimos, no me ha dado opción alguna, hubiera deseado conocerla más y explicarle mejor mis puntos de vista.

–Frente a todo lo que se le ha venido encima estos últimos meses ha reaccionado frontalmente, llevando hasta el extremo su enfado, buscando entre su pandilla e Internet las respuestas que no le hemos sabido dar. Y eso me preocupa –arguyó Hans.

–Nos preocupa –puntualizó Ulrike.

–Tal vez no deberían alarmarse demasiado aún. El tiempo, como los ladrillos de hueco doble, el cemento Pórtland o el hormigón armado, que usted conocerá tan bien después de trabajar en una enormidad de obras y proyectos aquí en Múnich, es también un material de construcción. Pero acercarse al pasado sin prejuicios requiere paciencia; a veces requiere de toda una vida –remató Eva mirando sin disimulo al viejo, preguntándole con los ojos.

–Sí. O más de una –le respondió él.

–Pero, también comprendo –continuó Eva–, la elección de todos aquellos que optan por el silencio, por no mirar atrás, por vivir ahora y pensar en el futuro. ¡Vaya si lo entiendo! Y como les sucede a ustedes con su hijo, también puedo llegar a admirarlos e incluso envidiarlos. Remover el pasado es fuente de alegrías, pero también puede serlo de muchas frustraciones y decepciones. No creo que usted sea una ignorante, Frau Ulrike, y tampoco puedo enjuiciar a su hijo por adoptar la postura que adoptó. Creo que a veces elegir llevar una vida sencilla y digna es la menos sencilla de las elecciones.

Luego, la conversación viró hacia los hábitos actuales del matrimonio de ancianos, sus limitaciones, las enfermedades, Mina y el tratamiento del dolor, las pastillas y los horarios, hasta que, después de un largo rato, el viejo Hans decidió que ya era suficiente.

—Estoy algo fatigado. Ha sido una jornada intensa. ¿Le parece que sigamos mañana? —atajó con brusquedad.

—Por supuesto. Aquí estaré a la misma hora. Gracias por el café. Hasta mañana —replicó Eva, intentando disimular su sorpresa ante el seco corte del anciano.

De vuelta al hotel, después de la cena y de una ducha reparadora, sentada frente al escritorio, se abstuvo de escuchar la grabación de la charla, pero trató de recordar, ordenar y anotar todos aquellos puntos de referencia que creyó esenciales y que, aunque aún no sabía cuándo, debían servirle para no sabía tampoco exactamente qué: Hansi, silencio, Irena, agradable, Mina, Hans, muy viejo, Ulrike, los hijos, la nieta Marlene, renegar, silencio, silencio, ¿para qué la historia?, ¿para qué recordar? Apuntes que tan solo podían colorear el aluvión de imágenes y sensaciones que retenía en su cabeza, también de sonidos: sobre todo el de aquella débil y frágil, pero ronca voz de viejo, tan opuesta a la de Franco en sus últimos años de vida, que se repetía en ella con la firmeza de un impacto sensorial previsible, atenuada por el contraste violento con el que la dicción poderosa, grave, vital de Viveka, tan decidida como ella misma, le sucedía. Después pensó en hacer una mínima planificación del inmediato futuro, un guion para la conversación del día siguiente, pero al final se abstuvo de hacerlo. "¿Para qué? Hablaremos sobre lo que vaya surgiendo, sobre lo que quiera contarme, sobre lo que recuerde y sobre lo que quiera recordar. Y volveré a recordarlo yo de noche, al regresar, y volveré a anotarlo. O no".

Luego, ya en la cama, se entretuvo whatsappeando, entrando en Facebook y, lo uno llevó a lo otro, observando las muchas fotografías guardadas en la galería de su teléfono móvil, en la memoria casi repleta a rebosar con cientos de instantáneas personales y familiares, para acabar volviendo a jugar, una vez más, a aquello de buscar parecidos entre las personas.

Ya desde muy niña, Eva solía recapacitar sobre lo muy similares que somos los unos a los otros, sobre como continuamente nos topamos con rostros que ya hemos creído ver con anterioridad, caras conocidas, familiares, cercanas, feas y no tanto, que hacen saltar en nuestro cerebro los resortes de activación del ayer cercano y del ayer remoto, ¿dónde diablos he visto yo a esa persona antes?, ¿en la calle, en el trabajo, en algún lugar de ocio, en la televisión, en el cine, en alguna fotografía, en la prensa? Todas recuerdan a otras, a la tía, al abuelo, al jefe, al novio, a la compañera, a una actriz o actor cualquiera, un famoso, un deportista, al vecino, al amante, al rival, al tendero, al mecánico... somos tan, tan similares los unos a los otros, "tan tozuda y genéticamente iguales" –solía decir su mejor amiga, Carla Caicoya–, individuos sujetos tan sólo a meros, pequeños cambios o alteraciones formales: una nariz prominente, unos ojos saltones, unas orejas grandes o pequeñas, una constitución gruesa o fina, un abdomen voluminoso, un pelo frondoso o ralo, una estatura elevada o escasa, fealdad y belleza, deformaciones o mutilaciones, límites y excesos, cuestiones todas de forma pero no de fondo que, a simple vista, apenas nos diferencia de los demás, de la masa, de entre los otros, el hombre más común y la mujer corriente, del resto de personas con las que hemos coincidido, o no, en este nuestro efímero paso por aquí.

Incluso entre actores famosos o personajes populares disfrutaba encontrando las similitudes: Al Pacino y Andy García, Robert De Niro y Jack Nicholson, Richard Dreyfuss y Dustin Hoffman, Julia Roberts y Anne Hathaway. Eva pensaba en ello a menudo y, "como siempre estás en tu mundo" –tal y como le decía su antiguo novio Ernesto Besga–, y jamás había tenido facilidad para recordar los nombres de las personas y menos aún relacionarlos con sus rostros (lo que la había colocado en no pocas situaciones embarazosas después de presentaciones serias o charlas informales porque al volver a coincidir nunca recordaba su nombre), había creado un código personal de adecuación a las circunstancias para diferenciar al mayor número de personas posibles de las muchas con las que, como todos, por su vida, sus contactos, su trabajo y su interés se iba topando: clientes, amigos, compañeros, amantes, conocidos, familiares... los comparaba sobre todo con actores de cine o con rostros reconocibles de la televisión pero no sólo, también con personajes históricos, intelectuales, deportistas, protagonistas de cuadros. Se trataba de un juego algo infantil en el que, con los años, había ido involucrando también como cómplices necesarios tanto a su hermano Héctor como a su amiga Carla, con la que llevaba compartiendo confidencias desde hacía más de cuarenta años, desde la infancia, desde el colegio, toda la vida. Mira, allí va Gary Cooper, o Pierce Brosnan, o Gary Oldman, o Claudette Colbert, o Paulette Goddard, o Barbara Stanwyck, o Gene Tierney, los guaperas son Brad Pitt y George Clooney, nos están mirando Clark Gable, el de las orejas, o el que se asemeja a Sean Penn, ¡qué pinta de peligroso!, aquella tiene unos melones como los de Kim Novak o Jane Russell, la camarera tiene la nariz de Sandra Bullock, la farmacéutica los ojos de Cate Blanchett, la cajera es Rene Zellweger, la frutera Jean Arthur y el taxista, con su nariz y su boca torcidas, Sylvester Stallone. Cuando la conexión entre el anónimo y el conocido era más evidente, Eva y Carla o Eva y Héctor se hacían un gesto y reían abiertamente: "sí, sí, son iguales, has dado de lleno en la diana".

También con sus clientes: para Eva, la madre de, por ejemplo, Jonathan, un vecino, no era sino Ana Diosdado, una señora con aire respetable y pinta de ser buena persona a la que, eso sí, su hijo le había salido algo insoportable, una especie de Mickey Rooney repipi e insufrible; Blanca, una de sus más fieles compradoras, una mujer bonita pero corriente, con unos ademanes enemistados con su rostro, era una Elsa Lancaster después de haber abandonado a la criatura. Y Abel, un atractivo caballero que a menudo acudía a comprar con su esposa y sus tres hijos, también aficionado a correr, y gracias al cual ella se había podido unir al grupo de deportistas con el que ahora salía frecuentemente, era una especie de John Malkovich sugestivo y educado, interesante, aunque un poco aburrido y predecible, incapaz de desasirse de las responsabilidades familiares y de —lo que para Eva era una lástima —su férrea atadura conyugal, en exceso dependiente de su absorbente esposa.

Así se organizaba mejor, era un mecanismo, una trampa no exenta de humor que le servía para ordenar la agenda, relacionar nombres con rostros y poner algo de freno a su innato y descontrolado despiste, agudizado con el paso de los años, y por la desidia de tener que tratar con un número de personas más elevado del que su capacidad de atención asimilaba. Pero no era una mal educada, al contrario, detestaba las malas formas y antes de equivocarse como antaño creando malentendidos no siempre divertidos, pues prefería pensar en Leo DiCaprio, Gracita Morales, Antonio Resines, Leo Messi o George Bernard Shaw para así hacer converger mejor nombres y apellidos con imágenes.

También aplicaba su perfeccionado método a la familia, a las fotos color sepia o gris, ahora copiadas al móvil y antes fijadas con papel celo ya amarillento en álbumes descoloridos o sueltas, perdidas en algún cajón o cofre de casa y que su madre o ella misma habían ido recopilando, en las que aparecen personajes de mirada enigmática, difusa, abandonada en la distancia y el olvido, en la lejanía, en la historia; hombres y mujeres del pasado que, al ir pasando el tiempo, conforme sus descendientes desaparecen o van perdiendo su recuerdo, resultan a su vez más lejanos y desconocidos, más ausentes, más muertos. La abuela Teresa tenía cierto parecido con Debra Winger, Suzanne Pleshette o Paula Prentiss (¡qué delgadita parecía!), la otra abuela, Lola, era clavadita a Imperio Argentina, y el abuelo Héctor, a ¿cómo se llamaba?, Edward G. Robinson, sí, Edward G. Robinson. Incluso el dueño de aquella panadería que, aún nadie sabe por qué demonios aparece en la fotografía de los abuelos en la plaza del Seis de agosto, parecía el doble de Ernest Borgnine.

También entre los vivos: su madre Lourdes quedaba relacionada con María Casanova o Donna Reed, su padre Héctor con Jack Lemmon, Gene Hackman o Bruno Ganz, su hermano Héctor con Vittorio De Sica o Paco Cecilio, su sobrino Alejandro con Roddy McDowall y su amiga Carla con Maureen O'Hara o Greer Garson.

Resultaba un entretenimiento divertido para las jornadas perdidas, para los escasos ratos sin trabajo, de descanso, en los que podía plegarse a la molicie, a uno de sus placeres favoritos: no hacer nada; nada más que quedarse en el sofá viendo películas con una caja de bombones y, como mucho, ojeando las viejas fotos de los antepasados o las, no tanto, de su sobrino. Y también era un buen pasatiempo, ahora que la tecnología permitía llevar consigo en el teléfono tantas fotografías como quisiera, para, durante los últimos instantes de la jornada, de cualquiera, también de aquella, disfrutar de momentos de relajación tras un día intenso en el que había conocido a Hans Fritzhofer en Alemania, al límite ya del sueño. "Cómo pasa el tiempo, cómo ha cambiado Alejandro, qué niño aún en esta foto de su graduación en el Instituto, y qué grande está ahora, es ya un hombre, y con novia" –pensaba ojeando algunas de las últimas instantáneas–. Eso sí, fotografías que, tan previsora ella como siempre, conservaba también en papel, impresas, convenientemente organizadas por fechas, pegadas con esfuerzo en las hojas adhesivas de sobrios álbumes de los de toda la vida, de recias tapas, que archivaba en su casa. "Antes de que – continuaba pensando–, la endemoniada revolución digital acabe con el revelado, el papel, los recuerdos tangibles y, ¡maldita sea!, a este paso es probable que hasta con todos nosotros". Alejandro crecía, claro que crecía, así, como de un día para otro, aunque como en la Historia misma, la colectiva y la personal, nada pasa de un día para otro, sino que los hechos se suceden en procesos, más lentos o más veloces, alterados o no, pero implacables, como el discurrir mismo del tiempo.

Siguió ojeando las decenas de fotos, antiguas y nuevas, de los familiares muertos y de los vivos, que llevaba consigo y pensó en aquel viaje.

Echaba de menos a su hermano Héctor, aunque a él lo vería pronto, a sus padres y a su sobrino Alejandro. Era la una de la madrugada.

Capítulo Tres

Ulrike y la historiadora

Al despertar el nuevo día, Hans no pensó en la conversación de la tarde anterior, ni en lo que había cenado. En lo que pensó, de forma vívida, como si hubiera ocurrido ayer mismo, fue en los primeros años junto a su esposa, Ulrike Boxrucker.

Se habían conocido en Múnich, al final de la guerra, cuando él, convaleciente de varias heridas en la pierna y en el brazo derechos producidas por una explosión, se reponía en el mismo hospital al que ella acudía a diario a visitar a su padre. De joven, aunque siempre fue bonita, era más atractiva que bella, sensual, sexual. La recordaba, casi adolescente, con un gastado abrigo largo color Burdeos, el bolso colgado de su hombro, los brazos entrecruzados por debajo del pecho y la cabeza baja, con la mirada fija en el suelo, interesándose por saber con exactitud qué y dónde pisar (nuestro hijo Hansi ha salido a ella también en eso –pensaba), andando como a saltos, moviendo las caderas con un ademán hermoso y atrayente, como flotando, como aún ahora lo hacía, aunque sin tanto brío. Tenía mucho éxito con los chicos, entonces y después, pero escogió casarse con él, con aquel hombre siete años mayor que ella, aturdido, perdido, extraviado, herido, necesitado de cariño, al que le urgía rehacer su vida y que encontró en la joven, soñó en ella, todas las inocentes aptitudes opuestas al horror de las bombas, la sangre, el frío, el miedo, la muerte y la vergüenza vividos los últimos años. No supo qué fue lo que a ella le atrajo de él, ni se lo preguntó. Suponía que ese semblante triste y sufrido, pálido, de individuo débil y desvalido que presentaba en el hospital, como un niño indefenso y frágil en busca de una mano tibia y una mirada cómplice que se superponía a la supuesta experiencia de hombre maduro y experimentado, un infeliz más vapuleado por la guerra. Suponía, pero no sabía por qué de entre aquella extensa nómina de pretendientes, muchos de ellos mejores, más fuertes y con mejor futuro, lo había escogido a él. Y ya no le importaba. Nunca dudó de su palabra, ni siquiera años después cuando, siendo ya una mujer casada y con un hijo, siguió teniendo sus merodeadores y, de haberlo deseado, ocasiones para la aventura. Pero no lo hizo.

Porque en la década de los 60 y los 70, con más de cuarenta o cincuenta años, Ulrike Boxrucker seguía siendo, sí, una atractiva mujer de bonitos ojos rasgados ("chinita" la llamaba él), boca grande, labios carnosos, tez sonrosada, cabello negro liso, grandes pechos, ancha cadera y piernas rotundas a la que su innato atractivo sexual estaba aún en disposición de brindarle novedosas sensaciones y momentos. Pero ella se había conformado con su adorado marido Hans, la persona que llegó a su vida tan en el momento justo como ella había llegado a la de él, cuando dos errantes tristes, pobres y desamparados más de la posguerra, dos entre tantos miles, a falta de comida y dignidad, alimentaban su vacío orgullo con la solidaridad, el contacto personal y la ayuda mutua. Ella y su familia, dedicados a la construcción, habían tenido tratos con el "régimen anterior a la guerra", como todos, pero no en el mismo grado que otros, ni mucho menos, y Hans vio en ello también, en esas circunstancias, una nueva oportunidad, un alivio de frescura inocente. Gracias a los contactos previos a la guerra o a los posteriores, con gerifaltes nacionalsocialistas reconvertidos o con las autoridades aliadas, el caso es que a la familia nunca le faltó trabajo. Y desde que Hans y Ulrike se hicieron novios, al primero tampoco. Acuerdo beneficioso para ambas partes. "Sin preguntas –había dicho él", "sin preguntas –confirmó ella". Su conformismo se acrecentó cuando, siete años después de la boda, tarde, cumplieron con un anhelo lejano y tuvieron un niño. Nació Hansi.

Durante ese intervalo de tiempo hubo mucho de atractivo sexual, de enamoramiento físico, aun de algunas locuras de juventud, escapadas nocturnas, visitas a tabernas oscuras, bailes disparatados en salas poco recomendables, rodeados de soldados norteamericanos, Fraulein, o prolongados excesos de alcohol barato. Pero al quedar embarazada todo cambió en ella, algo también en él, y afianzó el amor mutuo. Luego, cuando el niño fue ya un incipiente adolescente, Ulrike seguía esperando lo mismo de aquel pronóstico programado: no deseaba creer en la existencia de algo diferente. La rutina y la responsabilidad la complacían, estaba convencida de que nunca encontraría nada mejor que aquella, su vida escogida. Mientras tanto, bastante tenía con atender su hogar, a su hijo, velar por su familia, sonriendo, siempre risueña, feliz; siéndolo en verdad quizás, aunque también era cierto que hacía años que se había acostumbrado a sí misma como profesional del olvido y el engaño. Como su marido. Como todos.

Ulrike apenas hablaba de política ni en público ni en privado. Tan extrovertida en todo, no lo era con los demás en esos asuntos. Pero tenía sus propias ideas: era una superviviente, una más, y tal vez por ello una mucho más ferviente partidaria de adaptarse a la nueva vida que llegaba, que de mirar al infierno pasado; sólo quería poder seguir viviendo con su marido y su hijo. Porque a pesar de aquel primer compromiso inicial de ambos ("sin preguntas"), en él surgió pronto el anhelo de saber y de explicarse a su esposa; pensaba que el peso muerto de silencios, medias verdades, indirectas, ironías y absurdas muecas de asco, hastío o risa, podrían llegar a lastrar su relación más que mil y una infidelidades de la carne. Pero ella se negaba a escucharlo hablar del pasado, creía en todo lo contrario, que sólo el silencio y el olvido permitirían consolidar más y más su matrimonio. "Tenemos que hablar –le decía–, tenemos que hablarlo". "¿El qué?" – replicaba Ulrike con estudiada pero estéril ingenuidad, aplazando las conversaciones sobre sus vidas pasadas, sus experiencias y sus recuerdos. Con esa capacidad de razonamiento propio atinadísimo que a menudo tienen las personas no muy letradas, pero sí inteligentes, con un sentido práctico muy desarrollado, Ulrike estaba convencida que su presente y la conversación sobre el ayer no eran compatibles; pensaba que hablando del pasado no aumentarían las posibilidades de disfrutar más el presente. Se negaba a saber, decía no saber, aunque sabía más de lo que aparentaba.

¿Por qué se acordaba el viejo ahora de eso? De cuando nadie, ni su propia esposa, quería recordar su vida anterior. "No hablemos del pasado –se limitaba a decirle ella una y otra vez–, tú sabes bien, tan bien como yo, lo horrible que es recordar todo aquello. No lo hagamos. Miremos al futuro". Y lo besaba en los labios mientras pasaba la mano derecha alrededor de su nuca. Él lo entendía, cómo no iba a hacerlo, pero eso no le impedía, al día o a la semana siguiente, volver a la carga. Y entonces, en cualquier otro momento, por ejemplo mientras se estaban vistiendo para salir, sin apartar la vista de su generosa anatomía, de su espléndido busto entrevisto a través del camisón y de la rotundidad de sus caderas, volvía a intentarlo:

–Ulrike.

–¿Qué, querido?

–Debemos hablar.

–¿Sobre qué?

–Sobre el ayer, sobre la guerra.

–¿A qué viene eso ahora? ¿Para qué? Ya lo haremos en otra ocasión. No vuelvas a insistir, te lo ruego. Ahora no es el momento.

Nunca lo era. Y entonces ella callaba definitivamente y se dejaba caer los tirantes del camisón, dejando entrever su pecho, sus erguidos pezones, sus rosadas y amplias areolas, y se erguía para mirarle a los ojos con media sonrisa, desafiante, juguetona, retadora, traviesa, sabiendo que, antes o después, vencería y él desistiría. "Está bien, cariño, no insistiré", mentía Hans.

–Vístete y vámonos, anda. Estás preciosa con esa camisa.

–Gracias. Ya casi estoy –replicaba ella mientras terminaba de abotonarse y se estiraba la falda con suma delicadeza.

Y Hans entendía de nuevo el porqué había acabado enamorado de aquella mujer de carácter, de su brusca forma de reír, de su disparatada y loca forma de encaminarse por la vida, de sus ojos de rasgos achinados, embaucadores y sus mofletes encendidos. Como la recordaba ahora, tantos años más tarde, cuando superado ya aquel tiempo de silencio y el posterior de las explicaciones, estaba decidido a volver a compartir la historia de su vida, a recuperar el pasado, incluso el más negro, ya no sólo con ella, sino también con una extraña venida de una tierra lejana; cuando a Ulrike volvía a no parecerle un momento oportuno, cuando creía que la injerencia de una extranjera podía resultar lesiva para la familia, cuando dudaba mucho sobre la conveniencia de que su esposo se sincerara abiertamente con aquella mujer. ¿Qué les ocurría a las mujeres? El viejo pensaba que, definitivamente, son muy difíciles de entender.

A pesar de que el nuevo día había amanecido algo nublado y fresco, Eva no se arredró y con la insolencia propia de los humanos ante los dictados de la naturaleza, desafió al clima saltando de la cama en cuanto los sueños de conversaciones con ancianos dieron paso a los pensamientos conscientes de diálogos con viejos. La oscuridad de la habitación y el confort del colchón invitaban a remolonear, pero antes de las diez de la mañana, tras desayunar, ya había partido de su hotel en dirección al famoso parque urbano, uno de los mayores del mundo, donde a no mucho tardar muniqueses y turistas, dispersos por los pasillos, los amplios espacios ajardinados, las fuentes o bajo los árboles, aguardarían sentados sobre la hierba, conversando, montando en bicicleta, dando un paseo con sus perros o desayunando, el triunfo de los rayos del sol sobre los restos algodonosos del relente nocturno.

Eva paseó por entre las colinas y las glorietas del *Englischer Garten*, se sentó en la escalinata del Templo de Monopteros a contemplar el paisaje, visitó *Japanisches Teehaus*, se sorprendió al ver a unas cuantas personas asomadas al puente de *Prinzregenterstrasse* aplaudiendo a los surfistas y, a media mañana pidió una jarra en una de las mesas verdes de la *Chinesischer Turm* situada en el centro de la cervecería al aire libre más antigua de la ciudad. Todo muy típico, de obligado cumplimiento, de manual para turistas, pero no le importaba. Aquella excursión por Múnich quería que fuera de aprovechamiento para exprimir las actividades de cada jornada hasta el límite de sus fuerzas; pretendía conocer el mayor número de lugares posible, visitar todos aquellos rincones que hay que visitar y, a la vez, reservar tiempo para las escapadas más personales, para los extravíos voluntarios y, por supuesto, los asuntos de Hans, intentando disfrutar al tiempo de todas las vertientes de su viaje, la lúdica y la intelectual, la histórica y la gastronómica, la pública y la personal sin menoscabo de ninguna. "Cambiaré museos e Historia por cerveza y *chucrut* cuando me lo pida el cuerpo" –pensaba.

Le hubiera gustado llevar la ropa adecuada para correr, pero se limitó a caminar por aquel maravilloso parque hasta la hora de ir a comer al hotel, viendo, oliendo a cerveza y pan recién hecho, pensando en que llevaba en aquel país un par de días y en que le quedaba aún todo por hacer, aunque no acabara de saber exactamente lo que iba a significar ese todo por hacer.

A las cuatro y media, después de recoger a Viveka en su domicilio, el taxi en el que viajaban las dos mujeres se plantó de nuevo ante el portón gris de acceso a la casa de los Fritzhofer.

–*Guten tag.* Llegan ustedes con puntualidad germana –las saludó Mina en la misma puerta–. Hoy sólo las atenderán el señor y la señora Fritzhofer, el resto de la familia ha tenido que cumplir con algunos asuntos en la ciudad – continuó–, ya están esperándolas. Enseguida les traigo el café y el agua. Si desean otra cosa o necesitan algo más, no tienen más que decírmelo.

–Perfecto. Muchas gracias –respondió Eva sin intentar siquiera preguntar por cuál era la naturaleza de esos asuntos pero, al tiempo, sin poder evitar pensar en que en realidad, tuvieran realmente o no obligaciones que atender en Múnich, después de la conversación del día anterior, la razón por las que Hansi y su esposa Irena habían decidido volar de su casa era para darles vía libre tanto a sus padres como a ella misma, para que pudieran sincerarse mutuamente sin pensar en posible incómoda presencia alguna. Aunque a Eva no le estorbaban, sobre todo Hansi, la circunstancia no le disgustaba en absoluto.

–Buenas tardes. ¿Ha descansado usted, Fraulein Eva? ¿Ha ido a algún lugar bonito esta mañana? –preguntó Hans.

–He ido a pasear al *Englischer Garten*.

–Lindo lugar. Por lo que veo, le gusta a usted más ir de paseo por los parques que hacer visitas, digamos, más culturales.

–Me gusta caminar y correr por parques y espacios abiertos, sí, pero pretendo hacer un poco de todo –respondió Eva a Hans, mirando también a Ulrike–. Haré también visitas culturales, pero hoy he preferido pasear y pensar de forma tranquila en mis cosas, en nuestras cosas –incidió mirando ahora sólo al viejo–, y hacerlo por un hermoso y agradable parque o saborear una sabrosa cerveza bávara son también unos formidables actos culturales, si me permite que se lo diga.

–Por supuesto. Sin duda alguna. Yo también he pensado en nuestros asuntos y en mi esposa –dijo Hans mirando a ambas.

–Me parece lógico. Siento que no estén hoy aquí su hijo, su nuera y, por supuesto, tampoco su nieta, pero ustedes sí están, y quiero aprovechar para empezar diciéndoles que la suya me parece una maravillosa historia de amor, ¡60 años juntos! Resulta un poco sorprendente en estos tiempos. Sobre todo, a mí que no he estado nunca casada.

–Será porque usted no ha querido –dijo Hans.

–No he querido yo y no han querido ellos. Amores no me han faltado, pero me ha resultado siempre muy complicado tener al que quería y al que necesitaba en cada momento. Así es que, a veces pienso que he tenido pocos novios, pocas relaciones y en otras ocasiones pienso que ya he tenido demasiados. Como les dije ayer, supongo que todo es cuestión de encontrar a la persona, a la persona idónea.

–Gracias. Es usted muy amable. Somos afortunados, sí –dijo Ulrike mientras Viveka continuaba con su traducción impertérrita–. Lamento que no haya encontrado aún a esa persona.

–No pierdo la esperanza. Hasta ahora he cometido bastantes errores, no por casarme o por dejar de hacerlo, sino por estar con parejas inapropiadas, pero, en fin, ahora cuando abro el grifo de la cocina de mi casa sé que no hay nadie con el del baño abierto limitando la fuerza del chorro de agua que sale por él; ando en pijama o duermo con gruesos calcetines de lana y los sábados por la noche puedo ver en la televisión, si lo deseo, una película o una reunión de atletismo en Nairobi sin tener que dar explicación alguna y sin remordimientos de conciencia. Alguna ventaja tiene que tener vivir sola.

Los tres sonrieron sin mucha convicción.

–¿Desea usted saber cómo nos conocimos, Fraulein Eva? –continuó Hans sin soltar la mano de su esposa. Pero fue la anciana la que comenzó a hablar, casi sin dar tiempo a replicar a la aludida. El matrimonio parecía estar muy interesado en conversar sobre su relación.

–Ocurrió al final de la guerra, aquí en Múnich. Yo acudía a menudo a visitar a mi padre al hospital militar y Hans permanecía también cerca de él, convaleciente, con heridas de metralla en brazo y pierna, quistes por todo el cuerpo y un tumor en la ingle que le impedía caminar. Hecho un verdadero poema –sonrió–. Ellos dos se hicieron amigos y comenzamos a vernos con frecuencia. Un par de años después ya estaban trabajando juntos en la empresa de mi padre. Y así, poco a poco, a fuerza de encontrarnos a diario, de charlar, de hacernos mutua compañía o reñir, él también se fue enamorando de mí. Porque yo ya lo estaba de él hacía tiempo –quiso recalcar–. ¿Te acuerdas Hans?

–Sí. Yo también estaba loco por ella desde el principio, pero me hacía el interesante, con mis heridas y mi inutilidad –el viejo encendió un cigarrillo–, para darte lástima y que te fijaras en mí. Ulrike llegó a mí cuando más la necesitaba, Fraulein Eva, y desde entonces hemos vivido felices, con nuestras disputas, nuestros enfados; somos muy diferentes –tosió–, ya sabe usted, como todos los matrimonios, pero nos queremos. No concibo mi vida sin ella –el anciano cambió el gesto, serio, pensativo, tomó un sorbo de su té, despacio, dejando la taza con suavidad en el platillo y pareció retomar sus pensamientos–, y no se puede imaginar –continuó–, lo hermosa que era de joven, casi tanto como ahora –sonrió y acercó más su mano a la de ella que respondió de igual forma.

–Es muy bella, ciertamente –contestó Eva.

–También él lo era –terció Ulrike.

–Después de tantos años juntos –volvió el viejo–, el vínculo que nos ata es ya estrechísimo. No sé cómo decirle: como un nudo férreo que une dos cuerdas y que al mojarse y al secarse una y otra vez no hace sino volverse más compacto. Y luego están nuestro hijo y nuestra nieta, por supuesto.

–Herr Hans –interrumpió Eva–, sabe que yo no he llegado hasta aquí, no he entrado en sus vidas para deshacer ese nudo, ¿verdad? Espero que sea consciente, que no haya duda al respecto.

Los dos ancianos continuaban con las manos entrelazadas por encima de la mesa baja, entre la tetera y la botella de agua. Viveka repetía como un autómata, seria.

–Lo sé. No tema. Y mi esposa también lo sabe, y mi hijo y el resto de mi familia. No tenga inquietud por ello. Yo tomé la decisión de entrevistarme con usted y, aunque este cúmulo de circunstancias nos ha desbordado a todos, lo que pretendo es aportar luz, a mi familia la primera, no deshacer, ni mucho menos dejar que deshagan nada. Mi esposa, al principio, pretendía no saber algunos episodios de mi pasado, tal vez oscuros, pero en realidad sabe sobre mí todo lo que debe, tal vez más. Ustedes, las mujeres poseen un olfato especial para estas cosas, para descifrarnos a los hombres, para recomponer la vida de sus maridos. Sólo desconoce lo que ni yo mismo sé. Me ha demostrado que puedo confiar en su palabra y sabe que también puede ella hacerlo en la mía. Ese vínculo es imposible derrotarlo. Sólo me preocupa lo que esto le ha afectado a mi nieta Marlene, mucho más de lo que todos pensábamos, pero es joven aún, tiene cosas que aprender y, desde luego, usted no es culpable de ello.

Hubo una pausa. El viejo desasió su mano de la de Ulrike y bebió otro trago de té. Eva tomó su café y Viveka aire mojando los labios en el agua.

–Ayer, refiriéndose a mi hijo, nos dijo que llevar una vida sencilla y digna –volvió a hablar Ulrike–, puede ser una elección complicada y valiente, si no la entendí mal. ¿A qué se refería en concreto? Usted es historiadora, pero no profesora de Historia. Me resulta extraño, se gana la vida con una actividad ajena a su preparación, a sus estudios. ¿Era eso a lo que se refería? ¿Por qué no continuó su carrera en la universidad?

–No me refería sólo a mí, no me gusta personalizar – contestó Eva–, pero sí, no le puedo negar que lo previsible, tal vez lo lógico, hubiera sido intentar avanzar profesionalmente dedicándome a la docencia, progresando en el departamento, granjeándome poco a poco, con ayuda de mis compañeros y colegas, un prestigio individual que me fuera acercando hacia lo que podríamos denominar la cumbre de mi campo; de hecho, lo intenté, comencé el curso de acceso al profesorado pero no tardé en darme cuenta de que no era lo mío. Hay una causa primera–, prosiguió esforzándose por explicarse bien –por encima de cualquier otra, inhabilitante absolutamente (Viveka la miró enarcando una ceja en señal de reprobación. "inhabilitante, precisamente –pensó–, ¿no había otra palabra?) –Eva se detuvo; esperó para proseguir–: como ya les dije ayer, no tengo vocación alguna de profesora.

–Poderosa razón, en efecto –aseveró Hans–. No se puede luchar contra el impulso vocacional o contra la ausencia de él.

Eva pretendió ser docente sin desearlo de verdad. Creía que había pocos temas más complejos que el de la enseñanza, salvo uno muy próximo a él: el de la paternidad. Creía que la de profesor era una profesión, una institución vital, casi sagrada y a la vez decadente, peligrosa, siempre lo ha sido. Creía que pocos oficios requerían de un tan alto grado de vocación como ese y que pocos más también acarreaban mayor responsabilidad intrínseca y con ello mayor potencial de satisfacción íntima y plenitud personal. Es una tarea fundamental para cualquier sociedad. El maestro debe guiar, asesorar, enseñar a afirmar y, sobre todo, a dudar, abriendo mentes y desbrozando caminos. En esa crucial labor estriban su carga y el respeto que se le debe. Por eso consideraba indispensable la llamada de la vocación, esa que muchos afirman haber sentido desde muy jóvenes, desde que apenas ellos mismos habían comenzado a estudiar en serio y que terminan por hacer realidad. Eva nunca la había sentido. Y, además, se preguntaba: ¿cómo sabe uno si está capacitado para enseñar nada a nadie? Porque no hay nada más potencialmente nocivo que un mal profesor, un maestro no cualificado para tal labor, el pirata profesional que, hoy como siempre, aún con toda la vocación y la buena intención del mundo, camufla su desinterés o su incompetencia entre los docentes aptos, y enfanga más que aclara el conveniente desarrollo del sentido crítico de sus alumnos.

–Eran demasiadas dudas para mí. Por eso abandoné la idea de la docencia. Quería ser historiadora, investigadora, escritora. Pero no profesora.

De hecho, Eva, aún tenía un sueño recurrente, cíclico y típico: se veía incapaz de superar una de las asignaturas de la carrera (nunca sabía cuál) de la que se examinaba una y cien veces. ¿Era una asignatura real o metafórica? Si era real, ¿cuál? ¿Historia contemporánea?, de la que se suponía experta. ¿La asignatura de la vida privada, la personal? Era una idea que la inquietaba porque, según sabía por su amiga Carla, podía ser reflejo de ocultas (o no tanto) inseguridades, incluso miedos, respecto a los temas que más amaba y le importaban: la Historia y la vida.

–Pero, sin ser profesora, sin estar adscrita a la Universidad, supongo que es casi imposible edificar una carrera como historiadora, como investigadora, ¿no? –preguntó de nuevo el viejo.

–Casi imposible. Pero no me importó. La Historia permanece siempre a mi lado. Ella sí es una verdadera vocación. Al menos una de las más importantes.

–Puedo preguntarle por qué, qué es lo que le interesa tanto de ella –volvió Hans.

–Como todo lo que nos apasiona en la vida, supongo que no hay una razón única y menos aún explicable. ¿Por qué nos gustan ciertas personas, o los árboles, o jugar a las cartas, o los deportes, o el cine, o leer, bailar, la buena comida, el sexo, los amaneceres, correr, la música de Beethoven o Wagner?

–A mí me gusta más Schubert –interrumpió el viejo.

–A mí también –replicó Eva de inmediato–. Bueno, dejémoslo sólo en Beethoven –rectificó y al instante comprobó como el anciano la había entendido y esbozaba una tímida sonrisa–, ¿por qué nos gustan Picasso, las Hilanderas de Velázquez o los Impresionistas? No lo sé.

Podría darles unas cuantas explicaciones académicas aprendidas con posterioridad, pero no sería totalmente sincera. La verdad es que cuando comenzamos a estudiar Historia en el colegio, cuando apenas tenía diez u once años, me prendé.

–¿Prendé? –interrumpió Viveka.

–Enamoré –rectificó Eva–. Me enamoré de la asignatura. La sociedad, mi entorno, iban por otro camino, en aquellos años incitaban más a pensar que lo importante eran las matemáticas, los números, los naturales, los enteros, racionales, irracionales, reales, imaginarios y complejos, que eso era lo útil para la vida diaria. O el Derecho y la Medicina, pero a mí no me gustaba ninguna de esas materias y fue la Historia la asignatura que más estudiaba en clase y fuera de clase, la que mejor se me daba y en la que mejores notas sacaba. Y luego, cuando cuatro o cinco años después estudié por vez primera los años treinta, la Segunda República española, la Guerra Civil o el III Reich, me sucedió algo similar. Esa es toda la explicación. De ahí a decidirme a cursar la carrera de Historia en la Universidad, pues no tuve más que dar un simple paso lógico y predecible. Luego, la vida, como suele decirse, dio muchas vueltas.

–Comprendo –respondió Hans.

Eva no estaba segura de que la comprendiera del todo, pero no deseaba darle más explicaciones. ¿De qué servirían? "No vienen a cuento para la ocasión" –pensó.

Para qué extenderse en explicar que las respuestas oficiales, académicas, correctas, previsibles al interés por la ciencia histórica, su estudio y su conocimiento, la llevarían a hablar de la ejemplaridad: tendría que reiterar las manidas fórmulas que la definen como una admonición del pasado proyectable al presente y al futuro, es decir, la vieja teoría de que es necesario conocerla, conocer el pasado, para no caer en los mismos errores en el presente, incluso para comprender y dotar de contenido la actualidad. La reflexión era admisible, pero en su caso incompleta, incluso un poco falsa. Le apasionaba la Historia también, incluso más, por otros motivos: en un principio por diversión, porque veía en ella a la gran novela del mundo, el terreno más fértil en el que encontrar las mejores y más grandes epopeyas personales y colectivas, las tragedias, los romances, las conquistas, las derrotas, las humillaciones, las aventuras en definitiva de cada pueblo, con sus grandezas y crueldades y, por añadidura, de todos y cada uno de los integrantes de esos pueblos a lo largo de los siglos, desde los más principales a los más anónimos y humildes. Estudiarla, leerla, conocerla, pensarla, es antes que ninguna otra cosa una gran diversión.

Mejor. Para Eva esa era una realidad personal, una más sólida razón que la generalmente dada, tal vez menos profunda pero igual de veraz. Pero si se sinceraba aún más consigo misma, se había ido dando cuenta poco a poco de que existía una causa primera disimulada, escondida, aunque con seguridad tan poderosa o más que las anteriores para ahondar en la vieja ciencia de escudriñar el pasado: la soberbia, el orgullo, la arrogancia, la vanidad, su pretenciosidad. Como persona interesada en lo trascendente, algo engreída, algo egocéntrica, como casi todas, convencida de su extraordinaria particularidad e importancia, Eva creía haber encontrado en la Historia una cierta forma de, cómo llamarlo: inmortalidad. Creía que, si existe un campo en el que la humanidad, los hombres y las mujeres, los de hoy y los de siempre, rozamos la eternidad, lo absoluto, ese es, sin duda la Historia. En ella cabemos todos y en ella estaremos siempre.

Ahí encontraba la ciencia definitiva, la que abarca el todo y para siempre. ¿Cómo y para qué explicárselo a un viejo inválido? ¿Lo habría entendido?

—No soy una historiadora profesional —se limitó a decir—, pero la Historia, los libros, al igual que el cine, que es en mi opinión una estupenda fuente para conocer el pasado, u otras artes, forman parte de mi vida, forman parte de los apoyos virtuales que todos necesitamos para olvidarnos de los aspectos más mundanos de nuestro día a día, de nuestra vida real, y me proporcionan infinitas oportunidades de conocer otras vidas, sus virtudes, sus ideas, aciertos y errores.

Del cine en concreto, Eva se había enamorado pronto. Y, aunque había ido cambiando su forma de consumir películas, lo que no varió fueron sus gustos. Veía casi de todo: de autor, clásicos, de aventuras, negro, ciencia ficción, romántico, porno, de comedias, incluso el bélico. Todo menos los westerns. Al contrario que su amiga Carla, también bastante peliculera.

—Son pelis de hombres con demasiados duelos, desafíos, crueldad, dureza machista, desprecio femenino y testosterona. A ninguna chica le gustan. ¿Cómo es que a ti, sí? —le preguntó una vez más, sentadas las dos en el altillo de la cafetería Bariloche, frente a un par de cervezas.

Aquel era uno de sus locales favoritos, el que más, desde hacía años, porque su dueña era una conocida, casi amiga, porque en él encontraron siempre un lugar tranquilo, recogido, familiar, diurno, para sus conversaciones sobre lo divino y lo humano, en oposición a los ambientes bulliciosos, nocturnos y peligrosos en los que bailaban, miraban o se dejaban observar, e incluso por su ubicación, en la plaza del Parchís, cercano a la playa y al Náutico, desde donde, en invierno o en verano, podían oír el mar cuando amenazaba embravecido u oler y sentir la brumosa humedad colonizando con sigilo las calles de la ciudad; también disfrutar de un refrigerio frío después de un luminoso día de playa, cuando las sombras del hormigón eclipsan los amarillos arenosos mucho antes del crepúsculo estival. Aquella era su "oficina", el lugar al que siempre retornaban. También ahora que las circunstancias las había separado un poco. Pero la relación entre las dos amigas, aún enfriada por el lógico discurrir del tiempo y la forzada distancia –Carla se había afincado en la capital y centrado en su trabajo y en su pareja, en Pau, un catalán discreto y tranquilo al que conoció a través de una página web de contactos por Internet, parecía que de forma casi definitiva–, no se había roto ni mucho menos, y cada cierto tiempo, bastante a menudo, cuando "la de Madrid" "subía" al norte, seguían viéndose para conversar sobre muchos temas comunes y ponerse al día de la actualidad vital de cada una. Y desde la distancia, se llamaban con frecuencia o se Whatsappeaban casi a diario. Estaban siempre bien allí. Antes, en aquel instante y en el futuro. Ahora era invierno.

–Perdona, ultrafeminista, defensora total de la causa de las hembras que está comenzando a escribir una tesis reivindicativa con pinta de rollazo sobre las mujeres en el cine –le replicó Carla–, pero en los westerns también suelen aparecer muchachas fuertes, decididas, valientes, vestidas por los faldones y poseedoras de un par de ovarios bien plantados, pasionales, dispuestas a defenderse por sí mismas y a defender a los suyos, a mandar en su vida y, si es necesario, en la de los hombres que las rodean, mujeres feministas de las de la primera trinchera, de las de verdad, de las que creen en sí, en sus derechos, en sus capacidades y están dispuestas a luchar por ellos aún en un mundo hostil, muy, muy hostil, retadoras en un mundo masculino nacido entre paisajes imponentes, peligrosos y, al tiempo, bellísimos.

–¡Ya salió la mujer reivindicativa y libertaria, pero a la que atraen los hombres rudos! –replicó Eva.

–Sí, ¡no lo niego! No voy a pedir perdón por ello, me siguen gustando John Wayne, James Stewart, Kirk Douglas, Randolph Scott, Gary Cooper, Robert Mitchum o Alan Ladd, aunque ninguno tanto como Paul Newman, Burt Lancaster y Humphrey Bogart que juegan en otra categoría superior. Ya lo sabes: tipos que te hablan con barba de dos días y un vaso de güisqui, o que, como Montgomery Clift, cuando bebe, parece que va a batir un récord mundial.

Pero, aunque las dos se reían, Carla nunca acababa de convencer a su amiga, pues en el fondo sabía que ellas no eran las heroínas del western que les gustaría, ni sus novios los sobrios e íntegros vaqueros que deberían.

Sí, Eva seguía viendo muchas películas, si bien ya no acertaba a comprender a veces por qué lo hacía. Los filmes que le gustaban se confundían con los que le interesaban por la temática, los paisajes o los actores; le costaba disociar el arte del entretenimiento, el documento histórico de la simple distracción, el cine de autor del comercial, pero las más de las veces ya ni se planteaba intentarlo. Tenía sus favoritas: *Vértigo, Blade Runner, El clavo, Casablanca, Retorno al pasado, Los mejores años de nuestras vidas, 2001, Rebeca, Candilejas, Harper, El golpe, El final de la cuenta atrás, Memento*, pero también podía ver cualquier cosa y la divertía casi todo, incluso ligerezas de Sandra Bullock como *Miss agente especial*.

Consideraba el séptimo arte, sí, más grande que la vida, o para ser más precisa, la vida le parecía a menudo una mala, muy mala copia del cine y estaba tan unida a la imagen, a la pantalla, que en sus vivencias diarias, en las conversaciones y en los pensamientos furtivos asociados a ellas, en ese juego inconsciente de asociar personas con actores o actrices que mantenía con su hermano Héctor o con Carla, con frecuencia también se mezclaban frases, digresiones o pensamientos completos de las películas.

–Y ¿cuál es su vida real? –preguntó el viejo Hans jugando a la ingenuidad, pretendiendo dar a entender ignorar más de lo que ignoraba.

–Trabajo en una tienda de ropa interior, de prendas íntimas o de casa. Primero fue de mis padres, el lugar donde me crie, y desde hace veinte años la dirijo yo. Empecé allí como un trabajo temporal, como apoyo a ellos en momentos puntuales, de apuro y con el tiempo ha pasado a convertirse en la profesión con la que me gano la vida. Y me ha ido bien. Estoy satisfecha con esa vida real porque gracias a ella puedo comer día a día –continuó–, mantener mi casa, comprarme ropa (incluso autorrobarse unas bragas caras o un sujetador de realce o con relleno si las perspectivas de una cita especial eran optimistas, aunque eso no lo dijo) ir a la peluquería, financiar mis caprichos, alimentar mis aficiones y –dudó–, poder viajar a Alemania.

–Pero eso no se contradice con que siga soñando, ¿no es así? –interrumpió el anciano.

–Por supuesto. Mentiría si dijera lo contrario.

–Y ahora es usted la que está aquí conmigo y no esos otros historiadores profesionales.

—Aunque haya decenas de ellos mucho mejor cualificados que yo, sí, así es, aquí estamos—, y ambos sonrieron.

Superadas en parte las dudas y los métodos de aproximación iniciales, Eva pretendió apurar el tiempo y las posibilidades de la tarde al máximo. Estaba dispuesta a continuar con la conversación, fructífera e intensa para ambos, pero a la vista de que, para su sorpresa, el viejo no parecía tener su mejor día y comenzaba a mostrar algunos síntomas de fatiga en forma de caída de párpados prolongada y cíclica, optó por no cansarlo aún más, limitándose a efectuar preguntas cortas sobre recuerdos y parajes concretos hasta que, una media hora más tarde, se atrevió a sugerir lo adecuado: "¿Desea que lo dejemos por hoy, Herr Hans?" y la pregunta de Viveka entró como una liberación en los oídos del viejo. "Sí, por favor".

El sol caía ya anaranjado sobre el horizonte muniqués, avivando los contornos verdes de los parques cuando el taxi que llevaba a Eva y a Viveka de vuelta a sus alojamientos se acercó al centro de la ciudad. Absorta en sus pensamientos, la primera apenas reparó en la luz crepuscular. Cavilaba sobre la entrevista del día en casa de los Fritzhofer, sobre lo formal, educada y cordial que había transcurrido la charla, tal y como había previsto, tal y como, pensaba, debía acercarse al viejo y a su familia, con tino, sin prisa, con tacto, cada día un poco más. Era lo correcto. Pero al tiempo, durante aquel trayecto surgió en ella de nuevo una de las incómodas angustias que la inquietaban recurrentemente desde que los acontecimientos habían ido fraguando la posibilidad de emprender aquel viaje: ¿cuándo entrar en el meollo del asunto, en las claves más interesantes y enrevesadas, oscuras, de la vida del anciano?, sin atender a la corrección social o a las normas de persuasión, directa al núcleo, al centro de, sí, tal vez sí, lo escabroso y mórbido.

–Espero que no te estire la pata el viejo antes de que acabéis –le dijo su amiga Carla después de beber un trago más de cerveza. "Espabila. Es hora de morir" –pensó ella.

No, ella esperaba que no falleciese. Aún restaba tanto por preguntar, por averiguar, por conocer, ¿le daría tiempo? Y a conocer, ¿cuánto? ¿Qué? Y ¿hasta dónde? Pero no debía atosigarle.

Capítulo Cuatro

No te toques la cara

La mañana del tercer día de estancia en la capital bávara, Eva lo dedicó a recorrer el centro de la ciudad, una parte muy concreta de ella. Tomó la línea de metro, la *U-Bahn*, hasta Marienplatz y desde allí, plano en mano (lo del Google Maps, a diferencia de su sobrino que lo tenía muy controlado, le parecía un método de ubicación menos fiable que el tradicional) recorrió a pie las principales calles deteniéndose en los muy concretos lugares que deseaba visitar: el Altes Rathaus, en el extremo oriental de la plaza del Ayuntamiento, el lugar desde que el 9 de noviembre de 1938 Goebbels azuzó a las masas para dar comienzo a los atropellos y asesinatos de la *Kristallnacht*; situada a pocos pasos, entró también en la Hofbräuhaus, la enorme cervecería en cuya parte superior tuvo lugar la primera gran reunión del partido nazi el 20 de febrero de 1920; continuó por la cercana Feldherrhalle, la pretenciosa y testosterónica construcción en honor al ejército bávaro donde el 9 de noviembre de 1923 la policía desarticuló el *Putsch* de la cervecería, el fallido intento de golpe de Estado instigado por los partidarios de Hitler contra la República de Weimar, y fotografió la placa situada en el extremo oriental de la plaza que recuerda a los oficiales de policía fallecidos durante el incidente. Por último, casi allí mismo, quiso ver la Odeonsplatz, el lugar donde el fotógrafo Hoffman sacó una instantánea de la delirante multitud celebrando en 1914 el estallido de la guerra y que, años después se convertiría en famosa al descubrirse entre esa enfervorizada y patriótica masa la figura de un joven Adolf Hitler extasiado también por la buena nueva, celebrándolo con una sonrisa absurda sombrero en mano. ¡Cuánta historia en aquellas pocas calles!, ¡cuánta negra historia!

Un poco antes de lo acordado, de nuevo a primera hora de la tarde, Mina abrió la puerta y fue Hansi, el hijo, el que atendió esta vez a las dos mujeres.

Hansi era un hombre fuerte, con poco o ya casi nulo pelo ("tipo Bruce Willis o Jason Statham", pensó Eva), bonachón. Su rostro carnoso, congestionado, punteado de blanco por una estudiada barba de tres días, su incipiente caída de hombros, la mirada baja, la forma de agarrarse las manos por delante de su cuerpo estirándose las palmas o de cobijárselas dentro de los bolsillos del pantalón, incluso la indisimulable, generosa ya, panza, el semblante y la actitud, dejaban claro a primer golpe de vista las características propias de –tal y como sabía y había relatado su madre Ulrike–, una persona tranquila, pacífica, algo tímida, pasiva. Era un bávaro orondo y calmado, siempre lo había sido, a medio camino entre la quinta y la sexta década, con una vida de burgués muniqués cerrada en sí misma, en su entorno y en su familia.

Más en su personal hermetismo, cierto era que, a pesar de haber conversado apenas un par de veces y de haberse visto otras tantas, el plácido bávaro había conectado, no sabía bien por qué, con Eva. Y ella con él. Así es que, antes de adentrarse en la casa, Hansi le propuso dar un pequeño paseo por los alrededores, por el jardín para conversar con ella, con la única e indispensable compañía de Viveka, la traductora.

—Por supuesto. Tenemos tiempo —contestó la mujer —supuse que su ausencia de ayer respondía a alguna causa referente a mi presencia aquí. ¿Va todo bien?

—Sí. Gracias. Sólo sentí la necesidad de pararme a pensar y me tomé la tarde libre.

—Todos sentimos esa necesidad en algún momento.

—Y a usted, ¿qué tal le fue con mis padres?

—Bien también. ¿Quiere hablarme de su relación con ellos? —se atrevió a preguntar Eva comprobando la buena disposición, la casi acuciante necesidad que Hansi mostraba para algo mucho más cercano a la confesión que al diálogo. Y acertó. El hombre contestó de inmediato, como esperando, clamando, para que le dieran pie para empezar a hablar.

—Verá, lo cierto es que siempre he estado bastante distanciado de él, siempre nos ha separado casi una vida entera. Con mi madre la relación es más estrecha. Ahora, siendo como son ya tan ancianos, siento la obligación y la necesidad de tenerlos cerca, más cerca, de forma permanente a los dos, aquí en Múnich, sentir su presencia, saber que están al lado para cuando me necesiten, nos necesitemos mutuamente. Por una responsabilidad de hijo, pero también porque yo los necesito a ellos, necesito saberme querido, acompañado y útil. Cuando era joven prefería estar más distanciado, sobre todo de mi padre. Y los quiero, claro —hablaba deslavazadamente, según le venían las ideas a la mente—. ¿Viven aún sus padres, Fraulein Eva?

—Sí. Gracias a Dios aún viven.

—Es estupendo disfrutar de ellos cada día, aunque también se hace duro ver su progresivo deterioro.

–Es ley de vida –Eva no fue muy original pero no supo qué otra cosa decirle.

–Claro, por supuesto, es ley de vida. Y también es importante tener una cercanía no agobiante, una cercanía distante si se puede llamar así, sin interferencias, una vecindad sin intrusiones. Tal y como suele decir mi madre: "juntos pero no revueltos".

–Y acierta –dijo Eva–, las madres suelen tener una sensibilidad especial en todo lo que concierne a la familia y los hijos. La convivencia, sobre todo si es muy estrecha, se hace siempre difícil.

–En nuestro caso nunca hay una convivencia total –prosiguió Hansi–, porque a mi padre le cuesta mucho abandonar su adorado Berlín. No sé si lo hará alguna vez conscientemente o sólo cuando pierda la cabeza del todo.

–¿Cree usted que padece demencia? –preguntó ella.

–Espero que usted me ayude a contestar esa pregunta.

–Yo no soy neuróloga –pensó en su amiga Carla, que sí lo era.

–Pero seguro que ha entendido a lo que me refiero. Verá, esos neurólogos a los que apela sí la han certificado, digamos que oficialmente, pero ni lo que los especialistas ni yo, ni nadie hasta ahora puede constatar con exactitud es hasta dónde llega su nivel en la actualidad, cuál es su ritmo de deterioro cognitivo y, sobre todo, qué es olvido neuronal, natural y cuánto de olvido voluntario existe en su cerebro. O cuánto de desinterés, desatención, abandono o desconexión de los asuntos que no le interesan. Probablemente ni él mismo lo sepa ya.

–¿Piensa que sólo recuerda lo que quiere o parte de lo que desea?

–Sí. No tengo prueba alguna, pero estoy convencido de que sí, aunque tampoco dudo que muchas de sus lagunas son verdaderas.

–En realidad todos olvidamos y recordamos lo que queremos o lo que elige nuestro cerebro, ¿no cree? –dijo Eva.

–Sin duda. Y tampoco creo que merezca la pena intentar persuadirlo a su edad para que haga, diga, olvide o no, lo que desee. Él deseaba mucho hablar con usted, por las razones que fueran, y por eso accedí yo a ello. A pesar de la oposición de personas cercanas –Eva sabía que estaba pensando en su madre Ulrike y en su esposa Irena–, de nuestro distanciamiento y de nuestras profundas diferencias. Creo que no tenía derecho a oponerme a su decisión, no podía negarme e ignorar la que puede ser su última oportunidad de explicarse, o de confesarse, o de sincerarse, o de lo que demonios desee decirle a usted, o usted tenga con él. Así es que, yo creo que para su sorpresa, ha encontrado en mí a su más firme e inesperado defensor en este asunto, por delante incluso de su propia esposa, mi madre Ulrike, convencida sólo a regañadientes y, por supuesto, por encima de la opinión de mi esposa Irena, que cree que este asunto sólo puede traer más desdicha a la familia y, en especial a mi hija Marlene, que ha crecido demasiado deprisa para mí y ha empezado a buscar fuera las respuestas a las dudas que no le hemos sabido solucionar en casa.

–Es curioso –interrumpió Eva deteniéndose, haciendo una circunferencia con su pie sobre las piedrecillas uniformes del camino que rodeaba la casa–, eso mismo es lo que me ha dicho su padre respecto a Marlene: que ha buscado fuera las respuestas.

–Porque nosotros, por excesiva protección, descuido o dejadez, nos hemos equivocado no dándoselas o haciéndolo demasiado tarde, cuando todo el asunto estaba disparado y apareció usted. Yo a su edad decidí no saber, pero ella no es como yo.

No era él, pero comprendía esa rabiosa necesidad de saber de su hija, también la necesidad de aire, de emancipación, de libertad, de diferencia y separación respecto a su familia, respecto a sus abuelos y a sus padres más en concreto. También él había sentido lo mismo a su edad, similares zozobras. Sabía muy bien por lo que su hija estaba pasando: por el autoconocimiento, el nacimiento del amor, el deseo de integración social y de diferenciación personal, del yo entre los míos, de las pasiones y las fobias, los desgarros internos, los complejos, la rabia y la energía acumuladas, volcánicas, a punto de aflorar, a duras penas contenida; en definitiva: la búsqueda de un lugar singular en el mundo, en tu propio mundo primero. Nada extraño, nada inusual, nada demasiado alejado de lo experimentado por los seres humanos desde hace miles de años, pero aunque siguieran viviendo en la misma casa, Hansi lamentaba su distanciamiento, la echaba de menos, la echaba ya demasiado de menos, sentía ese alejamiento espacial, encerrada en su cuarto o ausente de la vida de hogar prefiriendo a sus amigos o a su novia, así como el alejamiento físico, la falta de besos, tan frecuentes hacía no tanto tiempo, fríos y contados ahora, cargados de obligación y respeto, pero sólo de eso, tanto o más que el alejamiento mental, aunque la ausencia física y la mental formaran un mismo vació difícil de soportar.

Él había resuelto sus cuitas interiores, consigo mismo, con su padre y con su pasado, alejándose pronto de su familia, emancipándose económica e intelectualmente de ellos en cuanto le fue posible hacerlo. No preguntando, callando, queriendo ignorar conscientemente. Pero no podía exigirle a su hija que tomara la misma postura. Sólo esperaba su comprensión y deseaba que no optara por marcharse de aquella casa de Múnich que era más de ella incluso que de sus padres. Al menos no de inmediato. Ahora comprendía mejor el dolor de los suyos cuando él se alejó de ellos.

–Yo no quise saber nada. Pero mi hija es distinta, de otra generación. Espero que ella trate de entenderme, a mí, a su madre, a su abuela y a su abuelo, claro, que sea capaz de hacer un esfuerzo grande –volvió a hablar Hansi–, para intentar perdonarnos algún día.

–Para comprender y perdonar, o al menos intentarlo, primero hay que conocer. Creo que Marlene está en ese momento.

–Sí, supongo que sí. Disculpe usted, Fraulein Eva, no sé si debía contarle mis problemas personales, es probable que no le incumban, usted tendrá los suyos, pero tenía deseos de desahogarme con usted, espero que me comprenda. Todos estamos viviendo unos meses difíciles – continuó Hansi parado, sin moverse del lugar donde Eva había dibujado los guijarros con la suela de los zapatos, mirando al suelo, con las manos en los bolsillos–. No sé si he hecho bien.

–Sí. Sabe que ha hecho bien. Los dos lo sabemos. Yo también deseaba hablar con usted, es lógico, estamos envueltos en un asunto delicado que atañe a muchas personas y que inevitablemente va a afectar, ha sacudido de hecho ya, a nuestras familias, pero así nos han sido dadas las cosas y hemos de afrontarlas con determinación.

Viveka hablaba con presteza y miraba a los dos interlocutores de forma alternativa, seria, sorprendida por lo que estaban hablando en lo que simulaba una clave secreta, pero sin deseo alguno de saber más de lo mucho que ya sabía.

–Bueno, en realidad también quería decirle que debe usted hacer lo que tenga que hacer, Fraulein Eva –continuó Hansi–, cuenta usted con mi apoyo.

–Se lo agradezco. Es usted una buena persona, muy amable y muy valiente. Si le sirve de consuelo, le diré que yo también estoy viviendo con mucha inquietud desde hace tiempo y le prometo que intentaré actuar con la mayor rigurosidad y la más estricta responsabilidad. Iremos viendo qué ocurre, cómo evolucionan los acontecimientos. Y prometo ir contándoselo. Ahora, ¿le parece que entremos ya?

–Por supuesto –contestó él–, nos esperan mis padres.

Los viejos tenían mejor aspecto. Él había dormido más que la noche anterior y parecía menos frágil; ella menos precavida, menos a la defensiva.

Hans se mostró aún más sonriente y ágil cuando su hijo, Eva y Viveka entraron en el salón principal para saludarlo, como si con sus gestos estuviera dando las bendiciones a la charla previa del jardín, como si también él la hubiera deseado o previsto inevitable.

–*Guten tag*. Llega con un poco de retraso. La perdono porque he visto que ha decidido conocer mejor el jardín. ¿Ha ido usted también hoy otra vez de paseo por algún bonito parque de la ciudad, Fraulein Eva? –comenzó el anciano.

–No. Hoy no. He estado muy ocupada toda la mañana, pero por otros motivos. He hecho un itinerario por algunos de los lugares históricos relacionados con el III Reich, con el pasado nazi de la ciudad, en el Altes Rathaus, la Feldherrhalle, Odeonsplatz y algún otro sitio.

–Vaya –el viejo torció el gesto mientras su esposa Ulrike, que lo acompañaba, bajó la mirada al tiempo que emitió un leve suspiro–, me gusta más su excursión de ayer, pero debo entender que hoy ha dado usted por iniciada la visita profesional. Se ha puesto más académica.

–Digamos que me he detenido en lugares que me interesan mucho personal y profesionalmente.

–¿Y le ha resultado provechosa la visita? –insistió el viejo.

–Sí, muy interesante, sin duda alguna –contestó ella sin vacilar, mirándolo a la cara.

–Comprendo. No es un tema agradable.

–No, no lo es, pero si muy importante y es necesario que lo conozcamos.

–Por supuesto –afirmó el viejo en un susurro, agachando la cabeza, pensando, dudando, buscando en la taza de té que ya tenía delante la fuerza para continuar–. ¿Puedo preguntarle por qué? ¿Por qué interesa aún tanto el nazismo? –prosiguió–, tan lejano, tan triste como es.

–Porque no es lejano en absoluto y en él confluyen muchos aspectos característicos de lo humano eterno, esa dicotomía, a veces parece que incompatible, entre inteligencia y perversión, desarrollo e involución, raciocinio e instintos primarios, luz y sombra, maldad y heroísmo.

Porque nos advierte sobre el valor de la libertad y la importancia de defender la democracia, por muy imperfecta que sea. Es oscuro, triste, lleno de odio, guerra, muerte y asesinatos, pero de ninguna manera lejano. No, no hay ni habrá nunca un tema más actual que el relativo a lo nazi –respondió ella sin demora, sin dudar, secamente, como si su contestación hubiera estado esperando la pregunta desde hacía decenios.

Y se hizo un largo silencio.

La amabilidad, la educación, incluso la complicidad en las formas y en las propias conversaciones que habían predominado hasta ese momento en los encuentros vespertinos entre Eva y la familia Fritzhofer pareció quebrarse en un instante. No sólo fue el cambio en la voz, en el tono del anciano, más grave y tenue aún de lo habitual; no fue sólo la frialdad gestual de todos ellos, la seriedad de la propia Eva en la contestación, la gélida mirada, profunda y algo resignada de Ulrike, la espantada apresurada de Irena a la cocina con la poco convincente excusa de afanarse en completar los refrigerios, el cruce de piernas expectante de su esposo Hansi o la absurda mueca de circunstancias que a Viveka se le dibujó como por generación espontánea al pronunciar aquella musical palabra en alemán, "*natsi*"; no fue sólo la medrosa sonoridad que salió de la traductora, sino el cómo se expandió por aquella estancia, por aquel amplio sofá de dos cuerpos, por la atmósfera de aquel acogedor y luminoso salón muniqués cual si fuera un aviso, un toque de alarma, una sirena admonitoria para todos del fin de los preliminares (que no de la cortesía) y la llegada de lo nuclear. *Achtung*.

Mas desde el primer momento, Eva se sabía responsable de imponer la marcha adecuada a los encuentros y las conversaciones, de sugerir los temas del diálogo, el ritmo de los recuerdos y los baremos con los que calificar los episodios evocados, discerniendo entre lo prescindible o anecdótico y lo mollar. No quería forzar la marcha más de lo debido y, sobre todo, antes de la cuenta, arriesgándose a espantar los recuerdos del viejo, su sinceridad, a agotar la necesidad de hablar de él y de saber de ella que la habían llevado hasta aquel país, aquella ciudad y aquel salón para reunirse con una familia extraña y desconocida, en el fondo tan atenazada por los nervios, la incertidumbre y la duda como lo estaba ella misma.

Ansiaba dejar la periferia y trasladarse al centro, sí, pero no quería precipitarse. Dudaba. ¿Y si todo el asunto le viniera grande? ¿Y si no estuviera capacitada para enfrentarse a él? ¿Y si la superase? ¿Y si no tuviera tanto tiempo como creía o no fuera capaz de distribuir bien el mismo dejando sin tocar lo crucial? ¿Y si no pudiera concluir el trabajo? Hans era un anciano al que no podían restarle muchos años de vida, tal vez sólo meses, o semanas u horas. Más que la lentitud o la rapidez tal vez sólo el ritmo adecuado, el "tempo" y la confianza o la voluntad, contenían la llave secreta con la que poder intentar abrir aquellos grilletes pesados que la obligaban aún a caminar con torpeza y desconfianza por el asunto, mientras que lo que ansiaba era poder ir avanzando más rápido. ¿Avanzando hacia dónde? Sabía que la prisa no es nunca la mejor aliada de una historiadora pero las dudas y la apremiante presión del tiempo, la angustia de comprobar el paso de las horas, de los minutos, de los segundos que acortaban la vida del viejo, sus encuentros y la posibilidad de un más profundo conocimiento, llevaron a Eva en ese momento, después de que la opresiva palabra, "nazi", hubiera surgido por vez primera entre ellos, a un estado de ansiedad controlada: las manos y la frente se le perlaron mientras sentía circular un calor sanguíneo efervescente a través de la piel del vientre, pechos, orejas, que podrían llegar a alejarla de su propio ser, de su esencia, de su actitud, que podrían separarla tanto de sí hasta que no se reconociese. Pero no estaba dispuesta a permitir que los miedos la atenazaran ahora, así es que se sobrepuso al efímero mal trago aprestándose de inmediato a retomar la situación parar reconducirla hacia la serenidad. "Todo llegará. Lo que tenga que ser será –pensaba–, tranquilízate, Eva".

No sólo para ella, sino para el resto de los reunidos sonó entonces como un alivio mental y físico aquella propuesta más familiar y amable que Eva decidió plantear entonces, después de unos instantes en que el sosiego se quebró y un fantasma rojo y marrón asomó su feo rostro por vez primera en aquel luminoso salón de la capital bávara. "No te toques la cara, Eva", solía decirle su abuela Lola, de jovencita, cuando –entonces volvió a recordarlo–, manoseaba algún granito frente al espejo. Y de inmediato cesaba de hacerlo. Sólo por un rato.

–Pero de los controvertidos asuntos de los que es acusado hablaremos con mayor profundidad más adelante –dijo la historiadora tajante, sin dejar margen alguno ni en su gesto ni en su tono de voz para la réplica o el debate acerca de la decisión–. De momento, quisiera que usted me hablara, Herr Hans, de sus primeros años, de su infancia y su juventud. ¿Qué recuerdos guarda de ella?

–Con mucho gusto lo haré –respondió él–, pero con la condición de que a continuación usted me hable un poco de su familia, de sus padres y, sobre todo, sus abuelos.

–Trato hecho –replicó Eva–. Y todos sonrieron algo más relajados, antes de reanudar la conversación.

–Recuerdo una infancia feliz en una casa de vecinos con un pequeño jardín trasero.

Y al decir aquello el viejo, a Eva se le vinieron a la cabeza de forma automática, como una asociación de ideas improbable, carente de similitudes, Machado y el patio de Sevilla.

Los Von Altig

Hans Fritzhofer había nacido en Berlín en 1918 en una familia sencilla, que no pobre, y creció con estrecheces, pero sin hambre. Su padre era un ordenanza de la fábrica de cerveza de los Von Schoenfelder y su madre una costurera cuya mejor clienta, Frederika Von Schoenfelder (después Von Altig) no era sino también la omnipresente y acaudalada heredera, matrona de aquel pequeño emporio industrial berlinés dedicado a la elaboración, tratamiento y comercialización de la bebida tradicional del país: cerveceros Schoenfelder. La vida diaria de la familia Fritzhofer, sus trabajos, la forma en que se ganaban la vida, como se divertían, donde estudiaban y con quien se relacionaban estuvo indisociablemente unida a la de la familia de sus patronos durante décadas y Hans vivió bajo su amparo y su influencia desde su nacimiento hasta casi los treinta años; sus compañeros principales de juegos y travesuras durante la infancia eran los que rodeaban a Winfried, el hijo de la familia, nacido tres años antes que él, una especie de hermano mayor tan suyo como el propio Hans lo era de Gudrun, su adorada hermana pequeña. Con los años, Winfried y Hans dejaron de ser niños, pero la amistad sincera no haría sino petrificarse para no ser disuelta nunca, ni siquiera a causa del fallecimiento del primero a comienzos de la guerra mundial, cuando contaba tan sólo veinticuatro años.

—Jamás me he recuperado de aquella pérdida —confesó el viejo Hans con apreciable tristeza—. Llegó un momento en que me sentía pertenecer tanto a aquella familia de los Von Altig como a la mía propia.

Porque el chico, Winfried —según el relato del propio viejo—, era su mejor amigo, confidente, oyente, guía y cómplice de pensamientos y locuras, a veces tan disparatatadas e improbables, tan utópicas y fantasiosas como la propia realidad que los envolvía en aquella extravagante, rara, peligrosa década. Pero la chica de la familia, Gretchen, era el primer amor; secreto al principio durante la adolescencia, cuando ella se reía de él y el muchacho era incapaz de encontrar una explicación a aquel cambio en el tránsito desde la afinidad infantil con ella hacia otra "cosa", cuando la amaba en la sombra espiando su ventana, su puerta y sus movimientos mientras simulaba ser sólo un buen amigo de su hermano y ella fingía no darse cuenta; y más o menos público después, al llegar a la juventud, cuando él dejó de comerse las uñas, decía amarla una y otra vez, alababa su rostro y su personalidad y le confesaba ser la persona más afortunada del planeta por poder estar a su lado.

—Ella, que tenía un atractivo físico evidente (Eva pensaba de inmediato en Ginger Rogers o en Fiorella Faltoyano en cuanto vio sus fotos) y una capacidad de seducción innata a las que era muy difícil no sucumbir —confesó el anciano—, deseaba creerse todas aquellas palabras

112

y yo pensaba que le declaraba la verdad, pero el noviazgo nació más como la consecuencia lógica de un amor infantil o como una mutua convergencia de intereses personales y familiares que de la sólida convicción de los sentimientos. Nuestros orígenes y nuestras personalidades eran muy diferentes. Tardamos mucho en darnos cuenta de ello –prosiguió el viejo–, y no desharíamos nuestras ataduras hasta años después, cuando la vorágine de los hechos, la guerra y la muerte se llevase todo por delante, a la nación y a las personas, los valores y los sentimientos, la verdad y el amor. Aquella unión interfamiliar se afianzaría aún más cuando el amo de la empresa, Herr Hermann, me propuso comenzar a trabajar con él, desde abajo, para ir familiarizándome con la fábrica, con sus trabajadores y su funcionamiento. No lo dudé. No era un mal estudiante, pero prefería trabajar. Eso sí, lo que no estudié antes pretendí hacerlo muchos años después, tras la guerra, y tal vez entonces ya era demasiado tarde. "Sí. Quiero trabajar con usted. Gracias por concederme esta oportunidad, Herr Hermann. Soy muy feliz", contesté, "no le defraudaré". Pero supongo que sí, le defraudé –concluyó lacónico el anciano–. Siempre le estaré agradecido por ser el primero en confiar en mí.

Allí comenzó como recadero, repartidor y chico para todo, pero sólo era un comienzo. Con frecuencia, cuando tenía que hacer algún mandado en bicicleta o acompañando en la camioneta a otros repartidores y al propio jefe, se las arreglaba para extraviarse accidentalmente por entre el caos de las calles buscando noticias sobre los últimos sucesos, contemplando los rescoldos de la última algarada o entreteniéndose con el desfile de personajes variopintos, proletarios, burgueses o señoritas sofisticadas que le distraían una y otra vez. "Estamos a lo que estamos, Hans –le reprimían–, al reparto. No podemos tardar tanto", y él respondía que sí, que no volvería a ocurrir, hasta que lo hacía de nuevo. Repartían en los barrios elegantes, cerca de la iglesia Kaiser-Wilhelm-Gedächtniskirche o de la "Braunes Haus", el reformado palacio cerca de la exclusiva Königsplatz donde vivía Hitler, en Steglitz, Schöeneberg, Wilmersdorf o Charlottemburg, en Nollendorfplatz, la Kurfürstendamm... pero también en las zonas obreras, en el "rojo" Wedding, Prenzlauer Berg, cerca de la tumba de Horst Wessel, y Friedrichshain, en la Bülowplatz, al lado de la central del KPD; recorrían Kreuzberg, Grenadierstrasse y Dragonerstrasse en Mitte, el Lustgarten, la Opernplatz, donde en mayo de 1933 se incendiaron en grandes hogueras libros de los autores "malditos", la Belle-Alliance-Strasse, horas antes de que Hitler desfilase por ella para celebrar el *Anchluss*, Postdamer y Alexander Platz...

—Los cerveceros Schoenfelder recorríamos todo Fraulein Eva. Conocí la ciudad como la palma de mi mano y me gustaba lo que hacía, pero he de confesarle que al pensar en mi juventud llego a la conclusión de que todo me desbordaba —carraspeó en voz baja el anciano, los párpados caídos.

Confesó que ahora sabía todo lo mucho que le superaba en su juventud: le superaban los hombres y las mujeres, las circunstancias y el mundo, no por una causa concreta, no por el trabajo, el jefe o la familia, sino por una desazón interior inexplicable. Y como ni siquiera cuando estaba con su pandilla, con Winfried o con su chica Gretchen lograba resarcirse de aquel estado desairado, frío, de aquel gesto diario, sombrío, molesto, algo inquietante. Él y sus amigos padecían de la misma enfermedad destructora de vísceras internas incompletas, germen de devastaciones exteriores: la rutina disfrazada de

diversión y el aburrimiento sin máscara; la desorienta-
ción y la juventud, sinónimos indisociables no sólo para
ellos. Vagaban por las calles, por los cafés, por los cines,
por los espectáculos, por los lagos de los alrededores de
la ciudad, buscando la vida y se reían con frecuencia, a
veces a carcajadas, se emborrachaban de vez en cuando
y siempre parecían irradiar vitalidad, ilusión, energía, lo
que pronto se convirtieron en los valores más alabados
por los nuevos directores del curso histórico de la nación.
Pero él…

Él albergaba, eso sí, una certeza incuestionable: algo
debía cambiar. Algo debía cambiar en él y en los demás,
en su nación y en el mundo. Vaga y etérea verdad para
una mente en construcción. ¿Qué era lo que estaba obligado a cambiar?

–Accedí a mi juventud en el peor momento, Fraulein
Eva, en el más inoportuno, cuando mis circunstancias
personales y las que me rodeaban, las de Alemania, me
hacían más vulnerable, débil, manipulable y aturdido –
remató el viejo en un tono apenas audible para que Viveka pudiera acertar a repetir sus palabras.

La mujer prefirió no responder de momento, pero tras
la pausa, fue ella la que interrumpió el cruce de miradas
a tres que apenas alivió el ínterin.

–¿Recuerda cómo entraron usted y su familia en contacto con el nazismo, cómo lo conoció, cuáles son las primeras imágenes que percibió de aquella gente, de aquel
movimiento?

–Su presencia se fue haciendo habitual a lo largo de la
década de los veinte en la ciudad, en mi ciudad, en Berlín,
en la capital, al igual que en el resto del país. Allí estaba
Goebbels y su tullida figura, con sus andares patizambos

a causa de la polio, sus discursos incendiarios y la corte de soldaditos vestidos de marrón que le acompañaban, difícilmente pasaban desapercibidos. Pero yo era muy niño entonces. No fue hasta su llegada al poder, con quince y dieciséis años, cuando empecé a tomar conciencia de todo lo que aquello suponía, del cambio radical que estaba experimentando la nación. Y fue desde luego una vez más la familia Von Altig, su creciente importancia pública, los pensamientos de mi amigo Winfried y el contacto con Gretchen, los que más me influyeron a la hora de intentar hacerme una idea de lo que ocurría, de lo que estaba pasando y de todo lo que aquel movimiento suponía.

–¿Me está diciendo que si no hubiera sido por los Von Altig –interrumpió Eva–, usted nunca hubiera entrado en contacto con los nazis, que los únicos culpables de su evolución son ellos?

–No, por supuesto que no. No ponga en mi boca palabras que no he dicho –pareció molestarse–, y no intente acelerar los acontecimientos ni simplificarlos, no creo que usted sea de ese tipo de personas, no sea lo que no es, por favor. Era muy difícil apartarse de aquel ambiente de monopolio nazi en que se convirtió Alemania, todo acabó infectado por el nacionalsocialismo, fueras o no, tuvieras o no convicciones hitlerianas. Lo que digo es que yo estaba íntimamente relacionado con una familia que, además, sí, poseía profundísimas raíces ideológicas nazis. Sólo he querido decir eso. Deje que me explique.

Entonces el viejo le habló de Winfried Von Altig, su mejor amigo (un Ray Liotta, un John Travolta o un James Woods efervescente a punto de estallar, imaginó Eva de inmediato, uniendo el relato y las fotos que conocía) y de cómo hablaba con él de los nazis y de sus nuevas ideas de nación casi a diario. Y de como hubo un día concreto, siempre lo hay, en el que las vagas conversaciones juveniles y las demostraciones más o menos marciales, más o menos frecuentes en la ciudad, pasaron a ser impacto visual inolvidable para ambos: el día de la toma del poder en 1933.

–Hileras perfectamente geométricas de jóvenes (y los no tanto) SA desfilando en armonioso compás con sus miles de antorchas iluminando la noche, inundándolo todo, como el agua desbordada anega cuanto surge a su paso. Aquel aire marcial, aquellos uniformes lustrados, todos iguales, con la esvástica impresa en el brazal, aquellos gritos de orgullo, respeto, emoción, la música, el contraste entre luces y sombras, las interminables filas de estandartes, la muchedumbre observándoles pasar por el Tiergarten, la avenida de Unter der Linden, la de los héroes, por el barrio gubernamental, en la Parisier Platz, la Puerta de Brandemburgo o la Wilhelmstrasse, mientras el nuevo canciller, Hitler, aguardaba en el hotel Kaiserhoff; el cúmulo de sensaciones era tal que resultaba imposible para dos jóvenes como nosotros, igual que para otros muchos miles de personas que lo presenciaban, abstraerse de la emoción de hallarse ante los albores de un tiempo nuevo, ante una nueva tarea, ante un cambio que se presentía de tamaño gigante. Entonces no podíamos ni imaginar la magnitud de la revolución que se avecinaba y el rumbo que esta tomaría –musitó Hans una vez más para desesperación de Viveka–. Aquel día dimos rienda suelta a nuestra emoción, no pensamos en nada más, no sabíamos lo que el futuro nos depararía.

–Lo creo –interpeló Eva.

–A partir de 1933, el contacto con los Von Altig, ya de por sí cercano, se fue haciendo aún más y más estrecho, más dependiente.

–Hábleme más, por favor, de esa familia tan influyente en su vida –incidió Eva–Hábleme, por ejemplo, del cabeza de familia, Hermann Von Altig.

–Era el nazi más nazi de todos cuantos he conocido – contestó el viejo sin dudar–Bueno –prosiguió–, junto a su hijastro, mi amigo Winfried.

Hermann Altig había llegado a Berlín en 1912, con dieciocho años, para comenzar sus estudios de ingeniería de la cerveza y se vio atrapado por el estallido de la Primera Guerra Mundial. Se alistó voluntario y combatió con tanta o tan poca valentía como cualquier otro soldado. Allí conoció al esposo de su futura mujer, Frederika, y es probable que ambos se hicieran mutuas promesas de velar por sus seres queridos al regreso a la patria en caso de que alguno de los dos faltara. El trauma de la experiencia en la guerra, su carácter desafiante (que pareció heredar su hijastro) y sus fanáticas actitudes hicieron pronto de él un individuo útil para el futuro inmediato. Y por ello, porque sus mandos lo sabían, fue fácilmente persuadido para que permaneciera en el ejército aun después de la desmovilización. Allí, al igual que Hitler, se ocupó en espiar las tendencias políticas de sus antiguos camaradas y de informar a los superiores. A eso se dedicó durante tres años, hasta que se casó con Frederika Von Schoenfelder, viuda de guerra, pasó a hacerse cargo de los negocios de ella y añadió su Von al apellido.

–Yo creo –explicaba Hans con la lentitud gestual y oral obligada propia de su edad–, que siempre estuvo convencido de haber formado parte de un ejército superior, invencible, orgullo de Alemania, que fue llevado a la derrota por causas ajenas a él, pero que siempre actuó brillante y valientemente. Y que, por ello, precisamente por su grandeza, los vencedores de la Gran Guerra se apresuraron a desmantelarlo, humillarlo y, a poco más, aniquilarlo tras lo de 1918 en Versalles. Y como entró pronto en contacto con los círculos nacionalistas que eran de su misma opinión, pues puede usted entender con facilidad lo relativamente sencillo que, supongo, le resultó ir acercándose al partido nazi que no dejaba de vociferar la necesidad de reinstaurar el orgullo herido del ejército, traicionado desde el interior de la nación por la alianza de fuerzas judeocomunistas aliadas con los países enemigos.

–Y usted, ¿qué pensaba de esas ideas?

–Bueno, yo sabía de todo eso siempre a través de su hijastro, de mi amigo Winfried, que al tener tres años más que yo, era para mí una especie de hermano mayor, la correa de transmisión entre las ideas que su padrastro tenía y lo que en cuestiones políticas me llegaba, ya que en mi casa mis padres apenas hablaban de ese tema más allá de mencionar de vez en cuando lo mucho que Herr Hermann y Frau Frederika parecían ir prosperando; lo que, dicho sea de paso, a nosotros nos venía también muy bien, así es que no era cuestión de indagar mucho más o preguntarse demasiado, al menos al principio.

–Más tarde, ¿lo hizo usted? –preguntó Eva.

–Sí, desde luego. Pasado el tiempo, sobre todo avanzada la guerra, creo que todos comenzamos a hacernos preguntas, al menos personalmente, aunque no las hiciéramos públicas.

–¿Antes no?

–No. En mi caso al menos, no.

–¿Ignoraba, por ejemplo, que la cervecera de los Altig, la fábrica Schoenfelder, estuviera vinculada, como ha sido demostrado, con pagos al partido nazi y posteriormente, al conglomerado de empresas HISMA-ROWAK relacionado con la financiación de la Legión Cóndor y las transacciones empresariales entre Alemania y España?

–Claro que lo ignoraba. Yo –prosiguió el viejo –me preocupaba como casi todo el mundo por la actualidad del país, por la superación de la pobreza, el paro, la miseria y el hambre que había sufrido la población y uno de los modos de enterarme de lo que pasaba, aparte de por la prensa, la radio o el cine, era a través de las conversaciones con mi amigo Winfried Von Altig y con su padrastro, que era mi jefe. Pero ¿qué iba a saber yo del funcionamiento interno de la empresa de mis patrones?

–¿Aunque estuviera destinado a dirigirla?

–Eso, en aquellos momentos era un lejano, vago e improbable proyecto de futuro para ellos y algo impensable para mí, que no tenía inclinación alguna hacia los negocios. Yo sólo deseaba ocuparme de mis asuntos.

El argumento no convenció a Eva, pero simuló conformarse.

–Y, ¿cuáles eran esos asuntos? –preguntó.

–Estudiar, ver a Gretchen, ir al cine con ella, divertirme, trabajar repartiendo cerveza. Esos eran mis asuntos muy por delante de la política o los negocios.

"Todo es política" –pensó Eva, aunque decidió no decir nada–. Pero no me extrañó que Hermann perteneciera al partido nazi y que Winfried, influenciado por él, se alistara tan pronto, con apenas dieciocho años, en el ejército –prosiguió Hans–, pues según me contó, desde el mismo momento en que vio a Hitler por vez primera, en el cine y luego en persona, bajo aquel rostro redondeado, los ojos azules y aquel bigotito extraño, distinguió a un hombre seguro de sí mismo y de su pueblo –eso decía–, llamado a regir los destinos de Alemania y alzarla hasta las cotas de poder, dignidad y grandeza que le correspondían y le habían sido arrebatadas. El "gran desinfectante" lo llamaba. "Acompañaré a ese hombre, a Hitler, a cualquier parte salvo a la mesa de un restaurante, un café o una cervecería a comer verduritas o beber té y agua", solía decir, "mira que ser vegetariano y abstemio". Y sonreía. Tampoco me quedé desconcertado cuando conocí su firme decisión de alistarse como voluntario en la Legión Cóndor –prosiguió–, pues enseguida consideré que actuaba en consecuencia si se veía su evolución ideológica, su proyecto de vida y su comportamiento del verano anterior. Soy consciente de cómo suenan ahora estos pensamientos –continuó el viejo como si hubiera leído en la atónita expresión del rostro de Eva, antes de que esta le interrumpiera–. Yo sólo me limito a contarle lo que, por aquel entonces, personas como Winfried, orgullosos representantes de su raza, su pueblo y su nación pensaban. Nos seguimos viendo relativamente a menudo hasta su muerte. La última vez que lo hicimos, ya iniciada la guerra, me pareció un hombre rebosante de optimismo, radiante de alegría sobre el futuro, menos huesudo y con mayor afición a la bebida que antes, no sólo a la cerveza, pero lo noté algo más cansado también, supongo que como todos, como yo mismo.

Falleció joven y pronto, a comienzos de 1940, en Polonia. Cuando lo hizo, su familia volvió a perder a otro ser querido a causa de la maldita guerra y yo, al que ha sido mi mejor amigo. Fue un duro golpe para todos. Aún lo recuerdo, tanto tiempo después, como si ayer mismo hubiéramos estado conversando.

–Tengo que preguntárselo: ¿compartía usted sus ideas, el modo en que su amigo entendía cómo, digámoslo así, debía estar organizado su país y la relación de Alemania con el resto del mundo? –inquirió Eva incisiva.

–Yo, no…

–No, ¿qué? –interrumpió la mujer.

–Le repito que yo no pensaba mucho en ello entonces.

–Comprendo.

Eva asimiló la última respuesta lanzada por el viejo y, como si de un hábil fiscal repelido en su estrategia ofensiva contra el acusado se tratara, reaccionó pronto al regate y buscó proseguir la conversación por senderos menos espinosos pero paralelos.

–¿Qué papel jugaba en la familia la señora Frederika Von Altig? –preguntó.

–Era la que poseía el título nobiliario y la dueña del dinero, la verdadera cabeza de familia, aunque por imposición de los usos sociales y los convencionalismos, además de para poder dedicarse a sus asuntos, decidió siempre estar por detrás de un hombre. O al menos hacer creer a aquella sociedad tan tradicional que se situaba detrás – rectificó el viejo–, primero con el apellido Von Schoenfelder y después con el Von Altig.

A continuación Hans relató como la baronesa Von Schoenfelder había heredado de su familia un título nobiliario y un montón de empresas cerveceras de las que se ocupaba su atareadísimo esposo y que en el futuro hubiera deseado fueran dirigidas por su hijo, pero con la guerra y el fallecimiento de su esposo, los planes comenzaron a torcerse y en espera de que su primogénito Winfried llegara a la edad adulta, no le fue muy complicado encontrar rápido al sustituto que recondujera el rumbo de su consorcio empresarial en los duros años veinte. Siendo como era tan buen partido, candidatos no le habrían de faltar. Escogió a Hermann por ser un viejo conocido, camarada de su esposo, aunque hábil advenedizo, frío de carácter y parco de sentimientos, grueso, basto, fumador y mujeriego –Eva creía que era el Von Stroheim, Welles, Laughton o Sydney Greenstreet de la familia Von Altig–, amante de los excesos y petulante; ninguna de las cualidades idóneas para esposa alguna, pero con buen ojo para los negocios, una determinación firme y un carácter duro, poseedor de un pequeño capital (desde luego mucho menor que el de ella) y una ambición desmedida que a ella le iba a garantizar afianzarse en la noble tarea de ser señora de su casa y a él en la de convertirse en un próspero empresario cervecero capaz de capear con incuestionable habilidad la crisis de la inmediata posguerra y el crack del 29 para situarse al comienzo de la década siguiente en una posición óptima en la que contribuir a la causa nazi y seguir prosperando por y junto a ella. Todos felices, él y la baronesa. Lo del amor también contaba, pero menos.

Lo que no era óbice –según Hans–, para que aquel grupo de hombres con los que cada vez con más frecuencia se reunía su segundo marido, Hermann, fueran del agrado de Frau Frederika. Nunca lo habían sido. Los consideraba unos plebeyos advenedizos con la expectativa de alcanzar pronto títulos, poder, dinero y honores, dispuestos a cualquier cosa por ello y embebidos de la soberbia que les insuflaba su indudable influencia. Empezando por el primero de todos ellos, su jefe, el cabo aquel, Herr Hitler, al que conoció gracias a su marido en una recepción celebrada en el hotel Kaiserhoff. Le pareció un hombre amable de bellos ojos azules, más radiantes de agresividad que de luz, pero vulgar; demasiado fornido, con una cabeza, un cuello, una mandíbula y una nariz de proporciones desmesuradas y, por el contrario, un ridículo bigote reducido al mínimo, muy propio para el famoso personaje del cinematógrafo americano Charlot, pero no tanto para una personalidad pública, para un político supuestamente serio. Y de la cohorte de seguidores que lo acompañaban, le molestaban las botas en las alfombras de la casa, sus modos toscos marciales, sus voces y cánticos fuera de tono y lejos del buen gusto. Detestaba convivir con gente tan plebeya y carente de modales.

–La señora baronesa, Frederika Von Altig –continuó el viejo–, siempre se portó conmigo y con mi familia de una forma muy respetuosa y con cariño, creo que sincero, nos dio trabajo y nos ayudó. Le debíamos mucho. También a sus dos esposos. No era una partidaria de los nacionalsocialistas, aseguraría que no, más bien al contrario, los detestaba, pero es obvio que tampoco ignoraba lo bien que su marido Hermann había sabido leer el devenir de los acontecimientos, que colaboraba con ellos, que era uno de ellos y aportaba fondos para el partido.

No me resulta difícil imaginarme al estricto Hermann, siempre tan áspero y serio advirtiéndola de que si no deseaba tener problemas y quería preservar su status debía limitarse a dejar que él llevara ese tema y los negocios a su manera y ella se centrara en sus obras de caridad, las exposiciones, las fiestas y sus hijos. Ella habría comprendido y a pesar de que aquellos uniformes pardos, verdes o negros que se paseaban por el salón de su casa como si lo hicieran por una taberna nunca dejaran de parecerle obscenos y vulgares, jamás osó volver a reprochar nada al respecto a su marido (si es que en verdad alguna vez lo hizo) y comprendió que su futuro iba ligado a ellos en la fortuna y en la desgracia. La vi por última vez después de la guerra. Aún recuerdo sus palabras: "¿Acaso fui yo mejor que todos ellos?". ¿Acaso lo fuimos alguno?

Silencio. El viejo Hans, con el rostro cansado y crispado, perdió su mirada en la alfombra intentando recobrar el resuello, alejándose mentalmente del sofá en el que estaba sentado.

–De Frau Frederika y de su hija Gretchen, mi novia de aquel tiempo, recuerdo también que, casi prioritariamente, lo que más deseaban era que nos casáramos para ser pronto abuela una, y madre la otra –continuó–. Desde luego, Gretchen quería ser madre por encima de cualquier otra razón de vida. Ese era su verdadero proyecto en este mundo. Eso es lo que más recuerdo. Y yo quería ser padre de sus hijos. Estábamos absolutamente convencidos de que no podríamos alcanzar la felicidad total hasta que no tuviéramos descendencia. A diferencia de usted, Fraulein Eva, yo entendía bien esa tan temprana vocación maternal suya, ese instinto incontrolable, porque yo también pensaba que tener hijos era el destino natural que nos aguardaba a no mucho tardar como pareja y como familia. Por eso nos casamos pronto, con apenas 22 o 23 años, en 1940, unidos también por la tristeza compartida de la reciente pérdida de Winfried, su hermano y mi amigo. Cuando supimos que nunca podríamos tenerlos, que ella no podía tenerlos, nos consolábamos mutuamente, enojados, dándonos mil y una explicaciones sobre la edad mental y la edad real, la injusticia y la naturaleza, la madurez, la responsabilidad y el maravilloso, halagüeño, porvenir que, pese a todo, nos aguardaba a ambos bajo la protección de su familia en aquella nación emergente con un no menos ilusionante futuro. Pero ese futuro personal y colectivo no tardó mucho en truncarse.

Gretchen, sí, nació para ser madre –prosiguió–, y nunca tuvimos esos hijos que ambos soñábamos tener, por eso volcó todo su amor maternal en Franz, el hermano menor, al que siempre ató algo, mucho más, que una simple relación familiar, le unió a él también una cierta actitud de rebeldía contra los dictados caprichosos de la naturaleza, contra los designios del ADN y la imposibilidad de domeñarlos –Viveka dudó en la traducción unos momentos–. Durante los años de la guerra, por diferentes motivos –continuó el viejo después de beber un poco de té–, por mi trabajo, mis obligaciones y caer herido, apenas nos vimos. Nos fuimos distanciando y acabamos por separarnos definitivamente en 1949, en la posguerra, cuando yo ya había conocido a Ulrike y ambos necesitábamos olvidarnos mutuamente. Aquel fue un amor de juventud, casi de niñez, que visto hoy, me resulta ajeno, distante y equivocado. Pero con los años mantuvimos cierto cariño y mucho respeto. Ella siempre me defendió. Todas las veces que le preguntaron sobre mí o mis actividades, se limitó a reiterar que sólo conoció a un Hans, el educado, el tímido, el respetuoso, trabajador, responsable y patriota. Sus declaraciones están en todos mis expedientes. Puede usted comprobarlo. Los dos rehicimos nuestras vidas, volvimos a casarnos y ella tuvo una vida afortunada, pero siempre creyó que nunca sería feliz sin hijos y creo que no se equivocó. Jamás hasta su muerte lo fue del todo –concluyó por el momento.

–¿Era Gretchen también una nazi convencida? ¿Le gustaba Hitler? –volvió a la carga Eva.

–No sé si estaba de acuerdo con sus ideas o con su programa político, no sé si creía o no en la necesidad de separar judíos y alemanes y todo eso, en la conveniencia de la remilitarización o la denuncia del *Diktat*, dudo que llegara a leer completo *Mein Kampf*; todo lo más escuchaba hablar a Hitler alguna vez por la radio, pero se dejaba guiar por sus padres y por su hermano. Y éstos no tenían duda alguna de que el nacionalsocialismo conseguiría acabar con los sucios parásitos que paralizaban y, según ellos, carcomían al pueblo alemán. "Conoce la psicología, la opinión y las necesidades del pueblo –solía decir–, porque proviene del pueblo y sabe cómo proceder".

–Y usted, ¿pensaba como ella?

–Yo le repito que, por entonces, bueno –dudó–, lo cierto es que no pensaba demasiado en nada de eso. La escuchaba, nada más.

–¿Leyó usted *Mein Kampf*?

–Sí, como casi todo el mundo.

–Y ¿qué le pareció?

–Aburrido. Aburrido y mal escrito.

–¿Le dijo eso a alguien entonces?

–No.

La familia Solgarcía

Nueva pausa. Otro intervalo de descanso previo a lo que Eva pretendía fuera una nueva arremetida de preguntas poco amables, pero esta vez fue el viejo el que, decidido, rompió primero el silencio.

–Bueno Fraulein Eva, creo que por hoy ya he hablado mucho. Ahora le toca a usted. Cuénteme algo de su familia.

A la mujer el cambio de punto de vista le pareció justo.

–Soy hija de trabajadores –dijo–. Mi madre, Lourdes, aunque tenía aptitudes, no pudo continuar con sus estudios todo lo que hubiera deseado por falta de recursos y fue cocinera. Mi padre, Héctor, comenzó a trabajar desde muy joven, apenas con catorce años, y se dedicó a múltiples empleos hasta que consiguió entrar en la mayor empresa siderúrgica de la región donde estuvo los últimos veinte de su vida laboral. En los años setenta abrieron una tienda de ropa interior en la ciudad, el lugar donde yo me crie, donde yo empecé a trabajar y que, tras su jubilación, ha pasado a ser de mi propiedad y ha quedado bajo mi responsabilidad, aunque todavía me ayudan mucho, todo lo que pueden. Sus orígenes son humildes, con una historia de pobreza y carencias muy similar a la de la gran mayoría de la población trabajadora de mi país en la posguerra, aliviada con el curso de los años gracias al duro esfuerzo de ellos y al cambio de circunstancias de la nación que acabó por convertirlos en, digámoslo así, unos modestos integrantes de la clase media obrera formada en España a partir de los años sesenta y setenta.

Gente trabajadora, emprendedora, tenaz, ahorradora, empeñada en salir adelante y en legarles a sus hijos un futuro mejor. Personas con la mirada clavada en el mañana y no tanto en el ayer, deseosos de superar los negros momentos heredados de la generación de sus padres. Superar, pero no olvidar.

–Comprendo. Comprendo muy bien –interrumpió Hans–, no es una historia muy diferente a la vivida en este país.

–Todas las posguerras son similares –volvió a decir Eva–, un intento tenaz por sobrevivir, prosperar y superar el horror pasado sin olvidar lo ocurrido, pero aparentando haberlo hecho. Lo que ocurre es que siempre hay alguien, una nueva generación, los historiadores, los afrentados, que lo recuerdan. Admiro a mis padres –prosiguió–, la determinación masculina, la valentía femenina y las enseñanzas de ambos. Y los quiero. A mí nunca me ha faltado de nada. Les estaré siempre muy agradecida. Además, he heredado el amor por correr de él y por el cine de ella, aficiones que siempre me han ayudado a rellenar horas de mi vida.

–Y, ¿qué recuerdos tiene de sus abuelos? –atajó ahora el viejo saltando de generación.

–Todos eran trabajadores también, por supuesto, humildes trabajadores. Conozco más acerca de mis abuelos paternos ya que los padres de mi madre, por desgracia, en fin –Eva dudó ahora un instante posando su mirada sobre los vasos y las tazas depositados en la mesa central del salón–, murieron siendo muy jóvenes.

Lo que la mujer sabía sobre la vida de sus abuelos y podía contar eran retazos episódicos hilvanados por los propios recuerdos de los protagonistas, repetidos decenas de veces durante la infancia y primera juventud de la chica, cuando esta comenzaba a mostrar su creciente interés por los hechos del pasado, por los sucesos de los años treinta, la Segunda República, la guerra y el nazismo, e instaba a sus mayores a reiterar una y otra vez las anécdotas de aquellos tiempos, las "batallitas" que tanto le interesaban. Era una chica extraña, desde luego.

El padre de su padre, Héctor también (Edward G. Robinson), dejó la escuela pronto, a los trece años y empezó a pescar trucha con su progenitor en la ería del río Piles, en La Guía, Deva y Caldones, colocando mosca rubia, mosca sanjuanera o lombriz de tierra en el cebo. Eva sabía que, aunque acabó colocándose de carpintero, fue en un periodo sin trabajo donde le sorprendió el inicio de la Guerra Civil. Entonces, decidió acudir a casa de los suegros, con la ya esposa embarazada, dudando entre alistarse voluntario o aguardar la inminente llamada a filas por parte del ejército del Frente Popular. Sabía que cuatro días más tarde, enrolado en el Batallón de Infantería número 235, el del comandante Planerías, partió hacia Cangas de Onís a hacer la instrucción y que había combatido en el cuerpo de transmisiones, cargando, además de con el correaje, el fusil, las dos bombas de mano y la mochila, con el pesado carrete y el cable de enlace, facilitando la comunicación entre los puestos de mando, instalando teléfonos de campaña, jugándose el pellejo para que el fino hilo, determinante en la resolución de tantas batallas, no quedara interrumpido, mudo. Estuvo destinado en Noreña, en Colloto y en su ciudad.

Cuando cayó el frente norte se apresuró a coger el petate, regresó a casa y, en un Gijón blanco, pintado por las decenas de sábanas colgantes que reivindicaban en los balcones su simbolismo de paz y derrota, buscó refugio de nuevo en casa de sus suegros, donde le aconsejaron que se entregara a las autoridades para ser hecho prisionero y no fuera declarado desertor. Les hizo caso. Y, cuando ya apresado, confesó a los sublevados su empleo bélico previo, un sargento chusquero analfabeto, pequeño y gordinflón le preguntó si nunca nadie le había dado un par de hostias, antes de afirmar con desprecio en su cara que "los rojos sólo saben hablar por señas".

También sabía Eva que fue enviado al frío campo de concentración de la Cadellada, en Oviedo, donde se vio forzado a despiojarse junto a sus compañeros en el río, que había sido movilizado de nuevo, ahora por el bando franquista –en realidad, cuando cayó el frente norte, el 80% de los soldados frentepopulistas que habían combatido por la República lo hicieron entonces en el bando sublevado–, y enviado al candente frente de Aragón, a Ayerbe, a Jaca, a Huesca, Zaragoza, Leciñena, Alcubierre, nombres que su nieta ya nunca olvidó, entre piojos, sarna y tiros. Y de ahí a Flitx, a Morella, donde conoció a muchos italianos y fue duramente bombardeado, y a Castellón para ocuparse de nuevo como telefonista en la Plana Mayor. Sabía más. Sabía que había salvado la vida durante uno de los bombardeos lanzándose a toda prisa contra el suelo sin percatarse al principio de que había hundido su rostro contra la boñiga de una vaca, que volvió a caer prisionero, ahora de los "rojos", entre Villavieja y Nules, que fue juzgado en Sagunto y condenado a trabajos forzados, que compartió campo de concentración con otros españoles, italianos, alemanes y marroquíes (la mayoría), en un infierno donde, a través de una comunicación telefónica llegó a oír la orden que creyó definitiva: "no más prisioneros, sólo fusilamientos". Pensó que no conocería a su segundo hijo, pero se equivocó. Eva sabía también que, al concluir la contienda, de camino a casa hicieron noche en Calatayud, pidieron en tres casas diferentes y desayunaron tres veces. Y finalmente, había oído en no pocas ocasiones cómo al llegar al hogar, el ansia por volver a comer "decente", por recuperar el tiempo perdido y superar el hambre sufrida le hizo padecer una indigestión que a punto estuvo de lograr lo que las penalidades y los cientos de balas de uno y otro bando no habían podido hacer: matarlo.

–Tantos padecimientos le dejaron, por supuesto, secuelas: una frágil salud, un frío perpetuo, obsesión por comer bien, por no despreciar alimentos y tratarlos con delicadeza (le gustaba pelar las manzanas con un único corte), por el aseo personal (se peinaba con esmero cada día enjabonándose el pelo hacia atrás) y no sé si demasiadas ganas voluntarias por recordar todo aquello. Pero como yo me volvía loca con aquellas historias, le hacía repetirlas y él no se resistía demasiado a mis deseos. Con los años –concluyó Eva–, alguien, al parecer un camarada desconocido, lo delató y su causa fue revisada, le acusaron de rebelión, de haberse entregado a las autoridades franquistas cuando ya no tenía a dónde ir y fue condenado a la prisión de Mahón en Baleares, pero una resolución de última hora revisó su causa y la pena le fue conmutada.

Eva guardaba en su carpeta sendas copias de los dos únicos documentos parciales y manipulados sobre el inicio de los requerimientos que su abuela había podido conservar de aquel traumático proceso y los consiguientes interminables meses de desasosiego en los que sumió a la familia.

Documento 1.

Ejército español. Plaza de Madrid. 28 de abril de 1947. Juzgado Militar Número 15. Procedimiento sumarísimo de urgencia número 15151.

En virtud de denuncia adjunta formulada contra Héctor Solgarcía, en prisión preventiva, remítase la misma a este Juzgado Militar para que se practiquen las correspondientes diligencias de ratificación y ampliación que estime pertinentes, devolviendo lo actuado a esta Auditoría. Firmado. El Auditor.

Documento 2.

Del Ilustrísimo Sr. Auditor de Guerra de la Región Militar Centro. Y en su representación, el Juez Instructor del Juzgado Militar.

Al Sr. Juez a quien se designe, atentamente saludo y hago saber: Que en este Juzgado tramito información contra D. Héctor Solgarcía sobre rebelión, en cuyos autos acuerdo con esta fecha librar a V. S. el presente para que ordene la práctica de las diligencias que al final se dirán y lo devuelva cumplimentado, exhortándole a ello en nombre de S. E. el Jefe del Estado Español, por estar interesada la administración de Justicia. Madrid, 10 de mayo de 1947. El Juez Instructor. El Secretario.

DILIGENCIAS QUE SE INTERESAN

Que se recibe declaración al soldado (tachado) del Batallón de Infantería 235, con destino actual en la Jefatura de Sigüenza, a tenor del siguiente interrogatorio. a/ Los generales. b/ diga cuanto sepa respecto a los antecedentes y actuación durante el dominio rojo en Gijón de dicho individuo, D. Héctor Solgarcía, perteneciente al

133

Cuerpo de Transmisiones del mismo Batallón de Infantería.

Eva nunca había sido capaz de comprender del todo el significado último de aquellos escritos.

—Una dura historia —dijo el viejo Hans en un arrebato sincero.

—Una de tantas. Luego, una vida de trabajo (participó en la construcción de la Universidad Laboral y colaboró en la colocación de la aguja de su torre), los nietos, la jubilación, los paseos, las maquetas de barcos, la enfermedad. Él siempre deseó que yo llegara a ser una buena ingeniera de caminos, canales y puertos, eso era a lo más a lo que, pensaba, uno podía llegar en esta vida. Siento haberle defraudado. Me quedé en vendedora de bragas e historiadora. Por desgracia (o por suerte) no llegó a conocer en lo que me he convertido.

—Estaría muy orgulloso de usted. Entiendo que sus abuelos se casaron jóvenes. Las personas deben casarse antes y más en las guerras. Yo lo hice también. Y no me arrepiento. ¿Qué puede decirme de ella?

—La vida de mi abuela Lola (Imperio Argentina) quedó en efecto unida pronto y para siempre a la de él. Se casó con apenas diecinueve años, en la segunda mitad de 1936, ya iniciada la guerra, en una boda civil que, con los años hubo de repetirse por la Iglesia católica. Tuvo dos hijos casi de inmediato y el resto de sus días los empleó en vivir dignamente intentando sacar adelante a su familia, pero no fue una amnésica de tantos.

Así era. Eva sabía que su abuela siempre se había esforzado por recordar muy bien lo ocurrido.

134

Contrajo matrimonio enamorada, muy enamorada, obnubilada por aquel joven, Héctor, cinco años mayor, que la había sacado a bailar en el *prau* de la romería de Somió una cálida tarde de verano en 1933. Era el primero que lo hacía y le pareció un príncipe. Después, conversaron y él la acompañó a casa donde el perro le quiso morder, aunque después también acabaría queriéndolo. Aquel primer día acabó sin que ninguno de los dos lo hubiera deseado, pero hubo más: el del beso, el de la declaración, el de la presentación oficial al padre de ella, el de la boda y, sobre todo, los de las buenas nuevas de embarazos certificados por el doctor Tinturé. Con el paso de los años, la bella joven no dejó de serlo pero la fueron esculpiendo la guerra, la espera por las cartas y los avales, el miedo, el duro trabajo, el cuidar de la casa y a dos chicos, las muchas comidas cocinadas, las muchas vajillas fregadas, las muchas prendas cosidas y planchadas, los suelos y las paredes abrillantados, las caminatas, el dormir poco y mal, la lluvia y el frío e incluso la convivencia con su esposo, hombre trabajador y honrado, padre cariñoso, persona honesta, pero tan repleto de rarezas como todos, característicos tics de personalidad durante los años mozos metamorfoseados en absurdas manías de compleja tolerancia durante la vejez.

–No fue amnésica, no –prosiguió Eva–. Fue una mujer decidida.

De hecho, tras la guerra no dudó en atreverse a increpar a un guardia civil diciéndole que la "pelota todavía está en el tejado", aún a riesgo de ser detenida (como en efecto lo fue), aunque se salvó de entrar en prisión después de negar haber dicho lo que sí parece que dijo. Y al repetirse la boda, ante las trabas puestas por las autoridades eclesiásticas, reticentes ante su sospechoso pasado "rojo", harta de tener que ceder y aceptar aquella imposición con la que no comulgaba, llegó a reprochar a los religiosos que, si no se decidían a oficiar la ceremonia, ella iba a seguir casada igual con su marido, aunque fuera por detrás de la iglesia. "¿De dónde ha sacado usted a esta acémila?" –le preguntaron entonces las autoridades al marido, sorprendido ante la situación.

–Fue una mujer de carácter, de sólidas convicciones ideológicas, de izquierdas, simpatizante del partido socialista, que jamás se dio por derrotada y siempre habló de la República como de los "tiempos normales" en oposición a las anomalías que para ella supusieron la guerra y la dictadura, aunque hubieron de pasar más de cuarenta años hasta que pudiera volver a ver a los suyos en el poder. La de mis abuelos –continuó Eva–, la generación de la guerra, la suya, Herr Hans, es una generación que despierta en mí sentimientos encontrados, de respeto y admiración por los padecimientos pasados y por empecinarse en vivir, pero también de recelo: aunque sé que la culpa no puede ser repartida por igual entre todos sus componentes, la suya es también la generación que en España desencadenó la peor de todas las luchas que se recuerdan y en Europa la más devastadora, sucia y cruel guerra imaginable. Y eso me crea, siempre lo ha hecho, un desasosiego que no me es fácil explicar. Eva se calló entonces, como habiendo podido extraer por fin fuera de sí un viejo resquemor interno –Viveka la miró sorprendida.

–¿Quiere hablarme ahora de sus otros abuelos, los maternos? –preguntó el viejo.

–Respecto a ellos, si no le importa, creo que sería mejor conversar en otro momento, ya en Berlín–, respondió ella tajante, sin margen para la discusión.

–Como usted desee. Quiero recordarle que nunca hemos de tener problemas por nuestros diálogos ni por los temas que en ellos quiera usted que toquemos. Se lo garanticé antes de comenzar y mantendré mi palabra ocurra lo que ocurra –cerró él.

Nueva pausa. Silencio. El ambiente prometía tornarse a tenso hasta que el viejo, cómodamente sentado en su parte del sofá, volvió a hablar dando un nuevo giro a la charla.

–Por cierto, ¿qué otros lugares del país va a visitar usted además de Múnich, Fraulein Eva? –rompió a decir.

–Pues iré con mi hermano al castillo de Neuchswanstein, a Augsburgo, Rothenburg, Dinkelsbuhel, Nuremberg, Dresde y finalizaremos en Berlín, donde yo me volveré a reunir con usted.

–Es un bonito recorrido. Espero que lo disfrute, que lo disfruten los dos.

–Supongo que conocerá usted esas ciudades –preguntó Eva.

–Sí, desde luego. Todas. Algunas demasiado bien. ¿Quiere que comparta con usted algunos de mis recuerdos ligados a ellas?

–Por supuesto. Por favor.

Durante los minutos que siguieron Eva sintió confirmarse la primera impresión sentida nada más llegar aquella jornada a la casa de Hansi cuando vio al viejo otra vez con buen aspecto, ágil y, desde luego, colaborativo. La tarde transcurrió lenta y la conversación, transitando entre paisajes y recuerdos, anécdotas y rostros, espacios y ausencias, se prolongó con fluidez. Hablaron sobre Rothenburg, sobre Nuremberg, sobre Berlín, hasta que los primeros síntomas de fatiga del viejo aconsejaron por fin, bastante más tarde de lo previsto por ninguno de ellos, tras casi dos horas extra, finalizar el diálogo.

–¡Qué barbaridad! Son casi las nueve y media. El tiempo se nos ha ido volando –dijo sorprendido, advertido por su esposa tras ser esta avisada por Mina, la verdadera administradora de los horarios, las pautas y las pastillas del matrimonio de ancianos–, será mejor que lo dejemos por hoy. Nos volveremos a ver dentro de cinco días y entonces podemos seguir en donde lo hemos dejado.

Viveka abandonó la casa aliviada. Eva, tras la larga, sorprendente y fecunda charla, excitada. La noche guarecía ya Múnich bajo su manto.

El Túnel

Capítulo Cinco

Noega y Ernesto

Al día siguiente, Eva acudió al aeropuerto a recoger a su hermano Héctor. Frente a la puerta de salida, la figura de Alicia, una chica menuda y seria, sosteniendo entre sus manos sobre el pecho un bien visible cartel, confirmó a los dos, el uno y la otra, el que llegaba y la que le esperaba, que se hallaban en el lugar correcto. Alicia (para los dos hermanos, desde aquel momento y ya para siempre,

María Pujalte o Carmen Machi), sería su guía, la encargada de dirigir el viaje del grupo de turistas del que a partir de ese momento iban a formar parte, la niñera que en los siguientes días les marcaría los horarios de las comidas, del sueño, de las actividades a realizar, de los lugares que visitar y hasta de los momentos en los que podían orinar. Tendrían poco margen para las iniciativas personales y para la improvisación, pero no les importaba. En realidad, eso era lo que pretendían al iniciar ese recorrido por el país: ser dirigidos, asesorados e instruidos sobre los aspectos generales de la historia, la cultura, la geografía y la sociedad alemanas por profesionales que, como en el caso de Alicia, aunque no fuera más que a fuerza de repetir una y cien veces lo mismo durante años, atesoraban más conocimientos sobre la nación que muchos ciudadanos autóctonos. Esa es la misión de los guías de viaje y Alicia parecía sin duda una mujer competente, instruida y amena. Después de esa semana… eso ya sería otra historia de Alemania.

Instalados en el nuevo hotel –un confortable y moderno establecimiento de esos que inexplicablemente tienen la puerta del baño corredera transparente integrada en la habitación–, situado a poca distancia de la villa y el complejo olímpico de la ciudad, después del relajado trayecto en furgoneta por la capital de Baviera a través de las circunvalaciones en las que se encuentran el luminoso estadio Allianz Arena, plácidos parques públicos y dormidas calles de mediodía, Eva y Héctor disponían de la tarde libre. El inicio oficial del viaje se produciría al día siguiente, cuando llegasen los vuelos del resto de turistas provenientes de distintos puntos de España. Decidieron dedicar las horas vespertinas a visitar los alrededores más cercanos.

La primera fotografía que Eva se hizo en Alemania fue frente a un panel publicitario circular. Ahora esos grandes soportes urbanos redondeados de más de dos metros de alto y casi uno de diámetro que sirven para pegar anuncios pueden encontrarse en las calles de todas las pequeñas, grandes o medianas ciudades de cualquier lugar del mundo, pero a comienzos del siglo XX estaban instalados sólo en las mayores urbes, en especial en las de Centroeuropa, en Alemania, Austria, Francia, por lo que uno de los primeros recuerdos de la joven, aún chiquilla Eva, interesada en la historia, eran viejas fotos en blanco y negro o pintadas con vivos y ficticios colores, irreales, en las que un grupo de paseantes, con sus sombreros y largos abrigos, obreros con gorras caladas o ciclistas, contemplaban como hipnotizados, cuál si aquel cilindro del mobiliario urbano actuase como un monolito imantado, atrayente, los textos y las fotografías de grandes caracteres o dimensiones pegados a él, referentes, muy a menudo, a cuestiones políticas, propaganda de partidos o enfervorizadas recomendaciones a la hora de votar. Ahora, en ciudades efervescentes como Múnich, la política había dejado paso a los conciertos en salas *cool*, actuaciones en teatros *underground*, eventos deportivos, exposiciones *kitsch* o *performances* a la última tendencia, pero si Eva tenía una imagen inicial, ¡iniciática!, de Alemania en la primera mitad del siglo pasado y ahora, esa era la de aquellos objetos públicos circulares. El que fotografió estaba en el parque olímpico y en él había fijados unos cuantos carteles anunciando diversos conciertos en el Olympiahalle: Nickelback, Schiller, Peter Maffay y Tabaluga, Volbeat, Zucchero, Elton John… una combinación extraña.

Dedicaron aquella tarde soleada a pasear por dicho parque y visitar sus instalaciones: admiraron el estadio, la innovadora estructura que combina el metal y el metacrilato, los recios tirantes sustentantes, el aún hoy asombroso lugar de ubicación semi escondido por debajo de la línea del terreno de la colina para hacer apenas necesario el recrecido de la fachada, su privilegiado entorno ajardinado, salpicado de árboles, pistas de entrenamiento, instalaciones deportivas multiusos y equipamientos públicos. Visitaron la piscina olímpica, la sede de las legendarias hazañas del formidable nadador Mark Spitz, dejándose envolver por el ambiente caluroso y húmedo de fuerte olor a cloro característico; admiraron también aquel rompedor diseño en comunión con su entorno, imaginando el rugir de las gradas ante las proezas de aquel atlético y bigotudo nadador estadounidense.

En el exterior contemplaron el estanque, las decenas de barquitas, los grupos de muchachos que, descendiendo por las escaleras de piedra, accedían al embarcadero, se zambullían cerca de la orilla o, sentados sobre la hierba, conversaban, jugueteaban, coqueteaban o se besaban ruidosamente. Era un paraje muy bello, mucho más que lo que miles de fotografías y películas, ¡*Bella Germania*!, allí realizadas pudieran reflejar; el más icónico ejemplo de la evolución de la ciudad tras el cataclismo de la guerra, de la reconstrucción en la que de forma tan activa Hans había participado. Era una geografía nacida sobre las ruinas –literal–, sobre los escombros retirados de las calles (también en Gijón el gran parque de Isabel la Católica fue asentado sobre terrenos pantanosos colmatados gracias en buena medida a los escombros producidos por los bombardeos durante la guerra –pensó Eva) donde ahora florecían en espléndida armonía jardines, plantas, senderos, estanques, modernas y vanguardistas estructuras deportivas de asientos color verde a juego con el lugar o equipamientos públicos pensados para los ciudadanos, para su ocio, disfrute y evasión; un lugar nacido para mirar al futuro, asentado sobre los restos destruidos del pasado, una metáfora idónea sobre el profundo cambio social y político que en su momento deseaba consolidar y dar a conocer al mundo el país y que, observando ahora tan idílica estampa, Eva pensaba que se había conseguido. "¿Totalmente?", se preguntaba para sí en uno de los muchos bancos corridos de madera situados junto a las mesas de la cervecería atestadas de turistas y locales en las que se habían detenido para hacer un descanso y saborear una estupenda cerveza bávara. "Sí, sí sí que saben hacer cerveza, su fama es merecida, sin duda".

Después pasaron por la antigua villa olímpica, entre sus originales y vanguardistas edificios escalonados, los pasillos, los jardines, los portales obstruidos por decenas de bicicletas aparcadas, el ir y venir de los vecinos, el griterío de niños rubios en camiseta o con estampados vestidos ligeros. Casi por casualidad, en un lugar no demasiado visible, encontraron una modesta placa con una larga serie de nombres escritos en caracteres indescifrables, emotivo recuerdo y homenaje a las víctimas de los terribles sucesos que allí mismo, en esos mismos edificios, en ese ahora tranquilo barrio residencial, se habían producido en el año 1972. Los dos hermanos disfrutaron de aquella tarde alejados de los circuitos turísticos típicos del centro de la ciudad, sin adentrarse demasiado en su bullicio masificado. Múnich es una ciudad fantástica para disfrutar al aire libre cuando el tiempo lo permite, para perderse en sus abundantes parques, pasear y equilibrar los pensamientos o, al menos, intentarlo, y el tiempo, soleado, caluroso, tierno, sin duda invitaba ese día a todo ello.

–¿Cómo hemos llegado hasta aquí –le preguntó a bocajarro Héctor a su hermana–cómo te metiste en este lío?

–Pues por un cúmulo de circunstancias, supongo –sonrió ella–. A ver cómo salgo, cómo salimos.

–Haces lo que debes. No le des demasiadas vueltas –la reconfortó su hermano.

¿Cuándo había iniciado de verdad Eva el viaje? Y, ¿por qué?

Pensó en su niñez, en aquella serie francesa de dibujos animados sobre la Humanidad y cuando con apenas diez u once años aquel joven profesor de 5º de EGB melenudo y con barba, "progre" como se decía entonces, les habló en clase de los antiguos egipcios, de la construcción de las pirámides, de Grecia, de filósofos y artistas, de Roma, de Coliseos y acueductos, y ella ya nunca pudo olvidarse ni de él ni de lo que les enseñó. También recordaba su adolescencia, tres o cuatro años después, a otro profesor, este más fácilmente olvidable, otro progre de pantalones de pana color beige y americana marrón a juego, pero con ambas prendas siempre grises a causa de la ceniza del perpetuo cigarrillo negro que fumaba o tenía entre sus dedos amarillos; siempre impregnado por el olor del tabaco, ronca la voz por tal vicio y diluido el aliento en nicotina por el mismo motivo. Un profesor empeñado en mostrarles durante horas y horas a sus pupilos las bondades de la Revolución rusa de octubre, mientras apenas pasaba de puntillas por otros acontecimientos, que a ella la trataba como una retrasada mental sin darse cuenta en su incompetencia como docente que la "retrasada" iba acercándose también por vez primera, gracias o a pesar de él, a sucesos del siglo XX que ya nunca podría olvidar: supo de la Segunda República, de los excesos del franquismo, más allá de los vagos recuerdos semi escondidos de la familia, y gracias a él (a pesar de no prestarle al tema ni una mínima parte del tiempo dedicado al "asunto soviético") conoció por vez primera las aberraciones del nazismo. "El peor mal de todos los males", según su escueta, vaga, demasiado simple definición, en contrapunto a las "bondades" del comunismo. Unos temas que la interesaron para siempre. Desde entonces, pasados más de cuarenta y cinco años, obsesionada más con la maldad camuflada que con la bondad explícita, Eva había realizado un largo recorrido. Porque el inicio del viaje de verdad, el momento tangible, verosímil, plausible, en el que se habían alineado todas las circunstancias que terminarían desembocando en él, se produjo bastante después de aquel nacimiento del interés por la Historia. Y nació ligado a otro nombre histórico cercano a ella, aunque no tan conocido: Noega.

–Todo comenzó con Noega –le dijo Eva a su hermano–. Sin ella no estaríamos aquí.

Noega era un *oppidum*, término que los romanos usaban para referirse a las plazas fuertes o ciudades bien fortificadas de los pueblos que ellos entendían como bárbaros, situado en la Campa de Torres, en un estratégico punto de la costa gijonesa. Citado en sus escritos por Estrabón, Mela y Plinio el Viejo, era uno de los varios castros de la ciudad, el más grande, y todo parece indicar que se hallaba en su etapa más desarrollada justo en el momento en que Roma llegó a tierras astures. Tras la conquista, experimentó un profundo proceso de romanización y su nombre no vuelve a ser citado nunca más en ningún texto, probablemente porque su paulatino proceso de abandono se produjo en paralelo al crecimiento del nuevo asentamiento fundado en el Cerro de Santa Catalina, Gigia, el origen de la actual ciudad.

Pero con el nombre de Noega fue también bautizada en Gijón, muchos siglos después y con sidra natural de un lagar de la localidad, otra cosa: una mastodóntica tuneladora construida especialmente en Alemania, en Schawanau, por la firma Herrenknecht, con la finalidad de perforar un túnel de 3,5 kilómetros de longitud, a unos 20 metros de profundidad media respecto a la cota de las calles adyacentes, por el que, en su día, debería discurrir la primera línea del metro de la ciudad. Noega era un titán de 10,5 metros de diámetro, 90 de longitud, 1.650 toneladas y un precio de 24 millones de euros, construido en dos meses, que comenzó a horadar el subsuelo en 2004, avanzando bajo los barrios de Viesques y El Bibio, la avenida de la Costa y El Humedal, hasta finalizar frente al Museo del Ferrocarril, el lugar donde, pieza a pieza, después de concluida su colosal labor, comenzó tres años más tarde, su desmontaje y extracción.

Entre medias de esas dos fechas, aquella fría jornada de enero de 2006, a media mañana, los operarios que dirigían y mimaban aquella *maquinona* con el pensamiento puesto en la ya próxima culminación del hueco del túnel, se hallaban muy cercanos a la gran boca de acceso por la que sería extraído el monstruo. No estaban encontrándose con mayores dificultades que las de los días y meses precedentes, las derivadas de las características inestables del terreno en el que operaban, calizo, blando y con presencia de aguas subterráneas. De hecho, una de las playas de la ciudad, la de Poniente, la más nueva, se encuentra a apenas unos centenares de metros en línea recta desde aquel punto.

Para eso estaba allí Noega, para solventar esos serios problemas o cualquiera otro que pudiera presentarse, para eso había sido diseñada sobre rieles con cabeza de corte mixta, dotada con discos de excavación de roca con disponibilidad para maniobrar tanto en "modo cerrado" o en "presión de tierra" como en "modo abierto" en terrenos más estables y con autonomía para gestionar la ventilación, los depósitos de mortero o la evacuación del material.

El proceso se desarrollaba con rutinaria normalidad: al concluir cada pase de avance la máquina se detenía y automáticamente (todo estaba robotizado), continuaba con la construcción del anillo de la estructura del túnel mediante la instalación de dovelas de hormigón prefabricado engarzadas unas contra otras de forma milimétrica. En paralelo, el material desprendido de la excavación, extraído mediante un tornillo de Arquímedes, se depositaba en una cinta transportadora que lo alejaba de la cabeza de corte hacia atrás, hacia el equipo de rezaga, donde los operarios verificaban la buena marcha del proceso de evacuación de los materiales rumbo a los camiones que, en el exterior, aguardaban para ser llenados con esos restos.

Fue entonces, mirando hacia el contenido de la cinta, cuando uno de los obreros, entre las piedras de distintos tamaños y los restos acuosos de espuma, arena o arcilla, distinguió algo "fuera de lo normal" que de inmediato le llamó la atención, un objeto diferente, largo, más uniforme, sobresaliendo entre el negro, el pardo y el gris terroso de la masa amorfa que avanzaba cadenciosa ante él. Dio la voz de aviso, se acercó más y lo tocó. No tuvo dudas. Ni él ni los otros dos compañeros que le siguieron. Era un hueso, el primero. Apartaron con cuidado, con sus propias manos, las pequeñas piedras que lo rodeaban y consiguieron extraerlo. Lo limpiaron con sumo celo, desprendiendo de él la arenisca adherida que ocultaba su verdadero color, más pálido, más claro, más ocre, más color… hueso. Medía unos veinte centímetros.

Aparecieron más, de diferentes tamaños, mayores, pequeños. ¿Eran restos humanos o de animales? La duda se disipó pronto: cuando entre aquel conjunto tétrico de huesos de diversas formas y dimensiones que avanzaban por la cinta en una especie de desfile de muerte y horror, hallaron también un objeto circular cerrado, casi sellado y en buen estado de conservación.

–Joder, es un reloj de bolsillo –gritó uno de los obreros–. Marca las ocho y doce.

La noticia se difundió con celeridad entre los trabajadores, peones, técnicos, maquinistas, operarios o encargados de obra y llegó a oídos del ingeniero jefe.

–Hay que parar la tuneladora de inmediato –dijo–. Con todo lo que ello suponía: pérdida de dinero y retraso en los plazos de ejecución de la obra. Pero se paró. Aparecieron más restos humanos y más objetos: casquillos de 9 mm, una hebilla, una llave, una cuchara, un peine, una montura de gafas, una camisa marcada, una chapa de identificación, y entonces, aunque aún restara la certificación absoluta de los expertos, cupieron pocas dudas sobre lo que hallaban, sobre lo que aquel lugar era o había sido: una trinchera, una zanja, una fosa común o las tres opciones en diferentes etapas de la Guerra Civil, un lugar más de los muchos que, para vergüenza del país, se sabe que aún hoy ocultan objetos iguales o similares: tabaco, escapularios, colonia, orinales, documentación, medicinas, tónicos, laxantes, brazaletes, trozos de uniforme, cascos, máscaras antigás… que yacen junto a los cadáveres de combatientes o represaliados de ambos bandos y aún no han sido descubiertos e investigados, ni en Asturias ni en España, en un país con demasiados espacios sin memoria y demasiadas memorias sin espacio.

Ese había sido, sí, el verdadero comienzo del viaje de Eva y de su hermano Héctor.

Luego, a no mucho tardar, entrarían en escena otros actores: Ernesto Besga, compañero y profesor de instituto antes que amante, Xurde Delmiro, un exempleado de montajes (trabajo que a Eva siempre le pareció muy erótico, casi porno, aunque no lo era), Covadonga Bolaños, una abogada, Franz Von Altig, discapacitado… y más adelante la familia Fritzhofer, pero sólo después de que Noega hubiera dejado al descubierto el secreto tesoro histórico que el suelo gijonés guardaba a la entrada de un viejo pozo abandonado cerca de la antigua estación de ferrocarril.

–Poco después –siguió diciéndole Eva a su hermano– como ya sabes, aquellos restos fueron minuciosamente analizados y comenzó a cobrar protagonismo Ernesto.

De vuelta al hotel, el sol de verano se ocultaba sobre Múnich sin prisa, anaranjando el cielo y las vidrieras de los edificios hasta que, perezoso, fue fundiéndose a negro. "Fundido en negro –pensó Eva–, como en las películas". Los dos hermanos bajaron al comedor, cenaron algo ligero y se retiraron a descansar. Al día siguiente comenzaría de manera oficial su vida de turistas en la capital bávara.

Crónica del diario *La Nueva España* de Gijón. Invierno de 2006.

Los restos que ayer al mediodía se hallaron en un antiguo pozo ciego durante la excavación del túnel del metrotrén han obligado a la paralización de las obras sine die *hasta que se certifique el vaciado total de la estancia en la que fueron encontrados. Según ha podido saber este periódico por fuentes cercanas a la dirección de la obra y al propio Ayuntamiento, en dicho pozo fueron descubiertos innumerables restos óseos (con casi total certeza humanos), siete casquillos de 9 mm, una hebilla, una llave, una cuchara, un peine, una montura de gafas, un reloj, así como una pitillera de latón hermética, en diversos estados de conservación. El análisis científico de lo hallado podría aportar luz acerca de sus propietarios y, de manera paralela, acerca de la posible identidad (o identidades) de los restos humanos allí depositados. Aun con toda la prudencia del mundo que los investigadores y expertos recomiendan ante el estado inicial de las averiguaciones y la propia paciencia que la investigación científica profesional prescribe, lo cierto es que algunos especialistas se han atrevido ya a adelantar como bastante probable que nos encontremos ante evidencias de individuos fallecidos durante la década de los años treinta o cuarenta del pasado siglo, probablemente en la Guerra Civil, según podría haberse deducido de los muchos restos humanos y materiales encontrados. Para Ernesto Besga, licenciado en Geografía e Historia y doctorando, profesor de un instituto gijonés, que lleva años investigando la represión franquista en la ciudad y está a punto de ultimar su tesis doctoral sobre este tema en la Universidad de Oviedo, caben pocas dudas. "Durante la guerra, la represión se ejerció por ambos bandos, pero la de los republicanos fue más desordenada y la de los* *fascistas más sistemática. Estoy casi seguro de que los restos hallados pertenecen a individuos <<paseados>> o <<ajusticiados>> por el Régimen del dictador, habida cuenta de que ese lugar, cercano a la estación fue uno de los muchos a lo largo de la ciudad que están absolutamente certificados como lugares donde se produjeron asesinatos. Es muy posible que nos hallemos ante restos de una fosa común que en su día también pudo haber sido barricada o trinchera. Según vayan pasando los días y afloren nuevas pruebas (comenzando por las que puedan aportar el análisis de los restos óseos) seguramente – asegura el profesor Besga–, nos podemos sorprender por la magnitud de los hallazgos y, por añadidura, también con las dimensiones de los crímenes cometidos, muchos de ellos aún hoy en día sin clarificar y, sobre todo –concluye el historiador –sin reparar".*

En espera de futuros, no muy lejanos acontecimientos, lo que sí podemos atestiguar es que el hallazgo de ayer ha despertado ya en la ciudad un interés general de tal magnitud que sólo la, hasta ahora presunta importancia de lo encontrado, puede explicar.

"¿Cómo se había metido en aquel lío?" –le había preguntado su hermano hacía un rato. Pues también por culpa del profesor Besga, a causa de Ernesto, sí, por culpa del túnel y de Ernesto, un profesor y doctorando, dos años mayor que ella, con una cierta reputación de investigador sobre asuntos históricos locales, con el que mantuvo un romance durante varios años. Aquel recorte guardado en su carpeta azul, donde acumulaba un inmenso caudal de información, era un papel más de las decenas que allí se contenían: documentos que Eva había ido recopilando y ordenando con mucho menor éxito que el que su puntillosidad y orden para esas cosas hubiera creído conveniente. Siempre creía que debía ser más ordenada, mientras a ojos de sus cercanos el supuesto caos de sus archivos, su casa, su trabajo o su vida sentimental sólo era tal en el último de los casos. Hubiera podido olvidar cualquier otra cosa en aquel viaje, pero aquella carpeta nunca. Y eso que sabía que sus días estarían completos desde muy pronto hasta la noche, se le añadiría más información y también más papeles; debería estar pendiente de horarios y visitas, de detalles y lugares, de explicaciones y silencios, ¿iba a tener tiempo de mirarlos, de repasarlos una vez más? La respuesta, lo sabía bien, era sí. Sería incapaz de alejarse de ellos; en cualquier momento se vería tentada de consultar o recordar un dato concreto, una fecha, un nombre, una ciudad. Y acertó, por supuesto, porque al primer rato libre ya se enredó en aquella carpeta azul, la carpeta del "asunto", como la llamaba su hermano. Y allí estaba ahora, casi el primer día, ya a última hora, después de haber llegado de cenar, mientras ojeaba los WhatsApp recibidos sin prestarles demasiada atención.

El recuerdo de la pregunta de su hermano la hizo volver a pensar en Ernesto Besga, en su vida en común y, lo uno llevó a lo otro, en aquel primer recorte conservado como un tesoro en su archivador azul.

Aunque ya se habían visto en más de una ocasión tanto en Gijón como en la Facultad, la primera vez que Eva habló "en serio" con Ernesto fue a finales del año 2005, cuando caminaba por el campus de la Universidad de Oviedo con la culpabilidad propia de una mala alumna que, aun conociendo de sobra el terreno, había tardado muchos años, casi catorce, en volver a pisarlo para retomar sus estudios de doctorado. Lo hizo cuando, por fin, creyó alcanzado el momento justo de madurez personal para semejante empresa, cuando, con 39 años, había dejado de ser ya una joven insegura. O eso creía ella. Y buscó al mejor profesor, a don Etelvino Cepeda.

Al presentarse por vez primera en el Departamento le expuso, con un elevado grado de osadía y duda, su deseo de realizar una investigación sobre la vida y la obra de Leni Riefenstahl, una "feminista" en el ojo de la tormenta más machista. El Catedrático –Anthony Hopkins o Robin Williams desde ese mismo instante para Eva–, la frenó en seco: "¿Sabe usted alemán?". "No", respondió ella, mientras recordó otra película: "¿Entiende el francés? Ni una palabra. Aún tengo problemas con el inglés". Pues ella igual. ¿Cómo iba a hablar alemán u otro idioma –pensó– si tenía serios problemas con el suyo, con el español? ¿Quién puede controlar un idioma en el que "guapo" o "antigualla" se escriben así, tal cual, pero "antigüedad" debe hacerse con dos puntitos sobre la u? ¿O en el que se puede decir el mar o la mar, pero no los mares y "las" mares? "Pues olvídese de ello", zanjó el profesor. Pero lejos de arredrarse (en realidad esperaba una respuesta así), Eva se recompuso al instante y le presentó una segunda opción que, en verdad, en sus más íntimas convicciones y esperanzas, siempre había pasado por ser la primera: "entonces, aunque sé que se recomienda no escribir nunca sobre una misma, me gustaría escribir sobre algo más personal, es una idea que reconozco algo extravagante, me gustaría escribir sobre el papel de la mujer durante la Transición española y su representación en el cine" –le dijo esta vez sin timidez. Y para su sorpresa, tras una corta reflexión, él aceptó. "Uno siempre escribe sobre sí mismo. Es de lo único que sabemos… un poco. Mis campos de investigación siempre han sido la historia política, los movimientos obreros, la represión franquista o los diversos intentos reformadores de los siglos XVIII, XIX y XX –le dijo–, pero nunca hasta ahora nadie me había hablado de investigar el papel de la mujer en la historia o enfocar esta desde una perspectiva de género. Creo que sólo las ideas extravagantes, como tú las llamas, merecen ser consideradas como tales. Me parece muy interesante, pero como no sé demasiado del tema, has de saber desde ahora mismo que te exigiré mucho, tanto como al resto de mis anteriores doctorandos, pero algo más aún si es posible, porque no sólo deseo ayudarte en la realización de tu trabajo, sino que espero que abra camino y aprender contigo. Deberás demostrarme, desde hoy mismo, que eres digna de la confianza que el Departamento (que no te quepa duda, me pondrá reparos, pero me las arreglaré para superarlos) y yo mismo ponemos en ti al aceptar tan novedosa investigación. Cuéntame tus planes" –concluyó.

No, no era una decisión fácil ni para la Universidad ni para el catedrático Cepeda. Para el pionero en el estudio del movimiento obrero de la región, para el ejemplo y padre de historiadores, para un hombre de su valía y dilatada trayectoria profesional, apostar por un proyecto tan novedoso, tan poco académico como aquel que Eva, con la resolución nacida del convencimiento íntimo, le fue desgranando en sus líneas básicas en el pequeño despacho aquella apacible tarde de octubre en Oviedo. El "algo" irresistiblemente atrayente para el profesor del tema planteado era que indagaba en la lucha por los derechos y libertades de un sector social tan importante como el de las mujeres. Y para un ovetense que, sin proceder de una familia ni de un entorno con fuerte peso de la cuestión social o la lucha de clases, siendo aún estudiante de bachillerato en un colegio religioso de la capital asturiana, había sentido la llamada no de Dios, sino del compromiso político y de la lucha antifranquista, aquello era una especie de vuelta a los orígenes ideológicos, de pelea por los derechos fundamentales de las personas, sobre todo, como en el caso de las mujeres, los colectivos más desfavorecidos o desatendidos, tanto por la sociedad como por la propia investigación histórica y académica.

El hombre que, tras haber sido premio extraordinario de doctorado y profesor interino, había sido expulsado de la Universidad durante los últimos años del franquismo para regresar por oposición a esa misma plaza tras la muerte del dictador, el decano de la Facultad, polemista, litigador, inquebrantable defensor de sus principios progresistas, fiel a su republicanismo laico y a su rigorismo histórico, el historiador con historia, siempre presto a dar la batalla por la dignificación de las personas y los colectivos olvidados o minusvalorados, vio en aquella tesis la última oportunidad de su vida académica para reivindicar de nuevo, otra vez, la lucha social, la vida de la gente corriente. Presto a morir matando por sus más sólidas bases ideológicas y por introducir nuevas vías de análisis en el debate historiográfico, se dispuso a sacrificar (hasta cierto punto) una vez más su propio prestigio personal por el compromiso militante que, probablemente sin ser consciente aún de ello, su doctoranda había adoptado al elegir semejante tema de investigación.

El veterano catedrático quiso retirarse alejándose de sus queridos, familiares y confortables temas de estudio para adentrarse en el inhóspito mundo de lo desconocido, para adentrarse en el futuro, compatibilizando el poso de experiencia y sabiduría con la adecuación a los nuevos tiempos y preocupaciones, para intentar lograr ser igual de docto en lo "antiguo" como en lo "moderno", para intentar seguir enseñando y aprendiendo, para seguir volcado en su entorno, en la preocupación por el relevo generacional, en la defensa tenaz de sus discípulos investigadores y la de sus proyectos, intentando apoyarlos a superar el arraigado corporativismo de la institución académica, procurando abrirles vías para la publicación.

Así lo entendió Eva también. Y siempre le estaría agradecida.

Fue un año más tarde, mientras se dirigía desde los despachos del Departamento hacia el lugar donde iba a ser evaluada de la suficiencia investigadora, cuando encontró al antiguo compañero, a Ernesto, hombre moreno, aún joven, distraído, citado también a una reunión de departamento con su tutor. "¿No sé si te acuerdas de mí? Fuimos compañeros durante la carrera hace años y, aunque yo estoy aún en los primeros pasos de mi doctorado y está enfocado en otro asunto, sé que ahora preparas una tesis sobre la represión franquista, un tema que a mí también me interesa mucho. Además, tu tutor es también el mío, Etelvino Cepeda. Nos han convocado al salón de actos, ¿Sabrías decirme dónde es?" –fingió ignorar lo que sabía. "Hola, claro que me acuerdo de ti. Etelvino es una institución aquí, un gran profesor. La sala de conferencias está en el piso de abajo. Gracias por interesarte por mi tesis. Me das una gran alegría. Y, ¿sobre qué investigas tu?". "Sobre el cine español durante la Transición". "Me parece muy interesante. Seguro que nos veremos a menudo. Si puedo ayudarte en algo, colega, sólo tienes que decírmelo –contestó él".

Y se lo diría. Ese mismo día, más tarde y durante los meses inmediatamente posteriores. De esta manera, entre los nervios de ella, la sorpresa de él ante aquella antigua compañera en la que, en su momento, no había reparado lo suficiente y las afinidades académicas, la jornada tornó a convertirse en inolvidable para el profesor, ya pronto doctor, tenuemente asaetado en el corazón, y para la doctoranda, atravesada por la misma flecha en el momento oportuno, deseosa de enamorarse, cuando más necesitaba una nueva relación bien nutrida de pasiones convulsas, ilusiones renovadas y sorpresas buscadas. Y así, aquel "rollo" tardío, al menos tanto como su condición de alumnos de Facultad, pasados los días, los meses, fue fraguando en una predisposición mutua al contacto estrecho que iba mucho más allá de la atracción intelectual por intereses académicos comunes sobre el pasado.

Sí, la conexión fue casi eléctrica, quedaron en seguir viéndose, lo hicieron y a partir de entonces a la intensidad de la relación de compañeros se agregó la otra, la de amantes mentirosos que en no pocas ocasiones engañaban a su familia o en el trabajo para, con la sólida excusa de tener que atender a las obligaciones departamentales de la Universidad, a la comisión de servicios de turno o al permiso por trabajo de investigación, encontrarse de nuevo y compensar las, en su opinión, largas ausencias previas. Y entonces dejaban de pensar en fosas comunes, en Casares Quiroga (¡Cuánto se parecía al doctor Goebbels!–, le decía Eva a Ernesto, y se reían), en películas, en los pactos de la Moncloa, "paseos" y dictadura, para hacerlo en aquel polo blanco que camuflaba el pecho de él o en el olor fresco y excesivo que se desprendía de su desodorante por entre la tela en una bochornosa y extraña tarde de mediados de septiembre en Gijón; o en la camiseta negra de tirantes ceñida al busto, los pantalones tejanos recortados por encima de la rodilla, el moreno discontinuo, la sensual boca o la melena caoba recogida sobre el cogote con un pasador dorado de ella.

Frente a la fría presencia de los libros y las películas, fueron el uno para el otro una voz de aliento, un punto de apoyo, un alma comprensiva con la que poder contar a cualquier hora, en cualquier momento del año, en cualquier lugar. Sus voces se tornaban presente de aliento con una simple llamada telefónica, sus ideas, su apoyo mutuo eran una continua y bendita realidad a través de mensajes y WhatsApp a diario, también en una poco disimulable muestra de flaqueza y duda. Siempre se respondían, tal vez porque nunca se vieron demasiado, mucho menos, seguro, de lo que los dos enamorados anhelaban. Tan cerca y tan lejos.

Porque no siempre era fácil hacer coincidir sus horas, aparcar las obligaciones laborales, personales, familiares, sociales y disponer de una noche para ellos, para hablar del mundo, de la Universidad y sus miserias, de las vidas y de las pasiones, comunes o no, de la docencia, el pasado, el cine... Mas cuando coincidían, aquellas veladas posteriores a la cena, mientras saboreaban unas copas, ella un Martini y él un vino blanco espumoso o una cerveza, en algún garito no muy *cool* ni académico o en cualquiera de sus casas, les dejaba una huella de sueño, de falta de él, que al día siguiente no les impedía querer volver a encontrarse cuanto antes. Porque la conversación, envolviéndolos como la enredadera que —según él planeaba medio en broma, colocarían entre el jardín y la terraza de su casa en común como metáfora de su felicidad creciente y, según ella planteaba casi en serio, representaba su facilidad para enrollar los hechos históricos y personales retorciéndolos a su gusto—, les trasladaba del ayer al hoy, de los años treinta o cuarenta a los setenta, los ochenta o los noventa, sin tregua durante horas.

Y como Ernesto era una persona acostumbrada a hablar, a hablar mucho en público, a exponer, a enseñar y ella no se quedaba atrás en ello como alumna, como vendedora y como mujer, la conversación, y no sólo la conversación, se encendía a medida que las copas de licor se apagaban.

Fueron felices al principio. Sus estudios e investigaciones eran la excusa, pero esos asuntos no tardaban en esparcirse hasta degenerar de manera indefectible en cuestiones más mundanas, más rasantes, en chismorreos, críticas al estamento universitario y a sus funcionarios, en asuntos personales y, según los efluvios del vino y el vermú iban surtiendo efecto, en un cotilleo de vecindario que poco tenía que ver con una elevada conversación intelectual sobre ciencias sociales, para finalizar en siseos, susurros y jadeos ya, por fin, mucho más primarios y esenciales que la pastosa charla previa. Ambos sabían entonces que las palabras debían ir concluyendo para dar paso a los más fructíferos silencios de la intimidad. Al día siguiente se besaban, se despedían y cada uno se iba a ocupar de sus asuntos sin arrastrar estigma alguno de la mentira. Hasta la próxima ocasión.

Pero las circunstancias marcan el destino de todos con unos patrones a menudo muy caprichosos y, aunque ambos sospechaban que aquello, aun haciéndolo bien, acabaría por agotarse, la intuición de él apenas tenía nada que ver con la más absoluta de las certezas de ella sobre el futuro, sabedora desde el principio de las diferencias de base, de la incompatibilidad de caracteres, de la distancia ideológica y de actitud ante la vida, sabedora del engaño "iniciático", de la impostura natal de aquella relación antinatural con un hombre soltero pero con pareja.

161

Ernesto era un popular profesor de Historia atrayente, chistoso, hablador, alegre, jovial, un Jeff Goldblum o un Charles Boyer con un ademán vulgar pero una facilidad innata, sutil para caer bien al instante y relacionarse pronto con los demás, en especial con las mujeres; vivía entre libros y aulas, pero también tocando la guitarra, en el gimnasio, en tiendas de ropa cara, bares, restaurantes o pubs, con la pandilla de colegas de profesión y con contactos propios o ajenos. Su profesión daba para muchas horas de pelea entre jóvenes difíciles, hostiles y, como poco, distraídos con otras preocupaciones para ellos más acuciantes que las del perenne mantenimiento de la llama de la inquietud intelectual que él se suponía debía tratar con paciencia de incentivar, y para otras más de solitaria investigación sobre la represión franquista (solitaria hasta que conoció a Eva), pero también para disfrutar relajadamente de la cómoda vida que le permitía su sueldo de docente, sus publicaciones, las charlas y sus frecuentes colaboraciones en proyectos divulgativos y sociales de ámbito "progresista".

El dinero siempre había sido importante para él, como para todos. Siendo como era hijo de unas modestas gentes de campo, de un pueblo de Teruel, no tuvo más remedio que acumular un excelente expediente académico tras otro para poder acceder a estudios superiores. Sus padres le presionaron, le animaron con entusiasmo para que lograra un título universitario con el que poder abandonar el gris futuro que en su querida pero áspera tierra se anunciaba, y el hijo no les defraudó. Estudió, estudió mucho, obtuvo su diploma, aprobó su oposición y se le abrieron las puertas al escalafón superior, el que, poco a poco, le iba a proporcionar una notable mejora económica y una posición más desahogada, además de un reconocimiento profesional, el prestigio que él consideraba tan absolutamente necesario como Eva merecido.

Pero a Eva los hombres siempre le parecieron un mecanismo de compleja interpretación. A medida que lo fue conociendo, trabajando junto a él, ayudándole y preguntando, lo que a ella le fue generando muchas más dudas fue el verdadero anclaje de su vocación, lo que consideraba el núcleo mismo de su profesión, el amor sincero al conocimiento de la verdad y a la divulgación de esa verdad entre sus alumnos y entre el resto de la sociedad. ¿Quiénes eran los buenos, los rojos o los nacionales? Ernesto no habría tenido duda alguna al contestarle a su sobrino o a sus alumnos: los rojos, víctimas inocentes de un feroz ataque involucionista, fascista, contra la República democrática, progresista y ejemplar instaurada en nuestro país por decisión del pueblo. Respuesta con ligeros matices pero, para él, pocos.

Y respecto a esa obsesiva inquietud de Eva por lo vocacional, por detrás de la apariencia atractiva y brillante de reputado profesor, la anónima trabajadora de una tienda de lencería nunca dejó de ver en él una fea faz de impostura, de egoísmo y mentira, el verdadero rostro de alguien que, al socaire de los libros, los colegas de profesión, la respetabilidad docente, la introspección social, la justicia y la libertad, no poseía la suficiente diligencia para camuflar, sobre todo ante ella, su escaso interés por esos asuntos sociales, de los grupos o de los individuos mismos, si la realidad contradecía sus sólidas convicciones ideológicas, al partido, al sindicato, a la Casa del Pueblo, a las banderas tricolores republicanas, o si ensombrecían su propia proyección personal. Para él, todos los problemas del país y del mundo se debían al fascismo, al sistema capitalista y a las monarquías, y todo se resolvería instaurando la República, sustituyendo la bandera roji-gualda por la tricolor y la Marcha Real por el Himno de Riego.

Pero como a Eva le parecía que los problemas del planeta se explicaban con razones mucho más complejas, que también tenían algo que ver con las personas individualmente, con sus acciones e inacciones, pues chocaban en sus argumentaciones.

—Yo no sabría contestarte si soy de izquierdas o conservadora, Ernesto —llegó a confesarle ella.

—Pues yo sí. Soy de izquierdas, claramente progresista. Siempre estaré al lado de la gente comprometida, de un Alberti, y lejos de los equidistantes, de un Juan Ramón neutral y aislado en su torre de marfil. Creo que en el centro sólo se refugian los renegados de la derecha —apuntilló él.

Y aquella respuesta hirió profundamente a la mujer.

¿De derechas o de izquierdas? Para Eva era una absurda pregunta. Simple, muy simple, demasiado simple para sus profundas meditaciones políticas. ¿No es mucho decir definirse como uno u otro? Defendía la igualdad y los derechos de las mujeres, por supuesto, pero no se consideraba una feminista radical; compartía las reivindicaciones de colectivos sociales como los gais, las lesbianas, los obreros o los inmigrantes, ¿quién en su buen uso de razón podía no hacerlo?, pero jamás había participado en reunión, manifiesto, proclama o cualquier otro acto en apoyo a las peticiones de ninguno de esos grupos. Les tenía una alergia patológica, clínica, a las manifestaciones públicas, siempre manipuladas, nunca espontáneas. Era sensible a los animales, le gustaban (sólo los mamíferos "normales", claro, nada de reptiles o arácnidos), era capaz de derretirse llorando como una magdalena con sólo ver la mirada amorosa de un perro clavada en sus ojos clamando por una caricia, pero ello no la había impelido a acudir en alguna ocasión, en más de cinco y de diez, a la plaza de toros. ¿Era ello incompatible? Disfrutaba yendo de excursión a la montaña, gozando de la naturaleza, corriendo por parques o zonas verdes y entendía como apremiante el compromiso de todos, de los grandes responsables y de cada uno de forma individual, en su cuidado y conservación, en la preservación del planeta, pero nunca había querido saber nada con los más obstinados movimientos ecologistas. ¿Era también incompatible?

Aborrecía los nacionalismos, cualquiera que fuera su signo o forma, y no se sentía identificada ni con la prepotencia moral de la izquierda ni con la prepotencia económica y religiosa o de status de la derecha. Ni con los modelos totalitarios, fascistas y comunistas, donde el Estado aspira a tener a todos sus súbditos subvencionados y sumisos, ni con el salvaje modelo del capitalismo más duro, en el que los individuos son más libres, pero están más indefensos. Quería creer en la existencia de un amplio terreno intermedio llamado democracia real. ¿Qué era entonces? ¿Liberal en el más literal sentido del término, en el de la defensa de la libertad y la responsabilidad individual por encima de los Gobiernos y las autoridades? Sí, pero también lo era de un liberalismo laxo, abierto, matizable, claramente intervenido por el Estado, frente a las desigualdades económicas y sociales. Huía de todo lo políticamente correcto del momento, de cada momento histórico, de todo aquello que se aproximara a la proclama sectaria, la adhesión inquebrantable, incuestionable o al activismo fastidioso y cargante para con la causa propia.

En realidad, no le gustaba mucho ningún órgano de dirección o autoridad en particular, ni ningún gobierno en general, pero menos aún la anarquía, los episodios políticos de prolongado desorden, las convulsiones revolucionarias difusoras de grandes cambios y conseguidoras de miserias o el seguimiento aborregado de las consignas de moda. ¿Era todo ello compatible? ¿Era de centro? ¿Qué significaba eso?

¿De derechas o de izquierdas? Pues… depende. Seguía sin tenerlo nada claro. Estaba en ello.

La excusa perfecta para la inconcreción se la había dado siempre ese espíritu suyo vocacional de historiadora, de fría y aséptica escrutadora de las versiones de los hechos, siempre múltiples y heterogéneas, casi infinitas, todas portadoras de una parte, grande o pequeña, de la verdad.

Eva pensaba que no existen personas neutrales, sin ideología, tampoco historiadores, pero si el ciudadano normal puede expresarla sin miramientos, con total libertad, el profesional del estudio de la Historia debe huir de ella, debe evitar que le domine, debe ser censor de sí mismo y de sus opiniones personales, porque se supone que debe tener una mirada más lúcida, más distante, alejada de la colosal trampa del sectarismo, debe –debemos, pensaba Eva–, estar obligados a no alinearnos ideológica, dogmáticamente en ningún bando, sobre todo en España, herida aún, hoy, siempre, de su propio pasado, donde para muchos, demasiados, ignorantes de la Historia y de sus admoniciones, no existen los grises, las dudas razonadas, los matices inteligentes, el diálogo constructivo, los intercambios de ideas o el sentido común, donde no ser rojo o azul, blanco o negro, comunista o fascista parece resultar absolutamente inconcebible. Ella detestaba los absolutos.

–Tu, qué eres, Carli, ¿de derechas o de izquierdas? –le preguntó Eva a su amiga en el Bariloche.

–¿Yo? ¿No tienes otra pregunta más fácil? –Carla se tomó su tiempo mientras cogía su vaso de cerveza con las dos manos y lo observaba ausente–. Yo soy borracha–, acabó por decir, mintiendo, antes de dar un buen trago.

–¡Qué *celebro* tienes! (otra película) –apuntilló Eva.

Y la carcajada cómplice de las dos amigas, mientras pensaban en Humphrey Bogart, resultó entonces demasiado atronadora para el resto de los clientes y trabajadores del local.

Pero para Ernesto, diferenciar la izquierda y la derecha no era una cuestión menor, y tomar partido, aun siendo historiador, era un deber personal y profesional. Era protagonista de una historia más de superación y éxito, de hombre hecho a sí mismo, inteligente, ambicioso, legítimamente obsesionado por prosperar y lograr fama en su tierra de acogida, pero también un hombre egoísta y, a veces, desleal, capaz de ejecutar ciertas iniquidades sin pudor con tal de alcanzar sus objetivos o de corroborar sus planteamientos apriorísticos. Eso Eva lo descubrió después, al tiempo que él se topó con las limitaciones prácticas e intelectuales de su novia. Ambos callaron. ¿La exoneraba aquello de culpa, de sus propias estratagemas y maquinaciones, no tanto de haberse enamorado de él, como por haberse empeñado en enamorarse de él, de haber pretendido utilizarlo, de haber sido también, en suma, egoísta? ¡Ah, el maldito egoísmo! Aquella relación edificada sobre suelo cenagoso probablemente fue un error desde el principio, pero un error buscado y consentido por igual desde las dos partes, un error interesado de dos culpables poco arrepentidos de perpetrarlo. ¿Por qué habrían de estarlo? Su colaboración neuronal duró cinco años, la líquida un par de ellos más, pero, aunque ambos lo creyeran, no todo es sexo o, al menos, no todo se soluciona con el sexo, incluso si es bueno.

Capítulo Seis

Xurde y Carla

Agotados más de pensar que de caminar, los dos hermanos durmieron bien y despertaron pronto. Eva volvió a coger la carpeta azul con un ademán reflejo de sus brazos, como un resorte que hubiera saltado automáticamente al ser accionado por la vuelta a la consciencia tras la noche, pero Héctor también reaccionó pronto. "Buenos días. Ya tendremos ocasión de seguir hablando. Deja esos papelajos por un momento antes de que acaben contigo y con todos nosotros. Vayamos a conocer Baviera y su capital" –le dijo. "Sí. Tienes razón" –respondió ella.

Y lo hicieron. El autobús conducido por el eficiente chofer Vladimiro, un distante profesional de origen checo y dirigido por la didáctica guía Alicia, una menuda madrileña de moderno vestir, verbo fácil, exquisita educación y perfecto alemán, se puso pronto en marcha a través de paisajes de postal con destino al más famoso de los obligados lugares de visita turística de Baviera: el castillo de Neuschwanstein. Las casas y los pueblos, los prados y las montañas, los neveros de las cumbres, las carreteras serpenteantes y el cielo azul radiante componían un cúmulo de sensaciones visuales tan hirientemente hermoso que era difícil no impresionara tanto a la pareja de hermanos o al resto de compañeros de viaje, como a cientos de miles de personas durante generaciones, aun proviniendo de otro paraíso comparable al que veían. Mas no sólo era el paisaje, también lo eran los nombres, las señales, los desvíos, la importancia que Eva, incapaz de abstraerse nunca del todo de la Historia, le daba a los topónimos, a la nomenclatura, para dejar desparramar su evocación: Salzburg, Garmisch Partenkirchen, Berchtesgaden, Engadin... "¿Qué será ese *Aufghang* que se repite tanto? Pues claro, es salida, en español, ¡seré estúpida!", y continuaba mirando, relacionando, pensando en aquella belleza natural y también en la fealdad maligna de los humanos que en algún momento no demasiado lejano allí germinó. La exuberancia del paraje y del castillo construido por Luís II, el llamado Rey loco, era sólo comparable a la fama que le rodea. Comieron en Fussen y regresaron a la capital previa parada en el palacio de Schloss Nymphenburg. Una fina lluvia caía entonces sobre la ciudad incomodando la parte final de la visita. A Eva seguía sin gustarle la lluvia, nunca había comprendido qué podía tener de natural o romántico recibir una rociada caprichosa y fría (aunque fuera en pleno verano) fuera de la bañera o del plato de ducha.

En Múnich, la próspera y bella ciudad paradigma de la recuperación, el desarrollo tecnológico y social, de la riqueza de todo un *land*, la punta de lanza de la nación había vivido y trabajado durante casi treinta y cinco años Hans. Allí se había casado y había tenido a su hijo, a ella le unían vínculos tan estrechos y lejanos como para hacer de él casi un bávaro más, pero nunca se había sentido así. En su ser jamás se había diluido la esencia berlinesa, la ciudad a la que no dudó regresar en cuanto pudo, en cuanto se jubiló. Eva pensó en ello, sin acabar de comprenderlo, mientras retornaba tranquilizador el sol, Vladimiro conducía hacia el centro de la ciudad a través del denso tráfico y la guía Alicia cantaba con presteza, amenidad y sapiencia la historia escondida de los lugares atravesados: el Maximilianium, sede del parlamento bávaro, la plaza de las víctimas del nacionalsocialismo, la cervecería Löwenbraukeller, donde el cabo Hitler dio sus primeros grandes mítines, y otros grandes espacios de reunión a donde se trasladó la parafernalia nazi cuando la crecida desbordó locales, por enormes que fueran, y tuvieron que buscar áreas con mayor aforo; el monasterio Theatiner en la Odeon Platz, la Universidad, la plaza de los hermanos Scholl, héroes de la resistencia antinazi. Ya en tierra firme, paseando por entre las abigarradas calles del casco antiguo donde turistas de diversa procedencia eran conducidos contrarreloj a los distintos puntos sin apenas tiempo para asimilar lo visto, parada en la Hofbräuhaus, otra cervecería, otro local con pasado jovial y también oscuro, trágico, repleto de ruido, gente y jarras personalizadas, las paredes donde nació la locura. Y, por último, la llegada a la Marienplatz, la plaza del Ayuntamiento y la catedral, donde sólo les faltó poder oír el repique de las campanas para dar cumplida cuenta de todas, o casi, las obligadas paradas fijadas en el decálogo del buen turista. La última de la jornada, la cena en otra típica y céntrica cervecería, esta más actual, sirvió para que la pareja de hermanos volviera a ratificar la nada legendaria, sino muy real, certeza de la calidad de la bebida típica bávara.

El día había sido intenso y llegaron cansados al hotel, pero el interés de Eva por retomar los apuntes de su carpeta azul, perfectamente ordenados por fechas, pudo más que la mella originada por el cansancio acumulado y fue incapaz de resistirse a ojear, a repasar de nuevo aquellos recortes consultados ya por la mañana, antes de abandonarse a los sueños.

Crónica del diario *La Nueva España*, Gijón, otoño de 2006.

La más que probable confirmación de la identidad de una de las personas cuyos restos fueron hallados durante la excavación del túnel del metrotrén el pasado día 3 no han hecho sino avivar la hipótesis de que nos encontramos ante el hallazgo de un testimonio material de incalculable valor histórico acerca de un episodio de nuestro pasado más negro: la Guerra Civil. Los restos han dejado de pertenecer a anónimos y remotos individuos para pasar a transfigurarse en, de momento, una más que plausible identidad verdadera, con nombre y apellidos: Juan Antuña, un trabajador gijonés que al estallar la contienda se encontraba empleado en la conocida fábrica de cervezas "El Universo". Y lo hemos sabido porque su sobrino, el hijo de su hermana Natividad, Nati, Xurde Delmiro Antuña, de 69 años, lo ha confirmado al relacionar con no poca verosimilitud las iniciales grabadas en el reloj de pulsera encontrado ("J.A."), así como la chapa identificativa perteneciente, sin duda, al batallón asturiano número 236, el Voroschiloff, con el hermano de su madre, muerto durante la Guerra Civil al parecer no muy lejos de la fábrica en la que trabajaba. Una industria a cuya puerta aparece junto a su hermana Nati en una de las dos fotografías de color sepia que la familia de Xurde aún conserva de él como un tesoro. La otra es en una romería en la que los dos hermanos vuelven a aparecer junto a un nutrido grupo de amigos. "Aquel dramático y abominable conflicto entre hermanos –confirma el historiador Ernesto Besga, profesor y especialista en el estudio de la represión franquista en la ciudad–, no para de darnos sorpresas y, a la espera de la confirmación definitiva de la identidad mediante el análisis comparativo de ADN no resulta osado aventurar que

alguno de esos restos óseos encontrados en el túnel pue-
den pertenecer con casi total seguridad a Juan, fallecido,
según recuerdan sus descendientes, al final de la guerra
en circunstancias poco claras. Como Juan era un desta-
cado activista político, un comunista de la cuerda de
Santiago Carrillo con una larga trayectoria sindical en
la empresa, <<marcado">> por sus antecedentes (su
padre pertenecía a la CNT) de lucha por la libertad, por
los derechos de los trabajadores y contra el fascismo,
tampoco resulta muy descabellado inferir de todo ello
que las "circunstancias desconocidas" con que fue des-
pachada <<oficialmente>> su muerte por parte de las
autoridades locales, no fueron sino más bien (más mal)
un <<paseo>> o asesinato a sangre fría, como tantos
que ocurrieron en aquellas fechas, perpetrado por las
fuerzas franquistas. Tal hipótesis está aún por confirmar
–continúa relatando el historiador–, pero en vista del
contenido de algún otro resto encontrado y del avance de
nuestras propias investigaciones –prosigue enigmático–
, estoy en condiciones de adelantar que en breve plazo de
tiempo la hipótesis es más que probable que deje de serlo
para transformarse en confirmación, una confirmación
más de la execrable saña con la que se condujeron los
vencedores hacia los derrotados durante el periodo final
de aquella guerra y los primeros tiempos de la posgue-
rra. Habrá novedades. Y pronto".

Pues en espera de esas novedades inminentes, noso-
tros permanecemos en un estado de inquieta expectación
tan notable como el que hemos podido deducir de las pa-
labras de Xurde Delmiro y del especialista Ernesto
Besga. Daremos debida cuenta de ellas en cuanto se pro-
duzcan.

Ahora ya sí, a Eva comenzaba a vencerla el sueño. Su hermano había apagado ya la luz y roncaba en la cama de al lado pero, mientras seguía rebuscando en su carpeta azul, recordó la conversación que había mantenido con Ernesto frente a una copa de vino y un vermú respecto a aquellos hechos relatados en el artículo de la prensa, con la exaltación propia del egiptólogo a punto de desentrañar los secretos guardados en una tumba recién descubierta en el Valle de los Reyes, como Carter ante el sarcófago de Tutankamón: "Tenemos que encontrar a este paisano, a Xurde, y hablar con él. Me tienes que ayudar con todo esto".

Lo encontraron, por supuesto. Encontraron a Xur–de y quedaron con él. No fue muy difícil conseguir ninguna de las dos cosas. El tío de Juan Antuña era un hombre enjuto, a lo Fred Astaire o Frank Sinatra, pero mofletudo, colorado, *roxu*, con una nariz como la de Adrien Brody, avejentado, de torpe caminar, directo y tosco, un paisano asturiano de los de siempre, acostumbrado a la vida dura, al trabajo duro, a la lucha obrera, la huelga, la cárcel, incluso el exilio en Francia. Un hombre que, a esas alturas de su vida no parecía estar dispuesto a andarse con remilgos, rodeos, subterfugios, convencionalismos sociales, etiquetas o papeleos. Lo comprobó Eva en cuanto se vieron en el café Dindurra, uno de los más antiguos y conocidos locales de Gijón, en el céntrico paseo de Begoña, donde Ernesto había concertado la entrevista con él. Xurde escuchaba poco y hablaba mucho de sí mismo. Como tantos.

—A Juan, al *hermanu* de mi madre, *matáronlu* por sus *idees. Matáronlu* por defender la República, la democracia, la Constitución, la libertad y los derechos de los *trabayadores*. Por *roju* y por *señalau* –no tardó ni un minuto

174

en decir el antiguo sindicalista–. Yo no quiero venganza, no tengo odio, eso lo dejo para otros, para los fascistas de entonces y los de ahora que, *agazapaos* entre la masa de algunos partidos supuestamente democráticos creen que no se los *reconoz*, pero a los que no les hace falta ni la más mínima excusa *pa mostrase* como son, reaccionarios, conservadores, dispuestos a pasar por encima de quien sea con tal de seguir con esos privilegios, *heredaos muches* veces, con *esi* aire de tonta superioridad, por encima de lo que sea y a costa de lo que sea, del *vecinu*, el *trabayador* o el *mismísimu* Dios al que tanto *recen*. Yo sí los reconozco, son los mismos de siempre, de *to* la vida, de antes y de ahora, los fachas que supieron *adaptase* muy bien a esta democracia nuestra que algún día tendrá que ser plenamente justa y real *pa* acabar con los muchos restos franquistas que aún hay en ella. Pero bueno, *perdonaime* –prosiguió Xurde–, *fuime* un poco por *les rames*. A lo que vamos: vosotros sois muy *guajes*, conocéis lo que pasó, pero no lo vivísteis, yo puedo perdonar al que disparó o a los que dispararon a Juan, pero quiero un *entierru dignu* después de haber pasado tantísimos años en un *pozu cubiertu* de tierra y hormigón. Ay –suspiró–, aún *duel* más saber que *lu* teníamos tan cerca, tan cerca de casa, del Natahoyo, y tan cerca de la fábrica donde *trabayó.* Quiero que *lu* entierren con la hermana, cerca de la fosa de El Sucu donde están el resto de los *fusilaos* por los fachas y voy a remover Roma con Santiago *pa conseguilo*, aunque tenga que hablar con vosotros, *neños*, una y mil veces, aunque tenga que ir a la Policía, a ver a jueces, a los curas, a la Consejería de la Presidencia, a Tini Areces, a Zapatero o al *mismísimu* Rey, *les* veces que sea necesario. Y quiero que se reconozca *el su sacrificiu* luchando por la libertad contra los facciosos. "Equivocado de bando (siempre es errado formar parte de los derrotados) –pensaba Eva–, pero no de causa".

–Creemos que el lugar donde aparecieron los restos de su tío fue una trinchera que luego se aprovechó como fosa común. Esperamos poder identificar a más personas para entregárselas a sus familias –apuntó Ernesto como pudo en cuanto Xurde se tomó un respiro.

–Me *paez* muy bien. Ya iba siendo hora.

–¿Qué puede decirnos de la vida de Juan Antuña?

–Él y los hermanos –tuvo unos cuantos más–, *eren* de un *pueblu* cerca de Mieres, *trabayaores* de la mina todos ellos, pero cuando uno de los mayores *matose* por una explosión de grisú, a Juan y a mi madre Nati *mandáronlos pa* Gijón, *onde gracies* a un familiar encontraron pronto *trabayu* en la fábrica de cerveza, pero allí no tardaron *demasiao* en tener problemas porque él, siendo muy *guaje*, con *apenes* trece o catorce *añinos*, ya daba mítines y ella tenía mucho carácter, *eren* de los que no se *callaben*. Ella *trabayaba* en la limpieza y él de *mozu* de almacén; valía, era *honrau* y responsable, pero de sangre caliente, más caliente *tovía* que la de mi madre Nati, y estaba *afiliau* al Partido Socialista primero y luego al PCE.

–¿Había antecedentes políticos en su familia? –preguntó Ernesto.

–Sí, yo creo que sí, tal vez el padre también estuvo *metiu* en la lucha obrera, pero no lo sé fijo. En la mi familia no lo *sabíen* tampoco. Lo que sí *recordaben* era que todo fue bien *pa* él al *principiu*. Era muy *criu*, tendría trece o catorce años cuando empezó a *trabayar*. Luego, al cumplir los dieciocho, marchó a la mili, a la marina, que entonces duraba un montón de meses, un *añu* y *mediu* o dos, y sirvió como *camareru* de los oficiales en el crucero Príncipe Alfonso, el *mismu* que trasladó al Rey Alfonso XIII al exilio, y en el trayecto entre Cartagena y Marsella el monarca *dio-i* una propina de 100 *pesetes*. ¡Qué *coses tien* la vida!, él, un *republicanu convencidu*, ¡llevando al Rey al exilio y agradecido por recibir una generosa propina del Borbón! Supongo que *ye* por *esi motivu* por el que mi madre mantuvo la tradición de escuchar el Mensaje de *Navida* del Rey cada *añu* obligatoriamente –Xurde hablaba como con prisa–. En fín... Cuando regresó del *Serviciu* Militar volvió a *trabayar* en la fábrica de cerveza, pero *eren* ya otros tiempos, había *llegao* la República y *les coses* se *estaben* complicando. Y para él todo se torció aún más por *les males compañíes*, por *les males influencies* de los que, como pasó siempre, *hablen* mucho y bien, pero hacen poco y saben *escondese* cuando *pinten* bastos. Porque Juan, como otros muchos, no era más que un *probe diablu*, carne de cañón, un pegacarteles tan *ideologizau* que era capaz de sacrificar a su propia familia sin alimentos (aun pudiendo *conseguilos*) durante *les huelgues*, con tal de obedecer al pie de la letra *les consignes* del Partido. Algunos de sus compañeros de mayor edad *eren* bastante revolucionarios y, al parecer, se vieron *implicaos* en un *asuntu* muy *feu* hacia 1933, y aunque él no tuvo nada que ver en ello, todo *parez* indicar que los jefes comenzaron a *miralu* de mala manera.

–¿Qué asunto? –volvió a intervenir Ernesto.

–Un crimen. Tengo un recorte de prensa que habla sobre ello –rebuscó en el bolsillo de la americana–, sí, aquí está, aquí *lu* podéis leer. Y alargó su brazo para entregarles un pequeño trozo de papel arrugado y amarillento que

Eva se apresuró a fotocopiar con rapidez para archivarlo en su cuaderno de tapas azules.

Crónica del *ABC* de Sevilla, 1933.

Continúa en el misterio el crimen cometido anoche, y del que fue víctima Jerónimo Ibáñez, repartidor de cerveza, acentuándose la creencia de que se trata de un atentado social. Están detenidos e incomunicados Manuel Alonso Valdés, de treinta y seis años y Ramón Bautista García Fanjúl, de veinticinco años, obreros que pertenecían a la fábrica de cervezas "El Universo" de Gijón, y quedaron sin ocupación a consecuencia de la huelga en la citada industria, concluida en septiembre último. El juzgado practicó una inspección ocular en el lugar del suceso comprobándose que la agresión se cometió en el cruce de las calles Cabrales y Francisco Ferrer y que, sin duda, el agresor o los agresores acechaban a la víctima. Esta, al sentirse herida, penetró en el establecimiento de las bodegas Sahagún. Esta mañana desfilaron por el Juzgado varias personas, entre ellas Santiago Alcoba, compadre de la víctima, la que manifestó que nunca tuvo enemigos.

–Después de todo aquello –continuó Xurde–, *les habladuríes,* los chismes, se fueron incrementando y la situación *convirtiose* en irrespirable, porque Juan no se callaba, no callaba ni a Dios, y se unió a más *huelgues* y peleó por sus derechos hasta que la cuerda tensó del todo y comenzó a *rompese* por el *llau* de los de siempre, de los *trabayaores* y de los más alborotadores; uno tras *otru* fueron *despedios,* él, por supuesto, de los primeros. Al poco llegó la guerra y pasó lo que pasó.

Sirvió en el batallón *asturianu* número 236 Voroschiloff, el que tomaba su nombre del mariscal soviético, de filiación comunista; sé que estuvo en la defensa de Bilbao durante la ofensiva franquista de abril del 37, luego en Cantabria y creo que también en el Cuera, hasta que no pudieron resistir más y retrocedió *pa* llegar de nuevo a Gijón. Eso *supelo muches décades* después. Pero hasta que cayó la *ciuda* en octubre todo *ye* confuso, lo que ocurrió y los recuerdos de mi familia. Yo sólo sé que murió, pero no cómo, si en un *bombardeu*, luchando o *asesinau*. Ahora parece que ya voy a saber algo más por fin, aunque sea más de setenta años después.

–¿Nunca le hablaron en su familia de lo sucedido? –se atrevió a preguntar Eva.

–Ya digo que no mucho. Cuando yo era *pequeñu* no solía *hablase* de eso casi nunca. Hablar de la guerra y de los rojos era como hablar del *mismísimu* Lucifer. O peor. Y tampoco mi madre, ni mi *güela sabien demasiao*. O no lo *recordaben*. O no *queríen recordalo*. Lo único que yo supe era que Juan había muerto en la guerra por culpa de los alemanes y sus amigos –así, tal cual se decía en mi familia–, y que la Guardia Civil les dijo *que-i habíen pegao* un *tiru*. Y ya está. Así hasta hoy en día. Ahora sé que el paisano está ahí y voy a *buscalu*. Se lo debo a él, a mi madre porque era el *hermanu*, a los mis *güelos* y un poco a todos aquellos que como él lucharon por la libertad, por defender la ley y la justicia. Pido al Ayuntamiento, al *Principao*, al Gobierno o al Papa, a quien sea, que me dejen *enterralu* dignamente. Y que se reconozca su lucha y haber sido *asesinau* por *roju*. Sólo pido eso. Y por eso me moví ya –continuó–, por eso quiero hacer la prueba de ADN, por eso acudí a denunciar el asesinato a la Policía, pero me dijeron que ellos no *podien cogela* (la denuncia) Por eso pregunté al cura de la parroquia, que me dijo que ellos no *teníen* ningún *documentu* de defunción de la época, porque por lo que se ve se hizo desaparecer todo en su momento. Así hasta ahora que contacté contigo –miró a Ernesto–, y me empezaste a aconsejar. No sé cuántos meses más habrán de pasar, tres, seis, doce o cuarenta y ocho, no me importa, ya tuvimos que esperar ochenta años, pero yo quiero que descanse en paz donde *merez*, en Ceares, en el *cementeriu* de El Sucu, con los otros *fusilaos* por los fascistas. Y que alguien le pida perdón por *tratalu* como al *diablu*, por ser *roju*, aunque eso supongo que *ye* más *complicao* de conseguir.

–Le prometo que haremos todo cuanto podamos para ayudarle. Todo esto se tiene que saber –dijo Ernesto mientras Eva observaba callada–, pero debemos ir paso a paso, con tranquilidad. No vamos a ganar nada intentando acelerar los tiempos. Aunque todo parece encajar poco a poco, aunque todo parece aclararse por fin, debemos ir pisando sobre seguro, más vale pecar de prudentes. Un poco más de espera no debe importarle demasiado después de tantos años. Esta vez no fallaremos, no le fallaremos, ni a usted ni a Juan.

–Esto lo debería de haber *agilizao* el *Estao* antes, debería de haberse hecho hace años, buscar a los muertos, quiero decir, pero se dio así y por fin se *empiecen* a descubrir *víctimes*. Tengo algunos papeles, no muchos, que tal vez os interesen. Son todos vuestros. Esto comenzó y ya no puede parar –finalizó Xurde.

Y sí, recordó Eva, todo discurrió más rápido, incluso de lo previsto. Aunque bien es cierto que los hechos se precipitaron raudos, porque la ciencia ayudó sobremanera a que así fuera.

Porque desde que en torno a 2001, después de quince años de investigaciones y 3.000 millones de dólares de inversión, se lograra descifrar la secuencia completa del genoma humano, los avances tecnológicos habían acercado mucho los análisis de ADN a la inmensa mayoría de la población en los países desarrollados. Con anterioridad, la identificación de restos humanos solía realizarse a través del estudio y la comparación de las huellas dactilares, de radiografías esqueléticas o dentales y, cuando las había, por la presencia de marcas singulares: tatuajes, cicatrices o malformaciones. Pero adentrados ya en el siglo XXI, la tecnología del ácido desoxirribonucleico había surgido como un extraordinario útil para las identificaciones, sobre todo en circunstancias en las que el tejido blanco se halla seriamente estropeado o no existe posibilidad alguna de realizar pruebas comparativas de carácter antro u odontológicas. Y así, muchos restos óseos habían podido ser identificados de forma correcta a través de diversos análisis de ADN también en casos previos sobre hallazgos relativos a la Guerra Civil o a la represión franquista.

Ahora se habían transformado ya no sólo en pruebas concluyentes para el descifrado y datación históricos de restos antiguos o para la resolución de crímenes inescrutables, sino en productos de consumo general centrados en el parentesco y la salud, en un negocio disparado que encontró su cauce ideal, como tantas otras ofertas emergentes, sobre todo a través de Internet. La brusca y democratizadora caída de costes transformó el ADN, su análisis y desciframiento, en una gigantesca oportunidad de negocio y en una herramienta de conocimiento tan revolucionaria como peligrosa. Un peligro que llegaba a través de las posibles faltas de profesionalidad de los consejeros genéticos encargados de la interpretación de los

181

datos y, en especial, del posible uso indebido, amoral o ubicado en los márgenes de la ética profesional de esos mismos resultados, como consecuencia de una negligencia clínica concreta o, lo que era igual o aún peor si cabe, de un ataque externo a los límites de la privacidad individual. Por eso era esencial asegurarse de acudir a centros reconocidos, de contrastada profesionalidad, dotados con rigurosos métodos protectores de la valiosa información atesorada en sus archivos; métodos antirrobo, antihackeo o antitráfico ilegal de datos, centrados en cifrar la información y en disociarla de nombre o usuarios concretos, reconocibles, con nombres y apellidos.

–*Déjolo* en *vuestres* manos –les había dicho Xurde, taxativo, a Ernesto y a Eva, mientras la pareja se miraba una vez más sin saber bien qué replicar–, yo no sé *na* de estos asuntos técnicos, ni quiero *sabelo*. *Busca-i* un *laboratoriu* fiable, *avisaime* y yo iré allí cuando me pidan a hacer *les pruebes*.

–Está bien. Así lo haremos –acertó a decir el profesor Besga.

Tras varios días de indagaciones encontraron varios, numerosos laboratorios de ADN, en Gijón, en Oviedo, en Madrid, de diversas pruebas de paternidad, capaces de ofertar en un solo *kit* distintos informes completos relativos a la ancestría, la salud, test de piel, de nutrición, el de deporte, farmacogenética y de personalidad, aunque el único que les importaba a todos ellos en aquellas circunstancias era el primero, el de ancestría, en su posibilidad comparativa. Todos parecían de fiar. ¿Por cuál decidirse entonces, cuál elegir, a quién preguntar?

01Multigenetic era uno más de ellos. Eva sugirió escogerlo no sólo por proximidad, ya que tenía una subsede en Gijón y así Xurde, reacio a realizarse el test él mismo en su casa, apenas tendría que desplazarse para llegar hasta el laboratorio a hacer la prueba, ni tampoco por las referencias encontradas sobre el trato amable, discreto y profesional que allí se dispensaba a las personas, ni por la fiabilidad de sus resultados, avalados por los especialistas y por antiguos clientes consultados respecto a casos similares al de Xurde; había otras muchas clínicas más con avales similares en las que también podían haber confiado, centros especializados en diferentes métodos de extracción de ADN a partir de restos óseos, pero la razón fundamental, una razón poderosa, por la que 01Multigenetic fue la elegida se hallaba en Madrid, en la sede central de la empresa, el lugar donde, desde hacía varios años, trabajaba como técnico de laboratorio Pau, el compañero sentimental de Carla Caicoya, la mejor y más antigua amiga de Eva, la casi hermana, la guapa y la lista, con la que había compartido juegos de niña, juergas y sueños de juventud y confidencias siempre.

Tal casualidad –no tan casualidad–, el que el Hospital donde ejercía Carla y el laboratorio donde lo hacía su novio colaboraran con frecuencia, otro hecho afortunado más a añadir a la larga lista de azares que se sucedían sin dilación, a toda velocidad, sirvió para desactivar pronto todas las premisas previas, las dudas razonables y los recelos aún más comprensibles, hasta dejarlos aparcados en el contenedor del reciclado de su mente y movió a la doctoranda Eva Solgarcía a sugerir a su pareja, a Ernesto Besga, dicha posibilidad. El historiador, por amor y por comodidad, no tardó ni un día en hacer lo mismo con el equipo de investigadores con los que colaboraba y con las autoridades pertinentes del Ayuntamiento de Gijón de las que dependía. Aunque hubo un supuesto concurso público, el acuerdo se produjo enseguida y Eva contactó con

Carla de nuevo igual de rápido. "En unos días estaré ahí. Hablaremos entonces con más calma –respondió esta.

En aquella conversación en el Bariloche, Eva decidió dar por zanjado el tema de la política, del cine, los westerns y el feminismo, y le expuso los hechos a su amiga antes de lanzarle su proposición.

–Buf, vaya lío en el que te has metido, Evina –la voz de Carla le sonó a la doctoranda más ronca que antes, acatarrada, cuando ésta pudo replicarle a la exposición somera realizada en aquella cafetería acogedora, frente a sus dos cervezas casi consumidas.

–No te lo puedes ni imaginar. Ya te iré contando con más detalle poco a poco.

–Pero tú, ¿qué estás mal follada o qué? Ese tal Ernesto, ¿no te estará calentando demasiado la cabeza y poco lo demás? Demasiado gimnasio y demasiado salir a correr.

–Por Dios, qué bruta eres. Pero, ¿me vas a ayudar o no?

–Claro. No hay problema. En Madrid tengo una buena comunicación con el laboratorio y Pau la tiene con sus sucursales de provincias; más aún en este caso con la de Gijón. Te ayudaremos en todo lo que podamos.

–Gracias. ¿Crees que se podrá extraer de los huesos la información que buscamos, no habrán pasado demasiados años?

–Pau dice que sí. Ya sabes que es un tío que cree que Cataluña es el centro de la Galaxia, el catalán un idioma más útil que el que hablaba Cicerón, y España una abstracción opresora que actúa contra su tierra tal y como Leopoldo II lo hacía en el Congo belga, pero en lo suyo es un fenómeno, te lo aseguro. Mientras no hables con él de política es un encanto. Así que te recomiendo que no entres en ese terreno. Es lo que hago yo. Bueno, en realidad yo no hablo con él ni de política ni de casi nada. Al contrario de lo que se suele decir, yo creo que las relaciones de pareja funcionan mejor cuando menos se habla –miró a su amiga con una mueca burlona–. Si te parece, vamos a llamarlo ya y que sea él el que te lo cuente... y a ver si entiendes las expresiones tan raras que a veces suelta –sonrió.

–Por supuesto. Lo que tú me digas –Eva sonrió también –. De acuerdo.

Carla telefoneó a su novio, se saludaron y, al instante compartió la videollamada con su amiga.

–Hola Pau, ¿cómo estás? Me alegro de saludarte –intervino Eva. ¿Cómo ves el asunto en el que os he metido?

–Estoy bien. Gracias. Me alegro igualmente de hablar contigo. Te cuento: por lo que he apreciado hasta ahora en las fotografías que nos enviaste por WhatsApp –Pau dialogaba a través de la pantalla del teléfono móvil con una mínima interferencia–, yo creo que si podremos obtener bastante información. No veo que haya problemas insuperables, pero la verdad es que todo depende más de las condiciones donde han permanecido sepultados los restos que del tiempo transcurrido.

–¿Cómo es eso?

–Pues verás: después de fallecer, las moléculas biológicas comienzan a degradarse por efecto de las enzimas endógenas y por organismos exógenos, así como por las condiciones medioambientales en que hayan estado depositados los restos de ADN.

Sin embargo, aunque las biomoléculas varíen en su forma, sus componentes son capaces de resistir durante mucho tiempo por lo que, a poco que hayamos tenido un poquito de suerte y se haya paliado el daño hidrolítico… –Carla sonreía disfrutando de su cerveza y del rostro de tortura de su amiga ante los complejos términos usados por Pau.

–Hidro… ¿Qué? Te agradecería que te explicaras de una forma que alguien como yo pueda entenderte.

– Ah, perdona, se refiere a todo lo relativo a la hidrólisis o la descomposición por efecto del agua, algo así como la deshidratación, vamos. Parece complicado, pero no lo es tanto.

–Ahora está mejor.

–Pues te decía que si esa deshidratación se ha visto frenada por la presencia de algunos taninos, ácidos húmicos, fuerzas iónicas, proteínas cromosómicas o moléculas específicas –Carla volvía a responder con media sonrisa a los términos técnicos formulados por su novio, mientras Eva torcía la nariz y juntaba las cejas en señal de complicidad, de falso enfado o incomprensión–, en el suelo y en los restos, entonces podremos trabajar con eficacia.

–Bueno, lo he entendido más o menos –continuó Eva –pero eso, ¿qué quiere decir? ¿A qué te refieres con eficacia? ¿Qué porcentaje de garantía hay?

–Habrá que verlo, no podemos anticiparnos. La mala noticia es que los suelos de Asturias son muy húmedos, claro, y eso no nos ayuda, pero la buena es que las dos formas más importantes de preservación del ADN están en los dientes y en los huesos, donde la molécula queda comprimida entre los cristales del fosfato de calcio que tienen una alta afinidad con el ADN y lo estabilizan. Y aunque los dientes no sean muchos, sí que disponemos de huesos en abundancia, ¿no es así?

—Sí, en efecto, los tenemos —respondió Eva.

—Pues entonces, Evina, podemos ser optimistas —interrumpió Carla—. Te prometemos que seremos capaces de comprobar si el tal Xurde es familia del fiambre que han encontrado en el túnel.

—Pero qué bestia eres —dijo su amiga—. El fiambre, como tú dices, si resulta ser quien pensamos que es, se llamaba Juan.

—Bueno, pues Juan.

—Somos capaces de llegar a conocer más y mejor a los muertos de lo que los vivos saben o sospechan. Y todo ello con la más absoluta confidencialidad si así lo desea el cliente —remató Pau con su fuerte acento catalán—. ¿Puedo ayudaros en algo más?

—No, gracias, amor —le contestó Carla.

—No. Gracias por todo. Seguiremos en contacto. Un saludo. Adiós —dijo a su vez Eva.

—Adiós. Disfrutad de la velada.

—¡Qué *celebro* tiene, Carla! —intervino Eva riendo en cuanto su amiga cortó la comunicación, contagiándole el gesto al instante—. No, ahora en serio: no te mereces a nadie menos inteligente y buena persona que él. Gracias, te debo una, os debo una. Pero te tengo, os tengo, que pedir otro favor

—Dalo por hecho.

–Te advierto que este tal vez se sitúe al margen de la legalidad.

–Sólo los que rayan lo legal pueden considerarse verdaderos favores –contestó Carla sin dudar–. No será para tanto.

–No, no es para tanto, pero entonces te deberé ya dos.

–Me conformo con que me pagues la cerveza y me invites a un chupito de lo que tengas en tu casa. ¡Ah! –continuó casi de inmediato, como si tuviera pensado de antemano (como en efecto así sucedía) lo que deseaba recordarle a su amiga – y con que le pongas las pilas a ese amigo tuyo, al tal Ernesto, para que dejéis de hablar tanto de muertos y del generalísimo –se rio soltando un gritito demasiado sonoro.

–No te pases –Eva respondió con otra carcajada–, de momento nos llevamos bien, pero algún día, cuando pase todo esto, te contaré más, te lo contaré todo.

–Eso espero.

–El chupito, ¿lo quieres de Baileys o de Frangelico?

–Mejor de güisqui. ¿Tienes aún?

– Sí.

Y las dos salieron de aquella cafetería en dirección a la playa y al paseo de San Lorenzo, sintiendo la fría brisa del mar en los rostros, el olor húmedo, a salitre, en sus narices y el ruido monocorde de las olas rompiendo obedientes contra el muro de piedra. Giraron a la izquierda frente a la iglesia de San Pedro, pasaron bajo la arcada de la plaza mayor, bordearon la estatua del Rey Pelayo y caminaron por los jardines de la Reina hasta cobijarse bajo los arcos de la calle Marqués de San Esteban antes de girar a la izquierda y desembocar en la acerona, frente al portal donde Eva vivía. Hacía más fresco asturiano que frío meseteño. Hablaron de trivialidades recordando los locales, los bares, las calles, las conversaciones y las locuras conjuntas vividas en aquellos mismos espacios no hacía demasiado tiempo.

–Sabes, Carli, el güisqui me sienta fatal, me va directamente de la boca a la cabeza y estoy segura de que me va a emborrachar, pero creo que me tomaré un pelotazo también.

–Estaba segura de que te convencería –culminó Carla. Y las dos sonrieron de nuevo juntas.

Las pruebas de ADN de Juan y Xurde fueron cotejadas y los resultados no dejaron margen para la duda: 98, 7% de posibilidades de compatibilidad. "*Ye* Juan, el *hermanu* de mi madre", aseveró Xurde sin dudarlo. De inmediato fue al Juzgado, declaró en presencia de dos testigos y logró que el Juez reconociese que los restos encontrados eran los de su familiar. "Cuando los huesos salen de la tierra para acusar –se dijo para sí Eva–, poco les queda que hacer a los jueces". Otra película.

Crónica del diario *La Nueva España*, Gijón, invierno de 2007.

Ya es oficial. El análisis comparado del ADN perteneciente a Xurde Delmiro Antuña y el extraído en uno de los huesos encontrados en el túnel del metrotren a la altura del barrio de Moreda, ha certificado con una exactitud rayana al 99% el parentesco entre ambos individuos. Ya sabemos que Xurde ha encontrado por fin, aunque tarde, nada menos que setenta y un años después, los restos de su tío Juan. "Es la confirmación de un secreto a voces" –ha dicho el historiador Ernesto Besga. "Sólo lamento que mi madre no haya podido ya vivir este momento, la definitiva recuperación de los restos de su hermano –relató a su vez a este periódico Xurde Delmiro–. Ahora continuaré luchando porque se haga justicia y porque sus restos mortales reposen con dignidad en el lugar que se merecen".

.

Desde ese momento hasta que éstos recibieron digna sepultura y su figura fue honrada y homenajeada, tampoco transcurrió demasiado tiempo. La historia reactivada a partir de aquellas obras en el túnel del metrotrén discurrió a toda velocidad; los acontecimientos se precipitaron gracias a una serie de casualidades que, caprichosas, parecían haber estado aguardando su momento justo para aflorar y contribuir a iluminar de verdad aquel diminuto y trágico grano de arena que era el asesinato de Juan en medio de la inmensidad de la playa, tan grande como el arenal de San Lorenzo, que constituía la hecatombe de la Guerra Civil.

"*Ye* él, por fin. Ahora ya puedo morir *tranquilu*, se acabó todo. Lo dejo *arreglao*. Ya sabemos que está en casa y sabemos dónde llevarle flores" –acertó a decir con un nudo en el estómago y más emoción que ira Xurde Delmiro en el acto institucional de recibimiento de los restos mortales de su tío, al mirar la modesta caja de madera marrón situada en el centro de una de las salas del Ayuntamiento de Gijón que los contenía–. Han sido muchos años de dudas –dijo en su comunicado–, pero este acto celebra la memoria histórica y el que nada parecido vuelva a *repetise*. Se lo llevaron demasiado pronto con un *tiru* de gracia, pero *ye* el final, una herida a punto de *cerrase.* Puedo hablar de perdón, pero de olvido no, jamás". Y concluyó con la evocación de la canción de "Jarcha" *Libertad sin ira* ("dicen los viejos que hubo una guerra…") antes de escuchar los sones del *Asturias, patria querida* y *Gijón del alma* que explícitamente había solicitado.

Allí estaba presente también la Consejera de la Presidencia del Principado de Asturias y la alcaldesa de la ciudad, la encargada del discurso institucional: "Setenta años después se ha hecho justicia y los restos de Juan estarán en breve donde deben –dijo–, enterrados junto a los de su hermana y cerca de las fosas donde se hallan otros restos de otros camaradas, fusilados también por el mero hecho de tener ideas, pensamientos y opiniones diferentes y luchar por ellos. Este acto no debería haberse celebrado nunca si la tortura, la mutilación, la humillación, el castigo, la violencia y la maldad no se hubieran impuesto a las ideologías de libertad y a los ideales democráticos, si el odio no se hubiera impuesto a la sensatez. Ahora que se ha abierto un nuevo tiempo para la memoria histórica –prosiguió–, es un deber moral luchar por seguir haciendo justicia. Gracias al esfuerzo, compromiso y la profesionalidad de los investigadores, esto abre vías a otras familias que también tienen enterrados a seres queridos en fosas. Hay que seguir luchando y financiando las investigaciones. Estoy segura de que, entre todos, somos muchos, conseguiremos seguir dando esperanzas a esas familias".

A la salida, con gafas de sol, Xurde, cabizbajo, siguió reflejando emoción en piel y gestos. "Fue estupendo poder cerrar el círculo, un capítulo *inacabau*, acabar un *largu camín* en el que afloraron múltiples sentimientos.

Él y nosotros podemos por fin descansar en paz" –declaró. Al día siguiente, los restos de Juan fueron enterrados en El Sucu.

La anunciada concatenación de descubrimientos siguió su rápido discurrir. Cuando Ernesto decía que todo se iría aclarando, tal vez pensara en las novedades que las fotografías delatoras de Juan y Nati, conservadas por Xurde Delmiro, aún podrían aportar. Así sería.

Todo encajaría y se sucedería con orden, como las circunferencias perfectas que se yuxtaponen unas a otras en las charcas tras el lanzamiento de un guijarro, con excesiva facilidad y demasiado deprisa: el hallazgo, el ADN, Juan, Xurde, el reloj, la chapa identificativa, los casquillos de bala y las fotografías, así como el apoyo brindado por la Concejalía de Cooperación Internacional, Cultura tradicional y Llingua Asturiana y Memoria Social del Ayuntamiento de Gijón. Pero lo hacía como en un serial, como en una entretenida telenovela o film de sábado tarde con guion plano, previsible, sencillo, humilde e inofensivo. Todo cuadraba… demasiado y con demasiada rapidez, incluso para Eva.

Enredada una vez más entre aquellos papeles acumulados durante los últimos diez años relativos al asunto que con frecuencia le había quitado el sueño, la gijonesa no pudo seguir leyendo nada más aquella noche. La fatiga del día y la certeza de un nuevo madrugón al siguiente la hicieron desistir de continuar peleando contra la caída de los párpados y abandonó su carpeta en el suelo para dormir. Lo logró en apenas unos minutos, entre pensamientos sobre castillos bávaros, cervecerías muniquesas, mítines políticos, estandartes extravagantes, exposiciones de "arte degenerado" y "arte patriótico", jóvenes héroes de la resistencia, desfiles militares, fusilados y ADN; entre calles cargadas de historia y de historias y películas que la narran.

Al día siguiente abandonarían Múnich y viajarían hasta Augsburgo y Nuremberg, otras ciudades repletas de historia, de la historia que la había decidido a emprender aquel viaje.

Capítulo Siete

Franz, posguerra y recuerdos

Volvió a amanecer luminoso y veraniego, espléndido, el día en Múnich. Después del desayuno el autobús turístico recogió a sus subordinados tras una "obligada" parada en BMW Welt, la central-museo de la famosa marca automovilística, grandiosa construcción con mucho cristal y acero en las cercanías del parque olímpico, y abandonó la ciudad recorriendo el centro de la misma bajo las profesionales, amenas y didácticas explicaciones de Alicia que, micrófono en mano, se esforzaba por hacer lo más comprensiva posible la cascada de datos, hechos, anécdotas y fechas que, en torrencial prosodia vertía sobre sus protegidos ante el tedio indisimulado de muchos y el disfrute entusiasta de los menos. Eva se encontraba entre los últimos. A base de repetirlo decenas de veces, la guía de viaje, una mujer menuda pero enérgica, de baja estatura pero recias piernas, enamorada de los tocados y los pañuelos a la cabeza, orgullosa de su país de nacimiento y del de acogida, podría cantar las excelencias y las miserias actuales y pasadas de Alemania con la misma repetitiva entonación de hastío con lo que lo hacen algunos de sus colegas, como el viejo disco de vinilo herido por la aguja en un surco concreto inamovible que reitera una estrofa de la canción con monotonía hasta que la mano liberadora interrumpe aquella fealdad de la reiteración incontrolada; pero no, Alicia no sólo era una profesional sino que disfrutaba con su trabajo cantando a los, en su mayoría ignorantes o no del todo interesados turistas, no sólo las bondades culinarias de la nación (un interés bastante más extendido entre ellos) y de la Oktoberfest, sino también la vasta complejidad de su historia: pasaron de nuevo ante el Altes Rathaus, en la Marienplatz, ante Residenzmuseum, el Felderrnhale, Odeonsplatz, el local de exposición de "Arte degenerado", por la plaza donde tuvieron lugar las primeras reuniones masivas de los nacionalsocialistas, la cervecería… y abandonaron Múnich a través del elegante barrio de casas bajas unifamiliares a las afueras en una de las cuales –según expuso– vivió durante varios años Eva Braun, la amante y esposa del Führer. Y entonces, entre referencias a las elites de la supuesta raza superior, a Eva le anegó la mente, como en una contraposición de ideas justa, decente, incontrolable y racional, el recuerdo del inocente Franz (el hombre al que le falta "una patatina *pal* kilo", según lo definía Carla Caicoya) y su extraordinaria responsabilidad en el desarrollo de aquella historia sobre el viejo Hans.

Porque entonces, dos años después de los hallazgos del metrotrén, sin que nadie lo esperara, había surgido (o resurgido) de la oscuridad, del anonimato más profundo, Franz; sí, sí, Franz, aquel niño al que sus padres buscaron como consuelo a la prematura muerte de su primogénito sirviendo a la patria; aquel niño que fue más deseado que ninguno, deseado por el matrimonio formado por Hermann y Frederika Von Altig para hacerles olvidar al hijo Winfried, fallecido en combate; para compensar a la patria y al Führer la sustracción de uno de sus servidores, sustituyéndolo por otro, como si fuera una pieza de salón hecha pedazos que, más pronto que tarde, habría de servir también a aquel Reich de los mil años; deseado como futuro y legítimo regidor de los negocios familiares, deseado incluso por su hermana Gretchen, vacía, rota por el dolor de la pérdida de su hermano desde hacía meses, y por su propia infertilidad. El bebé fue concebido como un milagro para una madre ya muy en el límite de la fecundidad y para un padre al que le costaba aún imaginar el porvenir de su carrera y sus negocios en manos del futuro marido de su hijastra, Hans Fritzhofer, lento y apático a la hora de tomar la iniciativa; un milagro de amor y esperanza para la familia toda llegado a finales de 1940, durante la guerra, cuando la apisonadora de la Wehrmacht estaba a punto de alcanzar su máximo límite de avance, pero con ello, también en vísperas de detenerse. Porque aquel alumbramiento fue interpretado por Hermann, el padre, como una premonición, el aviso infausto de que todo iba a cambiar para mal a partir de entonces, para la familia y para la nación.

Franz no fue lo que se esperaba de él. No lo fue nunca, desde el mismo momento en que rompió a llorar tarde, tras ser cacheteado con intensidad por la comadrona, y el médico de la familia, circunspecto, se esmeró en enumerar a sus progenitores la, para ellos, extensa lista de deficiencias físicas y mentales que le acompañarían de por vida. Riesgos inherentes a una gestante añosa y un padre ingenuo paralizado ante la idea de haber sido su sangre, sus genes, y no los de la madre, los causantes de haber traído al mundo a un ser imperfecto, a aquel niño vulnerable y enfermo, lento y torpe, corto y babeante, que podía permanecer horas y más horas tumbado en el sofá del salón observando con detenimiento la nada, cualquier objeto o dibujo de la pared mientras los uniformados hombres que visitaban la casa chillaban animadamente ignorándolo, y su madre se esforzaba en detener las lágrimas a punto de brotar, conteniéndose para no dejar entrever el amor y la congoja que le corroían las entrañas.

197

Sólo con el tiempo su madre y su hermana Gretchen supieron ver en él también la ternura, el amor, la sonrisa fácil, la cristalina bondad y la envidiable ingenuidad que, como luminosas virtudes de humanidad en oposición total a las modas del momento eclipsaban de largo todos los defectos o limitaciones que aquella sociedad señalaba, denunciaba o, aún peor, ignoraba en él. Ambas se encargaron de mimarlo, quererlo y cuidarlo siempre, mientras pudieron, hasta que expiraron su último aliento y se vieron forzadas a dejarlo en el mundo un poco más desvalido, sin sus más firmes y queridos apoyos.

Entonces, tantos años después, el mundo era un mundo diferente, pero Franz no dejó de ser el Franz de siempre, con su ojo izquierdo semicerrado, el que a los veinticinco años jugaba al balón con niños de doce o catorce, con los rasgos físicos indelebles de su particularidad: estatura, manos y pies pequeños, tono muscular frágil, cara aplanada, sobre todo el puente nasal, los ojos almendrados apuntando hacia arriba, el cuello corto, las orejas y los meñiques especialmente pequeños también, manchitas blancas en los ojos y una manifiesta dificultad para mantener la lengua dentro de su boca. En cuanto a los rasgos de carácter, tampoco había cambiado demasiado: seguía siendo cariñoso, pertinaz, reiterativo y con mal genio; un hombre de sesenta y nueve años ocupado en romper todas las estadísticas de longevidad referentes a personas con síndrome de Down. Gozaba de una salud aceptable, escribía a máquina utilizando todos los dedos y hacía muchas décadas que había superado aquella infancia y juventud en la que su condición de "diferente", resultado de una anormalidad de los cromosomas, era despachada con una despiadada definición: retrasado mental.

Franz, gracias a su madre Frederika y a su hermana Gretchen, tuvo en sus años jóvenes las oportunidades que casi nadie con sus condicionantes intelectuales (menos aún en Alemania) podía tener, y fue capaz de desarrollar sus capacidades hasta donde llegaba y le permitieron: aprendió mecanografía, sí, pero también a leer, a escribir sin faltas ortográficas y con una caligrafía gótica de amanuense, a bailar y cantar. Eso sí, "Gretchen me quiere, Gretchen me quiere, Gretchen me quiere, Gretchen me quiere", imposible detenerlo cuando se disparaba a reiterar el mutuo amor entre él y su hermana.

Franz era un luchador, un superviviente nato. Mientras vivió su madre, fue esta la que estuvo siempre muy pendiente de él ocupándose desde muy corta edad de llevarlo (a menudo a escondidas de su marido) a los mejores especialistas y, tras la guerra recibió una educación convencional gracias a la cual aprendió mucho de los saberes que ya conservaría hasta su vejez.

Superó la infancia, su discapacidad intelectual, su mala salud, que le hacía pasar frecuentes temporadas en balnearios y clínicas buscando los baños de sol, y superó a su familia, claro, a sus padres primero y después a su hermana. Cuando falleció esta última, Franz quedó a cargo de un tutor legal de los Servicios Sociales en el centro especializado de Berlín en el que residía. Incluso ganó más independencia, contenida hasta entonces por el excesivo celo de Gretchen en ofrecerle cuidados y protección. Allí vivía feliz ahora participando en actividades, paseando, haciendo excursiones, navegando por la red o charlando con sus compañeros, "como un Forrest Gump anciano sin Jennie y sin descendencia"–, pensaba Eva, aunque demasiado mayor para lograr nuevos avances.

Era un hombre de fuerte temperamento, pero vulnerable, algo posesivo, tal vez egoísta y coqueto que disfrutaba "duchándose" en agua de colonia, repitiendo frases inexplicables sin parar, sonriendo, cantando o volviendo a ver una y otra vez los objetos de recuerdo y las fotografías de su familia y su pasado que, como un tesoro de incalculable valor, conservaba en varios álbumes y en un pequeño cofre con cerradura de seguridad pero sin llave, en el armario de su habitación.

–Sabes –le dijo Eva a su hermano, sentado junto a ella en la parte central del autobús–, estaba pensando en Franz. Como dicen en una peli: "el mundo es un pañuelo y algunos carteles muy grandes".

–¿Qué quieres decir con ello? –le preguntó Héctor.

–Pues que, a propósito de lo que él desencadenó, creo que también pueden ser muy grandes las fotografías, o al menos muy relevantes si caen en las manos de la persona adecuada en el momento justo, pueden llegar a ser una bomba de relojería de repercusiones incalculables.

Era lo que había sucedido cuando llegaron hasta el inocente Franz, nadie sabe cómo ni por qué, aquellas fotografías de prensa, de un lejano periódico local de España, que reproducían así mismo otras sorprendentes instantáneas de la identidad del hombre cuyos restos habían sido hallados en un túnel oscuro de tren durante su excavación. Esa sorprendente irrupción del entrañable Franz desató otra tormenta inesperada, como un chaparrón devastador, con relámpagos rayando el cielo, que arrasa los campos al tiempo que brilla el sol formando un arco iris, en todo aquel intrincado asunto al que, como árbol frondoso y recio, cual tilo de honda raíz, no cesaban de brotarle nuevas y variadas ramificaciones.

En el mundo global de hoy ya casi nada es de nadie en exclusiva y todo es de todos, sobremanera la información. ¿Cómo llegaron aquellas fotografías, aquellas noticias hasta Franz? ¿Casualmente? ¿A través de Internet? ¿Se la hizo llegar alguien? ¿Quién? ¿El periodista berlinés que, siguiendo la pista de la familia Von Altig, sospechó que allí podía haber más noticia de la que se suponía?

"A esos dos los conozco, son mi padre y mi abuelo. Yo también tengo esas fotos. Y más. Gretchen me quiere, Gretchen me quiere, Gretchen me quiere, Gretchen me quiere". Fue lo que repitió Franz una y otra vez, sin atender, de momento, a más cuestiones, a más preguntas, entrando en el bucle reiterativo e intransigente que era más habitual en él cuanto más excitado se sentía y más intuía ser el centro de atención de una reunión. "A esos dos los conozco, son mi padre y mi abuelo. Yo también tengo esas fotos. Y más. Gretchen me quiere, Gretchen me quiere, Gretchen me quiere, Gretchen me quiere", volvía a repetir sin parar, una vez, dos, diez, veinte, cien, hasta que aquel periodista de un periódico digital sin mucho seguimiento, pero con aspiraciones de prosperar se dio por vencido y lo dejó en su habitación, revisando sus recuerdos, jugueteando con ellos, ausente, hablando para sí mismo. Pero aquellas palabras del inocente Franz lo cambiaron todo… aún más. Porque, levantada la liebre, no le resultó demasiado difícil al redactor de *La Nueva España* encargado del seguimiento del caso, verificar la identidad de aquellos otros dos individuos allí perpetuados e inocentemente delatados por Franz. Uno de ellos bien conocido en la ciudad, en el pasado y en el presente: Hermann Altig, el propietario de la fábrica de cerveza "El Universo". El otro, su hijo Hermann, menos conocido en la ciudad porque hizo toda su vida en Alemania, pero no tanto como para que, después de unas cuantas llamadas aquí y allá, a Madrid y a Berlín, veteranos confidentes y contactos del periodista le chivaran la identidad sin apenas margen de error. Estaba confirmado por más de una fuente: Hermann padre y Hermann hijo aparecían en las fotografías. Era un dato revelador. "Tienes que saber esto antes que nadie, es importante –whatsappeó el redactor a Ernesto Besga–, nos vemos en el Dindurra. ¿Ok"? "Sí, perfecto" –respondió. Y al instante, éste se lo comunicó también a Eva.

Como sucede al quitarnos los zapatos al llegar a casa tras un largo día de trabajo cuando creemos que ya nos hemos desatado y se forma un segundo nudo imposible de dominar, el asunto se enmarañaría aún más a cada nuevo descubrimiento de Franz, a cada nueva fotografía o recuerdo sacado a la luz cómo, cuándo y dónde solamente él decidía.

–En esa misma película –volvió a comentar Eva a su hermano Héctor–, una chica le dice a Robert Mitchum: "Te crees muy listo, pero hoy has hecho el tonto", y él le replica: "parecer tonto es una forma de ser listo". Creo que Franz ha demostrado ser más listo de lo que muchos se creen –concluyó.

–Es muy posible –replicó su hermano–. En el país de los tontos, el listo es ciego.

Y ambos rieron espontáneamente.

La ciudad de destino era Augsburgo, la tercera de Baviera y una de las más antiguas de Alemania, fundada por descendientes del primer emperador romano. Hubo paradas en la Rathaus Platz, la plaza peatonal presidida por la fuente en honor de Augusto, en la St. Anna Kirche, la primera iglesia renacentista del país y, por descontado, en la Fuggerei, la institución católica de asistencia social más antigua de las de su clase que aún perdura como el más famoso legado de Jacob Fugger, "El rico", a la ciudad, aunque Eva prefirió visitar con más detenimiento el búnker de la época de la guerra conservado en el lugar, que alguna de las 52 casas particulares en las que viven más de 200 personas.

Tras el almuerzo, de vuelta en el autobús, con la cabeza apoyada, el sopor de la sobremesa forzaba a Eva a mantener los párpados abiertos. No quería dormirse. Recordó el pasado de Augsburgo: cómo fue duramente castigada por los bombardeos y las imágenes que a todo color a través de YouTube pueden verse de aquella época y de la inmediata posguerra. Y lo uno llevó a lo otro, la posguerra alemana la hizo recordar lo que sabía de la posguerra española, de la pobreza, de las carencias y las limitaciones sufridas por su familia y por las demás.

Una posguerra no es fácil para nadie. Y más cuando el dictador se empecina en optar por la autarquía. En su ciudad, Gijón tampoco lo fue. Allí la vida resultó tan dura y triste como en el resto del país. O más. Lo sabía bien por sus mayores, como lo sabía también Xurde Delmiro por lo mismo y por lo vivido personalmente, tal y como les relató a Ernesto Besga y a ella durante sus encuentros. Fueron tiempos de escasez y pobreza casi extrema, hambre, Auxilio Social, Acción Católica, enfermedades, hacinamiento, habitáculos compartidos, extraños vecinos de cuarto, baño colectivo y derecho (o no) a cocina, colas para el escaso abastecimiento, estraperlo, cartillas de racionamiento, pan negro, azúcar moreno, algarroba, tortillas sin huevo, cascarilla, *recortines*, achicoria, boniatos, mocos, frío, baño caliente (con suerte) una vez a la semana, calcetines cortos, alpargatas, zapatos de Segarra, zurcidos, abrigos con los bajos recrecidos una y otra vez, ladrillos refractarios calentados en la cocina de carbón para meter en la cama por debajo del abrigo, ratones… El problema esencial de la gente era la propia subsistencia, la carencia de alimentos y recursos básicos.

Esas condiciones, duras para la mayoría, lo fueron mucho más para los vencidos, para los más pobres o para los sospechosos de haber colaborado con el ejército de la República, que no eran pocos en la ciudad. El ritmo cotidiano venía impuesto por pautas castrenses y religiosas. Desde las doce de la noche hasta las siete de la mañana estaba prohibido salir de casa sin una causa justificada, era obligatorio ponerse en pie y saludar brazo en alto con el símbolo fascista en el puesto de trabajo, en la calle, en el café, el cine, el teatro o cualquier otro lugar si sonaba el himno nacional. Los muchos derechos y libertades individuales alcanzados durante la República quedaron suprimidos y los colectivos también. Fueron sustituidos por misas, ejercicios espirituales y muchos rezos, voluntarios o forzados. En un clima de miedo y delación, de venganza, violencia y represión para con los derrotados en la guerra, las denuncias por pasado "rojo" o republicano y por una supuesta o real falta de adhesión al nuevo régimen se extendían por doquier, con la agravante para el que las sufría de que su nombre apareciera publicado en la prensa del Movimiento (toda la prensa lo era) o fuera acusado, detenido, multado o, peor aún, juzgado por un tribunal sumarísimo, ejecutado o asesinado. En cualquier caso, como poco, ignorado y "marcado" para siempre, de por vida y más allá de la muerte.

Y no sólo el implicado, sino, con mucha frecuencia, también el resto de su familia.

No es sencillo definir a los "marcados". Podían serlo por acciones u opiniones en materia religiosa, laboral, ideológica, política, sexual o por simple simpatía hacia la República, pero todas se resumían en una sola: la desafección al régimen de Franco y a sus supuestos sagrados y "nacionales" fundamentos políticos, sociales y religiosos. Si un individuo o una familia aunaban en sí varios de esos motivos, las probabilidades de persecución, acoso o marcaje aumentaban, por supuesto, de forma notable.

En el caso de la familia de Juan todas las condiciones parecían converger para ser marcados como peligrosos por las autoridades franquistas: "Él había sido un sindicalista que combatió por la República, su hermana Nati, mi madre, también simpatizaba con *les causes* de la lucha social y los hermanos, mineros, alguno de ellos con participación directa, directísima, en los sucesos revolucionarios de 1934, cuando la Asturias obrera *levantose* en *armes* contra la República reaccionaria de derechas, dejaron sus ideales, sus sueños e incluso la vida en aquella sublevación y en la posterior guerra" –les había relatado con evidente íntimo orgullo Xurde Delmiro.

Con esos antecedentes no había lugar totalmente seguro para la familia ni en Gijón, ni en Mieres, ni en Asturias, ni en España. Nati decidió regresar a la ciudad donde nació en la cuenca minera del río Caudal junto a sus padres y hermanos, y fue allí donde, en poco tiempo, se casó y dio a luz a Xurde. Pero las alegrías de una nueva vida de casada y del alumbramiento no duraron más que el tiempo justo para las celebraciones colectivas de las efemérides.

Mieres era luchadora y sospechosa en su conjunto para los franquistas; tan así que, en aquel ambiente –a pesar del toque de silencio forzoso impuesto ahora ya no sólo por las autoridades sino por los mismos cónyuges, Nati y su marido, respecto a lo acaecido en el pasado con Juan y sus hermanos–, el hijo, Xurde, heredó los mismos genes inconformistas, peleones, respondones, fajadores de su familia. Y para desventura de sus padres, en cuanto creció y se puso a trabajar en las mismas minas donde lo hicieron sus tíos, tardó menos de lo que su madre Nati se temía en involucrarse en los incipientes movimientos de lucha y reivindicación obrera que, a fuego lento, pero en olla inoxidable, iban cociéndose en las cuencas mineras asturianas… una vez más.

"Yo –continuaba Xurde–, era un *guaje* pequeñín pero valiente, *delgau, nerviosu*, de carne escasa (aún seguía siéndolo) y débil condición física (ésta mejoraría con los años al aficionarse a ir al gimnasio y a la halterofilia), con *gafes* de montura redonda y un pelo negro abundante, rizado y vigoroso que, a comienzos de los años sesenta ya estaba más que *fichau* por la Guardia Civil como colaborador habitual en las acciones más sencillas *llevaes* a *cabu* por iniciativa del partido comunista tales como el reparto del *Mundo Obrero*, pero también en *algunes* más desafiantes como los encierros mineros o *les huelgues prolongaes*".

Y por ello, como su tío, poco a poco fue siendo vetado, apartado del trabajo, arrinconado mediante diplomáticas metáforas administrativas, enrevesadas definiciones burocráticas o peregrinas excusas profesionales motivadas por una menor productividad o carga de trabajo temporal que no dejaban de ser educadas (a veces no tanto) muestras de que no iban a contar con él nunca más a no ser que

206

cesara en su actividad, colaborara con las autoridades delatando a sus compañeros y comenzara a mostrarse como un hombre cabal, atento a sus "verdaderos" intereses y, sobre todo a los de su familia, a la esposa dolorosa que aguardaba impaciente en casa, al hijo que venía en camino y a los padres y hermanos que sufrían por él y junto a él. Y sí, al final las admoniciones dejaron ya de ser educadas para convertirse en veladas amenazas.

Pero, aunque siempre llega un momento en que el entusiasmo juvenil se atempera a fuerza de golpes y cárcel (en Oviedo, en Carabanchel, junto a otros pobres diablos insignificantes como él o al lado de insignes militantes como Ramón Tamames), la apatía crece y la autoestima se reblandece ante las continuas negativas de justicia y libertad que la realidad enfrenta a tus pretensiones, Xurde nunca quiso dar el brazo a torcer frente a la dictadura. Antes lo matarían o se marcharía del país. "Soy capaz de cometer una locura" –le confesaba a su esposa. "Tenemos que tener paciencia, tenemos que tener esperanza" – le respondía ella. Y tanto la locura de él como la esperanza de ella se asociaron en un mismo lugar: París, Francia, donde vivieron una vida digna y en libertad durante más de veinticinco años, donde criaron a sus hijos y desde donde no dejaron de mirar a España. Hasta que después de la muerte del dictador las estancias en Mieres se fueron haciendo más prolongadas y la temporalidad en la casa de los padres, en el país de origen acabó desembocando, con el paso de los años, cuando Xurde se jubiló de su empleo en la Embajada española en París y su esposa del de ama de llaves de una acomodada familia de la capital gala, en el último traslado, en el viaje final de retorno a casa, a España, a las raíces, a Mieres y, finalmente, a Gijón.

Una vida como la de tantos en el bando de los perdedores. Una vida familiar, cercana, cómplice –pensaba Eva–, la vida de alguien que bien podría ser tu padre, tu hijo, hermano, abuelo, amigo, sobrino, tío… o ser tu tío segundo.

En el restaurante en el que almorzaron los viajeros, al típico codillo bávaro servido en la comida se le había añadido durante su elaboración un vaso de cerveza para conseguir un resultado más crujiente y sabroso. "Es la tradición", dijo Alicia. Tan estupendo manjar debía ayudar a Eva y a Héctor para afrontar con energía el último tramo de viaje del día hasta Nuremberg, pero a ella no le eran necesarios incentivos (menos aún culinarios) extras con los que incrementar su interés por aquel viaje, aquella región o por aquella bellísima ciudad, la capital oficiosa de Franconia, célebre por ser la cuna de Durero, por su cerveza negra, por albergar las celebraciones anuales del partido nazi y, debido a ello, por ser elegida como sede de los más famosos juicios a los dirigentes de ese partido, responsables de crímenes contra la humanidad, tras la finalización de la guerra.

"Esta inmensa avenida fue construida durante el nazismo, para facilitar el desfile de las tropas hasta el centro de la ciudad –refería Alicia, micrófono en mano con su habitual acierto–, y ahora nos adentramos en el Luidpoldhain, el lugar elegido por los nacionalsocialistas para sus grandiosas y megalómanas concentraciones anuales. Gran parte de él fue destruido por los bombardeos aliados durante la guerra, pero se conservan unos 4 km², el Reichsparteitagsgelände, un gran local de reunión, el Luitpoldarena, concebido para los grandes desfiles, hoy convertido en parque y la sala de Congresos, la Kongresshalle, a medio construir, a imagen y semejanza del Coliseo pero aún mayor, hoy cercana al estadio de fútbol del equipo local –prosiguió la guía–. Quien desee bajar un instante breve a tomar unas fotos puede hacerlo". Eva y Héctor quisieron y se apostaron frente a los restos del imponente estrado de piedra sobre el que Hitler presidía los aparatosos desfiles y hablaba para las masas congregadas ante él.

A continuación, breve paseo por el centro de la ciudad; parada en el Palacio de Justicia, la sede donde tuvieron lugar los juicios, y en las inmediaciones del castillo, dentro de la muralla, por la plaza Hauptmarkt y sus mercados, al calor del sol y bajo un cielo azul límpido, poco alemán, oyendo las atinadas explicaciones de los guías y percibiendo las miradas indiferentes de centenares de locales y turistas sentados en las plazas y en las terrazas, caminando sobre los puentes que atraviesan el río Pegnitz o admirando la belleza reconstruida de los múltiples edificios y murallas.

–Sí. Pasaremos casi un día entero en Nuremberg, Herr Hans –le había dicho Eva al viejo hacía apenas tres días en Múnich.

–Yo estuve allí muchas veces, Fraulein Eva –la voz de él más tenue–, pero recuerdo con especial claridad, como tantos otros, la concentración del partido del año 1934, la más famosa de todas por haber sido rodada en película para el cine, conservada aún hoy en día en perfecto estado si desea verla, aunque supongo que ya lo habrá hecho.

–Sí. En efecto, ya la he visto.

–Por supuesto. Yo era uno de los muchachos –prosiguió el viejo–, uno de aquellos miles de muchachos de las Juventudes del partido que se hallaban en el estadio esperando expectantes, entusiasmados, la llegada de Hitler. Después de la presentación de Von Schirach escuché su discurso y lo aclamé antes, durante y después. Yo estoy entre ellos, aparezco en la filmación, no sé dónde, pero soy uno más. Uno más de los jóvenes entusiastas, superexcitados, inflamados de un sentido de pertenencia y responsabilidad para con la patria y para con aquel hombre, un asunto sobre el que, con dieciséis años, apenas había tenido tiempo de reflexionar demasiado, nada. No hacía ni dos años que Hitler era canciller. Todo era incertidumbre para mí, pero no puedo negarle a usted que verme arrastrado, atrapado por aquel torbellino colosal de camaradas, banderas, canciones, luces y mensajes de esperanza y grandeza me hacían sentir tan integrado en aquel nuevo movimiento nacional como los demás. Y no sé si lo recordará, pero él nos hablaba de pacifismo, de valentía, pero también de paz. Eva no lo recordaba.

Pasé allí cinco o seis días, una semana –prosiguió el viejo–. Y solamente puedo decirle que fue una de las más inolvidables de mi vida. Había ido el año anterior y lo haría también en 1935 pero no fue lo mismo. La concentración de 1934, por todo lo que significó, por producirse poco después de la noche de los cuchillos largos, por Leni Riefenstahl, por la puesta en escena y por el aroma de prosperidad, orgullo, paz y esperanza que allí se vivieron, no podrá olvidárseme mientras viva. Luego, he reflexionado mucho sobre aquello, he sabido, hemos sabido lo que aquello escondía, lo que incubaba, pero entonces… entonces yo y los demás estábamos entusiasmados con aquel aire de fiesta, de novedad, que inundaba aquella bellísima ciudad medieval e invadía la nación. Esa es la pura realidad.

Viveka tosió tras el esfuerzo.

El hotel de Nuremberg era céntrico, modesto y coqueto, con pocas licencias ornamentales, pero con las comodidades suficientes, idóneo para conciliar el sueño tras una suculenta cena (esta vez, eso sí, más de corte francés que germano, a base de sopa bullabesa y escalope de jamón) y una jornada intensa y agotadora. Pero antes, el ordenado sentido del deber de la historiadora Eva, tan rayano a veces con la meticulosidad compulsiva, aún cansada, ya en la cama, la hizo intentar poner en orden en su cabeza las ideas y sensaciones recibidas, comparándolas, recordándolas para su reestructuración. Pensó en Nuremberg, en *El triunfo de la voluntad*, en la película de Stanley Kramer, en Spencer Tracy, en las ruinas y en los juicios, en Montgomery Clift, Richard Widmark, Maximiliam Schell, Judy Garland y Marlene Dietrich, "No había nazis en Alemania, fueron los esquimales que los invadieron". "Nos hablaba de paz". ¿Era cierto? Ahora era fácil comprobarlo. Buscó la película documental de Leni Riefenstahl a través de su móvil y localizó el discurso de Hitler a las Juventudes.

"Juventud alemana –dijo entonces Hitler–: después de un año puedo volver aquí a saludaros. Los que estáis hoy en este estadio representáis tan sólo una muestra de lo que está pasando por toda Alemania. Queremos que vosotros, chicos y chicas alemanes, interioricéis todo aquello que forma parte de nuestra visión del futuro de Alemania. Queremos ser un único pueblo y vosotros, querida juventud, debéis llegar a ser ese pueblo. No queremos ver ya ni clases ni categorías y no debéis permitir a estas crecer en vosotros. Queremos ser un único Reich. Y tenéis que formaros ya con este objetivo. Queremos que este pueblo sea obediente y por eso debéis practicar la obediencia en vosotros mismos. Queremos que este pueblo sea amante de la paz y al mismo tiempo valiente, y tenéis que ser pacíficos (Aplausos) (Pausa) (Brazos en alto) Y por eso tenéis que ser pacíficos y valientes a la vez (Aplausos) (Heil) (Brazos en alto) (Pausa) No queremos que este pueblo sea débil, sino fuerte y vosotros debéis fortaleceros durante la juventud. Tenéis que aprender a sacrificaros sin derrumbaros. Porque, hagamos lo que hagamos y creemos lo que creemos, somos efímeros, pero en vosotros Alemania va a seguir existiendo. Y cuando un día ya no quede nada de nosotros, deberéis entonces coger en vuestras manos la bandera que antaño nosotros izamos desde la nada (Aclamaciones) Sé que esto no puede ser de otra manera, porque vosotros sois carne de nuestra carne y sangre de nuestra sangre, y en vuestra joven mente arde el mismo espíritu que domina en nosotros (Aclamaciones) (Aplausos) No podéis existir de ningún otro modo que ligados a nosotros. Y cuando las grandes formaciones de nuestro movimiento marchen cantando por toda Alemania, estoy seguro de que os sumaréis a estas columnas y de que en ese momento (Aclamaciones) ante nosotros se extenderá Alemania, dentro de nosotros marchará Alemania y detrás de nosotros vendrá Alemania (Aplausos) (Heil) (Brazos en alto)".

Sí –pensaba Eva–, hablaba de paz y de otras cuestiones, palabras huecas, hablar para no decir nada y decirlo todo. Alababa su juventud como, por otro lado, sigue haciéndose hoy, como siempre, pero la juventud también puede estar llena de errores, irresponsabilidades y capítulos vergonzosos, a veces irreparables, a veces ignominiosos, inolvidables, lacerantes, que marcan a fuego tu existencia, entonces y para siempre.

Cansada pero ya acostada, Eva aún volvió a buscar entre sus papeles de la carpeta azul, hasta encontrar aquellos dos textos de Ernesto Besga publicados en la prensa. Uno era sobre su propia colaboración en el empeño de Xurde Delmiro por dignificar a su tío, ¿cómo se titulaba? "Libertad, justicia y verdad".

Sospechas y acusaciones

<<Libertad, justicia y verdad>>, por Ernesto Besga. Artículo publicado en el diario *La Nueva España*, Gijón, 2008.

Xurde nunca ha dejado de pelear como puede y cuanto puede –decía Ernesto–, por sus ideas de izquierdas a través del partido primero, votando después y procurando difundir la verdad del salvaje golpe de Estado fascista perpetrado en España, con su consiguiente represión sanguinaria, siempre. Sangre de su sangre, de sus raíces, era su tío Juan Antuña. Nunca supo mucho de él. La dictadura silenciosa, la autocensura impuesta por miedo en muchas de las familias de los vencidos para con sus hijos respecto a los pasajes (sobre todo los más trágicos y espinosos) vividos durante la guerra y la represión, resultaron efectivas también en el seno de su familia y Xurde creció y maduró ignorando los más importantes capítulos y detalles de la vida de su tío, arrinconados conscientemente por sus mayores. Arrinconados, pero no olvidados. Las sospechas, los rumores, las habladurías, los vagos indicios y las hipótesis, tanto las inverosímiles, la de que sus restos podían estar ya en El Sucu, o que había caído en el frente de Cantabria y podía estar en una fosa común cerca de Limpias, como las más plausibles, la de que murió por culpa de los alemanes y sus amigos, y la de que su cadáver se hallaba en algún paraje de Gijón donde fueron más presentes los "paseos" (Roces, La Pedrera, Puente Seco...), apenas dieron resultado y, durante décadas, Xurde y su familia tuvieron que vivir resignados a no poder esclarecer y cerrar el capítulo de la muerte de su familiar directo si un golpe de fortuna o una nueva iniciativa política no lo remediaban antes de que fuera demasiado tarde para todos, antes de que fuera demasiado tarde para él mismo, antes de su propia muerte.

Y hubiera sido añadir dolor al dolor tener que presenciar como los hijos de los caídos o asesinados en la guerra, la última generación de luchadores antifranquistas, de revolucionarios de izquierdas, a punto de desaparecer o desaparecidos ya muchos de ellos, abandonan este mundo sin poder resarcir su pena, sin poder enterrar a sus muertos y sin poder legar a sus propios hijos el orgullo de formar parte de un país que, por fin, ha reconocido con los máximos honores a los defensores de la democracia y la libertad, al tiempo que ha hecho justicia, señalando, separando y acusando con oprobio a los asesinos, los delatores o, casi peor, los que miraron para otro lado y se situaron en el extremo opuesto de la escala de valores humanos representados por los cruelmente asesinados, en el extremo de la vergüenza.

Es muy importante que las nuevas generaciones sepan distinguir muy bien entre víctimas y verdugos. Bajo esa premisa, para mí innegociable, hace ya unos cuantos años que me he embarcado en la apasionante tarea de poner nombre a los republicanos "paseados" o fusilados *por los franquistas durante la guerra y, sobre todo, en los meses inmediatamente posteriores a su finalización.*

Para nuestra sorpresa, el azar ha querido que el golpe de fortuna que tanto Xurde Delmiro como el resto de descendientes de las víctimas anhelaban sin demasiadas esperanzas ya, así como el nuevo impulso político que una nueva generación, la de los nietos de los asesinados, ha decidido dar a la histórica cuestión de las reparaciones de los republicanos ajusticiados, se encontraran con apenas un año de diferencia en un mismo punto de nuestra ciudad: el túnel del metrotrén. Fue allí donde se descubrieron restos y objetos varios, entre ellos el reloj de bolsillo y la chapa que, con un porcentaje de aproximación muy, muy elevado, fueron los primeros en orientarnos hacia la identidad de su dueño, hasta entonces uno más de los 114.000 desaparecidos a causa de la represión franquista en nuestro país: el sindicalista Juan Antuña, brutalmente asesinado y arrojado a una improvisada fosa común en las cercanías de la estación de tren del Norte para ser olvidado para siempre. Una más de las muchas (más de 2.000) fosas infames que horadan de vergüenza la geografía de nuestro país de oeste a este, de Galicia a Cataluña, de Ponteareas a Fonsagrada y Montjuich o Castelar del Vallés, y de sur a norte, de Andalucía a Asturias, del barranco de Víznar al Sucu, pasando por el Valle de Cuelgamuros.

Pero es obvio que algo le salió mal al verdugo o a los verdugos. Tal vez el destino justiciero hubiera querido que las pruebas del delito, el reloj personal y la chapa de Juan y el resto de objetos, a modo de valiosísimo tesoro histórico futuro, hubiesen quedado allí tras la masacre por algo. Porque lo cierto es que los hallazgos del túnel del metrotrén contienen tanta y tan valiosa información como si una piedra roseta se hubiera situado al pie de cada jeroglífico o cada pirámide.

Y semejante cúmulo de casualidades en tan poco espacio de tiempo, a las que cabe sumar el nuevo marco de cobertura legal que nos brinda la reciente Ley de Memoria Histórica promulgada en 2007, no debemos desaprovecharlo. Yo, al menos, no lo haré. El esclarecimiento de aquel crimen, el desenmascaramiento del culpable o los culpables, también de sus cómplices, es un deber de justicia, de justicia histórica y moral de tal magnitud que la mera tentación de pensar en tapar el asunto, de mantenerlo en lo que algunos cursis denominan "perfil bajo" para no dañar las susceptibilidades de algunas familias potentadas, influyentes y ricachonas del Gijón más clásico y conservador de siempre, el de la floreciente burguesía mimada por las dictaduras de Primo de Rivera o de Franco, el más involucionista, o de manipularlo y mancharlo con presuntos oscuros tintes ideológico-políticos, atenta contra algunos de los derechos fundamentales del individuo: el derecho a saber, el derecho a la verdad, el derecho al honor, el derecho a la justicia. Y atenta también contra la inteligencia de cada uno de nosotros.

Se lo debemos a Juan Antuña, se lo debemos a Xurde Delmiro y nos lo debemos a nosotros mismos como sociedad. Prometo no cejar en el empeño por conocer la verdad, por poner nombre y apellidos a las cifras y, sobre todo, prometo seguir intentando alcanzar desesperadamente, como un sediento a punto de llegar al manantial de fresca agua que le espera, justicia; aunque sólo sea una justicia simbólica. Justicia para las víctimas y justicia para los verdugos. Setenta años después ya. Setenta años todavía.

A la no tan casual aparición de las fotografías aportadas por Franz, las mismas, aunque más ocres, mejor conservadas que las ya amarillentas en posesión de la familia de Xurde Delmiro, el viejo alemán con discapacidad intelectual sumó otro buen número de ellas, algunas tanto o más comprometedoras que las primeras, conservadas con mimo en aquel gran cajón al que, como en un juego de niños empeñados en reconocer rostros y lugares –igual que disfrutaba haciendo Eva–, acudía con frecuencia. El entrañable e inocente Fraz se mostró receptivo ante cualquiera capaz de pasarse horas mirando viejas fotografías, encontrando parecidos o desentrañando lugares e identidades sin engañarlo, haciéndole partícipe de su interés por aquellas imágenes y de la historia, las historias, que de ellas podrían inferirse, explicándole con puntillosa exactitud lo que sabía, escuchando con inmensa paciencia las prolijas descripciones del hombre y, sobre todo, soportando con resignación casi mística las sentenciosas frases repetidas una y cien veces. "No quiero que te las lleves, pero te dejo que les hagas fotos a las fotos. Gretchen me quiere, Gretchen me quiere, Gretchen me quiere, Gretchen me quiere", "no quiero que te las lleves, pero te dejo que les hagas fotos a las fotos. Gretchen me quiere, Gretchen me quiere, Gretchen me quiere, Gretchen me quiere", "no quiero que te las lleves, pero te dejo que les hagas fotos a las fotos. Gretchen me quiere, Gretchen me quiere, Gretchen me quiere, Gretchen me quiere…" Y cuando la visita concluía, igual que cuando empezaba, Franz llenaba a los visitantes de besos y abrazos.

Fueron unos cuantos los privilegiados periodistas que pudieron hacer fotos a las fotos, difundidas casi de inmediato por los medios de comunicación y varias las sorpresas que aquellas depararon.

Por supuesto, también llegaron a conocimiento de Eva y de Ernesto Besga, infatigable investigador de hechos e implacable hacedor de deducciones.

La futura historiadora, aun con los ojos vidriosos por el sueño y las maquinaciones, retomó la lectura del segundo texto.

<<Sobre las últimas novedades en el asesinato de Juan Antuña>, por Ernesto Besga. Artículo publicado en el diario *La Nueva España*. Gijón, 2009.

Los interesados en el definitivo esclarecimiento del asesinato del sindicalista Juan Antuña durante la Guerra Civil, cuyos restos aparecieron hace tres años durante las obras del metrotrén, nos hemos quedado más bien estupefactos después de que esta última semana se supiera que la lista de sospechosos hasta ahora circunscrita a la respetable familia Altig ("los alemanes" a los que siempre se refieren los descendientes del asesinado), puede verse ampliada aún más. Que los Altig de España tuvieran afinidades tanto ideológicas como de intereses políticos y económicos con las fuerzas antirrepublicanas era una hipótesis a punto de dejar de serlo para convertirse en más que factible posibilidad; que los Altig de España y los Altig de Alemania estuvieran en contacto, mantuvieran fuertes lazos de unión, ya no sólo familiares sino también comerciales y compartieran ideas y opiniones sobre las situaciones políticas coyunturales de ambos países es, quién puede dudarlo, absolutamente plausible, por no decir confirmado. De hecho, sabemos que el primer hijo del fundador de la empresa de cervezas "El Universo", de nombre Hermann como su padre, afincado desde joven en Berlín, viajó a España en el verano de

1936, poco antes del comienzo de la Guerra Civil, a Madrid y también a Gijón, por motivos que aún desconocemos, pero podemos imaginar. Lo que hasta ahora sólo sospechábamos, pero no sabíamos era que lo hizo en compañía de su hijastro Winfried, un fanático nazi, y de un amigo de este llamado Hans Fritzhofer. Que Winfried era un fanático nazi podemos afirmarlo porque lo demuestra el hecho de que se alistó en la Legión Cóndor, la fuerza de élite del ejército alemán enviada por Hitler a España para combatir al lado de las tropas franquistas en la Guerra Civil, y que un año después volvió a España como voluntario junto a sus camaradas para luchar contra la República, la democracia y, según la perversa visión hitleriana, el bolchevismo, en apoyo del ejército franquista; el defensor de una ideología más similar a la instaurada en Italia y Alemania en aquellos momentos: la ideología fascista, dictatorial, totalitaria, ultranacionalista y asesina. Lo demuestran diversas fotografías en las que se puede ver en compañía de dos individuos que han sido identificados: uno es Uwe Semmleier, un piloto de la Legión Cóndor que, ironías del destino, moriría tras ser abatido en las cercanías de Gijón durante los combates finales previos a la toma de la ciudad por los fascistas, y el otro es el citado Hans Fritzhofer, personaje del que, de momento, conocemos menos datos pero que, ¡EUREKA!, ha sido identificado, al igual que el propio Uwe Semmleier, como uno de los acompañantes de los Altig en una de las ya famosas fotografías aportadas por Xurde Delmiro, descendiente directo de Juan Antuña.

De todo ello, tras dar un paso muy corto y fundado, podemos inferir que tanto Hermann como su hijastro Winfried, con la colaboración de sus camaradas Uwe Semmleier y Hans Fritzhofer, pudieron tener cierto grado, tiene pinta de que muy activo, de participación en *la depuración llevada a cabo sobre los individuos desafectos (sobre todo los más rebeldes y revoluciona-rios) con el, para ellos, debido funcionamiento pacífico de la fábrica de cerveza, propiedad de la familia espa-ñola, tras la llegada de las tropas "nacionales". Es una deducción fundada en pruebas, en otras pruebas, en más pruebas, aportadas por Franz Von Altig, el hermano de Winfried, un venerable caballero de casi setenta años con discapacidad intelectual residente en Berlín. Foto-grafías, álbumes, recuerdos y documentos que la justicia, ya no sólo nacional sino universal, podría disponer como potenciales pruebas de cargo contra los presuntos impli-cados, ahora descubiertos más allá de la muerte, de los años de las amnesias y de las prescripciones. No sería la primera vez que a través de una inocente fotografía se descubriese la verdadera identidad de un nazi.*

Sabemos que, tras la Segunda Guerra Mundial, y des-pués de haber llegado a un beneficioso acuerdo con los Aliados para el pago de ciertas reparaciones, no fueron pocas las industrias o las dinastías financieras alemanas a las que, a pesar de haberse hecho ricas durante los años del nazismo, se les permitió continuar con sus ne-gocios y empresas con igual o mayor éxito económico, desde entonces hasta nuestros días. Me estoy refiriendo a tecnológicas como IG Farben, Krup, Bayer, Flick o AFA, a financieras como Allianz o Deutsche Bank, a au-tomovilísticas como Volkswagen, Skoda, Opel, Porsche, BMW o Damler-Benz, a textiles como Hugo Boss o a ali-mentarias como Dr. Oetker. También, por supuesto, va-rias industrias cerveceras; incluida la Schoenfelder de la familia Altig, cuyos descendientes continúan dirigiendo su emporio de fábricas en Alemania como los de las de-más, con mano de hierro y pingües beneficios.

*Aquí, los componentes de la rama española de los Al-
tig, hace años que decidieron lavar su imagen, ligada a
la novedosa, puntera (¿quién lo niega?) industria local
de la cerveza, pero también a un pasado turbio y nunca
suficientemente aclarado, durante la Guerra Civil y el
franquismo, para dedicarse a nuevas actividades (la abogacía, inversiones, fundaciones...) igual de lucrativas
pero, en apariencia, más inocentes y solidarias; menes-
teres útiles, casi ideales, con los que han podido camuflar o asear su pasado desde entonces. Hasta ahora. Porque el tiempo y los hechos son tozudos a veces.*

*Se ha abierto una nueva vía de estudio en el caso del
asesinato de Juan Antuña y la familia Altig no puede pretender quedar al margen de ella. No les quepa la menor
duda de que continuaré investigando. Lo prometo. Inda-
garé en los Altig, en la figura de Uwe Semmleier y en la
de Hans Fritzhofer, aunque al hacerlo sienta que se me
revuelven las tripas, aunque al hacerlo sepa que horado
en algunos de los episodios más abyectos de la historia
reciente de nuestro país y nuestro continente, y en los fu-
nestos personajes que participaron en tan vergonzosas
crueldades. Y uno de ellos, por cierto, Hans Fritzhofer,
según ha revelado también Franz Von Altig, todavía vive.
La justicia poética, la justicia ética y moral, nunca ha
entendido de leyes de punto final o de edades avanzadas
o de delitos prescritos. En Francia, por ejemplo, la Ley
sobre imprescriptibilidad de los crímenes contra la humanidad de 1964 posibilitó a la justicia ir más allá de las
fronteras galas internacionalizando y judicializando la
memoria de todo un país. Mantenemos la esperanza.
Quién sabe, tal vez aquí estemos aún a tiempo. Continuará.*

Eva reconocía en estos escritos al Ernesto que creía haber amado, al reputado profesor, al respetado historiador de la Universidad de Oviedo, al estudioso de la historia social, la historia del movimiento obrero asturiano y de la represión franquista en Gijón, perpetrada en especial, precisamente, sobre destacados, pero sobre todo anónimos sindicalistas, luchadores en pro de los derechos de los trabajadores. El digno discípulo de la denominada Escuela de Oviedo, animoso investigador de personas antes que de cifras, diligentemente dirigido en su tesis doctoral por uno de los más acreditados profesores, el más reputado de los especialistas, Etelvino Cepeda, el mismo que, para sorpresa de casi todos, en uno de sus últimos tutelajes, a punto ya de jubilarse, decidió apostar también por una chica con propuesta alternativa llamada Eva Solgarcía.

Eva lo reconocía, sí, en su encendida posición moral, en su ansia de reparación, en su supuesta irrebatibilidad académica pero, ahora que hacía ya más de cuatro años que se habían separado, sentía respecto a él una distancia cada vez mayor, de proporciones siderales, refrendada por una sensación de error primigenio que no había sino ido consolidándose desde el inicio de su relación por encima de los buenos momentos, por encima de los desacuerdos, hasta llegar al desenlace que intuyó desde el primer día: el alejamiento.

–Quiero que sigamos trabajando juntos en esto como hasta ahora –le decía él sincerándose–, quiero que formemos un equipo aún más sólido, que vivamos juntos y me ayudes en el proyecto de recuperación de las víctimas asesinadas por los fascistas. No sólo en Gijón. Podemos llegar a hacer un censo de toda Asturias, una base de datos con los nombres de las veinte o veinticinco mil víctimas calculadas y un mapa, incluso interactivo, de las fosas de la represión. Sé que no todos los asesinados podrán ser exhumados, hay fosas que ya no conservan restos, otras se han estropeado a causa de manipulaciones u obras, hay mucho por hacer, es cierto, pero podríamos contar con la colaboración de la Universidad de Oviedo, con el Departamento de Historia Contemporánea, y con varias asociaciones interesadas en la recuperación de la memoria de los muertos. Y podemos intentar encausar juntos a los Altig y a Hans Fritzhofer, pero tú pareces estar en otra cosa. ¿A qué tienes miedo? ¿Por qué no dar un paso más? Nos llevamos bien, nos queremos, nos interesan temas comunes y tenemos la suerte de poder trabajar juntos. ¿Qué puede salir mal?

"¿Qué puede salir mal?", se preguntaba Eva: "Todo".

—Este es tu proyecto —se limitaba a decir.

—Y el tuyo, aunque a veces no lo parezca. Si no te conociera, tu comportamiento me haría pensar que no te parece importante lo que hago, lo que hacemos, que lo es más sentarse noche tras noche a ver películas o que no te parece importante porque lo hago yo. Creí que estábamos, que estamos, juntos en esto. En esto y en todo.

—Sí, sí sí que me interesa.

—Pues no siempre sabes demostrar bien ese interés, ni por mi trabajo ni por mí. Perdona, pero si no te lo digo, reviento —remató él enojado.

—Lo siento, lo siento de veras. Siento defraudarte, pero no te puedo prometer nada más. Como buen historiador, sabes que la verdad se halla siempre en los caminos intermedios. Los jueces pueden dictar una sentencia definitiva pero los historiadores sabemos que nuestras conclusiones nunca lo son, siempre han de estar abiertas a la reformulación, son susceptibles de ser reescritas. Y existe una clara contradicción entre ese juicio histórico siempre provisional y la justicia definitiva. Seguro que me entiendes.

–No, no te entiendo. ¿De qué coño me hablas? No me vengas con cuentos. Me haces temer que jamás te entienda.

"No, no me puedes comprender –pensaba ella–, y no puedes imaginar hasta qué punto perseguimos objetivos diferentes. Espero que nunca lleguemos a odiarnos"

Y se fueron separando, claro, a incómodos plazos, pero se fueron separando.

Entonces, los párpados, el brazo y la carpeta de Eva cayeron al mismo tiempo que su consciencia.

Capítulo Ocho

Covadonga

"Esta no se parece a la Alemania que nos habían dicho –dijo Héctor abriendo un poco la cortina, dejando entrar un tímido e intenso rayo de sol en la habitación del hotel de Nuremberg–, vuelve a ser un día espléndido, despejado y caluroso". "mejor así, mucho mejor así" –respondió Eva.

Día de tregua entre asuntos "nazis" para disfrutar de algunas de las más bellas ciudades románticas, aunque ninguno de los dos hermanos estaba para muchos romanticismos. Viaje a Rothenburg a orillas del río Tauber, tan medieval como hermosa, una villa de cuento repleta de callejuelas empedradas y estrechas casas de colores, amarillo, azul, naranja, delicadamente restauradas, con vigas de madera y estructura tradicional flanqueadas por muros y torres, cobijadas tras una espléndida y bien conservada muralla. "Tiene un encanto de relato navideño tan irresistible que sólo sería posible corromperlo mediante la incontrolada presencia del dinero de los turistas, esos invasores de rincones, devoradores de purezas y tradiciones, esa nueva especie de viajeros totalmente diferente a los de antaño, hijos del estado del bienestar europeo y de la generalización de los conocimientos y la calidad de vida. Tan representativos de sus estados, tan hijos de esas naciones como las democracias liberales en las que viven – le había dicho el viejo Hans a una sorprendida Eva en Múnich–, fieles representantes de las grandezas logradas por esas democracias occidentales y también de sus propias carencias, tal vez de su autocomplaciente decadencia. Ahora es una Rothemburg, con sus tiendas de Navidad, muy distinta a la de antes de la guerra o a la de los años sesenta cuando la descubrimos, casi para nosotros dos solos, mi esposa Ulrike y yo".

Tras un agradable almuerzo en un coqueto restaurante situado en la Plaza Mayor, la segunda parada de la jornada les llevó a Dinkelsbühel, cuarenta kilómetros más al sur, también medieval, también de cuento, aunque más pequeño que Rothenburg, ideal para un placentero paseo estival vespertino entre arroyos y puentes, torres y puertas bajo el cobijo de sus intactas murallas. "Una ciudad fuera de su tiempo, milagrosamente respetada por las destrucciones de la Guerra de los Treinta años y también por los bombardeos aliados de la Segunda Guerra Mundial –esta vez fue la oportuna guía Alicia, cubierta su cabeza con un ligero pañuelo gris que la protegía tanto del sol como de la brisa salida de no se sabía dónde que alborotaba su pelo, la que aleccionó a los turistas sobre lo que estaban visitando–, una ciudad –incidió–, casi con el mismo encanto que Rothenburg pero menos masificada"

–Tres días antes de partir de viaje recibí una llamada telefónica de Covadonga Bolaños Altig –le confesó Eva a su hermano Héctor mientras paseaban por la agradable y bella ciudad romántica, entre canales, fortificaciones y puentes, buscando un lugar sombrío donde protegerse del rigor del sol crepuscular.

–Qué bonito es esto. ¿Nos sentamos aquí? Covadonga, ¿la picapleitos alocada? – preguntó Héctor.

–La abogada, sí.

–¿La descendiente de los Altig de Gijón?

–Sí.

–Puedo suponerlo, pero, ¿para qué te quería?

–Para nada en concreto. Supo de nuestra partida y sólo quería desearnos, desearme, un buen viaje y que disfrutáramos del país. Conversamos un breve momento. Estuvo muy agradable y educada.

–¿No estaba contrariada?

–No. O al menos no me lo demostró. Me rogó que saludara al viejo Hans de su parte y de la del resto de su familia, y que le dijera que le encantaría conocerlo y hablar con él.

–¿Y vas a hacerlo?

–Sí, por supuesto.

–Claro. Es lo que debes hacer. Pero sólo te recibe a ti.

–En efecto.

–Sólo quiere hablar contigo.

–Así es.

–Comprenderás que eso resulte difícil de entender para muchas personas, incluida Covadonga.

–Sin duda.

–Algunas tal vez no te lo perdonen nunca, ¿no es así?

–Es posible. Están en su derecho. Pero esa decisión de conversar sólo conmigo fue tomada libremente por el viejo y, acaso, por su mujer y su hijo que se lo han permitido. En eso yo no he tenido nada que ver. Y siempre será así.

–Claro, en eso no.

Héctor estaba sentado en un banco de madera tamizado por las sombras multiformes de las hojas del árbol situado a su lado. Tenía, como el árbol, el tronco doblado hacia adelante, los brazos apoyados en las rodillas, los dedos entrecruzados y miraba a su hermana a la cara con una tímida sonrisa cómplice. Eva le respondió guiñándole un ojo.

La tarde avanzaba y las sombras también, pero el fresco apenas se hacía sentir. Los dos turistas españoles, impresionados tanto por la belleza del lugar como por aquel persistente bochorno ajeno al país, permanecieron cobijados un rato más en aquella umbría descansando antes de volver al autobús. A pocos pasos, el agua del canal, callada, casi inerme, fluía perezosa incitando al silencio, a la reflexión y al recuerdo para la posteridad. Fotos.

–¿Estás inquieta por todo esto? –Héctor le hizo todavía una pregunta más a su hermana.

–Un poco. Todo ha sido demasiado intenso y rápido.

Porque en la rueda acelerada de los acontecimientos sociales y políticos, siempre engrasada gracias a la pertinaz obra diaria del periodismo, de los periodistas con nombres y apellidos, ávidos contadores de la verdad, desenmascaradores de sucios secretos, denunciantes profesionales de las anomalías éticas de su país, pero también individuos como todos los demás, necesitados de un hogar donde cobijarse y descansar, de alimentos y de ropa, de dinero con el que acceder a todo ello y, por tanto necesitados de trabajo, de noticias que escudriñar y airear, a poder ser verdaderas, a poder ser impactantes, los descubrimientos se sucedieron con buscada celeridad, instigados tanto por el sincero afán de verdad como por el legítimo, pero menos noble fin de alcanzar esa exclusiva o esa primicia con la que poder acceder al reconocimiento de colegas, clientes y ciudadanos, mientras de forma inconsciente (o no tanto) se nutren los posicionamientos ideológicos de material político sensible y maleable, presto para su utilización inmediata.

Que el hijo del dueño de la fábrica de cervezas "El Universo", acompañado por su hijastro, viajara desde Alemania para visitar a su padre en Gijón en 1936, precisamente en 1936, resultó algo más que un mero detalle para varios periodistas e investigadores. Y que el patriarca Hermann Von Altig, en la ciudad desde el siglo XIX, contara aún con respetables descendientes asentados en la misma ciudad, tanto o más famosos que sus antepasados, tampoco resultó ser un mero detalle. Era un vínculo a explotar, un filón noticiable, el germen de otro proceso mediático de difícil control, con inicio conocido pero final incierto al que se sumaron pronto, con no poco entusiasmo, tanto Ernesto Besga como Xurde Delmiro, los dos expectantes, inquietos ante las realidades familiares, las conexiones intergeneracionales y entre países que poco a poco fueron saliendo a la luz a través de las indagaciones periodísticas, pero más aún frente a la, en su opinión, factible, secreta, callada y a la vez deseada posibilidad de que ese nuevo vínculo entre el ayer y el presente revelara una responsabilidad incuestionable de los antepasados de la respetable familia gijonesa en la probada delación o, quién sabe si la propia muerte de Juan Antuña, abandonado en una oscura galería cercana a la fábrica y a la estación de tren de la ciudad desde 1937, después de ser vilmente asesinado.

Las semanas, los meses posteriores, alimentaron más los rumores que las certezas: que si Juan pudo ser delatado por los propios patronos a causa de su sabido pasado como activista sindical, que si fueron agentes franquistas, posiblemente falangistas, instigados por el afán de revancha de los jefes agraviados, que si el clima general de la fábrica, ya no sólo por parte de los directivos sino entre los propios obreros, enfrentados en facciones ideológicas poco armoniosas, era propicio para chivatazos y desquites, que si los descendientes actuales de aquella dinastía de empresarios, silenciosos durante décadas, bajo su supuesta ignorancia tal vez estaban intentando camuflar un secreto familiar ignominioso, que si todo formaba parte de una campaña insidiosa de intoxicación informativa por parte de la izquierda política y mediática más radical de la ciudad, o que si todo formaba parte de una campaña insidiosa de intoxicación informativa por parte de la derecha política y mediática más radical de la ciudad. Y de la ciudad voló hacia los mentideros regionales y, por supuesto, llegó a los de la prensa nacional, más densos y poblados, pero tanto o más beligerantes.

A los artículos de prensa bien estructurados, difíciles de rebatir, didácticos y, sobre todo, habituales de Ernesto Besga publicados desde la redacción de aquel periódico situado frente al mar Cantábrico, cerca del puerto deportivo, a la que tenía fácil acceso tanto por su situación, no muy lejos de la propia vivienda del historiador, como por la amistad personal que lo unía con algunos de sus trabajadores, no hubo réplica alguna desde la familia Altig durante varias semanas. Parecían estar sorprendidos, no comprendían aquel señalamiento soterrado (no tanto), la difusión expansiva de grises sospechas sobre un pasado olvidado, ni la velocidad con la que las novedades se solapaban a diario unas sobre otras sin margen para la reacción, así que entre todos consensuaron una postura de muda cautela hasta que la veracidad, no de las sospechas sino de los hechos, fuera siendo confirmada o descartada por el curso de las investigaciones, de los periodistas, pero sobre todo, si era el caso, de los tribunales de justicia. Era fácil localizarlos, pero "No especulamos con hipótesis", se limitaban a responder cualquiera de ellos, cualquier miembro de la familia, al ser preguntados por los redactores. "No hablaremos sobre especulaciones sin fundamento", contestó otro, esa vez ante el requerimiento directo, vía telefónica, del propio Ernesto Besga.

Silencio. Silencio acordado, tan doloroso para la familia como para los investigadores, a los que dejaban sin conocer la versión de la otra parte, a los que lastraban sus indagaciones y obligaban a intentar reconstruir el relato de los acontecimientos sólo con la mitad de los materiales, como el carpintero forzado a fabricar un taburete de madera sólo con una pata o dos por ausencia de árboles.

Pero el pacto de silencio acabó por quebrarse. La "traidora", la instigadora a la ruptura de la posición y el acuerdo vigentes fue Covadonga Bolaños Altig, nieta del fundador de la fábrica de cerveza "El Universo", una abogada y socióloga gijonesa que trabajaba en el bufete de su padre. De carácter firme y vehemente ("napoleónico", lo definía su progenitor), Covadonga, Cova, era una mujer cincuentona acostumbrada a mandar, tan rotunda de personalidad como de físico, alta, de largas piernas con frecuencia aún más estilizadas gracias al efecto de los zapatos de elevado tacón, curvilínea, anchas caderas, pechos vacunos y rostro de facciones abruptas que sin ser bello intimidaba por sus marcados rasgos, labios prominentes, incisivo central partido, ojos grandes y arrugas demasiado marcadas, en los párpados, en las comisuras, en el entrecejo, bajo la nariz, por los efectos continuados del sol, a pesar de la película de maquillaje que siempre trataba de disimularlas. Impactante −"a medio camino entre Sophia Loren y Neus Asensi", pensaba Eva–, retadora, intimidante y mandona, estaba tan habituada a cambiar de prendas y complementos cada día de la semana, cada mes del año (era una de esas mujeres con necesidad de poseer un armario y un vestidor tan grandes como una cancha de balonmano para albergar su ingente cantidad de ropa y accesorios), como a dar órdenes a sus empleados, a sus clientes, a los hombres de su vida o a sus hijos, así como al resto de la familia, a la que creía tener no sólo por su profesión, obligación de defender. El acuerdo entre los Altig duró lo que ella estuvo dispuesta a permitir. Hasta que la sangre caliente que regaba su temperamento alcanzó el punto de ebullición tras el artículo, uno de ellos, de Ernesto Besga, y decidió reunir a los suyos en el bufete. "Hasta aquí hemos llegado –se limitó a decir–. Esto hay que pararlo. Tenemos que defendernos, tenemos que responder. *Mutatis mutandi*" –imposible para ella resistirse a concluir sin su latinajo favorito.

Y no tardó en encontrar en el otro diario de la ciudad, más conservador (al menos en teoría), el instrumento idóneo para difundir la réplica familiar que ya la ciudad entera estaba aguardando. Cova no pisó mucho aquella redacción de prensa cercana a las antiguas vías férreas y al albergue Covadonga de transeúntes, pero sus escritos, enviados a través del correo electrónico, fueron llegando con una periodicidad exacta a manos de quien tenía la capacidad y la responsabilidad de decidir publicarlos.

Y fueron llegando, también a Ernesto y a Eva, que se esmeró en leerlos y en archivarlos en su carpeta azul.

<<Historia de una familia de Gijón. I>>. Por Covadonga Bolaños. Diario *El Comercio*, Gijón, 2008.

Con el paso del tiempo y el rumbo cambiante que las investigaciones de los hechos han dado a conocer en nuestra ciudad en los últimos meses respecto al origen de los restos humanos y materiales hallados durante las obras del túnel de metrotrén, se han ido vertiendo sobre mi familia una serie de graves sospechas (cuando no ya veladas acusaciones) respecto a la implicación de alguno de nuestros antepasados en los sucesos tan negros y terribles que, ligados a delaciones y asesinatos, se han conocido. Habida cuenta de la profunda consternación en la que la difusión de tales noticias nos ha sumido a todos en nuestra casa, especialmente a mis padres, como la única portavoz designada por mi familia, me veo en la obligación y en la necesidad de romper hoy la línea de respetuoso silencio que hasta ahora hemos mantenido, y hacer pública nuestra posición ante tan tristes hechos pasados, dando en primer lugar las gracias a este periódico por permitírnoslo.

Como ya he dicho, la posible implicación de mi tío o incluso de mi abuelo (los dos llamados Hermann Altig) en los sucesos, no se basa nada más que en conjeturas inconsistentes y en nuestra opinión partidarias que, pensamos, han nacido no sólo al calor de los acontecimientos sino también de la coyuntura ideológica propicia (sustentada por la recientemente promulgada Ley de Memoria Histórica) y que ha encontrado en la oportuna casualidad de los hallazgos el momento ideal para, entrelazando sospechas, hipótesis y suposiciones carentes de ligazón real alguna, poder dar a conocer un relato que, en nuestra opinión, en ningún caso es capaz de soportar un análisis riguroso de los hechos. Nadie puede saber la implicación real de nuestros antepasados en aquellos acontecimientos –por desgracia ninguno de ellos puede ya dar su testimonio–, y nosotros, mi familia, tampoco.

Pero sí podemos decir lo que sabemos. Y nadie creo que pueda dudar que sea de justicia que lo hagamos.

Mi abuelo Hermann Altig era un joven maestro cervecero alemán de origen bávaro, inquieto y emprendedor, viajero y soñador que un buen día decidió ir más allá, mucho más allá de su país de origen y de su continente. Decidió ir a América a hacer (o al menos intentarlo) fortuna. Pero de camino a la ciudad de El Ferrol, en cuyo puerto pensaba embarcar hacia un futuro incierto pero pleno de esperanzas en el Nuevo Mundo, el viaje lo hizo recalar antes en Gijón, donde, según parece, preveía pasar no demasiado tiempo sondeando las voluntades inversionistas de algunos potentados locales. Pero resultó que durante esos días conoció a Antonia Suárez, la bella joven hija de uno de ellos y ya nunca más abandonó la ciudad. A veces, sólo hacen falta unas horas y los contactos adecuados para hallar el amor y para hacer retorcer hasta la deformación absoluta las bisagras destinadas a la apertura o cierre de los proyectos y el futuro. O menos. También para el desamor.

En menos de doce meses, Hermann puso en marcha su fábrica de cerveza, se casó con Antonia y tuvo un hijo, también de nombre Hermann, el llamado a suceder a su padre en la dirección de lo que pronto se confirmó como una próspera empresa. Un año más tarde se separó y, a no mucho tardar, inició una nueva relación con otra gijonesa, Covadonga Pertierra. Todo muy rápido.

La fábrica de cerveza "El Universo", fundada en Gijón en 1893 por Hermann, el abuelo de Cova fue una empresa pionera que se asentó en los términos de Santolaya, en el barrio de El Natahoyo, en las faldas del monte la Coroña, en el lugar donde hoy en día, desde 1976, se ubica la torre residencial del mismo nombre, "El Universo". Fue fruto de la determinación de Hermann, el ideólogo que, además del primer capital, aportó sus conocimientos cerveceros y sus contactos en Alemania (sobre todo en Múnich, con su hermano) para la tramitación del material, y de la colaboración de otros dos socios capitalistas muy relevantes en la ciudad finisecular, Aurelio Menéndez, un indiano con múltiples y variados proyectos en toda la región, y Esteban Abejón, empresario naviero.

Sobre una parcela de más de una hectárea y media próxima a la estación del ferrocarril del norte y del puerto en construcción de El Musel, se levantaron unos vistosos edificios industriales que acabarían por atraer hacia sí la vida de aquel barrio hasta su desaparición en 1973.

Y a su lado, una acogedora y gran casa burguesa, aislada, con vistosas palmeras, castaños de indias y un par de soberbios ejemplares de tilos americanos ubicados en una amplia finca cerrada con bonito hierro forjado. "Los tilos del Universo" se llamaba. Hermann Altig dirigió bien las operaciones y la empresa no tardó mucho en dar resultados, muy buenos resultados.

Con el paso de los años, cuando derivado de la amplitud en la oferta existente, el gusto de los consumidores varió, la industria situada en el barrio de El Natahoyo supo adaptarse y comenzó a elaborar también otros diversos tipos de cervezas en respuesta a los hábitos de los nuevos demandantes.

No es difícil inferir sin que nadie se atreva a cuestionarlo, que mi abuelo Hermann Altig –escribía Covadonga Bolaños Altig– *fue uno de los varios emprendedores de origen foráneo que con nombres y apellidos tan estrambóticos como Kesler, Bachmaier, Stold, Griner (todos con ascendencia alemana), pero también Magnus Blikstad o Hauff (noruegos), Paquet y Numa Gilhou (franceses), Bertrand (belga), además de los nacionales Alvargonzález, Figaredo, Adaro, Orueta, Ibrán, Mula o Masaveu, participaron activamente en la industrialización de Gijón durante los siglos XIX y XX. Desde luego, la tecnología utilizada por la cervecera "El Universo" nunca había sido vista hasta entonces en la ciudad y su implantación en el barrio contribuyó a dinamizar aquel lugar ocupando a una gran cantidad de trabajadores a la vez que, por intermediación de mi abuela, doña Covadonga Pertierra, la segunda esposa de Hermann, ayudó a hacer más soportables las condiciones de vida de los más pobres postulándose como una empresa pionera en el fomento de obras de caridad y en la inversión de causas sociales, siendo especialmente reconocida en la ciudad su decisión de enviar de forma gratuita al hospital de Caridad, situado en el Paseo Pidal o Muro de San Lorenzo, toda la cerveza de mesa solicitada por este, ya que al no ser el agua potable de la calidad deseada, a los enfermos allí ingresados se les daba a elegir con las comidas o bien vino o bien cerveza en lugar de agua.*

Mi abuela Covadonga Pertierra –continuaba la abogada Covadonga Bolaños– *actuaba así, de forma altruista y solidaria, porque los primeros años de su vida estuvieron marcados por la tristeza y por la pobreza. Tristeza de criarse huérfana y pobreza de sus abuelos, que, siendo aún muy niña, se vieron obligados a dejarla a las puertas del Convento de las Agustinas Recoletas, el*

"Conventín", a pocos pasos de la Escalerona, donde las hermanas se encargaron de dar a la niña lo imprescindible para criarse. Así es que sabía muy bien lo que eran las carencias afectivas y materiales.

Vemos pues a mis abuelos Hermann y Covadonga, su segunda esposa, ocupados en sacar adelante a una nueva hija, Covadonga, mi tía, apenas un bebé, en cimentar las bases sobre las que una empresa de cerveza puntera en la ciudad debería desarrollarse, y proporcionando al primogénito de él, Hermann, la educación que le permitiera conocer todos y cada uno de los secretos de la fábrica para, en un futuro ya no muy lejano, estar en las mejores condiciones posibles para dirigirla.

Hermann hijo estudió en los mejores colegios de la ciudad y justo antes de la Primera Guerra Mundial, cuando contaba veinte años, en vista del pertinaz apego a su madre natural y de las crecientes discrepancias con su padre, la familia estuvo de acuerdo en enviarlo a Alemania para que completara su formación estudiando ingeniería cervecera. Tenía dos opciones: estudiar en Múnich, en la Freising-Weihenstephau, la prestigiosa universidad fundada en 1868 por Luís II de Baviera, cercana a sus parientes, o acudir a la capital, a la LVB, situada en el número 13 de la Seetrasse de Berlín. Eligió la segunda por estar más cerca de todo y más lejos de su familia. Y se asentó allí para no regresar a Gijón salvo para el entierro de su madre en 1929 cuando ya estaba casado con Frederika Von Schoenfelder (ahora Von Altig) y en torno a mayo y junio de 1936, en vísperas del estallido de la Guerra Civil, a propósito de unos inesperados y delicados contactos comerciales, cuando las circunstancias le obligaron a programar un precipitado viaje a España, a Madrid, y pudo aprovechar la ocasión *para reencontrarse por última vez con sus hermanastros, Covadonga y Estanis, y con su padre.*

En aquel segundo viaje lejano y pesado que le obligaría a pasar casi un mes fuera de su casa de Berlín lo acompañó su hijastro Winfried, al que consiguió un buen permiso en el ejército y prometió correr con todos los gastos derivados de aquella estancia en la casa de los familiares de España. Pero el hijo no quiso hacer el viaje solo. Lo acompañó un amigo, Hans Fritzhofer, y los gastos se multiplicaron por dos.

Fueron las últimas vacaciones en un país, en un continente, al borde del abismo. La Guerra Civil se inició casi de inmediato –relataba Covadonga Bolaños Altig–. Y esta lucha entre hermanos, entre amigos, el peor de todo conflicto imaginado, el fracaso de toda una generación, de todo un pueblo, de todo un proyecto de convivencia común, conformó un drama del que nadie, ninguna familia, ni de los vencedores ni de los vencidos, salió indemne. Todos perdieron. Todos perdimos. Aunque, por supuesto, unos más que otros.

Estos meses atrás hemos leído mucho –continuaba Covadonga Bolaños–, *acerca de las represalias y los asesinatos de los vencedores, deleznables atrocidades, crímenes siempre injustificables que nos avergüenzan como nación y que, es de rigor y justicia, denunciar y recordar, intentando reparar la memoria de los fallecidos, de los torturados, de los olvidados, de los inocentes, para situarlos, por fin, en el lugar donde merecen, el lugar donde habitan los héroes que fenecieron en defensa de sus ideas, de su familia o, "simplemente" de su vida, junto a los otros, los del bando de los vencedores, junto a los que ya han sido homenajeados y tratados como lo que todos son, mártires.*

Pero tampoco debemos ignorar que todos ellos –concluía la abogada–, *de uno y de otro bando, los rojos y los azules, fueron víctimas comunes de un tiempo oscuro, extremo, extremista, que debemos recordar para olvidar y olvidar para recordar.*

Una semana después, el mismo diario publicó un nuevo artículo firmado por la abogada, convenientemente recortado y archivado por Eva Solgarcía Alonso.

<<Historia de una familia de Gijón. II>>. Por Covadonga Bolaños. Diario *El Comercio*, Gijón, 2008.

Retomo el relato de la historia de mi familia en las horas más aciagas: al estallar la Guerra Civil, aún en las peores circunstancias, en medio del caos, los Altig, mi familia, continuaron intentando sacar adelante, lo más indemne posible, su empresa, la fábrica de cerveza "El Universo" y mi tía Covadonga (la mujer por la que yo me llamo como me llamo) –escribía–, *participó de forma activa (mejor dicho: continuó haciéndolo), en paliar los efectos de aquella barbarie. Lo hizo mientras pudo y la dejaron, no demasiado tiempo, por desgracia. Hoy, si me lo permiten, quiero centrar mi relato en ella, en contar su historia, o en contar lo que de ella sé a partir de sus propios diarios y de lo que mi familia me ha contado.*

Su vida estuvo muy influenciada por la de su madre, por su origen y por su ejemplo. Saberse hija de una huérfana criada en un convento y maltratada por la vida, que sólo logró la paz y una cierta posición desahogada cuando se desposó con mi abuelo, despertó pronto en ella una vocación de ayuda, un espíritu misericordioso y superior, por así decirlo, que la condujo a convertirse ya desde muy niña, en una especie de socia o colaboradora necesaria de su madre en todo lo que concerniese a las muchas causas sociales a las que esta atendía: "Soy tan pecadora como los demás, pero trato de poner de mi parte cada día para compensarlo y corregirme", solía decir de sí misma en su diario.

Profundamente religiosa, católica, católica practicante, aunque no beata, creía, sí, en los valores religiosos tradicionales, en los modos e ideas cristianos más primitivos, los predicados directamente por Dios y su hijo, y no tanto en la jerárquica organización católica. Creía en el amor, el trabajo, la familia, la solidaridad, el individuo, la igualdad, la piedad y la caridad, en el respeto y la ayuda en un mundo infectado por el corrupto virus revolucionario de la negación de Dios. Y el movimiento que abanderaba ese distanciamiento de Dios era el comunismo; para ella no tanto pernicioso por sus ideas políticas concretas ("La política no me afecta, no me interesa", llega a escribir en un momento dado con una ingenuidad enternecedora vista hoy día –apuntaba Cova–), como por su ateísmo, por ese intento de sustituir la religiosidad espiritual, las creencias católicas de las que decían abominar, por una nueva religión (más bien secta) política, poseedora de la verdad revelada, intransigente y proselitista. Antes como ahora.

Pero, como reseñaba la abogada, la política, por supuesto, la afectó. En Gijón, el 15 de diciembre de 1930, como consecuencia de la huelga general por los fusilamientos tras el levantamiento republicano de Jaca, después de que una comisión acudiera al Ayuntamiento a solicitar permiso para la retirada de la placa en la calle de Primo de Rivera (hoy calle Instituto) y no se le concediera, los demandantes decidieron obrar por su cuenta, y dieron comienzo a una algarada general que precipitó demasiado los acontecimientos. Tanto que se les fueron de las manos. Murió un manifestante y fue incendiada la Iglesia del Sagrado Corazón (la Iglesiona), de los padres jesuitas, el interior y los bancos, mientras imágenes o confesionarios fueron arrojados a la calle. Aquel era el lugar de culto al que Covadonga Altig Pertierra, de veinte años, acudía con frecuencia y al que la ataban, al igual que le ocurría con el "Conventín" de las Agustinas recoletas (el lugar en el que fue acogida su madre, situado en el actual centro comercial San Agustín) ya no sólo cuestiones religiosas, las hermandades, las asociaciones o los grupos de apostolado, sino también vínculos personales y de colaboración, pues en ellos prestaba ayuda con asiduidad en labores de caridad.

Con la llegada de la Segunda República, con el nuevo papel de la Iglesia en el Estado y la disolución de las compañías religiosas, entre ellas la de los padres jesuitas, la Iglesiona fue utilizada para actividades no religiosas.

En 1934 –escribía Covadonga Bolaños–, *durante la revolución de octubre, mientras el crucero Libertad cañoneaba el barrio de Cimadevilla, mi abuela anotaba en la intimidad de su diario lo siguiente: "La iglesia está siendo utilizada como cárcel por el gobierno de la CEDA y la residencia de los padres como auditoría de guerra. Me parece inaudito". Lo que desconocemos es si se mostraba tan vehemente a la hora de defender su opinión en público.*

Lo que los hechos nos revelan, eso sí, es que esa misma Iglesia del Sagrado Corazón que ella sentía tan suya, al poco de estallar la guerra fue utilizada como cárcel para mujeres, antes de que se ordenara el traslado de éstas a un barco fondeado en el puerto de El Musel, y que en agosto de 1936, en contra del criterio de las organizaciones del Comité de Guerra, sesenta y tres personas de derechas fueron asesinadas en el cementerio de Jove por grupos armados de izquierdas que, en represalia por los primeros bombardeos franquistas de la ciudad producidos el día 14 de ese mismo mes, saldados con un reguero de muerte y destrucción, exigieron la entrega de algunos posibles conocidos simpatizantes de los rebeldes. No sería el último bombardeo. Pero sí para Covadonga Altig Pertierra. Ella fue, era, uno de esos 63 retenidos en la residencia de los jesuitas y en la Iglesia de San José que fueron represaliados.

El asesinato de mi tía al inicio de la guerra por parte de facciones gubernamentales en represalia por los bombardeos efectuados por la aviación franquista, como no podía ser de otra manera, sacudió a mi familia de forma dramática –continuaba Covadonga–. Los sentimientos de dolor, tristeza, ira y frustración se agolpaban en las mentes del padre, de la madre, del hermano "español" (Estanis) y del hermanastro "alemán" (Hermann), de los amigos y de los compañeros de la asesinada, eran difíciles de camuflar. Pero en el día a día de la guerra apenas había resquicios para poder llorar. Los bombardeos se prolongaron, el miedo también, mas lo prioritario era sobrevivir y para ello había que intentar poder seguir comiendo, durmiendo, trabajando, luchando. Para la familia, era necesario seguir manteniendo en la medida de lo posible, siempre al albur de las circunstancias, la actividad de la fábrica.

Y no nos debe costar mucho esfuerzo –retomaba en su escrito Cova–, *imaginar lo difícil que ello fue: huelgas, intentos de sabotaje y de colectivización, de extorsiones y falta de materias primas y personal. Todo ello en silencio, bajo un ambiente de actitudes más secas que la temperatura ambiental, cortante, donde nadie ignoraba que los patronos habían perdido a su hija por, en teoría, militar en el bando franquista y muchos de los empleados morían o vivían en sus carnes la muerte de sus allegados combatiendo en el bando de la República. Silencio y miedo. Y dolor. Eso era común a todos. Luego, si se sobrevivía, ya habría tiempo para llorar. Para llorar por los tuyos. Para llorar por los otros. Para llorar por todos.*

Pasaron los meses, los días, las horas y la ciudad que era "roja" pasó a ser "nacional" y de las fachadas en las que colgaban telas con consignas anarquistas o de la U.H.P. a partir del 21 de octubre de 1937 comenzaron a ondear telas blancas y los derrotados no sólo perdieron la guerra, sino que además tuvieron que enfrentarse a las consecuencias de esa derrota: tragedia, hambre, miseria, huida, campos de concentración, juicios sumarísimos, persecución, fusilamientos… muerte. Realidades poco edificantes para recordar, pero realidades.

Mi familia, por supuesto, no padeció represión alguna –continuaba escribiendo la abogada–. *Es fácil deducir que, habiendo sufrido la muerte de uno de los suyos a manos de fanáticos revolucionarios, recibieran con indisimulado alborozo la entrada de los franquistas en la ciudad y su posterior asentamiento en las instituciones tanto locales como nacionales. Es cierto que muchos de los que antes coreaban a voz en grito* La Internacional *pasaron entonces a cantar el* Cara al sol, *pero hasta donde yo sé por mis padres y abuelos, en mi familia no fueron nunca unos fervorosos aficionados a los himnos musicales, ni primero, ni después, ni con los unos ni con los otros, ni con los buenos ni con los malos. Lo que de verdad abrazaron con devoción, con un fanatismo cuasi religioso, como un imperativo categórico inquebrantable (lo sé incluso por propia experiencia al hablar con ellos) fue el precepto del silencio; tan estrictamente asumido como si de miembros de una férrea orden religiosa se tratasen. Los míos, junto a otros muchos, lloraron sus muertos, les dieron cristiana sepultura, los homenajearon y recibieron de las autoridades la comprensión (que nunca trato de favor) que los allegados a una mártir caída en la "Guerra de Liberación Nacional" se supone que requerían preceptivamente. Pero nada más. Ni nada menos. Jamás he sabido que alguien clamara venganza, que se pensara en buscar a los asesinos, que se hablara sobre todo ello, que se sospechara de alguna persona en concreto y, mucho menos, que se la delatara o denunciara a alguien, ni próximo ni lejano. Sólo silencio. Siempre silencio. Y dolor. ¿Odio? No lo sé. Tal vez. Es posible, comprensible. Al menos hasta que las creencias cristianas de muchos de ellos, de mi abuelo sobre todo (supongo que en buena medida en homenaje a su hija), se impusieron en la casa como modo irrenunciable de conducirse por la vida. Así es que resulta más que verosímil que el perdón desplazara a la ira en el seno de una familia cristiana.*

Por eso puedo suponer que nació mi madre, en 1938, tantos años después que sus hermanos, en el límite ya de la fecundidad, como luminosa señal de vida frente a la negra espesura mortal. Pero no es menos cierto que el silencio, ese silencio aplastante que pareció sepultar por siempre en el panteón familiar del cementerio de Ceares no sólo los restos de mi tía Covadonga, sino también todo lo sucedido entre 1936 y 1939, siempre ha dejado margen para la especulación. No lo sé. No deja de ser eso, pura conjetura, un ejercicio de adivinación vacuo, absurdo y sin sentido ni recorrido alguno.

Y a los pocos días, hubo un tercer artículo publicado.

<<Historia de una familia de Gijón. III>>. Por Covadonga Bolaños. Diario *El Comercio*, Gijón, 2008.

Decía en mi artículo anterior que las creencias cristianas de mi familia tal vez contribuyeran a diluir las comprensibles veleidades de odio y venganza que pudieran anidar en sus corazones. Es más que posible vista la trayectoria posterior a la guerra de mi familia, una evolución por cierto bien sabida en la ciudad por tratarse de unas personas hasta cierto punto influyentes y conocidas que nunca han intentado esconderse ni mucho menos abjurar de su pasado o procedencia. El perdón para una persona religiosa es algo muy íntimo entre ella y Dios. No sé si mi tío Estanislao Altig, que tomó el testigo de mi abuelo, perdonó o no, pero desde luego, por sus hechos cuesta mucho creer que no lo hiciera. Pasada la guerra se dedicó en cuerpo y alma a refundar la fábrica de cerveza, a volver a ponerla en funcionamiento y a hacerla aún más rentable que antes, a la vez que, siempre en homenaje a su hermana, retomaba todas las actividades cristianas y de caridad casi en el mismo punto en el que ella se había visto obligada (llamémoslo así) a dejarlas.

Para tan magna tarea encontró la ayuda de su esposa Luz, con quien formó un matrimonio que, en su propia composición, podría avalar la razonable hipótesis sobre el perdón, la reconciliación, la fe y la piedad, ya que el amor, en su caso al menos, sin duda triunfó, porque los orígenes de ambos no podían ser más diferentes.

Luz, de familia humilde y contactos en algunos círculos del lumpen local, había salido precipitadamente – "huyendo" dirían los franquistas, "evacuada", según los republicanos–, de la ciudad junto a varios de los seguidores de Belarmino Tomás cuando la hecatombe pronosticada por el Presidente del Consejo Soberano de Asturias y León se hizo realidad una brumosa mañana de octubre de 1937.

Huyó a Méjico, donde permaneció uno o dos años (Cova aún conservaba en su casa fotos suyas en las lagunas de la capital) y llegó a visitar Nueva York. Durante años, de aquel periplo de exilio en el que aprendió a hacer manicura y a tejer, conservó en un arcón un enorme poncho azteca, múltiples fotografías y los diferentes documentos sellados (pasaportes o salvoconductos) de los varios lugares que visitó. Pero pronto echó de menos España. Regresó, conoció, o tal vez volvió a encontrarse con Estanislao (eso nunca se supo) y no mucho tiempo después se casaron.

Toda la ciudad se imaginó que, gracias a ese amor, a ese matrimonio, ya nunca nadie volvió a interesarse por su pasado, máxime cuando el futuro, repleto de amor, se tornó esperanzador para ambos, aunque Luz jamás abjuró de sus principios socialistas y republicanos y fue un secreto a voces que, bajo manga, siempre continuó prestando ayuda a sus antiguos contactos y camaradas, a los opositores al franquismo, sobre todo a los miembros del partido comunista, los abanderados de la lucha.

Cuando en 1944 falleció el patriarca, Hermann, Estanislao se hizo cargo definitivamente de la dirección de la empresa de cerveza durante una década más, pero luego, aunque siguió produciendo a todo vapor hasta 1973, fueron los descendientes de otro de los pioneros, los Abejón, los que llevaron ya las riendas de la más importante industria cervecera de la ciudad hasta su cierre. Desde entonces, desde los años cincuenta, la familia Altig quedó desvinculada de ella y su futuro se ligó a otros muy heterogéneos y diversos campos: el del tío Estanislao y sus descendientes a la banca, el de mi madre Socorro, después de casarse con René Bolaños, a la abogacía. Como el de su hija.

Yo no conocí a mi abuelo Hermann –apuntaba Covani siquiera aquella empresa. Sólo guardo algunos vagos recuerdos orales y materiales con pátina de leyenda que permanecen en la memoria familiar provenientes de las narraciones de mi tío Estanislao, de mis padres, de las fotografías que conservamos y de las muchas y variadas que pueden obtenerse ahora a través de Internet.

Fotografías como la del sofá estampado de vivos colores situado en el despacho del director, frente a la recia mesa de trabajo de madera de roble o, por supuesto, la del famoso cuadro con marco barroco en el que podía observarse un cielo nocturno negro, pero limpio bañado de puntitos blancos, brillantes unos y tímidos los otros; "El Universo". El cuadro, salido de no se sabe dónde, dio nombre a la fábrica para siempre.

Las circunstancias cambian y las generaciones también, pero la figura de la "mártir" Covadonga influyó en sus hermanos vivificando ese fino fluir silencioso pero profundo de lo espiritual, de lo religioso, de la fe cristiana a través de todas y cada una de sus arterias o de

247

sus terminaciones nerviosas. Mi madre Socorro ha sido toda su vida una creyente humilde, una visitante habitual de los templos, con una atracción familiar remota y a la par cercana por ayudar a los menos favorecidos; vocación que pronto, y no de forma menor, contagiaría a su esposo René Bolaños, mi padre, para que procurara compatibilizar su temprana vocación por el estudio de las leyes con la íntima influencia de estas sobre la vida de las personas, en especial las de los más pobres. Por esa razón, aunque no sólo por esa razón, se convirtió en un abogado muy laborioso al que nunca le faltó el trabajo, en un abogado prestigioso y respetado en su ciudad tanto por los pudientes como por los más humildes, entre los que jamás hizo distinciones a la hora de afrontar un caso y enfrentarse a un tribunal para su defensa, tanto cuando los emolumentos a percibir eran cuantiosos como cuando eran discretos, en especias o, directamente, no existían.

A mis padres nunca les importó demasiado no cobrar siempre o todo. Así eran y así son. Jamás separaron a las personas entre ideologías, sino entre justos o injustos, bondadosos o no. Y así se ganó mi padre el respeto de clientes de todo tipo, de derechas, de centro y de izquierdas. Hace muchos años que en mi familia hemos superado las heridas de la guerra. De una guerra a la que vemos ya lejana. ¿Quiere eso decir que hemos optado por olvidarla? No. Pero hemos decidido aprender, o al menos intentarlo, de los muchos horrores que allí se vivieron, también de los previos y posteriores, para abordar el futuro sin complejos. También yo.

Nací en 1971 en esta ciudad. He heredado de mi padre el amor por las leyes, de mi madre y mis abuelos la vocación de ayuda y solidaridad para con los individuos de

la sociedad en la que vivo, y de toda mi familia los valo-
res de respeto y religiosidad que me han acercado hacia
los sectores del derecho y la política, aunque, lo reco-
nozco, tal vez no tanto como debiera hacia el catolicismo
practicante. Soy gijonesa, como toda mi familia, abo-
gada, licenciada en Ciencias Políticas y Sociología, por-
tavoz de una plataforma ciudadana contra la cooficiali-
dad del asturiano, miembro de una asociación liberal,
socia del Grupo de Cultura Covadonga y del Sporting, y
en su día lo fui del Club de Regatas (un lugar, por cierto,
cuyo frontón fue utilizado por los republicanos durante
la Guerra Civil como paredón de fusilamientos); también
soy madre de dos hijos y he escrito unos cuantos libros y
artículos sobre derecho, sobre política y sobre nuestra
sociedad. Creo en el mérito y en el esfuerzo, también en
la solidaridad, e intento trabajar duro cada día para sa-
car a mis hijos adelante, para darles un futuro de espe-
ranza y para dejarles un país en el que vivir, a poder ser
mejor que el actual. Pero no me cabe duda alguna de que
este mismo país es ya en la actualidad infinitamente me-
jor que el que conocieron mis padres y mis abuelos.
Queda mucho por hacer, pero hemos avanzado y espero
que con la ayuda de todos sigamos haciéndolo.

Y no. Si tuviera la posibilidad de conocer la identidad
de la persona o las personas que acabaron con la vida
de mi tía o la de los que la denunciaron, lo que nunca
haría sería vilipendiarlos, acusarlos, señalarlos o juz-
garlos en plaza pública. Menos aún a sus descendientes.

Lloremos a nuestros muertos y aprendamos de sus
errores y de sus aciertos pero, con el debido respeto, de-
jémoslos en paz ya y para siempre.

De regreso a Nuremberg, ya en la cama, Eva Solgarcía había buscado entre su carpeta azul todos los artículos de Covadonga Bolaños, convenientemente recortados y archivados. Y aunque ya era tarde, no pudo resistirse a releer también una vez más el artículo final enviado por la abogada al periódico y publicado por este de inmediato.

<<Historia de una familia de Gijón. Y IV. A modo de resumen>>. Por Covadonga Bolaños. Diario *El Comercio*, Gijón, 2008.

Historiadores y estudiosos de reconocida capacidad y competencia –escribía la abogada–, *atribuyen a la Ley de Amnistía de 1977, aprobada el 15 de octubre, el valor de haber cimentado las bases de la reconciliación y el perdón mutuo entre lo que de forma genérica se denomina (no sé si muy acertadamente) las dos Españas que se enfrentaron en la abominable Guerra Civil entre 1936 y 1939. Fue esta una ley crucial con la que los principales líderes políticos del momento, en plena transición, tal y como quedó reflejado en sus discursos de la época ("nuestro pueblo quiere superar el pasado y construir un futuro democrático y justo, sin traumas", declaró Felipe González), trataron de apuntalar uno de los más importantes pactos de aquel momento: sacar a la Guerra Civil, no del recuerdo, pero sí del debate político, para evitar fricciones que pudieran entorpecer el ansiado (aunque fuera de mínimos) consenso con el que poder construir un futuro esperanzador de convivencia mutua alejado de cualquier posibilidad de repetición o semejanza con aquella hecatombe fratricida.*

No olvidar, pero sí alejar del devenir diario los juicios sumarísimos, la represión, los paseos y los asesinatos

franquistas, las fosas de El Sucu y las tapias de los ce-
menterios, Badajoz y Guernica, pero también las afren-
tas al Sagrado Corazón, Jove y la matanza de jesuitas,
las checas y Paracuellos. Quedaron amnistiados todos
los condenados por actos de intencionalidad política,
cualquiera que fuese su resultado, tipificados como deli-
tos y faltas, entre los que también se encontraban los de
rebelión y sedición o los de opinión en prensa, perpetra-
dos antes de 1976. Este acuerdo tácito entre derechas e
izquierdas constructivas se fraguó con el presidente Suá-
rez y se mantuvo con Calvo Sotelo, con González y con
Aznar, pero todo es susceptible de empeorar. Con la lle-
gada de José Luís Rodríguez Zapatero a la Secretaría
general de PSOE en 2000, cuando Aznar y el PP acaba-
ban de lograr una aplastante mayoría absoluta que pa-
recía iba a solidificarles en la presidencia del país, los
socialistas decidieron buscar nuevos frentes de ataque
con los que erosionar la acción gubernamental y encon-
traron en la memoria o la revisión histórica un fecundo
filón, una mercancía, un arma electoral con la que reen-
ganchar para sus siglas y su partido a nuevos y viejos
votantes desencantados con el rumbo aburguesado y
centrista tomado por el partido del puño y la rosa tras
tantos años de gobierno, a la par que disconformes con
los nuevos tiempos de supuesta españolización y centra-
lización del PP. El PSOE moderado y modernizador de
la época de González comenzó a semejarse otra vez más
al revolucionario de Largo Caballero que al posibilista
de Besteiro y giró a la izquierda invocando a pretendidas
heridas no cerradas durante la Transición a causa del
llamado pacto de silencio sobre la Guerra Civil; lo que
en la práctica supuso apuntar con ráfaga a la línea de
flotación del discurso legitimador de la reconciliación.
Había llegado la hora de hacer justicia, dijeron. Pero

para otros, lo que nos pareció sonar fue el momento de saldar cuentas y de vencer en la guerra... sesenta años después.

Personalmente, creo que todo ello ha sido un inmenso error, una babayada, *como decimos aquí, que, lejos de enmendarse, al retornar los socialistas al gobierno nacional, ha ido empeorando con la promulgación de la nueva (y mal llamada) Ley de Memoria Histórica de 2007 que no es sino una burda manipulación de los hechos históricos para acomodarlos al discurso buenista, revisionista y sesgado que la llamada dictadura progre, "bienqueda", del clan de la ceja (el presidente Zapatero) ha instaurado como supuestamente único, oficial y, aún peor, aplastantemente racional. Es en este contexto tan ideologizado en el que cabe inscribir las infundadas, persistentes y mal intencionadas acusaciones vertidas a mi familia —y si no a los vivos, cuanto menos a los antepasados de todos nosotros—, a raíz del hallazgo de los restos del túnel del metrotrén.*

Para ciertos sectores locales y nacionales de la clase política y del periodismo tal hallazgo, y todo lo que él propició después, ha sido una especie de bendición (atea) caída del cielo (o de lo que cada cual crea que existe o como quiera llamarlo) en el momento oportuno para corroborar el hecho de que nos hallamos ante un nuevo tiempo de reivindicación histórica en el que la reformulación y el enjuiciamiento de los posibles hechos —aunque sólo fueran meras especulaciones—, efectuados por los protagonistas quedaban automáticamente justificados bajo el paraguas de la mirífica Ley de Memoria Histórica nacida, en teoría, con la más que justificada intención de defender la reparación a las víctimas del franquismo; algo con lo que todos, yo al menos, estoy de

252

acuerdo y que apoyo. No sé si es la mejor de las ideas llenar España de zanjas abiertas en busca de restos humanos, pero sí estoy segura de que es obligación de todos, de toda la nación, darles digna sepultura, recordarlos y homenajearlos con el debido respeto y reconocimiento que merecen.

Ahora bien, de eso a promulgar una ley que dictamine como ha de ser y como se ha de transmitir la memoria de los españoles a los españoles dista un trecho demasiado grande con un paso demasiado angosto por el que algunas familias a las que se nos ha querido insultar llamándonos potentados influyentes y ricachones con un pasado turbio que –dicen–, pretendemos silenciar, aún no estamos dispuestos a pasar. No estamos dispuestos a aceptar sin más la supuesta verdad absoluta de brocha gorda que, al dictado de los aires de pensamiento progresista imperantes en la actualidad, pretenden imponernos de manera maniquea legislando ad hoc: *los rojos eran los buenos y los nacionales los malos. Así de sencillo. Pues no, no es tan sencillo.*

La realidad histórica dice que una muy buena parte de la izquierda, por ejemplo, conspiró desde el primer momento contra la República tanto o más que la derecha, pues su verdadero objetivo era la revolución social y la veían tan sólo como un mero utensilio eventual, una herramienta a usar mientras les fuera útil, mientras pudieran hacer y deshacer a su antojo y, por supuesto, los españoles no decidieran que gobernaran las derechas. Y la República dejó de serles útil pronto, por mucho que después, tanto los protagonistas como los herederos prediquen su encendida defensa y clamen por un supuesto régimen ideal de paz, prosperidad y libertad que ahora idealizan, pero que entre 1931 y 1936 no les parecía tal y no quisieron, no pudieron o no supieron cuidar como debían. Y luego ya fue demasiado tarde.

Olvidando voluntariamente parte del pasado, corremos el riesgo de perder todo el pasado. Porque nosotros también hemos tenido víctimas de la guerra (¿qué familia no las ha tenido?) reconocidas y homenajeadas desde hace años, sí, pero tan víctimas como todas las demás. No más, pero tampoco menos. Y no estamos dispuestos a pasarnos el resto de nuestras vidas buscando culpables, acusando, juzgando o emitiendo facturas caducadas a descendientes que ya no tienen cuentas que rendir a nadie por lo que hubieran hecho o no sus antepasados. Observamos el pasado con respeto y dolor, pero sin ira para que nada nos pueda lastrar una mirada optimista hacia el futuro.

Unas vidas como la de tantos en el bando de los vencedores. Unas vidas familiares, cercanas, cómplices –pensaba otra vez Eva–, las vidas de alguien que bien podría ser tu padre, tu hijo, hermano, abuelo, amigo, sobrino, tío... vidas de víctimas y de sus herederos, pero ¿también vidas de verdugos y sus herederos?

Cerró su cuaderno, lo dejó caer sobre el suelo y apagó la luz. Entre persistentes pensamientos sobre ciudades románticas, abogadas gijonesas, iglesias monumentales y fábricas de cerveza, el sueño tardó unos cuantos minutos en derrotar a la consciencia, pero cuando lo hizo las imágenes no variaron: murallas, ancianos, iglesias, abogados, juicios... la mente de Eva no descansaba en realidad, tan sólo cambiaba de estado, como el agua con la temperatura.

Capítulo Nueve

Justicia y alejamiento

Cuando despertó, estiró el brazo y no encontró su cuaderno en el suelo se asustó; perderlo sería para ella una catástrofe de proporciones bíblicas. Por suerte, su hermano se había levantado un buen rato antes y lo había depositado sobre la mesita.

Desayuno en Nuremberg, comida en Dresde y cena en Berlín; visita a tres ciudades en un mismo día, ese era el muy atrayente plan previsto para la nueva jornada de vacaciones y trabajo en Alemania, otra vez luminosa, otra vez cálida, otra vez española, alegre, bulliciosa, ruidosa, animada desde muy primera hora en la ciudad por el fluir de los automóviles, la despreocupada y peligrosa celeridad de los ciclistas, minoría mayoritaria y dominante, y la presencia de transeúntes y visitantes. Alicia, la guía, liberó a sus pupilos de las obligaciones inquebrantables propias de todo grupo de turistas y les dio unas horas libres durante la mañana antes de partir hacia Dresde. Tras el desayuno, Eva y Héctor aprovecharon para volver a recorrer muchas de las céntricas calles de la evocadora Nuremberg que ya habían visitado el día anterior: la ópera, el recinto amurallado que envuelve gran parte de la ciudad (no es tan fácil salir de él como parece) y el palacio de justicia.

–Aquí, en este palacio o en otro similar es a donde a Ernesto Besga le gustaría volver a ver entrar a Hans

Fritzhofer –no pudo resistirse a decirle la mujer a su hermano al volver a detenerse ante aquella histórica fachada.

–¿Tú crees?

–Estoy convencida. Ha escrito al menos un artículo bien explícito al respecto. Creo que clama por ello.

–¿Lo intentará?

–Sí. Con ayuda de sus nuevas amistades lo intentará.

–¿Está la chica, Marlene Altig, entre esas amistades?

–No. Me refiero a jueces, políticos y periodistas, tanto de España como de Alemania o Argentina, pero no creo que Marlene, por muy enfadada que esté, se preste a ir en serio contra su propio abuelo.

–¿Y lo conseguirán?

–No soy experta en leyes ni en derecho internacional, pero tampoco me parece probable.

Eva había releído el artículo en cuestión –archivado como todos con sumo orden y cuidado en su cuaderno azul–, varias veces, la última durante el vuelo a Múnich.

<<Todo lo mucho que hemos hecho y avanzado durante estos años>>, por Ernesto Besga. Artículo de *La Nueva España*, Gijón, 2012.

Hace ya más de seis años que Xurde Delmiro supo dónde se hallaban los restos de su tío Juan Antuña, fusilado por los franquistas. Desde entonces ha repetido mil y una veces que no busca revancha alguna, entre otras cosas porque todos los más que posibles implicados en su asesinato, perpetradores, cómplices o encubridores, cuya identidad fue revelada al mundo para su vergüenza

y para la de todos (incluidas sus familias, aunque algu-
nas no lo quieran reconocer) como una macabra casua-
lidad en las famosas fotografías del grupo de la fábrica
"El Universo", ya no viven. No vive ninguno salvo uno:
Hans Fritzhofer. Tampoco es ver entrar en la cárcel a un
anciano enfermo, lo que pretende o más anhela Xurde en
estos momentos. Lo que de verdad desea es que se im-
parta justicia; la satisfacción de poder sentar en el ban-
quillo de los acusados a uno de los ejecutores (o cuanto
menos delator, ayudante, ideólogo o encubridor necesa-
rio) del vil asesinato de su tío.

Existe una justicia histórica, pero aún no debemos dar
por extinguida la vía de la justicia ordinaria, la de los
tribunales, y lucharemos en ambas vías mientras poda-
mos o nos dejen. La justicia histórica implica búsqueda,
entierro digno, reconocimiento y divulgación de la ver-
dad. En ese campo creo que, modestamente, tanto gra-
cias a mi empeño de historiador como al entusiasmo de
algunas asociaciones memorialistas a las que pertenezco
desde 2002, hemos logrado poco a poco algunos avances
relevantes. Nuestro afán común consiste en atender a los
supervivientes y a las familias de los represaliados de la
dictadura, así como investigar y dar a conocer de forma
rigurosa la lucha contra el franquismo, la vida de sus
protagonistas, recuperar y recordar los valores por los
que pelearon estas personas, la defensa de los derechos
humanos, la libertad o la justicia social, aunando y or-
ganizando a la sociedad civil actual en torno a esos va-
lores a recuperar, al margen de la política, pero sin es-
conder nuestras profundas convicciones ideológicas pro-
gresistas ligadas al republicanismo.

Divulgación a través de libros, pero también en con-
ferencias, charlas en colegios, institutos o universidades

donde se cuente bien claro lo que fue la dictadura, como se cebó con los perdedores y los asesinó, los obligó a exiliarse o a vivir una vida de miedo, miseria y silencio; como entraban en sus casas y detenían, torturaban o mataban. Todo eso ha estado callado durante décadas, falta por contarse alto y claro, sin temor ya, para que los chicos de las nuevas generaciones sepan que aquí, no hace tanto, hubo una dictadura muy cruel de la que muchos que luego se transformaron en demócratas o ahora tienen descendientes con carné del PP, fueron cómplices, muy cómplices. No creo que todo esté dicho ya, ni mucho menos, pero es que, aunque lo estuviera, si no se escucha, hay que volver a repetirlo una y mil veces.

Pero por la otra vía, la judicial, nuestro experto equipo de abogados siempre ha creído que el derecho nos da también útiles herramientas con las que explorar hasta qué punto es posible aproximarse en la causa contra los sospechosos de uno de aquellos tan abominables, repulsivos y, por desgracia, frecuentes crímenes franquistas, al menos mientras viva alguno de ellos. Y en el caso del asesinato de Juan Antuña uno de ellos aún está entre nosotros: su nombre es Hans Fritzhofer.

Por eso se interpuso una querella por un delito de lesa humanidad ante el Juzgado de Instrucción número uno de Gijón en nombre de Xurde Delmiro, con el objetivo de intentar obligar a, cuanto menos, investigar el asesinato de Juan, pero dicho juzgado acordó (como por otra parte era de esperar) su archivo alegando, entre otras causas, que no había prueba de asesinato y que, obviamente, el presunto delito había prescrito.

No estuvimos de acuerdo pero, por supuesto, respetamos la resolución. En respuesta se presentó un recurso de apelación ante la Audiencia Provincial de Oviedo que también resolvió inadmitirlo por motivos similares. Pero lejos de desanimarnos, decidimos continuar intentándolo interponiendo una demanda de amparo ante el Tribunal Constitucional con el objetivo de que se investigara judicialmente cualquier delito de tortura y asesinato perpetrado por el franquismo y vinculado a personas vivas. Tampoco fue admitido a trámite esta vez, pero en el auto emitido por el alto tribunal ya no hubo un no rotundo. En él se emitieron cuatro votos particulares que reconocían su opinión a favor de haber admitido dicha demanda. Y ello revelaba con nitidez que algunos jueces del sistema español manifestaban su desacuerdo con el modelo de impunidad impuesto por el Estado durante la transición y mantenido a lo largo de cuarenta años; un modelo que dificulta continuamente el estudio y enjuiciamiento de los delitos cometidos durante la dictadura, un modelo que se aproxima muy mucho a una especie de indisimulada Ley de Punto Final.

Creemos que es más pertinente que nunca hacer saber a la sociedad que una democracia moderna, supuestamente regida por los principios de libertad, igualdad y justicia, no puede negar a una parte de sus ciudadanos el derecho a recuperar a sus familiares, en muchos casos aún desperdigados por cunetas, descampados o pozos, a enterrarlos, a superar un duelo contenido durante décadas y a encausar a los perpetradores o colaboradores de los delitos.

Mientras este tema (estos temas) permanezcan sin resolverse, aquí y ahora, no podremos decir que sean asuntos del pasado, ni sólo únicamente de nosotros, de los historiadores. Seguimos aguardando una primera resolución favorable por fin, pero de no producirse, estamos seguros de que, tarde o temprano, el fallo, cualquier

fallo, acabará siendo corregido por el Comité de Dere-
chos Humanos de las Naciones Unidas. Hasta allí esta-
mos dispuestos a llegar, confiando en que nadie más des-
aparezca antes de poder vivir ese esperado momento;
por supuesto, tampoco Hans Fritzhofer.

A media mañana, Vladimiro conducía ya su autobús y
Alicia traducía en palabras, en español, las imágenes que
los ojos de su auditorio recibían: "el antiguo cementerio
judío de Nuremberg, en la parte posterior del palacio de
justicia; pronto tomaremos el enlace con la autopista hacia Dresde, hoy, igual que siempre, con tráfico denso.
Pero tanta retención no es normal, seguramente se ha producido un accidente y en este país nadie se mueve del
lugar hasta que no llegan las autoridades. Parada de
veinte minutos. Fijaos en los váteres autolimpiables.
Chocolate alemán de calidad a buen precio. Allí en lo
alto, a la izquierda, aún se pueden observar restos de las
torres de vigilancia en la frontera que delimitaba las dos
Alemanias durante la Guerra Fría; desde el aire es posible
apreciar la diferencia de color en el terreno, la línea a
modo de cicatriz seca por la que discurría la tierra de nadie, el borde de dos países y dos mundos. Estamos llegando a Dresde, en Sajonia, una ciudad inconfundible,
hermosa, entramos por la orilla norte del río Elba, desde
donde podemos admirar la belleza de su perfil urbano característico, las terrazas, el puente de Augusto, los palacios, la ópera, la catedral, los templos, los edificios oficiales, las agujas y las torres. La ciudad vivió su momento
de máxima plenitud cultural en el siglo XVIII, cuando era
conocida como la Florencia del norte durante los reinados
de Augusto el Fuerte, elector de Sajonia, y su hijo, im-
pulsores de los más importantes cambios urbanísticos y

de la construcción de edificios tan relevantes como el Zwinger, un palacio multiusos, o la Frauenkirche, la iglesia que alberga la gran cúpula símbolo de la ciudad, destruida durante el pavoroso bombardeo de febrero de 1945, en ruinas durante la época comunista y reconstruida tras la unificación gracias a una iniciativa local de recaudación de fondos. Visitaremos todos esos lugares – concluyó Alicia".

Fotografías múltiples, Piedad en homenaje a las víctimas del bombardeo, coches de carruajes, pavimentos empedrados. Sereno almuerzo en un bonito restaurante italiano situado a orillas del Elba, con tiempo para una agradable y distendida charla con los comensales, no especialmente interesados en el país sino más bien en abandonar por unos días sus oficinas y sus bufetes de España.

De tarde, parada en Residenzschloss, el palacio fortaleza renacentista del centro urbano y salida hacia Berlín, aún con la fascinación adherida a los sentidos de Eva y el dolor de tener que abandonar primero Nuremberg y después Dresde, tan luminosas, en un imponente día de verano, piedra negra quemada en contraste con la piedra clara, gris, luz solar entre los muros y los vidrios en contraste con las sombras desplegadas sobre paredes y pavimentos, orden y limpieza, belleza y esplendor frente al recuerdo de las ruinas y el caos, la suciedad y la muerte, el infierno y la guerra; símbolos de la reconstrucción, de la fuerza del instinto de supervivencia, de la grandeza humana ante la devastación, símbolos de la solidaridad social y de la banalidad de la guerra, ¿símbolos de la superación definitiva de la barbarie?

–¿Has vuelto a ver a Ernesto? –la voz de Héctor, sentado al lado en el autobús, en el lugar habitual, interrumpió las reflexiones de su hermana.

–Sí. Un poco antes de iniciar este viaje. Fui a escuchar una de sus conferencias y luego conversamos. Creo que ya era de justicia después de tanto tiempo.

–Sin duda, ¿cuánto hacía que no hablabais?

–Mucho. Demasiado. Lo hemos hecho sólo tres veces en los últimos seis años.

En efecto, la relación entre Eva y Ernesto había continuado deteriorándose con el paso de los meses. La primera de aquellas tres últimas charlas se produjo la víspera de la inauguración del monumento a las víctimas del franquismo en el cementerio de Ceares, en El Sucu, cuando él la llamó para intentar convencerla otra vez de que acudiera.

Fue en 2010, el 14 de abril, claro, por ser el aniversario de la proclamación de la Segunda República, otro 14 de abril, casi ochenta años después. Estaba llamado a ser un gran día en la vida de Ernesto y en la de varias decenas de personas que allí se congregaron junto a él. Para el historiador, que acababa de alcanzar el grado de doctor, era el acto de reconocimiento y culminación a toda una ardua tarea previa de investigación, el empeño de toda una vida consistente en tratar de poner nombres y fechas a la barbarie, a los vilmente asesinados por el franquismo. Para los familiares de los fallecidos era el momento de la reparación, del homenaje y del reconocimiento largamente, décadas, esperado. Allí, en el famoso muro o paredón de los fusilamientos, fueron asesinadas alrededor de 3.000 personas entre los años 1937 y 1941, muchos de ellos mujeres. Unas 1.300 hallaron la muerte en él tras condenas en juicios sumarísimos, pero aquella nefanda mole de piedra gris se convirtió también en lugar principal donde los falangistas eligieron asesinar a numerosos republicanos que no habían sido sometidos a ningún tipo de juicio. Fueron abatidos por venganza, por rojos, por perder.

Una vez ejecutados, los cadáveres eran enterrados aleatoriamente, sin control, como animales, allí mismo, en una fosa común. Allí yacen para siempre también muchos de los "paseados" por asesinos a sueldo de los falangistas a lo largo de todo el concejo, en Roces, La Pedrera, Puente Seco, cargados después en camiones y apilados, mezclados, olvidados para siempre en la fosa común de El Sucu.

Aunque la "Pax franquista" alcanzada con sangre y fusilamientos, miedo y silencio, olvidó, por supuesto, a los asesinados, durante la larga dictadura algunos valientes anónimos se atrevieron a llevar al siniestro lugar algún símbolo de recuerdo u osaron dejar al descubierto alguna de las miles de marcas de bala del muro después de retirar la cal que trababa de disimularlas.

Muerto Franco, la fosa, las fosas, se convirtieron en lugar de evocación a los caídos por la República y el paredón se fue llenando de placas de recuerdo por iniciativa de distintas instituciones y familias, pero no fue hasta aquel 14 de abril de 2010, ¡tantos años más tarde!, cuando en aplicación de la Ley de Memoria Histórica 52/2007, tuvo lugar el acto oficial de colectivo homenaje en la tapia del cementerio donde se produjeron las miles de ejecuciones o los enterramientos en masa.

La noche anterior Eva había recibido la llamada de Ernesto, un ser un poco distante ya en la vida de la mujer, igual de distante que ella en la de él.

–¿De verdad que no vas a acudir mañana al acto que se va a celebrar en el cementerio? Sabes que estás invitada –le dijo él.

–Todo el mundo está invitado, la entrada es libre. No Ernesto, te agradezco tu ofrecimiento, pero prefiero no ir. Este ha sido desde el principio tu proyecto y eres tú el que debes estar allí.

–También era tu proyecto. Me has ayudado.

–Gracias. Fue bonito trabajar juntos en él. Pero sabes tan bien como yo que a veces, aun a mi pesar, soy más un estorbo que una ayuda efectiva. Te aseguro que nunca es por incompetencia, desinterés, vagancia o egoísmo, sino por preocupaciones personales que me embotan la cabeza, que me impiden centrarme en ese trabajo.

–Nunca lo entenderé.

–No pretendo que lo hagas. Disfruta mañana de tu día.

–Como quieras. Buenas noches.

–Buenas noches.

La ruptura no fue entonces aún definitiva, pero casi.

Eva había llegado a ver a Ernesto llorando después de realizar algunas entrevistas a personas que habían sufrido torturas, violaciones o palizas en la cárcel de El Coto, lo había visto emocionarse como un niño en sus conferencias al hablar clara y francamente al auditorio sobre aquellos años negros en los que "personas de bien –decía con la voz entrecortada–, fueron vilmente asesinadas por el hecho de defender el gobierno legítimo de España, la libertad y la República o por pensar con arreglo a normas morales diferentes a las impuestas por el fascismo franquista".

Y a ella también la emocionaban sus palabras, pero era incapaz de acortar la distancia que les separaba cada día un poco más, ¿por qué? ¿Por qué esa frialdad entre dos seres que se querían o, al menos, se habían querido? Él siempre podía recurrir a la seguridad que le confería su inamovible base ideológica, pero ¿y ella? ¿A qué podía recurrir?

Al colgar la llamada, suspiró.

–¿Cómo ha ido la cosa, el acto de homenaje? –le preguntaría después a su madre Lourdes por teléfono.

–Pues muy bien, Evina. El cementerio estaba lleno de gente, repleto de banderas republicanas. Fue emocionante. Estaban la alcaldesa y muchos familiares de los muertos: hijos, *vieyos* ya, nietos y bisnietos. Se inauguraron un monumento y una placa. Fue un acto sencillo, pero se te ponía un nudo en el estómago. También estaba Ernesto. Creo que no me vio.

–Pero si no te conoce.

–Lo sé –continuó una pausa en silencio hasta que la mujer remató–. Espero que sepas lo que haces, hija.

Eva aún iba pensando en todo ello cuando la cercanía a Berlín anunciada por la creciente densidad del tráfico de la autopista, por la proliferación de carteles y edificios, así como por el nuevo discurso iniciado por la guía Alicia, interrumpieron sus cavilaciones. "Nos estamos adentrando en –dudó la guía–, en algo que podríamos denominar como la otra Alemania. Ya hemos abandonado la rica y próspera Baviera, también Sajonia, y nos estamos acercando a Berlín, no tan pudiente pero sí histórica capital de Prusia, del Imperio y del Reich, también de la

R.D.A y de la actual R.F.A, bulliciosa y vanguardista a comienzos del siglo XX, oscura durante la época nazi, arrasada durante la última guerra y marcada durante décadas por la profunda herida que, en forma de pared, la partió por la mitad. Una herida que parecía imposible pudiera cicatrizarse hasta que en noviembre de 1989 una serie de sucesos, de factores políticos e incluso de casualidades, permitieron, como todos sabemos, la caída del muro. Actualmente, Berlín es una gran urbe moderna, cosmopolita, repleta de historia y energía, cultura y diversión, un faro principal de Europa y referente de desarrollo y dinamismo para todo el mundo".

De trayecto al hotel, paso ante el Tempelhof, "el antiguo aeropuerto de la ciudad –continuó recitando Alicia– durante décadas uno de los más grandes del mundo, jugó un papel fundamental durante el puente aéreo humanitario británico y estadounidense a la capital, que abasteció con alimentos, medicinas, carbón… y hasta caramelos, a más de dos millones de habitantes. En él, a causa del bloqueo soviético, confluían los tres corredores, cada uno de 32 kilómetros de ancho y hasta 3.000 metros, que soportaron los casi 300.000 vuelos organizados y los 2,1 millones de toneladas movilizadas. Cuando Stalin claudicó y levantó la presión, más de medio millón de berlineses se dieron cita en el ayuntamiento para celebrarlo. Tempelhof fue cerrado al tráfico aéreo en 2008, pero en la actualidad ha sido tomado por los berlineses que lo reclaman como espacio propio para la práctica de deportes urbanos o como parque de paseo y solárium en verano, repleto de ciudadanos, jóvenes en especial, ávidos de absorber los últimos rayos de luz de la tarde. Y en las alas de su parte noroeste existe también un monumento no muy conocido en honor a los prisioneros del campo de concentración de la Columbia Haus".

El alojamiento, un establecimiento de corte comunista, incluso con decoración de esa época, situado al norte, en Gesundbrunnen, cerca del búnker del parque Humboldthain, evocaba al pasado, a la hoz y el martillo, pero era digno y acogedor, irreprochable en sus cometidos principales: ofrecer unos reconfortantes cena, baño y cama.

Tras una larga y densa jornada de viaje, tras pasar por la ducha, antes de revolver de nuevo entre sus papeles, antes de, como cada noche, disponerse a anotar, aunque fuera de forma telegráfica los apuntes personales sobre lo visto y escuchado, Eva se asomó a la ventana: arriba edificios con corte institucional, abajo las tripas del hotel, a lo lejos, por los espacios desocupados de ladrillos asomaban las copas de los árboles plantados en el parque cercano. "Berlín" –suspiró. La ciudad, bajo las sombras ya de la noche estival, entre las deficientes, tenues luminarias de los espacios públicos y el murmullo envolvente de máquinas y personas, continuaba ofreciendo su interminable sinfonía diaria de vitalidad y dinamismo. Ahora – pensó–, como antes, como en los años veinte cuando su discurrir fue filmado para la eternidad, el Berlín atrayente y el repelente, siempre embaucador, el Berlín que, como todas las grandes urbes del mundo, nunca descansa, nunca se cierra, nunca se apaga, el Berlín que, al día siguiente, en cuanto volviera a asomar su rostro por la ventana, tal y como lo estaba haciendo en aquel momento, continuaría entonando aquella ininterrumpida y heterogénea sinfonía multicolor con tanta intensidad como si las horas nocturnas de descanso no fueran sino sólo una forzada pausa de algunos humanos sin correspondencia con el vivir de la ciudad, siempre despierta, siempre viva, siempre alerta. Con esos pensamientos apartó su mirada de la negrura de las alturas y la volvió hacia la de algunos de sus papeles, a la carpeta azul que los contenía y hacia los folios blancos en los que apuntar sus más íntimas impresiones: Día 10, Nuremberg, Dresde, Berlín. *El huevo de la serpiente, La caída de los dioses, Good, Vencedores y vencidos, Berlín, sinfonía de una ciudad...*

Y volvió a recordar a Ernesto, a su adorado Ernesto, y se sintió culpable otra vez. ¿Has vuelto a hablar con Ernesto?, le había preguntado su hermano hacía unas horas. "Sí. Un poco antes de iniciar este viaje. Fui a escuchar una de sus conferencias y luego conversamos". Pero, ¿cuándo se había producido la ruptura definitiva? Pues tres años después de aquel acto oficial en El Sucu, en 2013, el día en que apareció Marlene, la nieta de Hans. Sí, sí sí, cuando Marlene contactó con ella, ese fue el fin definitivo de su relación.

Marlene y la ruptura

A raíz de las nuevas pruebas aportadas por el inocente Franz, aquellas fotografías con soldados, con miembros de las SS, incluso en campos de concentración donde aparecía su abuelo, en torno a 2009-2010, Marlene, entonces apenas una jovencita de diecisiete años, comenzó a tomar conciencia política, y el hecho de conocer los avatares del pasado de su abuelo que, rebotados desde España, desde Gijón, comenzaron a llegar hasta Berlín y Múnich, fue una casualidad (o no tan casualidad) que no contribuyó ni lo más mínimo, sino todo lo contrario, a atemperar su rabia juvenil ni a moderar su radicalismo político. ¿Fue primero el huevo o la gallina? En la mente de la chica durante aquellos meses el uno y la otra fueron más el mismo ser que nunca, el uno y la otra, el mundo que la rodeaba y la familia que le había correspondido se cruzaron con sus nacientes neuronas de madurez sexual y personal para germinar en una explosión vital de sensaciones, ira, sorpresa, desdén, vacío o goce... tan novedosas como eternas.

Pero tres o cuatro años más tarde, mientras las noticias sobre su familia, sobre su abuelo, seguían acumulándose, ella ya no era la misma, ya no era una chiquilla. Y había conocido a Henriette. Su abuelo había estado en España, eso ya lo sabía; lo que desconocía era qué había hecho exactamente junto a tipos tan sospechosos como Uwe Semmleier y Winfried Altig en la Legión Cóndor, combatiendo contra la República, contra el comunismo, contra los socialistas, luchando con el fascismo, con los nazis, ¡voluntario! Difícil de asimilar sin traumas.

La primera vinculación que encontraba en Google tras teclear Gijón y Alemania, Gijon *und Deutschland*, era la de una ciudad del norte de España que había sido sede de los partidos disputados por la selección de fútbol de la República Federal durante la primera fase del Mundial de 1982. Poca cosa. Pero al rato, a los pocos minutos de navegación, no tardó en encontrar otra relación algo más oscura, con la Legión Cóndor, con los nombres de los soldados allí fallecidos o con su abuelo Hans. Y de ahí hasta dar con el nombre de Ernesto Besga, "un historiador especializado en el estudio de la represión llevada a cabo durante la dictadura" —según traducía automáticamente y mal la aplicación de Wikipedia–, que lidera un equipo de investigadores encargados de aclarar, entre otros, el asesinato del sindicalista Juan Antuña, los nexos con el ya conocido como "grupo alemán" de la fábrica de cerveza "El Universo", y los de este con la célebre Legión Cóndor y con los de sus colaboradores, apenas si pasaron unos pocos minutos. Siguió leyendo más, mucho más, esa tarde, antes de quedar con Henriette, otras tardes con o sin su novia y muchas jornadas más en la soledad de su cuarto hasta altas horas de la madrugada.

Tenía que contactar con aquella persona, con Ernesto. No le resultó difícil dar con su correo electrónico, sin embargo, lo hizo con Eva. Pudo haber elegido a la mujer después de ver su fotografía sólo por el simple hecho de serlo o por aquel rostro sereno, con media sonrisa tímida, o porque se la veía confiada, apoyada sobre una estantería blanca repleta de libros, pero lo cierto es que la eligió a ella por indicación de su padre.

Eva leyó más con curiosidad que perplejidad aquel correo en español, toscamente traducido del alemán por una aplicación, que recibió de Marlene:

<<Estimada señora Solgarcía, Fraulein Eva:

Mi nombre es Marlene Fritzhofer. Soy la nieta de Hans. No puede usted imaginarse ni remotamente mi sorpresa al tener conocimiento de los muchos terribles hechos pasados ocurridos en Europa, en Alemania o España, que ahora se han sabido y en los que, al parecer, mi abuelo se vio envuelto. Uno de ellos ahí en Gijón, durante la Guerra Civil. Aún estoy impactada. Perdóneme si este e-mail que le envío le parece que dibuja párrafos difusos, aturdidos, pero supongo que se hace cargo de lo que ha supuesto para mí saber acerca de la vinculación de mi abuelo con personajes tan siniestros como Winfried Altig o Uwe Semmleier, unos odiosos mercenarios asesinos. Así es que al saber que en España están investigando tales hechos de forma profesional, decidí recurrir a ustedes con la esperanza de que pudieran ayudarme. Ni que decir tiene que sería importantísimo para mí. Nunca hasta ahora había pensado mucho en todo ello, lo reconozco. Más bien nada. Tampoco mis padres ni mis abuelos me han hablado nunca de ello. Pero los motivos familiares y personales que usted conoce bien hacen que desee saber más; sobre todo necesito saber qué papel jugó mi abuelo Hans en aquel macabro juego, porque nadie me ha contado nunca nada al respecto, y constatar hoy, con mis ojos, qué maldita y lejana vinculación puedo yo tener con ello, si es que tengo alguna.

Pensará usted que debería preguntarle a mi familia, a mi abuelo, a él personalmente. Lo he hecho. Me ha costado mucho, pero lo he hecho. Sin embargo, mis padres parecen haberse quedado sin palabras (llevan haciéndolo toda la vida) cuando les menciono el tema (yo creo que están tan sorprendidos y aturdidos como yo o más) y mi abuelo se supone que no tiene ya su cabeza ni su voz, con más de 90 años, en las condiciones apropiadas para recordar todo o bien para contarlo. O no quiere. Me mira a los ojos y se limita a decirme cosas como: "La Legión Cóndor disponía de intendencia propia. Las provisiones llegaban directamente desde Alemania cada semana a los puntos de acantonamiento de las distintas unidades en camiones provistos de cajones repletos de agua mineral o cerveza. Y también de la correspondencia. Ese era el servicio que yo prestaba. Estuve con la Legión Cóndor, pero no fui de la Legión Cóndor". Eso es todo lo poco que he podido sacar en claro. Tampoco he insistido mucho más, tampoco me apetecía. Fue mi padre el que, algo perdido y desbordado también, me sugirió que hablara con usted, porque ya la conocía, porque le inspiraba confianza. Y, aunque no sé muy bien por qué, le he hecho caso.

Formo parte de una asociación de jóvenes que tratamos de luchar por la democracia real, la libertad, la justicia social y los derechos humanos en oposición al avance de la ultraderecha y, ante lo que se ha sabido estos meses atrás, me siento más obligada y legitimada que nadie para difundir aquí en Alemania, una vez más, la verdad de lo ocurrido durante el nazismo, por dura que sea, por mí misma, por mi conciencia, por mi familia, por mis camaradas y también por mi país. En fin que, como suele decirse, siento que debo poner orden en mis asuntos primero para después intentar mejorar los de todos. No sé si lo que le digo tiene alguna lógica y no sé tampoco si he hecho bien en dirigirme a usted. Estoy bastante confundida. En fin, además, creo que ya he escrito bastante. Necesitaba que usted comprendiera mi postura, la posición de una Fritzhofer, confundida y avergonzada ante todo lo que se ha ido conociendo. Gracias por escucharme.

Me será muy grato si usted decide responderme.

Un saludo.

Marlene Fritzhofer, Múnich, 26-01-2013>>.

No, a Eva no le había sorprendido el contenido. Después de varios razonamientos en exceso razonados dedujo que el que Marlene Fritzhofer se dirigiera personalmente a ella y no a Ernesto Besga como titular de las investigaciones oficiales sobre los desaparecidos o represaliados durante la guerra y el franquismo, era a causa de lo sugerido por su padre, pero también la consecuencia lógica, la salida natural a las casi inimaginables tribulaciones mentales que debió haber padecido la joven al coincidir la historia de un negro pasado familiar con las ya de por sí excesivas tempestades propias de su edad y el sentido común, casi el destino. La comprendió sí, claro, por esa afinidad de género, ese corporativismo sexual, la estimación de pertenencia común que, como la sangre, a veces distancia y en ocasiones une. Ahora, pensaba, nos ha unido.

No podía haberle resultado sencillo de ninguna manera desasirse de sus allegados y atreverse a solicitar una opinión ajena, externa, de una investigadora, sí, implicada en el estudio de los acontecimientos, sí, pero exógena, exógena a su familia, a sus abuelos, a sus padres, a su país, a su idioma. Le confesaba haber hablado con los suyos y no haber quedado satisfecha con las explicaciones, con las pocas y divagadoras razones que, según ella, le habían dado. ¿Habría consultado también a algún historiador cercano alemán o apuntó directamente al centro del asunto, al lugar de los hechos, a los investigadores españoles? ¿Habría hablado con Xurde? No, pues ella lo hubiera sabido. Y, por cierto, ¿por qué su familia limitaba tanto las explicaciones? El hijo, Hansi, es posible que no supiera lo suficiente o no quisiera saber, pero el abuelo Hans, ¿por qué demonios no era capaz de sentarse junto a su única nieta, largo y tendido a contarle su vida pasada? ¿Por miedo, vergüenza, culpa? ¿Por enfermedad? ¿Es posible que ya no lo recordara? ¿No creía que hubiera nada que explicar?, al menos nada vergonzoso. Era difícil de creer a la vista de las evidencias. "Tengo derecho a hacer preguntas", "sí, pero no las hagas. Me molesta". Otra película.

Le unía a aquella chica el mismo estado de perplejidad y el afán de conocer, por saber la verdad, inherente a la juventud y a las historiadoras, pero era más, sin duda, lo que las separaba: la lejanía, física de un país distante y la edad remota de Marlene, chica de ideas inconexas en proceso de fraguado, atónita ante el mundo que comenzaba a conocer, ante los secretos de familia (los posibles muertos dentro del armario) y las respuestas encontradas hasta entonces. Tengo que responder, por supuesto –pensó–, mas cómo hacerlo. ¿Convendría tomar un aire de conversación confidencial, de secreto compartido o sería preferible adoptar un tono más didáctico, más profesoral, frío, académico? Se trataba de tener una primera toma de contacto educada, ilusionante, iniciadora de expectativas, creadora de futuribles posteriores charlas, pero, de momento sólo expectante, retenida; así es que decidió responder en tono cordial pero distante, cálido en la comprensión de lo humano pero frío en la inmersión de lo histórico, intentando reconfortar sus dudas a la par que, embridando su ansiedad, su alterada propensión a la culpabilización.

"Enjuicia –le había recomendado su tutor, Etelvino, al comenzar sus estudios de doctorado, ahora lo recordaba–, pero no hagas nunca juicios de valor". ¡Cuán atinado consejo! Ahora desearía decírselo también a Marlene. Quisiera transmitirle calma, precaución, sosiego, tranquilidad, paciencia y humildad, inculcarle no dejarse llevar por el encendido primer fragor de los sentimientos (aun siendo plenamente comprensibles), aconsejarla leer, estudiar, verificar, recapacitar, meditar, analizar, comparar, contextualizar, intentar ubicar los hechos en sus circunstancias huyendo de anacrónicas comparaciones, pero buscando la verdad. Cómo poder transmitirle en un simple *mail* que saber más sobre Historia en general y sobre la Guerra Civil española en particular es una labor titánica, cómo guiarla entre la inmensa maraña de libros dedicados al tema, a la guerra en general y a la ayuda alemana a Franco en concreto. Por no hablar de los archivos.

Archivos como el Bundesarchive Militärarchive de Coblenza donde se conservan muchos e importantes informes, diarios personales (algunos no publicados) y partes de operaciones que se salvaron de los bombardeos aliados sobre el Ministerio del Aire de Berlín en febrero de 1944. También los británicos o los españoles, por supuesto, el Archivo General Militar de Ávila, el Histórico del Aire de Villaviciosa de Odón, el Centro de Historia Contemporánea de Cataluña de Barcelona o el Archivo de la Guerra Civil de Salamanca que alberga muchísimas fotografías. Sin olvidar los de Gijón, claro, el Archivo municipal o el del Pueblo de Asturias con su vastísimo fondo fotográfico. Cómo aconsejarla, en fin, que se concediese tiempo para documentarse mucho, lo más posible, consultando la bibliografía o Internet, antes de llegar a ninguna conclusión drástica o irrevocable.

A Eva (no era una ingenua) solicitarle a una joven templanza y paciencia le sonaba a penitencia de complicado cumplimiento, pero redactó el correo de contestación lo mejor que pudo, de forma educada, a medio camino ente la calidez y la distancia, enumerando todos los puntos a seguir que había pensado con anterioridad para concluir con una recomendación: <<te aconsejo que trates de acercarte a tu abuelo Hans otra vez, que lo hagas diez o mil veces si fuera necesario, pero procura hacerlo con tacto. Debes tener en cuenta que no le debe resultar muy grato saber que su propia nieta piensa en él como un potencial asesino, lo más probable es que no desee ni que lo sospeches siquiera. Permite que se abra a ti, que hable y luego ya serás tú la que saques tus propias conclusiones>>. Y finalizaba con una metáfora. <<Recuerda: si mezclas en un bote la pintura blanca y la pintura negra en la proporción que sea y lo revuelves con fuerza, ninguno de los dos colores resultará vencedor.

La mezcla resultante de su lucha nunca será enteramente blanca ni enteramente negra de nuevo, sino gris, siempre gris. Piensa en la historia como una eterna mezcla de colores revueltos en el gran bote de pintura que es la tierra>>.

En el instante preciso de ver la llamada, <<Ernesto llamando>>, a aquella hora tan rara, las ocho y media de la mañana, presintió Eva que iba a estar relacionada con Marlene. Aquella fue su penúltima conversación.

–Eva, has actuado más como una saboteadora que como una amiga, ya no digo ayudante o amante –atacó Ernesto sin preámbulo alguno, brusco, enfadado. "No me ha dicho ni buenos días. Tiene un modo de empezar las conversaciones que les pone término" –Eva recordó otra de sus películas favoritas.

–¿Por qué me dices eso? –respondió ella aparentando sorpresa.

–He recibido un correo de la nieta de Hans Fritzhofer –prosiguió Ernesto–, me ha dicho que te había escrito hace dos semanas buscando información. ¿Cuándo tenías previsto decírmelo? ¿Se te olvidó? ¿Te parece que es una información intrascendente, que no es de mi incumbencia o difícil de recordar? ¿Por qué se dirigió a ti y no a mí?

–Lo siento. Puedo explicártelo –acertó a responder Eva–, sólo quería darnos tiempo. A nosotros y a ella.

–Demasiado tiempo, ¿no crees? Sí, supongo que podrás explicármelo. Espero que lo hagas. También me ha dicho que le respondiste. Y que tu respuesta no pudo ser más desalentadora para ella. ¿Le dijiste que intentara volver a hablar con su abuelo?

–Sí.

–Parece ser que eso es precisamente lo que ha hecho hasta ahora sin demasiada fortuna. Por eso recurrió a nosotros, a ti. ¿Le soltaste un rollo sobre dónde se encuentran los archivos más importantes con información sobre la Guerra Civil y la Legión Cóndor?

–Sí.

–¿Y una historia sobre mezclar pintura blanca y pintura negra?

–Sí.

–No puedo creerlo, Eva. A veces pienso que estás loca. O peor, que durante todos estos años has tratado de boicotear mi trabajo –Ernesto se enfureció ahora elevando su tono de voz aún más –¿Me puedes decir qué demonios hicimos juntos?

–Lo siento. No lo sé. No es mi intención hacerte daño.

–Entonces, ¿me puedes decir por qué no acabaste nunca de implicarte en el trabajo, por qué te guardabas, y aún te guardas información relevante, por qué actuabas y actúas como una adolescente o peor?

–No estoy actuando como una adolescente, ni mucho menos.

–Pues lo parece.

Silencio.

–Te voy a leer literalmente lo que Marlene me ha escrito –prosiguió él–: <<En la respuesta de la señora Solgarcía hay demasiadas recomendaciones y consejos, demasiadas divagaciones, demasiada teoría y demasiadas metáforas indescifrables. Comprendo la importancia de los tecnicismos universitarios, pero siento que no es el momento de la palabrería erudita. No me puedo creer que

sea tan difícil diferenciar a víctimas y asesinos, a dictadores y subyugados... lo justo de lo injusto. Ya que no puedo contar con la señora Solgarcía recurro ahora a usted, como director de las investigaciones, en busca de, ya no sólo información, sino también comprensión. Tal vez debí haberme dirigido a usted primero. Siento haberme equivocado. Pensé que ustedes formaban un único equipo. Espero su respuesta. Gracias>>. También yo pensé que formábamos un equipo –concluyó el historiador–, al menos un equipo de profesionales del estudio de la Historia.

–Lo siento Ernesto, lo siento mucho, de veras.

–Eva, tú, ¿me quisiste alguna vez?

Otra vez silencio.

–Está bien –volvió él–, vamos a dejarlo.

Pero fue ella la que colgó. Y lo hizo de forma definitiva.

Capítulo Diez

Conferencia en el Ateneo

La sinfonía berlinesa continuaba siendo interpretada por todos sus habitantes, residentes o visitantes, cuando Alejandro y su hermana Eva despertaron en aquel hotel nostálgico al norte de la ciudad. Otra vez sol, otra vez calor. Conocer "todo" Berlín en tan sólo dos días, ese era el muy ambicioso plan diseñado por los hermanos para las siguientes cuarenta y ocho horas; y sino todo, si buena parte de los lugares que más les interesaban (sobre todo a ella) visitar. Así es que era absolutamente necesario ponerse en marcha cuanto antes, máxime cuando la eficiente y puntual Alicia les había citado muy pronto, a las nueve de la mañana, para dar inicio a una excursión con paso por la Alexanderplatz y parada inicial en los restos conservados del muro de la vergüenza derribado en 1989, a escasos metros del lugar de aparcamiento elegido por Vladimiro en el barrio de Kreuzberg, cerca del río Spree.

La guía turística, que había vivido aquellos acontecimientos siendo muy jovencita, casi recién llegada al país y a la ciudad, no pudo evitar emocionarse al evocarlos y narrárselos a su audiencia: "Su caída fue tan inesperada como su construcción en agosto de 1961 en radical respuesta por parte de las autoridades de la R.D.A a la incesante fuga de ciudadanos hacia la R.F.A. Durante veintiocho años el Muro de Berlín, símbolo de la Guerra Fría y afrenta al sentido común, no sólo dividió a la ciudad sino a todo el planeta. Hasta que a finales de aquel año 1989, con la R.D.A perdiendo de nuevo habitantes, en

279

esta ocasión a través de Hungría que había decidido abrir los pasos fronterizos con Austria, las autoridades germanas del Este decidieron intervenir para frenar la sangría e intentar revertir la situación. Pero todo se desbordó con rapidez. Y cuando el 9 de noviembre un portavoz del Gobierno comunista anunció por error durante una rueda de prensa que las limitaciones de paso hacia el oeste iban a ser derogadas, la alegría ciudadana se precipitó e hicieron falta muy pocos minutos para que una multitud de personas, de berlineses, se abalanzaran hacia los pasos fronterizos a encontrarse con los del otro lado. En medio de un ambiente festivo, de alegría indescriptible, tampoco hizo falta que ocurriera mucho más para que la multitud se citara en el muro y tanto simbólica como efectivamente (con picos y martillos o cualquier otro utensilio que tuvieran a mano) comenzaran a derribarlo. Entonces, los que allí nos encontrábamos intuimos que aquello ya no tendría marcha atrás y lloramos de alegría. Lloramos igual que aún lo hago yo hoy en día, ahora mismo, cada vez que lo recuerdo".

–Al final de la guerra –confesaba el viejo Hans chupando su cigarrillo–, yo rehíce mi vida en Múnich, pero mi madre y mi hermana Gudrun continuaron en Berlín, y cuando los rusos levantaron aquella monstruosidad de muro, quedaron atrapadas en la zona este. Mi madre falleció y no pude volver a verla nunca más. Con mi hermana pude reencontrarme en 1990; estaba muy delicada de salud después de los padecimientos sufridos y murió a los pocos meses. El mero recuerdo del Muro revive en mí una ira formidable. No se puede usted imaginar, Fraulein –miró a Eva con profundidad–, la alegría que para mí supuso su derribo. Para mí y para todos los alemanes.

–Le creo. También para el resto del mundo –contestó la mujer.

Gestos y palabras de apoyo para la afligida guía, fotos junto al muro, tapizado de graffiti y regreso al autobús. Trayecto a través del centro histórico: Unter den Linden, la isla de los museos, el de Pérgamo, y palacios, Puerta de Brandenburgo, Parisier Platz, Bundestag, la pradera donde estuvo situada la Ópera Kroll y visita al sobrecogedor monumento a las víctimas del Holocausto, miles de bloques de cemento de diversos tamaños que, simulando lápidas, siembran de sombras el enorme terreno ondulado sobre el que fueron erigidas: el de los restos del búnker de Goebbels.

Inevitable pensar en crímenes, en víctimas inocentes, en desfiles triunfales y ruinas, ruinas físicas y mentales, escombros de piedra o cemento y de ideologías y comportamientos; inevitable pensar allí, en el corazón de la ciudad, en Hans, e inevitable pensar en sus acusadores, entre los que se hallaba Ernesto, uno de los más entusiastas proponentes de la revisión de su causa, uno de los más encendidos defensores de la necesidad ética y moral de juzgar a los perpetradores (o presuntos perpetradores) de crímenes contra la humanidad, los hubieran cometido en el país que fuera, contaran con la edad (por fuerza muy avanzada) que contaran y estuvieran en las condiciones físicas y mentales que estuvieran.

Ernesto había hablado de todo ello, defendiendo sus sólidas acusaciones con prolijidad, en aquella conferencia especial dada en el Ateneo Obrero de Gijón el 14 de abril, otro 14 de abril, esta vez de 2016, apenas cuatro meses antes del viaje de Eva a Alemania, significativamente titulada, "¿Por qué se debe enjuiciar a Hans Fritzhofer?". La disertación que los volvió a unir después de varios años, y en la que el historiador, bajo la sinceramente interesada atención de su auditorio, de Eva, desgranó aquellos principales fundamentos que estructuraban su convicción y que le habían llevado a adoptar una actitud tan nítida y combativa en la cuestión, en la reapertura de la causa contra el anciano alemán.

Habló del nefando recuerdo de los crímenes de guerra perpetrados por la Legión Cóndor en la ciudad, ligados durante muchos años al nombre de Uwe Semmleier, el aviador nazi caído en combate el 23 de septiembre de 1937 al que el fascismo rindió honores de héroe y que los defensores de la democracia y la libertad hemos de considerar –decía–, un mercenario, ejemplo de la vileza, la manipulación, el engaño, el fanatismo y la maldad propias de un régimen, el hitleriano, que ha pasado a la historia como el más perverso y sanguinario de cuantos ha habido. Un régimen que fue socio, amigo y muy cercano colaborador del que Franco estableció en nuestro país.

Ernesto recordó también que un año después de la muerte de aquel soldado, el 21 de octubre de 1938, aun sin finalizar oficialmente la Guerra Civil, con motivo del primer aniversario de la toma de Gijón por las tropas franquistas, tuvieron lugar en la ciudad una serie de actos organizados por el Ayuntamiento y por la Jefatura Local de Falange Española Tradicionalista y de las JONS para resaltar la "relevancia histórica" de la fecha y para homenajear a los mártires de la "causa nacional". El acto central fue el descubrimiento de una lápida conmemorativa de Uwe Semmleier celebrado en la Plaza Mayor con la asistencia de las más altas autoridades locales, regionales y de la Legión Cóndor, así como de sus camaradas, entre los que, ahora lo sabemos, figuraba Hans Fritzhofer. En la lápida incrustada a la derecha de la entrada principal de la alcaldía podía leerse: <<En lucha aérea sobre Gijón el 23-9-37 fue mortalmente herido Uwe Semmleier. Cayó por Alemania y una libre y nacional España. 1/K88 Legión Cóndor>>. Se trataron pues –proseguía Ernesto–, de honores tributados al más alto nivel por las principales autoridades de la ciudad, de la región y de la representación alemana en España, utilizados propagandística e ideológicamente de la forma tan retórica, maniquea y demagógica como era costumbre en la época y entre los fascistas, que tuvieron amplio eco en los medios de comunicación y un innegable éxito en cuanto a la participación de los ciudadanos. Existe una fotografía en la que tanto Winfried Von Altig, que fue el encargado de descubrirla, como Hans Fritzhofer posan ante la placa en recuerdo del camarada fallecido.

–Los franquistas –continuó el doctor Besga–, escribieron la historia, impusieron el recuerdo, y la memoria de la Legión Cóndor perduró en la ciudad hasta la muerte del dictador con la pervivencia de la placa al aviador (restaurada en 1963) y el monolito del Paseo de Begoña en homenaje a otros aviadores alemanes. ¿Por qué? Pues porque el gobierno de Franco ganó la guerra en buena medida gracias a la ayuda recibida de Hitler y como contraprestación (económicamente un tanto forzada y políticamente voluntaria) se alineó con el Eje y dejó que España fuera satelizada por Alemania casi hasta el final de la Segunda Guerra Mundial. Nunca renegó de su propia génesis ni de sus aliados ideológicos-políticos. No lo hizo durante la Guerra Civil (de ahí los homenajes a los soldados nazis) ni tampoco durante la Guerra Mundial.

Si al comienzo de esta –proseguía defendiendo vehe- mentemente Ernesto–, cuando Alemania se expandió con agresividad y conquistó buena parte de la geografía euro- pea, existían en España dos corrientes de adhesión ideo- lógica hacia los contendientes, los germanófilos y los aliadófilos, desde luego sólo la primera se expresó o to- leró en el país, también en Gijón. La ciudad dio múltiples nombres alemanes (e italianos) a sus calles, se inauguró un consulado germano y se fundó la Asociación Hispano Alemana. Al tiempo, el Gobierno del Reich donó fondos para el Auxilio Social, se acordó la apertura de una línea comercial entre el bajo Rhin y el puerto de El Musel, se concretaron varias actuaciones de la Orquesta de Cámara de Berlín, se celebró el cumpleaños de Hitler y, por su- puesto, la ciudad aportó unos 2.500 voluntarios a la Di- visión Azul que partieron a luchar en el frente ruso, en la zona de Leningrado.

Finalizado el conflicto mundial, el régimen supo ir adaptándose a las novedosas y cambiantes circunstancias internacionales camuflando sus amistades pasadas de lu- cha antidemocrática sin perder las sólidas bases de sus principios religiosos, ultraconservadores y dictatoriales inamovibles, y sin renegar nunca de sus orígenes. Porque el caudillo jamás quiso olvidar la Guerra Civil ni restañar las heridas del pasado; creyó que la victoria lo había le- gitimado para obrar como tal, como el ganador, y nunca estuvo dispuesto a conceder la paz, el perdón o la piedad clamada para los derrotados. Tampoco olvidó a sus cola- boradores, la ayuda esencial prestada por los alemanes. Pero, ¿cuál fue exactamente esa ayuda, el papel jugado por la Legión Cóndor –se preguntaba Ernesto–, en la Guerra Civil?

La formación y el envío de la Legión Cóndor a España –prosiguió–, fue una decisión personal (al igual que la de dar el paso a la intervención) de Hitler. El *Führer* se vio en cierto modo sorprendido por los envíos soviéticos que estaba recibiendo la República y optó por aumentar su apuesta de colaboración con los golpistas preparando, ya a mediados de octubre de 1936, el envío a España de una formación interarmas altamente especializada en torno a una agrupación de la Luftwaffe. Siendo como fue una ayuda casi superior a la esperada, Franco no desaprovechó sus muchas potencialidades y no se planteó hasta muy el final de la Guerra Civil prescindir de ellas.

Los preparativos iniciales de la unidad fueron llevados a cabo en la más absoluta clandestinidad: contaba con una dirección postal encubierta (apartado de correos 81, Berlín W8) y no se reconoció formalmente su existencia hasta el final de la Guerra Civil. Estaba compuesta principalmente por miembros de los distintos cuerpos y servicios del arma aérea (de vuelo, transmisiones, artillería antiaérea, mantenimiento…) pero también dispuso de algunas unidades del Ejército de Tierra y de la Marina. Los mandos y el personal eran todos alemanes, unos 6.500, aparte del contingente inicial, entre aviadores, artilleros, carristas y especialistas varios, que permanecieron a un tiempo en España, antes y después de los periódicos relevos que coincidieron con sendas reestructuraciones de la unidad. Mientras sirvieron aquí (hubo asentamientos en Sevilla, Salamanca, León, Vitoria, Toledo, Ávila, Cáceres o Melilla), a los profesionales alemanes se les otorgó un grado superior a la categoría que tenían previamente, pudiendo llegar a percibir, según el rango, un buen sueldo de entre 600 a 1.800 marcos.

Cuando ante la resistencia de Madrid, entre abril y octubre de 1937, Franco –proseguía Ernesto–, decidió trasladar el centro de operaciones de la guerra al frente norte, la importancia del papel jugado por las tropas alemanas en la lucha creció exponencialmente contribuyendo de forma decisiva a la conquista de Vizcaya, Santander y Asturias por parte de los fascistas y con ello al posterior desarrollo de los acontecimientos y a la resolución (a favor de los sublevados) de la Guerra Civil.

En Asturias –proseguía con creciente énfasis el historiador, dejando entrever sus dientes algo amarillentos–, el fracaso de la ofensiva de los republicanos para recuperar la capital, Oviedo, en febrero de ese año determinó el principio del fin, sellado sin solución tras los bombardeos de Guernica y Durango y las caídas del Cinturón de Hierro en torno a Bilbao y de Santoña ya en el verano. Se inició entonces una retirada angustiosa hacia Gijón, el último puerto de escape, capital del Consejo Soberano de Asturias y León y postrero centro de decisiones de la resistencia republicana en un territorio ya rodeado de tropas fascistas. Cayó el 21 de octubre, cuando aún muchos republicanos combatientes y miles de civiles trataban de escapar desde el puerto de El Musel. Debemos recordar una y mil veces –remarcaba con vehemencia Ernesto–, que la Legión Cóndor formó parte de esa ofensiva apoyando, con bombardeos específicos altamente especializados y profesionales sobre objetivos militares y estratégicos vitales para el curso de las operaciones de guerra, el imparable avance del ejército golpista, pero también participó activamente en ametrallamientos de grupos de soldados derrotados durante su huida y en asesinas acciones sobre ciudades y población civil que, como es fácil de constatar, no eran enclaves importantes de la guerra. Su superioridad técnica era manifiesta, pero el elevado número de servicios prestados en la campaña asturiana ocasionó también a los alemanes sensibles pérdidas humanas y materiales. Fueron derribados unos diez aparatos y veintitrés soldados perdieron la vida; entre ellos figuraban Helmut Steinbag, Oswald Dünn y Udo Ueberschär; otro era Uwe Semmleier. Los primeros fueron recordados en el túmulo sito en el céntrico paseo de Begoña de Gijón, el otro en una placa en el ayuntamiento. Esos dos fríos recuerdos adornados con la cruz de hierro, impuestos por los vencedores de la Guerra Civil, permanecieron en su lugar nada menos que 42 años, hasta que, en 1980, por fin, fueron retirados y sustituidos por una placa conmemorativa en honor a todos los fallecidos en la contienda. ¡Nada menos que 42 años de homenaje a la asesina Legión Cóndor y a algunos de sus integrantes, nazis irredentos y fanáticos que como profesionales de la milicia y como soldados acatando órdenes cumplieron con eficiencia germana su misión y ayudaron decisivamente al triunfo fascista en la guerra! Pero la realidad de sus modernos métodos de combate empleados en numerosos lugares de España (para muchos un ensayo general de la posterior *Blitskrieg*), que tuvo en Guernica su más famoso ejemplo de barbarie, dejaron unido para siempre su nombre en la memoria de muchos de nuestros compatriotas, de muchos gijoneses, como sinónimo de crueldad.

Por fortuna –continuaba–, en nuestros días ya es sólo repulsa, vergüenza e ira lo que la ciudad siente por aquellos lejanos camaradas nazis; repulsa y vergüenza por el régimen que los mandó aquí para matar y repulsa y vergüenza con el régimen, con los golpistas que aquí los acogieron con los brazos abiertos para ayudarles a asesinar. Tanta repulsa y vergüenza sentimos contra todos ellos hoy como justicia, reparación y reconocimiento debemos a sus víctimas.

Sonaron algunos aplausos y Ernesto hizo una pausa. El orador bebió un poco de agua.

–Finalizada la Guerra Civil –continuó al poco–, la Legión Cóndor fue despedida por etapas en diferentes puntos de España. Algunos de los actos más importantes en los que participaron tuvieron lugar el 12 de mayo de 1939 en una concentración aérea en Barajas y una semana después en el "desfile de la victoria" por las calles de Madrid, pero la despedida oficial, presidida por Franco, tuvo lugar el 22 de ese mismo mes en el Aeródromo de la Virgen del Camino, próximo a León e importante base de operaciones de la campaña del norte.

De vuelta a Alemania, el 6 de junio, fueron recibidos oficialmente por Hitler y desfilaron por las famosas avenidas berlinesas de la carretera Este-Oeste, Charlottenburger Chausse y Unter den Linden con toda la parafernalia grandilocuente propia del III Reich. En una enorme grada se situaron varias decenas de miembros de las Juventudes hitlerianas portando cada uno una placa oval enmarcada con hojas de laurel en la que figuraba el nombre de un legionario caído en la guerra española. En total 330. En ellas estaban contenidos los nombres de Helmut Steinbag, Oswald Dünn, Udo Ueberschär y Uwe Semmleier. En las tribunas, entre el público (también hay constancia gráfica de ello) estaban situados Hans Fritzhofer, su amigo Winfried, la hermana de éste, Gretchen y el padrastro de ambos (además de jefe de Hans), Hermann Von Altig, personaje cuya empresa aparece ya tempranamente vinculada al conglomerado hispano alemán HISMA-ROWAK de apoyo y financiación a la Legión Cóndor y a las transacciones económicas y comerciales entre ambos países, que acudieron a tan magno evento a rendir homenaje a sus camaradas.

En definitiva, amigos –continuó–, Hans fue sin duda uno más de ellos. También sabemos que después de aquel acto su vida continuó muy íntimamente ligada a aquella familia de sólidas convicciones nacionalsocialistas (Gretchen era su novia y luego fue su esposa) y al ejército. Y que durante la Segunda Guerra Mundial su imagen aparece en otros lugares de infausto recuerdo para la historia de Europa, en campos de concentración y exterminio, rodeado de otros soldados o de miembros de las SS, realizando lo que él y otros muchos cómplices han definido simplemente como "su trabajo". Hay pruebas documentales y, en especial gráficas, de todo ello. Es cierto que hoy es un hombre mayor, muy anciano y que los hechos ocurrieron hace muchas décadas, pero los que clamamos, como es mi caso, por justicia, por reparación y por la no prescripción de los crímenes de lesa humanidad ni en España, donde la Ley de Memoria Histórica de 2007 debiera ser sólo un primer paso para tal consideración, ni en Alemania ni en ningún otro país, nos vemos, me veo, en la obligación profesional como historiador y, sobre todo, moral, como demócrata y defensor de la libertad y la justicia, de denunciar los crímenes y de luchar por la incriminación judicial de sus perpetradores. Además, desde 2011 contamos con un nuevo acicate para lograrlo, una herramienta legal muy importante y esperada: la sentencia Dmjanjuk.

Nueva pausa. Otro trago de agua.

–Me explicaré –prosiguió entonces–: Hemos de hacer, si me lo permiten, un breve repaso previo por la historia del tratamiento de los grandes crímenes contra la humanidad.

Por fortuna, hace décadas que los exterminios generalizados han dejado de ser "aquellos crímenes sin nombre" a los que aludió en su momento Winston Churchill, "los crímenes más horribles jamás cometidos en toda la historia mundial" que le impresionaron tras leer los primeros testimonios de cinco huidos (cuatro de ellos judíos) del campo de exterminio de Auschwitz.

"Genocidio", a partir del griego "genos" (raza, pueblo) y del sufijo latino "cide" (matar) fue el término con el que el jurista polaco de origen hebreo Raphael Lemkin acertó a definir los pensamientos de Churchill, de otros políticos y de otros muchos hombres de leyes, para expresar lo innombrable hasta entonces, el mayor o uno de los mayores actos de barbarie perpetrados en el planeta.

Porque el crimen de guerra, por ejemplo, sólo es tipificado en un conflicto armado contra quienes no son combatientes o si se produce en lugares cuya destrucción no implica una ventaja militar, tales como hospitales, hoteles, colegios o centros culturales.

Crimen de lesa humanidad define el ataque sistemático o generalizado contra población civil con actos de barbarie de suma violencia.

Mientras que la agresión es un crimen contra la paz, entendido como la planificación, preparación e inicio de un acto de ataque violento o guerra.

El genocidio es un paso más, requiere intención fría de exterminio. La diferencia fundamental entre genocidio y cualquier otro delito definido antes o después que concierna a la guerra o a las matanzas es que requiere que las acciones de muerte sean realizadas por parte de los perpetradores con la intención de destruir total o parcialmente un grupo étnico, nacional, racial o religioso y con la especial finalidad e intención (dolo especial) contra un grupo específico porque detentan unas características definitorias por su identidad religiosa, etnicidad o nacionalidad.

Y el III Reich, además de todos los anteriores, incurrió por ver primera en ese acto criminal planificado, de tan grandes proporciones y complicidades que la controversia sobre el grado de colaboración que en él tuvieron, al margen de las más altas autoridades y las SS, los funcionarios, el ejército, las empresas o los ciudadanos corrientes, los civiles, ha sido, es y será un debate abierto entre expertos historiadores y estudiosos tanto en Alemania como en el resto del mundo.

Los de Nuremberg han pasado a la historia como los juicios más famosos de los realizados contra importantes responsables de la Segunda Guerra Mundial y, sobre todo, del genocidio judío, aunque hubo más, contra funcionarios, guardias, SS, gerentes u otros responsables de menor rango, pero no menor involucración en los hechos asesinos. Hubo, en efecto, más juicios y numerosos procesos de desnazificación como los que afectaron al propio Hans Fritzhofer, pero tampoco muchos más. Las circunstancias políticas nacionales de Alemania y las internacionales, polarizadas en torno a la Guerra Fría, pronto aconsejaron a las potencias aliadas occidentales a no enemistarse demasiado con la sociedad germana a cuenta de su pasado reciente cuando necesitaban su colaboración y apoyo como dique de contención frente al bloque comunista soviético, y los juicios o procesos contra nazis perpetradores o cómplices con demostrada responsabilidad en el Holocausto, fueron languideciendo hasta desaparecer casi absolutamente; lo que no fue óbice para que, cuando puntuales nuevos procesos saltaron a la luz pública a partir de la década de los sesenta y posteriores contra responsables del genocidio o de asesinatos en masa (Eichmann, Barbie, Dmjanjuk…) no dejaron de producirse siempre enormes revuelos mediáticos e histórico-judiciales en todo el mundo.

El paso del tiempo y la inevitable desaparición paulatina de los involucrados o su visible deterioro fueron alejando lentamente las posibilidades reales de retomar la realización generalizada de juicios a ancianos entrañables y respetables (que en su juventud no fueron ni tan entrañables ni tan respetables precisamente) por su participación en hechos de sangre, muerte y dolor ocurridos durante el nazismo y la Segunda Guerra Mundial.

Pero siempre ha habido un pequeño grupo de irreductibles e incansables "cazanazis" decididos a no darles tregua alguna, dispuestos a desenmascararlos y a luchar contra la burocracia y las circunstancias para lograr que fueran llevados ante los tribunales de justicia para responder, a la edad que fuera, sobre sus hechos del pasado. Y hete aquí que en 2011 esos pertinaces buscadores de alemanes con pasado negro encontraron (encontramos) en la sentencia sobre el caso Ivan Dmjanjuk el apoyo legal que necesitábamos para evitar la definitiva impunidad de sus perseguidos, de los verdugos voluntarios de Hitler.

Desde entonces, cualquier persona que colaborara en el organizado método de asesinatos masivos ideado por el nacionalsocialismo es considerada culpable, aun sin haberse podido demostrar su vinculación en alguno de los crímenes en concreto. Es decir: se pena la complicidad silenciosa.

Lo que viene a asentar y dar forma jurídica a la generalizada aseveración universal de que no hubiera sido posible la perpetración del Holocausto en otro país distinto a Alemania a causa de las tradicionales y singulares características propias del alma germana, tales como la obediencia al poder establecido o la minuciosidad y el empeño en el trabajo a realizar, que hicieron más factible la ejecución de tamaña empresa colectiva de exterminio.

Hans Fritzhofer, repito –dijo Ernesto–, ha sido identificado, sin margen de error alguno, en diversas fotografías ubicadas en Gijón (también en León o Vitoria), junto a responsables o soldados del ejército alemán. Por suerte, Franz Von Altig, el frágil e inocente discapacitado, conservó el álbum completo que su hermano Winfried coleccionó sobre su estancia en España durante la Guerra Civil como miembro de la Legión Cóndor en la que aparecen juntos reiteradamente en diversas localizaciones como el muelle, la playa o la Plaza Mayor.

Posteriormente, gracias a otras tantas fotografías aportadas por el mismo Franz, heredadas de su hermana Gretchen, sabemos que durante la Segunda Guerra Mundial su presencia se repite junto a grupos de oficiales SS y trabajadores a las puertas o en el interior de algunos centros de exterminio como Dachau en Múnich, Orianenburg en Berlín o incluso Stutthof en Polonia, el primer campo de concentración abierto fuera de las fronteras de Alemania en 1939 y último en ser liberado por los aliados al final de la Segunda Guerra Mundial. Sabemos que se trata de Stutthof porque en la foto conservada aparece con un gesto distendido y una sonrisa tímida delante de las oficinas del lugar junto a un grupo mayoritario de hombres y una mujer, probablemente la secretaria Irmgard F. Allí murieron unas 65.000 personas. En Dachau y Orianenburg, los otros campos donde también aparece Hans con el uniforme de la Wermacht entre oficiales y empleados, sonriente, a las puertas o en lugares reconocibles, fueron asesinadas igual o superior número de personas.

En definitiva –concluyó Ernesto–, con estas credenciales, con las sospechas de su complicidad en la muerte de Juan Antuña, con los antecedentes probados de su participación en la Guerra Civil, con esta montaña de indicios, cuando no ya pruebas sospechosas sobre su proceder en la Segunda Guerra Mundial, con su actitud antes, después, incluso ahora mismo, negándose a hablar, oponiéndose a cualquier tipo de colaboración para el esclarecimiento de los hechos, ¿es posible aún que alguien dude sobre la pertinencia de, como poco, abrir diligencias oficiales sobre su responsabilidad en tales hechos? Creo sinceramente que no. Y no nos queda mucho tiempo. Gracias.

Aplausos entusiastas y breve turno de preguntas. Héctor ya había visto a Eva durante la conferencia, "espérame fuera por favor", le dijo al concluir el acto desde el estrado mientras compartía saludos con algunas de las personas allí congregadas. Eva asintió.

Pasados treinta minutos, cuando pudo despedirse de todos los oyentes, organizadores y periodistas a los que debía atender, el historiador encontró a su antigua amante sentada en uno de los bancos de la calle Covadonga, relajada, viendo a los transeúntes pasar, a los niños juguetear y a los camareros afanarse raudos en atender a los clientes de las terrazas cercanas. Sonaba también una agradable música pregrabada proveniente del modesto sintetizador de una artista callejera que se esmeraba en amplificar su voz con un micrófono unido al aparato electrónico. Era la última hora de la tarde de un agradable día de primavera.

–Me alegro mucho, muchísimo de que hayas venido y de volverte a ver, me hace mucha ilusión–, fue Ernesto

Besga el primero en hablar acercándose a ella, besándola en cuanto se levantó. Ella también le besó.

–Gracias. Yo también me alegro. Me *presta* mucho volver a verte. Te encuentro fenomenal.

–Tú también estás tan guapa como siempre. ¿Qué tal te va todo?

–Bien, no puedo quejarme. ¿Y a ti?

–Todo estupendo también –ninguno de los dos tenía interés alguno en profundizar más en la vida personal de cada uno (que además, a grandes rasgos, conocían) posterior a la ruptura de su relación. Fue el hombre otra vez el que quebró los cumplidos–, ¿qué te ha parecido la conferencia?

–Interesantísima, sin duda. Por eso he venido.

–He dado otras muchas antes.

–Esta sabes que toca un tema que me interesa especialmente. Y tú has estado tan brillante como siempre. Has expuesto tus razonamientos de manera magistral.

–¿Pero? –intervino de inmediato el historiador a la defensiva.

–No hay peros, Ernesto, si acaso dudas sobre el interés que pueda despertar en otros, en el común de la sociedad.

–¿Te parece que ha acudido poca gente?

–No, no me malinterpretes, no me refería a eso, no es cuestión de que acuda más o menos gente interesada. Lo que quiero decir más bien es que esos dos monumentos a los soldados de la Legión Cóndor que había en la ciudad, por ejemplo, y de los que has hablado eran sin duda una afrenta a las víctimas, pero fueron retirados en 1980 y ya entonces habían dejado de ser representativos de la guerra, se habían convertido en dos muebles más del paisaje urbano. La sociedad caminaba unos cuantos pasos por delante de sus representantes y lo que éstos se limitaron a hacer ese año fue dar justa cobertura legal a un derribo mental de los ciudadanos que, probablemente, en muchos casos, acelerado tras la muerte de Franco, ya se había producido. Y de eso hace casi cuarenta años. Te pregunto con duda y sinceridad: ¿crees que interesa ya a alguien más que a un muy reducido grupo de estudiosos como tú y como yo o como las personas que han venido hoy? ¿Crees que, al grueso de las nuevas generaciones, a tus alumnos, les importan estas batallitas históricas pasadas?

—Debería, ¿no crees?

—Tal vez. O no.

—¿Por qué? No te entiendo, ¿qué quieres decir?

—Nada. Cosas mías. Pues que a veces parece que Franco o Hitler no acaban de morirse nunca del todo. O que resucitan, los resucitan, los resucitamos —rectificó—, periódicamente. Tantos años después de sus fallecimientos, todavía estamos a vueltas con todo aquello, atrapados entre las interpretaciones partidarias de los unos y de los otros, de los vencedores y de los vencidos, y de las mentiras de ambas ideologías, la progresista y la conservadora. Y a vueltas con Hans Fritzhofer y sus posibles crímenes, yo la primera, lo reconozco, un viejo de casi cien años. Sabemos que estuvo luchando en España, aquí, que tal vez no sea inocente del todo, seguro, y sabemos que sí hubo otros muchos que lo fueron cuya memoria debe ser digna de honra, pero no debemos olvidar que él y sus camaradas fueron también víctimas de una batalla más, de una guerra más, víctimas del fanatismo y la sinrazón, víctimas de la manipulación, de la ideologización perversa o de su propia maldad e ignorancia, pero también un poco víctimas de un tiempo trágico en el que demasiadas posiciones se medían en parámetros extremos. No sé. A veces me entran dudas de estar haciendo lo correcto.

—Veo que tenías ganas de hablar —dijo él—. Estoy de acuerdo en muchos aspectos. Y argumentas ya como una historiadora, pero debo recordarte que los diferentes grados de responsabilidad y culpa de unos y otros no son iguales, ni tan siquiera comparables.

—No ha sido mi intención compararlos.

—Y es nuestra obligación recordar, enseñar, legar la verdad —perseveró Ernesto.

—Sí, claro, por supuesto —Eva hizo una primera pausa— lo que no estoy tan segura es de que debamos hacerlo... tanto —segunda pausa—. Y, desde luego, estoy absolutamente segura de que nuestra función, nuestra obligación como historiadores, no puede ser de ninguna manera la de juzgar. Tú sabes como yo que todos tenemos zonas oscuras en nuestro interior, en nuestra mente, en nuestro comportamiento, en nuestras biografías. No somos perfectos, somos humanos, tal vez sólo busquemos en los errores y las maldades de otros la manera de ignorar o camuflar los propios, de sentirnos buenos e íntegros en comparación con el otro, con aquel al que juzgamos con la mayor de las severidades, con el rigor que nunca seríamos capaces de aplicarnos a nosotros mismos.

—¿Hablas de mí? ¿Me reprochas que quiera investigar a un hombre con más que probables indicios de ser un criminal, que desee que se haga justicia?. ¿Crees que me equivoco como historiador?

Sí. Eva pensaba en él. Creía que en el fondo sólo se dedicaba a buscar pruebas para reafirmarse en sus conclusiones, que usaba la Historia, siempre lo había hecho, como medio para juzgar y no como utensilio de aprendizaje. Pero eso se lo calló.

–Hablo de todos –replicó–. Bueno, hablo de mí, de mi absoluta inseguridad dentro de la aparente fortaleza. Pero bueno, no me hagas mucho caso, no he querido volver a verte para retomar discusiones de nuestro pasado. Todo lo contrario –algo incómoda ahora, Eva puso su mano en el antebrazo de él, se calló durante unos instantes y, mirándolo, volvió a hablar–. En realidad, vine porque quería decirte otra cosa. Ernesto, tengo algo importante que contarte.

Y de inmediato le vino a la memoria aquella réplica dada a similar confesión por uno de los personajes en una película menor de espías: "Espero que no sea un secreto, oigo demasiados. Y al final no son tan secretos"

–Te escucho –se limitó a decir él con sincero interés.

– Hans Fritzhofer ha accedido a verme y a hablar conmigo. Sólo conmigo. Viajaré este mismo verano a Alemania para encontrarme con él. Son muy pocas todavía las personas que lo saben.

Imposible disimular el golpe.

El rostro de sorpresa del historiador, boquiabierto, con la mirada fija en los ojos de su antigua amante, sólo era comparable al del azoramiento de ella, incapaz de resistir tan profunda mirada, obligada a bajar la visión al pavimento de la acera, a cualquier punto del universo alejado de los ojos de él, forzada por la inquietud y la culpa a removerse en su asiento, a recolocar las piernas y a rascarse cualquier parcela de su rostro, la nariz, los ojos, la sien, para disimular su malestar, el afloramiento rojizo en sus pómulos y en sus orejas.

–No sabía… –acertó a balbucear él. Eva asintió con la cabeza–. Ahora comienzo a comprender. Es una gran oportunidad, me alegro mucho por ti. Sé que la aprovecharás, harás lo que tengas que hacer.

–Gracias, Ernesto –se sobrepuso ella–, estoy convencida de que lo dices con sinceridad.

–Puedo saber cómo ha sido, por qué.

–Sí. Te debo una explicación. Y no te imaginas la angustia que me ha producido durante todo este tiempo no habértela dado. Es una larga historia. ¿Tienes un rato para que te invite a un café o a unos cuantos, recordemos viejos tiempos y te la cuente?

–Sí. Pero te invito yo.

Fue la última y definitiva conversación entre ambos.

Contacto

De la misma forma que Marlene llegaría hasta ella unos pocos meses después, Eva había llegado hasta Hans a través de su hijo Hansi. Y a este por medio de Ernesto Beltrán que, gracias a sus contactos aquí y allá, en España y en Alemania, ya había sondeado las posibilidades de una entrevista con el viejo o, al menos, con su hijo. No lo consiguió. Ambos se negaron en redondo a hacerlo. No concedían declaraciones ni a él ni a nadie. Pero la mujer, vía correo electrónico, hizo un nuevo intento con el hijo sin comunicárselo a Ernesto y tuvo más suerte. La forma en la que el anciano Hans le comunicó a Eva su deseo de hablar con ella, sólo con ella, única y exclusivamente con ella, con una desconocida estudiosa de una ciudad de tamaño mediano de España, sólo con ella para sorpresa de todos, de periodistas, especialistas en la materia, historiadores, abogados o simples curiosos de Gijón, de la región, del país, de Alemania y del mundo entero, para sorpresa de todos excepto de Hans y de la propia Eva, fue a través de una videollamada múltiple entre ella, la familia Fritzhofer y la traductora Viveka programada para las ocho en punto de la tarde de un frío sábado de invierno. En un alarde tecnológico asombroso para todos ellos e inconcebible para el anciano, se conectaron desde sus respectivos domicilios de Gijón y Múnich.

Fue entonces, sentado en el amplio sofá color gris frente a la chimenea, junto a su esposa Ulrike, su hijo Hansi y su nuera Irena, tras las comprobaciones pertinentes, las presentaciones oportunas y unos breves saludos y cumplidos de cortesía, cuando el viejo, resuelto, más de lo esperado por ninguno de los demás, tomo la palabra. Se dirigió a Eva sin demasiados preámbulos, sin rodeos, como si estuviera cara a cara física y no virtualmente, hablándole a los ojos sobre la verdad de sus planes y sobre su, por fuerza, ya corto futuro. Le dijo que era un viejo acabado al que le habían diagnosticado un buen número de enfermedades y dolencias que, si bien no terminales de inmediato, sí podían serlo en un corto, tal vez cortísimo plazo de tiempo, en cualquier instante, debido a su avanzada edad. "Mi concepto de mañana, querida –le dijo–, está más cercano al de la muerte que a cualquier otro". Continuó narrándole que tenía centrada su vida única y exclusivamente en su esposa, en su hijo Hansi, con el que siempre había mantenido una relación más fría y distante de lo deseado, y en intentar ver más a su nieta, en su familia, en nada más. O casi, porque también dejó entrever la importancia que para él tenían los hechos conocidos y vividos por todos en los últimos tiempos, los múltiples recuerdos que su, ya no óptima, memoria le había hecho afluir y lo que había significado para él conocerla a ella en concreto, saber de su existencia.

–Lo siento, lo siento mucho. Siento de veras que todo haya ocurrido como lo ha hecho –fue lo único que acertó a responder Eva, lánguida, tras un largo silencio, susurrando.

–Lo sé –contestó Hans–, pero no deseo su compasión. La necesito para algo más que para compadecerme, para algo mucho más importante para mí, ya que la pena o la ira, la necesito para que nos acerquemos, nos conozcamos y me ayude a explicarme, para que me ayude a poner en orden mis cosas, mis recuerdos. Quiero hacerlo para mi familia, para mi esposa, para mi hijo, para mi nieta Marlene, ausente hoy, que pregunta y no encuentra respuestas, para usted y para todos. Necesito que me comprendan y comprender. Sé que no es tarea fácil, tengo poco tiempo y no demasiadas fuerzas, pero le ruego, le imploro, le suplico si quiere que se lo diga así, que atienda la petición de este viejo decrépito en las últimas curvas de su vida.

Quiero contarle mi biografía y que sea usted la que, si lo desea, la de a conocer como quiera, para bien o para mal, como ejemplo de admonición, de estupidez, maldad, cobardía o simple supervivencia, eso usted verá, usted decidirá –el viejo aprovechó para ojear el escrito que tenía entre las manos, la hoja en la que había anotado todo aquello que deseaba decir–. Le dejo mi vida en sus manos. Haga con ella lo que quiera.

Sólo la traductora Viveka, presente también en Múnich para ejercer su función de intermediadora, pareció sorprenderse en su justa medida con la magnitud de la revelación que acababa de oír. Granitos rojizos comenzaron a aflorar en su rostro.

–¿Está dispuesto usted a hablarme de su juventud y del nazismo? –preguntó Eva con determinación.

–Sí.

–¿Y de su relación con él, de sus ideas de aquella época?

–Sí.

Silencio por primera vez.

–¿Sigue usted ahí, Fraulein Eva?

–Sí, sí, estoy pensando.

–Y bien, ¿qué opina?

–Debe usted saber que no soy periodista ni abogada y que tal vez no pueda ayudarle en su defensa. Todo aquello que me cuente, muy al contrario, tal vez le perjudique. Y tampoco sé si querría ayudarle en la descarga de sus acusaciones. Es probable que no.

–Yo no quiero que me defienda, Fraulein Eva. Ni se me ocurriría pedírselo. No quiero tratar con más abogados, y menos aún con periodistas, sólo quiero explicarme. Y sólo quiero hacerlo ante usted.

Volvió el silencio.

—¿Sigue estando ahí, Fraulein Eva? –preguntó otra vez el viejo.

—Sí, por supuesto. Verá: usted sabe igual que yo que hablar con una de las últimas personas que vivieron el nazismo, hablar de su vida, de las acusaciones que pesan sobre usted y de todo aquello es una oportunidad enorme para mí y no sólo para mí. Cientos, me atrevería a afirmar que miles de personas, han intentado y seguimos intentando, ya no comprender, sino tan sólo acercarse a comprender algo mejor, aunque sea mínimamente, el fenómeno del hitlerismo, a intentar explicar lo que pueda parecernos inexplicable, su tiempo, sus circunstancias, sus raíces, el desarrollo y sus consecuencias, a tratar de aprender alguna lección de tanta equivocación. Esta es una ocasión única para mí.

—Y bien, ¿qué dice?

—Que es una tarea que nos sobrepasa a todos, a sabios e historiadores de probado prestigio, a los más modestos estudiosos como yo y, por lo que sabemos ya, también a jóvenes muchachos como mi sobrino Alejandro o su nieta Marlene, de las nuevas generaciones, chicos influidos, a veces demasiado, por sus familias, sus amigos, su entorno, el nuevo y complicado mundo que les rodea y sus propias limitaciones.

—Pero sigue sin contestarme.

—Compréndame: hablar con usted después de todo lo que se ha sabido y publicado es un reto del que cientos de colegas sentirían envidia y estoy dispuesta a afrontarlo, deseo hacerlo, sueño con ello, lo he hecho siempre, pero eso no impide que, llegada la hora de la verdad, me sienta también abrumada y confundida. En realidad, estoy abrumada y confundida desde hace ya bastante tiempo.

No mentía. Eva se sentía confiada e ilusionada, pero al mismo tiempo también indecisa. Y es que, a pesar de su sensatez aburrida, de su sinceridad engañosa, de su equívoco sentido común, o de su perfeccionismo absurdo, a pesar de su reconocido (por los demás) raciocinio, de sus intentos por guiarse siempre con cordura en su correcta trayectoria vital como mujer y como historiadora, en lo más hondo de su alma, sentía la pesada losa de la duda permanente y el fracaso. Ahora, en ese instante, después de tantas maquinaciones, más que en ningún otro momento.

–¿No era para esto para lo que contactó usted conmigo? –volvió a insistir Hans.

–Sin duda –replicó ella–, Pero, ¿y si fuera un error? ¿Y si me sobreestima usted o lo que es mucho peor, me he sobreestimado yo misma?

–No digas tonterías –dijo el anciano–. No diga tonterías –rectificó–. No puede usted permitirse el lujo de pensárselo más y desaprovechar el tiempo; usted lo tiene, aún le sobra, pero yo no. Le ruego que considere esta circunstancia por encima de cualquier otra. Regáleme su tiempo. ¿Qué me dice?

"Vamos, vendebragas, hablas demasiado, piensas demasiado" –se dijo al instante Eva.

–Estoy algo nerviosa –acertó a responder.

–La creo. También yo. Pero por favor, chica terrible, no se haga la interesante conmigo ahora, se lo ruego –saltó el anciano con una actitud entre enérgica y sarcástica ante las miradas perplejas tanto de su esposa Ulrike como de su hijo Hansi–. Le gusta el cine, ¿no es así?

–Sí. Me apasiona.

–A mí también. Entonces seguro que conoce la película de Paul Verhoeven así titulada, *La chica terrible*, y a su protagonista.

–Sí. La he visto y me parece muy interesante.

–Permítame, pues que la llame respetuosamente "la chica terrible", *Das Schreckliche Mädchen*: haga como ella e involúcrese en investigar lo que desea y sólo usted puede hacer, incluso ignorando la opinión de los que no quieren que lo haga o la envidian. No dude más. Tan sólo diga sí.

–Sí.

–Bien. Perfecto. Ha de ser usted, sólo usted, quien narre esta historia, nuestra historia, la de Hans Fritzhofer y la de su familia, como quiera, con sus palabras, a su manera, pero de forma que puedan entenderla Marlene o Alejandro.

–Acepto. Me ha convencido –dijo Eva mientras, queda, se llevaba el dedo índice de la mano izquierda a la sien.

–No –interrumpió el viejo–, ya estaba convencida. Era lo que deseaba. Yo sólo le he dicho lo que quería oír, ¿no es cierto?

–Sí.

–Estupendo. Si nos sinceramos los dos, todo resultará más fácil. Venga a verme. Hablemos. Hablemos cuanto quiera, cuanto pueda, cuanto podamos, con calma. Grabe las conversaciones. Podrá preguntarme lo que desee, no habrá vetos, ni restricciones, ni silencios, ni secretos, se lo prometo, no tengo ya nada que ganar ni que perder. Le hablaré sobre mí y sobre los demás, le daré mi opinión sobre lo que desee preguntar. A cambio, sólo le pido que me hable también sobre usted misma y su familia. Es una transacción justa, creo.

—De acuerdo.

—Pero no tarde usted demasiado —prosiguió monologando el anciano—, ya sabe por qué. Y todo el material que conservo, tenga por seguro que está a su disposición si lo precisa, archivos y recuerdos. Úselos, estoy seguro de que, siendo como es una buena profesional, sabrá hacerlo, sabrá deducir y extraer las conclusiones oportunas.

Eva no acertaba a reaccionar con la calma que desearía. Trataba de disimular su nerviosismo a duras penas. Mantuvo la mirada perdida, inmóvil en algún punto del mueble de su salón, tan sólo conocido para ella, y después la bajó para encontrar un algo que no se hallaba en ningún rincón de aquella bonita y acogedora estancia repleta de DVD, anegada por la diáfana luz de una lámpara de pie en un insípido punto de la costa cantábrica española. Algo que no se encontraba allí ni en ningún otro lugar del universo. Se posó en los periódicos del día, abandonados en la mesa baja que tenía delante, como pudo haberlo hecho en cualquier otro objeto. Con la cara sin gesto y la boca semiabierta permaneció callada un buen rato, como rebuscando en lo más recóndito de su cerebro, en sus neuronas más rebeldes, las palabras necesarias para expresar lo que deseaba. No fue capaz de hacerlo. "Necesitaremos un barco más grande", era su único pensamiento. Otra película.

—¿Me ha oído? ¿Sigue usted ahí?

—Sí.

—¿Estamos de acuerdo, pues?

–Estamos de acuerdo. Deseo hacer este trabajo, pero debe permitirme concluir primero mi tesis doctoral, presentarla, leerla y defenderla ante el tribunal, debe usted esperar a que quede liberada de mis ataduras académicas. No me es posible afrontar dos empresas de semejante envergadura a un mismo tiempo –Eva se calló y volvió a desviar la mirada, esta vez hacia el gran ventanal con carpintería roja de su derecha, hacia el exterior, hacia donde sabía se hallaban los árboles del céntrico paseo de Palacio Valdés, el ramaje, la iglesia de San José y el alto edificio Bankunión que a su lado enmarcaba el cielo negro–. Tengo miedo porque soy muy exigente conmigo misma y con mi trabajo, intentaré hacerlo bien, muy bien, y soy un desastre haciendo las cosas bien, por lo que le advierto que si no resulta de la calidad que me autoimpongo o tengo dudas sobre su interés o el acabado final, soy capaz de demorar su finalización todo el tiempo necesario.

–Tiempo, como le he dicho, es precisamente de lo que menos dispongo, pero estoy dispuesto a correr el riesgo. Me parece una posición justa y lógica. No esperaba menos rigor de usted –repuso IIans–. Yo no puedo responderle sobre sus cuitas intelectuales o sus principios académicos y éticos, eso sólo le incumbe a usted y lo dejo en sus manos, esa será una decisión que únicamente usted podrá tomar de acuerdo a sus sinceras y más profundas convicciones. Yo sólo soy un constructor jubilado que, de pronto, cuando estaba a punto de zarpar en el barco final, se ha topado de nuevo, por sorpresa, con un pasado que deseaba olvidar. Pero nadie puede escapar de su propia vida, Fraulein Eva, y para poder olvidar de verdad, o al menos intentarlo, hay que ser sincero primero, en especial, con uno mismo. Somos nuestras equivocaciones, nuestros golpes y de los golpes se desprenden esquirlas. Y a lo largo de la vida, con los choques, con el roce, esas esquirlas nos van saltando a la cara, esquirlas de nuestra historia, de vida y también de muerte –siguió una pausa–. Creo que debo dar una explicación, o mejor muchas explicaciones, a varias personas antes de irme. Pero usted tampoco puede evitar sus esquirlas, Fraulein, y sus palabras anteriores, sus dudas incluso, me corroboran que es merecedora de confianza, la ideal para esa empresa. Estoy convencido de que hará que esta historia familiar deje de ser sólo singular y privada. Sabrá incluirla en una historia general más densa y hará que interese a otros y la entiendan. Conseguirá sobreponerse a las esquirlas que le vayan saltando al ánimo, las apartará, las arrojará en el olvido y continuará. Estoy seguro de que lo hará hasta el final, por mí, por usted y por nuestra familia. Luego haga con ella lo que quiera, quémela si lo desea, aunque dudo muy mucho que lo haga, creo que su respeto por la Historia, su faceta de historiadora y, lo que no es menos importante, su cuota de vanidad y orgullo, ¡sí, sí, también de vanidad y orgullo!, terminarán por doblegar sus incómodas dudas y su no del todo sincera humildad.

–Le requiero, le exijo, toda su colaboración –respondió ahora con firmeza Eva.

–Cuente con ella. ¿Cuándo calcula que quedará usted liberada de sus ataduras académicas?

–En meses. En menos de un año.

–¿Cuándo nos vemos? ¿Cuándo empezamos?

–Cuanto antes, a partir de ese momento.

–¿Crees que he hecho bien, Carla? –le preguntó Eva a su amiga por teléfono, por videollamada, al día siguiente de haberse producido el contacto por videoconferencia con el viejo Hans. Lo hizo a modo de confesión, como implorando el perdón absolutorio de su amiga.

–Por Dios, ¡no seas neuras!, por supuesto que has hecho bien, Evina –le respondió–. Verás: yo creo que, tal y como te dijo el viejales, todos somos egoístas, engreídos y orgullosos en mayor o menor medida, sí –continuó–: albergamos en nuestro interior una absurda ambición, no siempre oculta, de sentirnos superiores a otros en lo que sea: en belleza, éxito, reconocimiento, fama, dinero, descendencia o cualquier estúpida habilidad. Nos damos demasiada importancia. Pero hay grados de vanidad. Realmente es grotesco comprobar los esfuerzos que a diario hacen algunos para tratar de destacar en cualquier campo, en lo que sea, sobre los demás, sobre todo sobre los más próximos, cuando lo cierto es que siempre hay alguien mejor que uno en todo. Es una actitud infantil que, si persiste en la edad adulta, demuestra una base intelectual muy limitada, pero no es menos cierto que existe gente más humilde, a veces demasiado, y gente con, no sólo conocimientos, sino con inteligencia, personas capaces de ayudar y aportar algo positivo a los demás. Y estas personas deben saber, aprender, que, como en sí misma la vida es un lujo, un hecho milagroso en un contexto hostil, y somos la única especie con capacidad para escoger el sentido que deseamos darle, deberían utilizar esa aguda inteligencia para otorgarle una dirección coherente y entregarse a ella con total dedicación, con total vehemencia, abrazando causas tan nobles como la de profundizar en nuestros propios conocimientos o la de contribuir a que también otros de nuestros congéneres los alcancen, investigando, escribiendo, creando, por su mejora individual y por la colectiva. Tú eres de las segundas, Eva, y no lo digo sólo por ser tu mejor amiga, una persona inteligente que no siempre se valora como debería. Tal vez la misión de tu vida sea también legarnos libros, sobre todo a las mujeres: una tesis feminista rompedora con la que me atormentas desde hace años, y ahora este libro sobre el viejo Hans, una momia a punto de estirar la pata.

–Goza de bastante buena salud –intervino Eva.

–Ya. La raza superior.

–Gracias Carla. Te has puesto un poco trascendental, en plan neuróloga de reputada profesionalidad. ¿Me prometes que leerás los dos libros?

–Yo ya no leo nada. Yo quiero ser feliz. Pero te lo prometo. Aunque tendrás que pagarme muchas cervezas y carajillos, por ello durante el resto de tu vida.

Y las dos se echaron a reír.

A pesar de que el grupo de turistas del que formaban parte Eva y su hermano Héctor se hallaba en Berlín, la comida se realizó en uno de los muchos restaurantes típicos bávaros del centro de la ciudad, cerca del barrio gubernamental y de la famosa Wilhelmstrasse, la calle donde se ubicaba el poder ejecutivo del III Reich. Tras el almuerzo, la visita vespertina prevista debía de llevarlos a Postdam, la antigua sede la monarquía prusiana. Otra vez recorrido en autobús, otra vez Vladimiro, un checo impertérrito y callado al volante, el Memorial Kaiser Guillermo o la Iglesia del recuerdo, el Palacio de los Obreros, Postdamer Platz, Gendarmenmarkt o Plaza de las Tres Catedrales y salida a través del Tiergarten, el zoológico, Charlottenburg y la Kurfürstendam, advirtiendo de las dimensiones de la ciudad y de su abigarrado tráfico.

Bellos parajes campestres a medida que se abandona la urbe; Grunewald, estación de mercancías de la que salían convoyes repletos de hebreos hacia un futuro incierto; sucesión de bosques y lagos, Wansee, precioso y tétrico escenario para la famosa conferencia de gerifaltes nazis en la que quedó sellado el trágico destino de los judíos de Europa. Llegada a Postdam, a orillas del Havel, primera parada en Cecilienhof, el palacio, y en especial, la sala donde tuvo lugar la famosa conferencia de 1945 en la que Truman, Churchill y Stalin establecieron las líneas maestras de lo que sería el futuro de Alemania, de Europa y del mundo cuando las batallas cesasen. Prohibido hacer fotografías, colóquense las mochilas en el pecho y no a la espalda. A continuación, traslado hasta el palacio rococó Sanssouci diseñado para Federico el Grande y visita a su modesta tumba, en la que nunca faltan las patatas que él introdujo en Prusia, y a sus espléndidos jardines, con obligado descenso desde el edificio a través de los parterres escalonados para, una vez llegados abajo, comprobar el maravilloso juego de alineación palacio-jardines ejecutado por los diseñadores. Resultó toda una experiencia de paz y belleza, además de un alivio para el sofocante calor de aquella brillante (una más) tarde veraniega en Alemania. El fantasma de Napoleón.

Fotografías y salida hacia Berlín a través del centro de la ciudad entre elegantes edificios, parques y arcos, circulando entre decenas de autobuses ocupados por turistas llegados de múltiples lugares, todos similares, de vacaciones, intentando asimilar lo más posible, algo al menos, de lo que sus guías, otras Alicias o Bertas, o Juanes, banderita, pañuelo o incluso paraguas en alto, guiándolos como pastor a su rebaño, narran con mayor o menor fortuna, con más o menos amenidad y entusiasmo, casi siempre de forma encomiable, a sus clientes.

¿Cuántos de todos estos turistas, pensaba Eva, estarán realizando un viaje de vacaciones del calado del que yo estoy haciendo? ¿Alguno de ellos habrá llegado hasta aquí guiado por la determinación de encontrarse ante la oportunidad personal y profesional que siempre había soñado? ¿Alguno de ellos, impacientes por encontrar un buen lugar donde almorzar o un baño donde orinar, distinguirá radicalmente este viaje de cualquiera otro realizado nunca, antes o después? ¿Existirá alguna otra persona aquí, ahora, ayer, mañana, en Alemania, siendo como yo –la vista perdida en el horizonte celeste, en la intensa luz vespertina resistiéndose a eclipsar que dañaba los ojos de su hermano Héctor y le obligaba a cerrarlos–, consciente de estar realizando el viaje, los viajes, interior y exterior, de su vida? "Iniciático", sí. Definitivamente, este era un viaje "iniciático".

Llegada a Berlín con las primeras sombras de la noche, justo a tiempo para cenar y retirarse a las habitaciones; una ducha, a whatsappear con Alejandro y llamar por teléfono a sus padres, notas en el cuaderno: películas, repaso al discurso de Ernesto en el Ateneo.

–Eva –la interrumpió entonces Héctor–, ¿tú crees que se puede llegar a renegar de tu propia familia? ¿Crees que Marlene, la nieta, desea el enjuiciamiento de su propio abuelo?

–Es una encrucijada difícil en la que se encuentra –respondió–. Cree que le ha fallado su familia, su abuelo y sus padres, pero de ahí a querer ver a su propio abuelo en los tribunales media aún un abismo. No me consta que se haya prestado a colaborar en su enjuiciamiento por muy enojada que esté. Y lo está. Cuando la familia de Hans, su esposa Ulrike, su hijo Hansi y la nuera Irena son preguntados por los medios de comunicación, no se cansan de decir que, ni por su estado físico, ni por su estado mental, ni por su edad, se encuentra el anciano en condiciones de afrontar un posible juicio. Y a Marlene la he leído al menos una vez una declaración en la que afirmaba más o menos lo mismo, así es que no, no lo creo.

—Y tú, ¿qué crees, que lo enjuiciarán o no?

—Creo que no —concluyó taxativa Eva—. Y los dos hermanos parecieron dar por zanjado el asunto.

Capítulo Once

Berlín, la defensa y la acusación

Al argumento de la precariedad física, el abogado defensor del viejo Hans, Torstein Nehring, un tipo feo con la nariz idéntica a la de Karl Malden, añadía la misma falta de pruebas sólidas, más allá de indicios discutibles desprendidos de viejas fotos sacadas de nuevo a la luz que, como ya había ocurrido con las primeras imágenes en Gijón, nada más podían demostrar aparte de la certeza de haber estado, sin duda alguna, en aquellos lugares. Algo que el anciano nunca había negado. Pero la acusación de complicidad en la muerte de un indeterminado número de personas y de colaborar en el programa de exterminio estatal era, en opinión del mismo abogado defensor, un intento desesperado pero estéril de hacer recaer en los hombros de Hans Fritzhofer, por el simple hecho de vivir aún, la responsabilidad que otros sí tuvieron en la perpetración de crímenes horrendos.

Por el contrario, la Fiscalía consideraba demostrado que el viejo se hallaba en posesión de sus facultades físicas y mentales, ya que ni la familia ni su abogado habían presentado certificado o documento clínico alguno avalado por un doctor en el que se informara de tales problemas. Y para el abogado de la acusación particular, que llevaba años dirigiendo procesos contra nazis, SS o colaboradores, el hecho de que el sospechoso lo único que hubiera dicho hasta entonces fuera que no iba a decir nada y que tampoco lo haría en el futuro cuando el juicio, si es que lo hacía, pudiera realizarse, le parecía una falta absoluta de respeto y arrepentimiento, era una muestra más de la arrogancia nazi y un desprecio intolerable hacia las víctimas, una vergüenza en suma. "La mayoría de estos individuos, ahora supuestos ancianos desvalidos y respetables, no se han arrepentido nunca; de lo único que se han arrepentido muchas veces en su vida es de haber perdido la guerra" –decía.

A todo ello, en el corto espacio de apenas un par de años, al imparable y acelerado crecimiento que el asunto Hans había experimentado desde su salida a la luz, había venido a sumarse un nuevo agente de carácter ya no local, español o alemán, sino internacional, un nuevo elemento idóneo para engordar aún más esa bola mediática virtual, nutrida desde múltiples vías, que nadie parecía estar interesado en adelgazar: el de la querella argentina.

A la veterana jueza argentina Esmeralda Tacchinardi, la famosa titular del Juzgado de lo Criminal y Correccional Federal número 1 del país andino –de porte similar a Ana Diosdado, pensaba Eva, con pelo a lo Louise Brooks y amplias gafas de montura redonda–, la controversia la perseguía desde hacía años, casi desde los inicios de su carrera judicial, a causa de las variopintas actuaciones en que solía verse envuelta: fue investigada por la presunta entrega en adopción de niños, hijos de secuestrados, censuró una sátira humorística, investigó a la cuñada del Presidente, el asesinato de un famoso general, interpuso una demanda a Google y a Yahoo, dictó sentencias sobre la Reforma Judicial y la finalización del mandato presidencial y abrió causa de investigación sobre el robo de bebés ocurridos durante el franquismo. Pero en España era conocida por abanderar la lucha contra la impunidad de los causantes de los crímenes cometidos por el régimen de

Franco entre el 17 de julio de 1936 y, no el 20 de noviembre de 1975, sino el 15 de junio de 1977, delitos que, en opinión de los individuos y las asociaciones querellantes, habían sido elevados por la conciencia universal y el derecho internacional a la categoría de imprescriptibles, inamnistiables, inindultables y sujetos a persecución judicial en todo tiempo y lugar. Principios de jurisdicción universal contra crímenes de lesa humanidad compartidos por la jueza Esmeralda Tacchinardi.

Así es que como el gobierno español consideró que tales crímenes ya habían prescrito en el país y chocaban además con la Ley de Amnistía de 1977, los demandantes hispano-argentinos decidieron trasladar su lucha al otro lado del Atlántico y recibieron de la jueza esa buena recepción a sus demandas, negadas en España tanto por el gobierno como por la judicatura. Había sido en abril, 14 de abril por supuesto, de 2010, el mismo día del acto celebrado en el cementerio de El Sucu. Entre los demandados estaba ya Hans Fritzhofer, pero esa sólo fue la primera de la larga lista de peticiones que se presentarían. Posteriormente, la querella fue apoyada por Amnistía Internacional, por múltiples organizaciones, consejos y redes ciudadanas de diferentes regiones que en 2013 quedaron agrupadas en una Coordinadora Estatal de apoyo a la Querella Argentina (CEAQUA), así como por los parlamentos vasco, catalán y andaluz. Los abogados de tal coordinadora actuaron en representación de los represaliados durante el franquismo en la causa abierta por la justicia argentina para investigar los crímenes perpetrados durante la Guerra Civil y la dictadura, "maniatados –según su opinión–, por el modelo de impunidad mantenido por el Estado español que impedía la investigación y enjuiciamiento de crímenes contra la humanidad cometidos durante la contienda y la posguerra, y convertía el caso de España en una anomalía dentro de Europa, donde otros estados, que habían padecido la tiranía fascista, con mayores o menores dificultades, habían logrado implementar medidas de enjuiciamiento a los responsables".

Y en esa tesitura era obvio que habían encontrado en el expediente incoado a Hans Fritzhofer y en la figura del nonagenario la oportunidad idónea para incrementar su presión reivindicativa, convirtiendo aquel nexo común hispanoalemán, el anciano de pasado nazi presuntamente criminal, en el centro de acción de sus trabajos. Unas reivindicaciones de claridad y verdad que continuaron siendo secundadas e intensificadas a su vez por la elevada cifra de medios de comunicación que en ambos países y en otro buen número del resto de Europa, se hicieron eco de la impactante noticia y del previsible largo recorrido que las nuevas informaciones anunciaban.

Había terreno abonado para todos. O al menos para muchos. "Ya no es sólo una anomalía en Europa –argüía Ernesto Besga en televisión, asesorado por los abogados de CEAQUA–lo es también en Sudamérica, donde países como Chile o Argentina han dado pasos muy importantes en el sentido de abolir la impunidad. Son crímenes de lesa humanidad y no prescriben, por eso hemos llevado nuestras demandas a Argentina. Pero, desde 2010 hasta ahora, el Estado español se ha dedicado fundamentalmente a la obstaculización de la tramitación de esa causa judicial. No ha colaborado con las autoridades argentinas de manera alguna. Ahora, como antes, como ha ocurrido a lo largo de todos estos cuarenta años, desde 1975, las autoridades españolas siempre se han negado sistemáticamente a ejecutar las órdenes internacionales de detención contra los imputados, han denegado los expedientes de extradición cursados, se han negado a que se tomaran declaraciones testificales a las víctimas, etc, etc.

Ese modelo de impunidad nacido de la Ley de Amnistía –de una Ley de Amnistía que, además de a los presos políticos franquistas, también perdonó a los miembros del aparato represor del Estado que durante la persecución de esos supuestos delitos políticos hubieran incurrido en ilegalidades o incluso hubieran atentado contra los derechos de las personas; una Ley, en definitiva que amnistió tanto o más a los asesinos franquistas que a los represaliados por luchar contra el fascismo y la dictadura–; ese modelo de impunidad, repito, mantenido por los tres poderes estatales, que incumple los tratados y convenios internacionales que nuestro país ha suscrito y ratificado y que le apremian a indagar en este tipo de delitos, desde la asociación creemos que se aleja bastante del modelo ideal de convivencia democrática. Esto no va de reabrir heridas sino de cerrarlas, tiene que ver con lo emocional, pero no sólo, se trata de obedecer las directrices del derecho internacional al que España pertenece, pero las ignora. Así es que nosotros seguiremos luchando porque se investigue y, en su caso, se procese a todos los implicados en crímenes de lesa humanidad porque, aunque el tiempo se va agotando, aún viven un buen puñado de ellos. Y cuando existen sólidas sospechas acerca de la participación de ciertos individuos como Hans Fritzhofer en delitos perpetrados tanto en España como en Alemania, nuestra participación en las respectivas causas judiciales abiertas en ambos países, creemos que es ya no sólo una cuestión de coherencia y responsabilidad sino también, sobre todo, de justicia; tenga el incriminado los años que tenga. Los tribunales deben valorar las capacidades físicas y mentales del sospechoso, sí, pero si como todo parece indicar, éstas, a pesar de su avanzada edad, se mantienen en un más que aceptable estado, si es totalmente consciente de sus actos y no sufre enfermedad terminal alguna, lo que no se debe tolerar es que el calendario vital de estas personas, su aspecto actual de ancianos vulnerables y miedosos, inspirador de sentimientos de piedad y empatía, nos pueda llevar a olvidar que en otras épocas fueron jóvenes abominables y sirva para absolverlos de sus muchas culpas".

En 2015, a requerimiento de la plataforma asturiana de apoyo a la querella argentina y de una agrupación memorialista, la jueza acordó el procesamiento de Hans Fritzhofer por, al menos, dos muertes cometidas en el año 1937. En el auto se indicaba que procedía a su imputación en base a los argumentados indicios descubiertos sobre su posible participación como ejecutor, inductor, ideólogo y/o encubridor en el asesinato de uno o varios individuos producido en las proximidades de una estación ferroviaria de Gijón durante el mes de octubre del citado año de 1937.

Aun a sabiendas de que, en virtud de la eximición oportunamente dispuesta por la Alzada, no se ejecutaría, la jueza dictó para él prisión preventiva y el embargo de sus bienes hasta alcanzar el monto de cuatro millones de pesos argentinos. El escrito, de más de 800 páginas, sustentaba el procesamiento concreto en el supuesto papel básico como delator, señalador o, incluso ejecutor, en la muerte de Juan Antuña y otros individuos aparecidos en la fosa del metrotrén, desprendidas de las claras pruebas encontradas en dicha zanja y más en concreto de los restos y las fotografías, irrefutablemente auténticas, en las que aparece sin duda identificado. Sin su participación, se podía leer, es plausible que tan dramáticos y execrables asesinatos no se hubieran producido –señalaba–, por lo que consideraba al exmilitar alemán *prima facie*, autor penalmente responsable del delito de homicidio agravado.

Pero, por el contrario, para los abogados defensores españoles y alemanes, al margen de su salud, seguía habiendo dudas también sobre ese punto del futuro recorrido judicial de tan graves acusaciones. "Recurriremos –decía Torstein Nehring a la prensa–, estamos convencidos de que la Cámara de Apelación nos dará la razón y revocará a la magistrada la orden de detención y la fianza pedida. Dudamos incluso de que Herr Hans pueda ser obligado a testificar por videoconferencia si no lo desea por propia voluntad. Y les aseguro que él no lo desea, no quiere dar publicidad alguna a un asunto que nunca debió ver la luz, a un asunto que no existe, a un NO asunto. Todo esto –continuaba–, no es más que –como dicen en España–, toreo de salón, son iniciativas completamente al margen del ordenamiento jurídico del país que no tienen inspiración práctica alguna más allá de ser ridículos y desesperados intentos de reformular vengativamente la historia, sin ninguna consecuencia judicial o historiográfica real y, sobre todo, rigurosa". "La venganza no es suficiente, pero ayuda", pensó de inmediato Eva al conocer la información. Otra película.

Mientras tanto, el viejo Hans, a pesar de que las maniobras judiciales y mediáticas, lejos de aminorar, se intensificaban cada día, continuó públicamente callado, o respondiendo con el más absoluto silencio al atronador ruido exterior, ignorando las múltiples peticiones y los ofrecimientos de la prensa para conocer y difundir su versión de los sucesos, delegando en sus abogados y en su familia las escuetas respuestas dadas a esas ofertas de explicación, ocupado tan solo en realizar sus ejercicios de rehabilitación, sus paseos, sus rutinas diarias sin aparente alteración alguna de su limitada vida de anciano. Pero ya había conocido a Eva Solgarcía y comenzaba a pensar con calma, pero en profundidad sobre su réplica.

Los hermanos Solgarcía habían madrugado para aprovechar desde muy pronto su día libre en Berlín y fueron los primeros en entrar en el Estadio Olímpico de la ciudad tras un cómodo viaje sin dificultades ni sobresaltos en metro: Gesundbrunnen-Friedrichstrasse-Postdamer Platz-Zoologischer Garten-Kaiserdamm-Olympia Stadion. Volvía a enseñorearse la canícula en la capital desde el amanecer, el sol invadía ya los cielos y el calor apretaba con fuerza antes de las nueve de la mañana. ¿Seguro que era aquel el país en el que cada vecino es responsable de mantener limpio de nieve, a golpe de pala, el espacio de acera correspondiente a su vivienda?, ¿el mismo en el que ciertos edificios disponen de marcas elevadas en las paredes para poder orientarse cuando esa misma nieve oculta los espacios, las señales y las referencias con una plácida y nívea cubierta uniforme e insondable?, ¿era este caluroso verano de 2016 normal en Alemania o consecuencia indiscutible del cambio climático? Pasaron bajo el puente, llegaron a la plaza, atravesaron la Puerta Olímpica y entraron al estadio, moderno y clásico a un tiempo, pétreo en su fachada, gris en las localidades y de un azul eléctrico en la pista, enorme y elegante. Era día de partido, jugaba un equipo local, el Hertha, y los operarios preparaban las instalaciones para ello, cerveza, barriles de cerveza, "jamás falta la cerveza aquí –pensó Eva–, otros Hans, los de hoy, eficientes encargados de asegurar los suministros", *Guten Morgen, Morgen*, respondieron los trabajadores.

Fotografías en el interior junto a las inscripciones de los vencedores olímpicos y el pebetero, en el exterior, en el Campo de Mayo, en las piscinas, ya con bañistas, las mismas en las que Leni Riefenstahl montó a los saltadores volando al revés, del agua al cielo, hacia las nubes, y a mediodía regreso al centro de la capital, al centro de Alemania, otra vez en tren.

"Presencié los Juegos Olímpicos de Múnich, trabajé en la construcción de sus instalaciones, me enorgullezco del resultado que alcanzamos entre todos. Fueron estupendos. Pero –Hans tomó aire–, sucedió lo de los atentados y todo se torció un poco. Nada que ver con los Juegos de mi ciudad, de Berlín, porque los viví intensamente. *Ich bin Berliner.* Conocí la ciudad deportiva de la capital y sus alrededores, sí, durante aquel inolvidable mes de agosto de 1936 en el que la antorcha olímpica llegó a la ciudad recorriendo las calles en las manos de los corredores. Yo lo vi y estuve allí. Acababa de llegar del viaje de vacaciones por España con mi amigo Winfried y como casi de inmediato tuve que volver al trabajo, en varias ocasiones repartí cerveza por el lugar y las cercanías. En cuanto comenzaron los Juegos acudía por la mañana o por la tarde a trabajar y también a ver las competiciones –el viejo hablaba con lentitud, despacio, en tono bajo, fumando, costosamente, más a causa de las dificultades por intentar recordar lo más posible que por el sufrimiento físico–, visité el estadio, claro, el gigantesco Campo de Mayo, el Campanario, el Anfiteatro Eckart, las piscinas olímpicas y la Casa del Deporte Alemán; todo Berlín acudió a aquel evento único, llenando a rebosar los recintos, participando del entusiasmo contagioso de los atletas, las competiciones, los periodistas, disfrutando la bonanza del mes de agosto y de la sensación de orgullo que a todos, alemanes y extranjeros, nos invadía. Y sí, vi correr (desde muy lejos, eso sí) a Jesse Owens en la pista del estadio donde pasaría a la historia. Tengo recuerdos imborrables de aquel verano de 1936 por muchos motivos: por mi viaje de vacaciones, por mi regreso, por aquellos Juegos Olímpicos y por las sensaciones contradictorias que sentía, por mi entusiasmo y por mi melancolía, por querer estar allí donde estaba y por querer estar en otro lugar".

Regreso de los dos hermanos al centro de la ciudad: estación de Postdamer Platz, en el moderno barrio donde se encontraba la tierra de nadie que flanqueaba el muro, cerca de la sede de la filarmónica, edificios y galerías de vanguardia, fotos pisando la fina línea de adoquines que recuerda la ubicación exacta por donde pasaba la pared, paseo a pie hacia el cercano barrio gubernamental, cerca del Bundestag, parada en el memorial a los asesinados de raza gitana por el nazismo, el *Porrajmos*, una fuente circular bordeada por adoquines, y en uno de recuerdo a los caídos del Muro, una cruz por cada fallecido, demasiadas cruces por demasiados colectivos. No mucho más allá, un modesto cartel avisando sobre el lugar exacto en el que, desde la suntuosa nueva cancillería, se accedía al búnker donde Hitler y sus más cercanos se instalaron al final de la guerra; el lugar en el que se suicidó junto a su esposa Eva Braun. Hoy, relleno y sellado parcialmente, no es más que un poco interesante aparcamiento para vehículos con un pavimento pedregoso de tosco grijo gris. Y, por supuesto, las obligadas fotografías de recuerdo en todos esos lugares, móvil en mano, como efectúan decenas, cientos de miles de turistas más, copadores de espacios y memorias, mirones del pasado y del presente, acaparadores, tal vez ya invasores, de pueblos y ciudades. Eva creía que ese de extraños llegados de tierras lejanas, a veces por casualidad, era un colectivo que –como la avispa asiática, el cangrejo americano, la ostra japonesa, el jacinto de agua, la uña de gato, el amor de hombre, el eucalipto, el plumero de la pampa o la hiedra alemana han colonizado ya muchos ecosistemas, asturianos y mundiales–, va lentamente apoderándose también de los hábitats tradicionales o de la fauna autóctona hasta acabar por sustituirlos o desvirtuarlos en beneficio de su propio asentamiento y disfrute. Y Hans también lo pensaba. ¿No somos, no soy yo acaso una integrante más de esas agresivas e invasoras especies foráneas? ¿Qué hago aquí? Mejor no pensar, no pensar... ahora.

Nueva parada en la Puerta de Brandeburgo, real y neoclásica, el único resto de la antigua muralla, paso obligado para desfiles triunfales de emperadores prusianos, de Napoleón o del Führer y símbolo de la partición de la ciudad durante la Guerra Fría. Y en la contigua Pariser Platz, abierta y armónica, repleta de bancos, embajadas, hoteles como el famoso Adlon y establecimientos de franquicias multinacionales donde poder tomar un café personalizado rápido. El calor apretaba, los pies se resentían y el cansancio comenzaba a aparecer en los dos hermanos Solgarcía a mediodía, pero era la última tarde que iban a pasar juntos en aquel viaje de vacaciones tan especial y deseaban exprimir las horas, sobre todo ella, caminando por aquella histórica ciudad, lejana y próxima, repleta de lugares evocadores, recuerdos ambiguos, testigos mudos y ancianos a los que es imposible silenciar.

Tomar un refrigerio rápido y descansar un rato en alguno de los muchos rincones umbríos y agradables del Tiergarten, entre jardines, setos, flores, frondosos árboles y arroyos, sobre la hierba seca o sentados en un banco parecía una idea acertada pero no lo fue tanto cuando la llevaron a efecto debido a la presencia recurrente de cierto número de inmigrantes de origen rumano dispuestos a casi cualquier cosa con tal de ganarse unos euros a costa del plácido bienestar de los cansados, aunque no incautos turistas. El Tiergarten, antiguo coto real de caza seguía siendo igual de bello y reconfortante cientos de metros más allá, en dirección a la avenida 17 de junio, sin la incómoda presencia de la otra realidad actual del país y del continente, sin tener que constatar la lucha diaria por la supervivencia, sin ver lo que no deseaban, sin saber lo que no querían saber. Hipócrita posición propia de turistas occidentales aburguesados, pensaba Eva, pero una sólo es capaz de tolerar lo real hasta cierto punto; la verdad es un valor no siempre deseable, tal vez sobrevalorado, o siempre fácilmente asimilable, impermeable a la ensoñación, generador de inquietudes, desvaríos y elucubraciones desmesuradas, algo radicalmente enfrentado a la mentira, madre de iniquidades y traiciones, pero también de las más excelsas ilusiones, de las ideas más audaces y por ello perversas, de viajes insondables de incierto final. Eva no quería ver esa verdad. Sólo deseaba sentarse unos instantes a descansar. "Vayámonos de aquí, Ale –le sugirió a su hermano". Y entonces sí pudieron descansar un rato antes de proseguir el camino hasta el gran anillo circular que divide en dos la avenida del 17 de junio, donde están situados los monumentos al canciller Bismarck, al mariscal Von Moltke y al ministro de la Guerra Von Roon. Luego atravesaron por debajo de la gran isla de frenético tráfico para acceder al interior de la Columna de la Victoria.

"Ver Berlín, la avenida del 17 de junio (que antes se llamaba Charlottenburger Chausse) desde lo alto de la Columna de la Victoria es para mí una experiencia inolvidable y una buena forma de apreciar las dimensiones de esta gran ciudad –había confesado el viejo Hans

Fritzhofer mientras daba un pequeño sorbo a su bebida–. Fue trasladada allí desde las cercanías del Reichstag en 1938 para formar parte del gran eje este-oeste sobre el que debía asentarse Germania, la nueva futura capital. Recuerdo con claridad el espectacular desfile de cuatro horas que efectuó por esa avenida la Wehrmacht el 20 de abril de 1939 con motivo del 50 cumpleaños de Hitler. Todo Berlín acudió a verlo –tosió–. Luego, durante la guerra, recuerdo también verla cubierta con redes de camuflaje para impedir que sirviera de orientación a los aviones enemigos, al tiempo que era utilizada como central de transmisiones radiográficas para aquellos de nuestros pilotos que aterrizaban y despegaban en la gran avenida".

Desde aquella altura, en aquella nítida y tórrida tarde de septiembre, Eva y su cómplice, su hermano Alejandro, doblegaron al cansancio acumulado durante la exigente y prolongada ascensión por aquella angosta escalinata y ella certificó en persona lo que el viejo Hans le había dicho días atrás y tanto deseaba constatar. Más allá de las simbologías, más allá de las interpretaciones políticas, ideológicas e incluso históricas, la mera contemplación de la ciudad desde aquella atalaya coronada por un ángel alado dorado suponía un bello, un inolvidable momento por sí mismo; unos minutos que, por encima de las fotografías, el murmullo lejano del tráfico rodado, los vuelos de las aves que llegan y parten del monumento o la cálida brisa estival, la reafirmaban en su convicción de hallarse en el lugar, en los lugares adecuados haciendo lo que tantas veces había imaginado.

"Si tenéis tiempo y elegís dirigíos a la zona centro de nuevo, Mitte y el Tiergarten –había comentado la guía Alicia el día antes–, caminando desde la Puerta de

Brandenburgo hacia la Columna de la Victoria, a no mucha distancia, a mano derecha, podréis hallar también el Mausoleo Soviético en honor a los caídos durante la guerra y la toma de la ciudad; tiene una arcada de columnas flanqueadas por dos tanques T-34 ante los que se erige una imponente estatua de un soldado del Ejército Rojo"

Eva y Héctor tenían aún tiempo, sí. Sacaron ese tiempo a pesar de la pesadez de pies, a pesar del dolor de piernas, a pesar del malestar en el cuello y en los riñones, a pesar de llevar más de diez horas caminando sin apenas más que una breve parada, media hora escasa, para comer un bocadillo. Retomaron el camino de vuelta hacia la Pariser Platz por la avenida del 17 de junio y se detuvieron ante el Mausoleo. Fotos para el recuerdo. Caía la tarde con placidez meridional y cielo anaranjado cuando enfilaron por última vez la famosa avenida Unter den Linden, el antiguo sendero de unión entre el palacio de la ciudad y las tierras reales de caza en el Tiergarten. Entre los famosos árboles que le dan nombre, rodeados de viejos y elegantes edificios uniformes semejantes a tropas en formación de revista, a pocos metros de la universidad más antigua de la ciudad, la Ópera estatal, la Armería Real, el reconstruido Palacio imperial o algunos de los cafés y cervecerías más chics de la ciudad, en la arteria por la que desfilaron ante Hitler tras su regreso desde España las tropas de la Legión Cóndor, los dos hermanos creyeron llegado el momento de parar. Tomaron asiento en el exterior de uno de los locales y pidieron un par de cervezas Schoenfelder en alemán, aunque uno de los camareros hablaba español.

Disfrutaron del sabor con la calma del que se siente liberado de los apremios del día y con el deleite que depara la alta calidad de la bebida más famosa del país, en medio de una conversación mundana, banal, trivial, sobre las calidades superlativas de sus consumiciones, suavidad, dulzura, ligereza, frescura, y sobre sus efectos terapéuticos en los cuerpos sedientos, acalorados y cansados tras una larga jornada de peregrinaje lúdico y también histórico o cultural por la capital alemana. También departieron sobre los diálogos de sus compañeros de mesa, en alemán, en inglés, en español de América, en francés, y sobre el mejor modo de regresar al hotel, por supuesto, otra vez en metro. No hubo apenas comentarios sobre museos, guerras, desfiles, familia, recuerdos de otras épocas, de otros acontecimientos, otras personas, de dramas, penurias o misterios. En aquellos momentos de paz sólo el silencio se presentaba como una opción mejor o al menos similar a la charla intrascendente entre hermanos.

Pero fueron instantes efímeros porque en cuanto ese silencio se hizo carne, la mente de Eva fue incapaz de no trasladarse a aquel mismo bulevar casi ochenta años atrás, recordando el relato del viejo Hans sobre el desfile triunfal de la Legión Cóndor ante el Führer el 6 de junio de 1939. "Fueron recibidos como héroes y yo estaba allí, en la avenida, para ver desfilar a mi amigo Winfried, con el que había hablado apenas unos días antes tras regresar de España". Luego, los miles de participantes (unos 14.000) quedaron concentrados en la enorme explanada del Lustgarten y escucharon las palabras que Hitler y Göering les dirigieron alabándolos.

Cuando los dos hermanos terminaron de beber sus cervezas, pagaron y marcharon a tomar el metro hacia Gedsunbrunnen; una ligera, muy fina, casi inapreciable lluvia, más como consecuencia del efecto de la condensación producida por el elevado y persistente calor en contacto con los múltiples humedales de la urbe que por la presencia amenazante de nube alguna, se deslizaba sin convicción por las alturas para dejarse caer cobarde, inconsistente sobre las calles, las cabezas y los árboles de la capital. Cuando Eva y su hermano Alejandro abandonaron Unter den Linden orbayaba sobre los tilos de la avenida.

¿Cómo resumir en pocas palabras, escuetamente, de forma cuasi taquigráfica, un día más, el tropel inasible de visitas, información, sensaciones, sabores, olores y recuerdos de una jornada intensa y agotadora? Después de cenar y ducharse Eva permanecía tumbada en la cama con la perentoria necesidad de dormir y descansar, pero la disciplinada y cuadriculada historiadora, más firme en su rígidas rutinas diarias que en sus convicciones, era incapaz de cerrar los ojos sin echar un último vistazo a su carpeta azul y anotar lo importante en aquella libreta que a modo de cuaderno de viaje contenía las palabras claves para, creía ella, no olvidar ya nunca más el aluvión de momentos y sensaciones diarias que, en algún día no muy lejano, habrían de servirle como balizas identificativas sobre las que poder orientarse para comenzar a construir el relato, un relato, su relato, aún torpe y difusamente esbozado entre la nebulosa de su imaginación y de su racionalidad. ¿Tendría sentido alguno todo aquello?, pensaba. Sí, seguro que sí. Día once, Berlín: Olimpiastadion, *Olimpiada, La Fiesta de los Pueblos, El búnker, El hundimiento, Alemania año cero…* Dormir.

Capítulo Doce

Confesiones del ayer

Cerca del hotel, en la estación de metro de Gedsundbrunnen, la más profunda de la capital, en la Brunnenstrasse, una enigmática puerta de color verde sirve de entrada a un escondido mundo oscuro de pasajes estrechos y dependencias frías que en su día, durante la guerra, sirvió como refugio antiaéreo para la población civil.

"Bajo la montaña de escombros de la posguerra que hoy es el parque Humboldthain se hallan los restos de una de las tres gigantescas fortalezas aéreas ideadas por el régimen nazi para la defensa del muy castigado espacio aéreo de la capital alemana, objetivo militar prioritario de los bombardeos aliados por ser el centro neurálgico del III Reich. Aún hoy, sus vertiginosas caídas al vacío en lo que en su día fueron techos, corredores y escaleras, sus varios niveles y la subsistencia de derruidas dependencias y áreas de servicio, nos acercan a la comprensión de la importancia que todo aquel colosal conjunto de estructuras hormigonadas tuvo durante la Segunda Guerra Mundial y, con posterioridad, sirviendo como vía de escape entre dos mundos durante la Guerra Fría. Gracias al trabajo de la Sociedad para la investigación y documentación de estructuras subterráneas (Berliner Unterwelten E.V.), hoy es posible efectuar una visita guiada al lugar y se puede obtener una descripción gráfica precisa, siempre impactante, de los sucesos y objetos relacionados con el interior de las históricas instalaciones que dependen de nosotros, de la sociedad. Me llamo Mathias, soy su guía y estoy a su disposición para lo que necesiten hasta el final de la visita. Bienvenidos al búnker de Gesundbrunnen, bienvenidos a la historia, bienvenidos a otro tiempo" —el joven guía hablaba a gran velocidad sin parar de moverse, gesticulando y apuntando su mirada inquieta de derecha a izquierda sin perder la pista de todos y cada uno de sus visitantes —a Eva le recordó sobremanera, sobre todo por su melena, a Jim Morrison.

Los dos hermanos estaban a punto de separarse. Alejandro partiría hacia España desde el aeropuerto de Tegel a mediodía y ambos decidieron aprovechar la última mañana juntos, tras la agotadora jornada precedente, para realizar una última visita cultural en las cercanías de su alojamiento. Aquella hora bajo tierra, en las frías entrañas hormigonadas del parque Humboldthain a las órdenes del hiperactivo Mathias, les resultó tan impactante como cualquier visita a cualquiera otro de los miles de búnkeres construidos en aquel país y en otros países; tan evocadora como la que pudieran haber realizado al ubicado en la antigua cancillería, al de la Friedrichstrasse, al del gasómetro, al del metro o al refugio antiaéreo del barrio de Cimadevilla en Gijón donde su abuela Teresa buscaba cobijo en la Guerra Civil: los dormitorios, los cuadros eléctricos, los conductos de ventilación, la sala de atenciones médicas con los útiles de entonces, todo tan reducido, tan escueto, tan frugal, tan tremendamente frío (incluso durante un verano tórrido) que no parecía el mejor lugar para compartir una última visita conjunta, pero Alejandro se dejó guiar una vez más por los intereses ocultos (no tanto) de su hermana y, como a lo largo de todo el viaje, se prestó a acompañarla a aquella bajada a los infiernos de la capital alemana con el mismo contagioso entusiasmo con el que, sin duda, acudió Eva a cuantos lugares había visitado durante aquella semana.

Comieron juntos en el aeropuerto y Alejandro partió de regreso a España.

Poco después, a primera hora de la tarde, Eva recogió a Viveka y juntas se trasladaron a la casa del viejo Hans, situada en uno de los más selectos barrios del antiguo oeste, en Wilmersdorf. Una semana después de haberlo visto en Múnich volvería a encontrarse con el anciano con mucha mayor determinación aún para la, ¿cómo llamarlo?, ¿confesión? –"Sí, sí, le haré confesar", pensaba ella para sí, tras ver marchar a su hermano, con mayor sobredosis de melancólica adrenaliana–; más aún de la que tenía cuando voló hacia Alemania para conocer al viejo personalmente hacía ya doce días.

Cuando volvieron a encontrarse, tras los obligados saludos laudatorios de ordenanza, Eva, dispuesta a no desaprovechar ni un solo segundo de las dos últimas entrevistas estipuladas, hubiera querido preguntar de inmediato al viejo, sin miramientos, lo que deseaba, pero él se le adelantó:

–Cuénteme algo de cómo le ha ido durante estos días de viaje por favor, Fraulein Eva, ¿ha visitado alguno de los lugares que le recomendé? ¿Qué le ha parecido mi querido Berlín?

Y aunque con no muy buena predisposición, sintiéndose más bien hastiada y absurda, como esos turistas que al llegar de regreso a sus hogares se empecinan en reunir a sus amigos para narrarles con todo lujo de detalles las peripecias del último viaje y los increíbles lugares visitados a los que, sin duda alguna, toda su sufrida audiencia debería ir antes de morir, la historiadora se esforzó por complacer la malsana curiosidad de Hans viajando de nuevo para él a través de algunos de los lugares y sensaciones vividos hacía apenas días u horas. Hasta que la impaciencia se adueñó de su educación y decidió cortar en seco.

—Así que, como ve, hemos disfrutado bastante. Gracias por su interés. Si le parece, podemos pasar a otra cosa. ¿Cómo se plantea afrontar los dos procesos contra usted que hay en curso, Herr Hans —atacó de inmediato sin dar opción de algún otro rodeo defensivo al anciano, —el abierto en Argentina sobre los asuntos de España durante la Guerra Civil y el de Alemania sobre sus actuaciones en la Segunda Guerra Mundial? Y, sobre todo, ¿cuál es su estado de ánimo ante ellos? La pregunta no cogió del todo por sorpresa al vejete.

—Esa mujer argentina creo que ha perdido el juicio totalmente, Fraulein Eva —respondió sacudiéndose del pantalón la ceniza caída del cigarro recién encendido—. Si no, es difícil de entender tal acusación. No me lo tomo demasiado en serio aunque sé que el asunto ha levantado gran revuelo tanto en España, con la participación de su exnovio Ernesto Besga y todos esos grupos de alborotadores de extrema izquierda dispuestos a hacer cualquier cosa para que algún abuelo malvado pise los juzgados o, a poder ser, mejor pise la cárcel, como aquí en Alemania, de la mano de la misma mesnada de justicieros neocomunistas, historiadores vendidos a lo políticamente correcto y periodistas ávidos de escándalos sensacionalistas vinculados con el nazismo —Viveka traducía con diligencia—. Es todo tan ridículo e inconsistente que ni siquiera me altera personalmente. Quieren hacer de mí un psicópata ficticio, un general Tanz, o un criminal real, un Demjanjuk, Barbie, Papon, Reiner, Priebke, Waldheim, Höss, Goth o Eichmann, quieren hacer de mí el último de ellos.

Esa chusma de ignorantes inquisidores no merece más que mi desprecio. Sólo lamento el daño que todo esto le causa a mi familia, en especial a mi nieta Marlene; que ella se hiciera eco de tan delirantes, inverosímiles, ridículas acusaciones y diera más crédito a las palabras o las sospechas de sus amigos marxistas burgueses de la universidad que a mí. Por eso me he negado a decir nada, lo he dejado todo en manos de mis abogados.

—Y respecto a la causa abierta aquí en Alemania —insistió Eva.

—Ese abogado que pretende pasar por justiciero y el Fiscal quieren que se celebre un juicio en base a no sé qué acusación, como no sea la de hacer demasiadas fotografías, y convertirlo todo en un circo donde las televisiones y los periódicos campen a sus anchas retozando en un lodazal de mentiras o medias verdades. Han anunciado que presentaran un par de testigos y resulta que éstos, sin conocerme o, peor aún, habiendo reconocido no haberme visto o mucho menos tenido trato conmigo jamás, anuncian que declararán lo que saben, es decir, su espeluznante historia personal en el campo de concentración: que si eran unos niños, que si pasaban horas y horas de pie en el patio, que si vieron gente colgada del cuello, que si los separaron de sus padres, que si procedían de la Polonia ocupada y eran judíos, que si previamente ya habían sido reubicados en el gueto de Lodz, que si pasaron hambre y frío y miedo hacinados en camiones y trenes, que si hicieron parada en Auschwitz y vieron el humo saliendo por las chimeneas día y noche y a multitudes de hombres y mujeres, demasiados, desnudos, rapados, que si fueron reasignados en Stutthof, separados los hombres y las mujeres, los barracones atestados, la carencia de agua y comida, los excrementos, el olor nauseabundo, las

335

inyecciones de benceno, la muerte de sus padres, que si aún sueñan con los barracones, etc, etc, todo aterrador. Pero me pregunto: ¿qué tengo yo que ver con todo eso de lo que se me acusa, Fraulein Eva?

–No lo sé. Dígamelo usted.

–Nada. Yo sólo tenía un buen trabajo, eso es cierto, con un buen sueldo, un trabajo de intendencia que consistía en abastecer de cerveza a las tropas, a las SS y a los funcionarios públicos que me evitó tener que combatir en los frentes de guerra, sí, lo reconozco. Un buen puesto conseguido y mantenido, también lo reconozco, gracias a las influencias que Hermann Von Altig, el padre de mi novia tenía en las altas esferas de la administración nazi, es cierto. Pero mis compañeros y yo nos limitábamos a cruzar las puertas del campo o del cuartel correspondiente, descargar los barriles de cerveza en los patios traseros de las cocinas y, al partir, hacer parada en las oficinas para cumplimentar los correspondientes partes de entrega. Todo lo demás, ¡ha de creerme!, son sólo cuentos. Mi labor nada tenía que ver con el funcionamiento de aquellos campos, ni sabía que allí se estuvieran cometiendo atrocidades. Tengo la conciencia tranquila.

–¿Y qué me dice de las fotografías?

–A veces, en las oficinas o en las entradas, nos hacíamos fotos, sí. ¿Qué más puedo decirle? No creo que el gusto por la fotografía sea un delito punible ni una prueba capaz de resistir el más mínimo rebate.

Dudó Eva. Bebió un trago lento de su taza de café y prosiguió.

–La empresa de Hermann Von Altig para la que usted trabajaba, Cervecera Schoenfelder, fue una de las primeras y principales abastecedoras de cerveza de las SS y del ejército, ¿tramitaba usted la documentación, las facturas, los certificados de entrega sobre los pedidos?

–Sí.

–¿Figuraba en ellas el número de barriles, el lugar, el día y la hora de fecha de entrega y recogida?

–Sí.

–¿Entregaban sólo cerveza o también otros licores?

–Sólo cerveza.

–El grado de amistad, camaradería o conocimiento que con el tiempo fue teniendo con los soldados, los SS o los funcionarios de los campos, ¿se limitaba a fotografiarse con ellos o alguna vez bebieron juntos o estuvieron presentes en alguna celebración?

–No éramos amigos, sólo nos conocíamos del trabajo, pero alguna vez nos invitaron, en la cena o después, si teníamos que pasar la noche allí o cerca de allí.

–¿Había otras bebidas entonces? Quiero decir en las reuniones.

–Sí. Había champán, *Schnapps*, *Jägermeister*, vino.

–Y ¿bebía usted?

–Sí.

Sabía Eva que no mentía. La bebida, variada y generosa, fue siempre un componente más, no poco importante, en la vida diaria de la guerra y de los campos de la muerte. Las tropas, sobre todo los jóvenes y solteros, tenían a su disposición en la cantina ingentes cantidades de alcohol con los que poder mitigar la sed y pasar los ratos libres, al tiempo que, como la droga, el Pervitin, estimulaba su ardor o ayudaba a mutar el miedo en valentía y la culpa (si la sentían) en patriótico mandato obligatorio. Por semana era servida a la hora del almuerzo y durante la noche, mientras que los domingos corría sin horario, contribuyendo a estimular los impulsos asesinos y apaciguar los posibles remordimientos por el trabajo desempeñado durante la semana. Y aunque el consumo excesivo de alcohol era un mal generalizado en la sociedad civil y militar alemana durante el nazismo, las celebraciones, juergas y borracheras de SS, policías, oficiales o soldados que, voluntaria o forzosamente formaron parte de la maquinaria de guerra y exterminio del Reich, contribuyeron a alimentar o tolerar la progresiva orgía de violencia, humillación y muerte en que cayó sumida la nación.

–En Stutthof, por ejemplo, Herr Hans –continuó perseverando Eva–, fueron asesinadas de diversas formas unas 65.000 personas de un tiro en la nuca, con inyecciones de benceno, ahogadas en vagones, en las cámaras de gas o a causa del tifus, los trabajos forzados, el frío y el hambre. Los habitantes del pueblo vecino más cercano al campo contaron que el olor a carne humana quemada llegaba hasta sus casas y una de las empleadas civiles declaró que todos los que allí trabajaban sabían de la existencia de las cámaras de gas. ¿Es posible que usted, visitando periódicamente el lugar, durmiendo incluso en él o en sus proximidades, en el mismo pueblo, conversando con los trabajadores, tratando de negocios con ellos, comiendo y bebiendo con ellos, no supiera nada de lo que allí estaba ocurriendo? ¿No surgió jamás entre ustedes el tema?

—No olvide que yo no trabajaba allí —respondió el viejo—, sólo acudía de forma esporádica a cumplir con mi trabajo, con el reparto de cerveza.

—¿Y?

—¿Qué?

—¿Lo sabía? —preguntó Eva al tiempo que desviaba su mirada hacia una Viveka atónita, a punto de que le afluyeran sus granitos.

—No.

—¿Tampoco lo que ocurría en otros campos que frecuentaba, en Dachau u Orianenburg, que incluso entraron en funcionamiento mucho antes de la guerra?

—Tampoco.

—Herr Hans, por favor —Eva clavó en él sus ojos al tiempo que dejaba caer su cabeza hacia un lado en gesto de hastío.

—Sabía, como todos, que eran grandes cárceles o campos de prisioneros y que allí a veces moría gente, internos, enemigos de la nación. Para eso son los campos de prisioneros, las cárceles, las alemanas y las de cualquier otro país, en la paz y en la guerra.

—¿Para acabar con los prisioneros?

—No. Usted me ha entendido perfectamente.

—No, no lo he hecho. Dígame para qué.

—Para alejar a los elementos perniciosos de la sociedad, a sus enemigos e impedir que puedan volver a dañarla.

–Perdón por la interrupción, ¿ha dicho perniciosos? –intervino Viveka con gesto contrariado.

–*Ja, Schädlich* –se reafirmó el viejo.

–¿Cuántos, qué número de esos enemigos creía que fallecían? ¿Qué cantidad consideraba normal, admisible?

–Entonces no lo sabía, ¡no lo pensaba! –Hans levantó la voz con una energía sorprendente–. Ahora sí lo sé: ¡ninguno!

–Comprendo –Eva decidió aflojar la presión –Y, ¿quiénes eran esos enemigos de la patria, del Reich, a los que convenía aislar, Herr Hans?

–A través de los colegios y las organizaciones juveniles y a través de los medios de comunicación, de la radio, el cine y la prensa, se nos educó en la creencia de que eran, sobre todo, los judíos y los comunistas.

–¿También usted lo creía?

–*Ja*. Sí. Supongo que sí.

–¿Supone o afirma?

–Afirmo.

–¿Nunca se hizo preguntas, se replanteó su postura?

–No. En aquellos años supongo que no.

–¿Supone o afirma? –repitió Eva.

–Afirmo. ¿Cómo iba a hacerlo? ¿Consultando Internet? Durante aquella época en ningún momento me replanteé la postura oficial del Gobierno en contra de los judíos y de los comunistas, no –pausa–. Nadie se lo planteaba. Si los enemigos de la nación eran apartados de los puestos de responsabilidad, a ningún ciudadano le importaba.

—A ellos, ¿no los consideraba ciudadanos?

—Sabe lo que quiero decir. —"Sí, demasiado bien, me temo", pensó la mujer de inmediato.

—¿Y no se paraban a preguntarse por su destino? —insistió ella a continuación.

—A nadie se le hubiera ocurrido hacer tal cosa. Es como si, ¿cómo podría yo explicárselo?, como si los inmigrantes rumanos de raza gitana que hoy en día mendigan por el Tiergarten y afean su encanto desaparecieran súbitamente: creeríamos que las autoridades se han ocupado de ellos o que los han devuelto a su país de origen y nadie los echaría de menos.

—Si tal cosa sucediera, quiero pensar que alguien preguntaría, ¡yo preguntaría! —y absurdamente, Eva se sintió culpable, lamentó haberle mencionado al viejo el incidente sufrido en el Tiergarten.

—¿Y reclamaría, incluso denunciaría su ausencia? —insistió el viejo, gesticulando con la boca y los labios en uno de esos movimientos raros propios de los ancianos cuando tienen problemas con las encías y la dentadura.

—No lo sé. Creo que sí. Probablemente. O alguna otra persona lo haría.

—¿Usted o alguna otra persona? —ahora fue Hans el acusador—. Con el debido respeto, permítame que lo ponga en duda —el viejo levantó la vista y se colocó sus gafas de montura dorada para ver mejor el rostro de su esposa Ulrike—. Verá Fraulein Eva: no sé qué quiere que le diga. Yo era uno de tantos. Después de la guerra pasé por un proceso de lo que se llamaba desnazificación y me obligaron a acudir a varias audiencias o juicios como testigo, siempre sólo como testigo. Pero, aunque previamente ya había pasado casi un año en la cárcel de forma preventiva, al investigarse a fondo mi causa fui catalogado simplemente como anticomunista y simpatizante del partido nazi, acusaciones, sobre todo esta última, que podría habérsele hecho al 90% de la población alemana (y no sólo alemana) de entonces. Luego traté de rehacer mi vida, me dediqué a trabajar, a mi familia y a intentar informarme. Y, por cierto, el comunismo internacional real siguió demostrando después, como ya lo había hecho antes, hasta dónde estaba dispuesto a llegar, su verdadero rostro de igualdad por lo bajo, de represión y muerte, de injusticia y, al final, más miseria. También los judíos, Israel, demostraron después de la guerra que el Holocausto no supuso ningún punto final para las atrocidades masivas en el planeta, como nos enseñó su propio tratamiento con el pueblo palestino; haber sido víctimas de la *Shoah* parece que les ha dado licencia para hacer lo que les plazca desde entonces, con el beneplácito de Occidente, de Estados Unidos y, por razones obvias, también de Alemania, absolutamente entregada a la causa judía, a la seguridad del Estado de Israel, una cuestión de Estado ahora para los descendientes de los perpetradores del exterminio.

–¿Cree que es comparable la magnitud del Holocausto con la del conflicto árabe israelí?

–No lo sé. Seguramente no. Pero que, dejando a un lado el Islam o China, dos de los principales focos de conflictividad e inestabilidad en el mundo desde hace más de setenta años sigan siendo Rusia e Israel, ¿no da que pensar? Lo que quiero decir es que nadie es total y absolutamente inocente o culpable. Eso es todo. Lo mismo que he declarado a lo largo de los años, siempre que me han preguntado. Y es sabido incluso por los nuevos inquisidores que ahora pretenden reabrir causas que nunca han existido.

−¿Le parece poco ser catalogado como simpatizante del partido nazi?

−No vuelva a jugar con mis palabras ni se haga la ingenua. No sé si es poco o es mucho. Lo que sí le puedo asegurar, le repito, es que lo eran el 90% de los alemanes, voluntarios o a la fuerza.

−¿Usted era voluntario?

Silencio. Largo silencio. Interminable silencio. Eva permanecía relajada, satisfecha tras formular las preguntas que debía, disfrutando el momento, su momento y, de manera un tanto perversa, del mal trago que a su lado sufría Viveka −la pobre ya no sabía hacia dónde mirar ni tenía agua que beber−, y del elocuente y prolongado tiempo que el viejo se estaba tomando para responder, si es que lo hacía.

Lo hizo.

−Sí, Fraulein Eva, supongo que la respuesta es otra vez sí. Yo fui uno de los millones de alemanes que simpatizaron con el movimiento nazi más por voluntad, indiferencia o inercia que por obligación. ¿Era eso lo que deseaba oír?

−Yo sólo quiero oír la verdad −respondió ella de inmediato.

−Pues esa es. Le prometí que sería sincero y lo cumpliré. Eso me convierte probablemente en un cobarde, pero no en un asesino.

–Y en un cómplice.

–Está bien. En un cobarde cómplice. Pero no en un genocida, se lo aseguro. Nunca he matado a nadie, nunca he matado a nadie –musitó bajando la mirada.

–Creo que es sincero –se limitó a decir Eva más por educación que por convicción, pensando en que a veces es tan peligrosa, tan criminal, la actitud del delator, del mudo, el silente, el medroso, el cobarde, el cómplice, el ignorante o el despistado como la del ejecutor material, rearmando con rapidez los basamentos de su pensamiento analítico racional para tratar de asimilar el calado de la confesión que el anciano situado frente a ella, cabizbajo, más viejo que nunca, con los ojos a punto de cerrársele, le acababa de realizar–. ¿Piensa ahora que el silencio es un error? –volvió a preguntar.

–No siempre. Depende. Sólo ante la familia es un error de difícil arreglo –se rehízo el anciano–, son ellos, sobre todo, los que tienen derecho a una explicación. Y ya sabe Fraulein Eva que es por eso por lo que decidí hablar con usted. Y, por cierto, creo –continuó con renovado vigor–, que va llegando el momento de hablar de sus abuelos maternos, en especial de su abuela Teresa.

–Yo también –Eva no dudó la respuesta.

–¿Qué es lo que sabe de ellos, de sus vidas, de la guerra? –preguntó también con determinación el anciano.

Entonces, la perspectiva de una larga prolongación de la entrevista hizo indispensable un pequeño descanso y la renovación de los refrigerios. La anciana Frau Ulrike fue la encargada de dar en la cocina la voz de aviso y las indicaciones pertinentes.

Fue así como, con nuevas energías, la charla, en efecto, prosiguió otra vez hasta bien entrada la noche.

Capítulo Trece

Confesiones del presente

El cansancio acumulado y las pocas horas de sueño (al llegar al hotel había pasado "a limpio", como cada día, sus notas y sus sensaciones de la jornada: búnker, proceso, juicio, cerveza, Teresa…) no impidieron a Eva volver a madrugar para, en el nuevo día, realizar la última visita prevista. No era una parada turística o agradable, pero para ella resultaba indispensable.

El primer campo de concentración levantado en Alemania inmediatamente después de la llegada al poder del partido nazi en 1933 fue el de Orianenburg, al norte de la capital. Hasta que fue clausurado en julio de 1934, fueron encarcelados en él cerca de 3.000 prisioneros, socialdemócratas y comunistas de Berlín en su mayoría, y encontraron la muerte a causa de las palizas, los maltratos y las torturas, al menos dieciséis de ellos. Fue construido en el mismo centro de la ciudad de Orianenburg, al norte de la capital, en los terrenos de una antigua cervecería.

—Hoy me he desplazado hasta Orianenburg, he visitado la ciudad y he estado en el lugar en el que estuvo ubicado el campo de concentración —le dijo Eva a Hans al volver a encontrarse, antes de que él le preguntara por su visita matutina.

—Es una bonita ciudad —se limitó a decir él.

—He podido saber que la cervecería en la que fue construido estuvo vinculada a la familia Von Altig.

¿Sabe usted si el local era suyo y se lo cedieron a las SA, o si se lo arrebataron sin más?

–No lo sé. No lo recuerdo, Fraulein Eva. Son posibles las dos opciones. La familia poseía la fábrica y locales de venta de cerveza. Es posible también que sólo se hubieran limitado a transportar sus barriles de cerveza hasta allí, a llevarles lo que les pidiesen, que fueran unos simples suministradores. O no. Eso no lo sé. También se encargaron después de surtir al cercano de Sachenhausen como usted sabe.

–Lo sé. También he estado en Sachenhausen.

Construido por prisioneros e inaugurado en 1936 como paradigma de los futuros campos, se estima que Sachenhausen albergó a 200.000 prisioneros y decenas de miles murieron asesinados o a causa del hambre y las enfermedades. Eva había accedido por el portón negro de hierro de entrada y visitó el portal, la Torre A, los restos de los hornos crematorios, los instrumentos de tortura de los centinelas, la franja de la muerte junto al muro, la rampa en la morgue de la sección de patología, el antiguo casino de las SS (el denominado Monstruo verde por los presos) y la exposición situada en el antiguo despacho del director de la Inspección de Campos de Concentración (IKL), Theodor Eicke, el organismo central que administraba todos los campos en las regiones bajo dominio alemán que tenía su sede allí. Lugares deteriorados, amenazados incluso, pero que no han perdido nada de su poder simbólico, de su capacidad para conseguir remover las entrañas de todo aquel que los visita, de su poder para producir en ellos, sorpresa, perplejidad y tristeza. También a Eva.

—¿Cómo ve usted el mundo actual? —atacó de nuevo la historiadora.

—Sigo pensando en él, pero menos que antes. Me van faltando las fuerzas para todo. Hace años sí, la política y seguir el curso de los acontecimientos de la historia siempre me han interesado mucho: la evolución de Alemania, ver la caída del bloque comunista y, en especial, la reunificación, un hecho que, pensé, jamás volvería a presenciar. No sé —el viejo se detuvo a meditar y saboreó el cigarro que acababa de llevar con lentitud a sus labios—, supongo que todo ha cambiado tanto que los viejos como yo somos incapaces de comprender ya nada. El mundo es otro, distinto, supongo que mejor, pero...

—Pero, ¿qué? —se apresuró a intervenir Eva.

—Quiero decir que no hay guerras en Europa, al menos no una gran guerra, aunque ha ocurrido lo de Yugoslavia, que siempre ha sido un avispero, existe la Unión Europea, las democracias se han consolidado más o menos en el continente. Son avances, claro, la vieja Europa ha ido cambiando a mejor, pero sigue teniendo graves problemas de fondo.

—¿A qué se refiere?

—Me refiero, por ejemplo, a la propia democracia.

—¿Cree que es la democracia un problema?

—No he dicho eso, aunque puede serlo. Es una especie de nuevo Dios omnipotente que nos tiene abducidos pero que en el fondo no deja de dictarnos las normas morales y políticas por las que debemos regirnos.

Sobre todo, aunque no nos obliga (al menos de momento), nos apremia a que votemos, a que hagamos lo que debemos, que cumplamos con nuestra responsabilidad. Pero, ¿qué es lo correcto?

–¿Se refiere entonces a aquello de que es el menos malo de los sistemas?

–Sí. Digámoslo así. Es tolerable y es aceptado porque las alternativas, tal y como nos ha enseñado la historia, son peores, mucho peores, pero, obviamente, eso no quiere decir que sea perfecto, ni el mejor.

–Es mejorable, sin duda. ¿Puede explicarme en qué cree que falla?

–Verá: en teoría los ciudadanos participamos de la gestión pública eligiendo a unos representantes en los que delegamos nuestras ideas sobre cómo debe ser esa administración. En teoría nos iguala a todos: un hombre, un voto. Pero todos sabemos que no es así. Dependiendo de la jurisdicción o el *Länd*, o la provincia en la que se haga, un mismo representante puede ser elegido con un número de votos muy elevado o al contrario. Entonces, eso de cada hombre un voto pasa a convertirse en un… depende.

–Se trata de que todos los territorios estén representados proporcionalmente. Y hay leyes electorales que lo facilitan y lo regulan.

–Sí, lo sé. Pero lo que está claro es que bajo ninguna de esas leyes valen todos los votos lo mismo y a no todos los partidos les cuesta lo mismo la representación de sus candidatos –hizo una pausa, tosió y bebió un trago de té–. Tampoco me gustan los referéndums –prosiguió–. Si el pueblo, en teoría, decide y gobierna por medio de sus representantes elegidos, por qué en ocasiones especiales se efectúan referéndums. ¿Qué asuntos sí y qué asuntos no han de consultarse? ¿Hay asuntos para los que los ciudadanos están capacitados para decidir y otros no?

–Usted, ¿qué opina?

–Le seguiré siendo sincero.

–Por favor, se lo ruego.

–Yo creo que los asuntos públicos, su administración y distribución siempre han sido un tema muy serio. Y los asuntos serios, el devenir, el presente y el futuro de millones de personas, no creo que puedan ser puestos en manos de la decisión que tomen todas y cada una de esas personas. Efectivamente, no todos están, estamos capacitados para dirimir sobre depende qué temas. No deja de ser una equiparación por lo bajo, algo demasiado parecido a una especie de dictadura de la imbecilidad.

–Demófilos –contestó Eva–, que dicen amar al pueblo, pero dirigen sin la opinión del pueblo, contra demócratas, partidarios del autogobierno del pueblo a través de sus legítimos representantes, elegidos por sufragio universal. Es una vieja controversia, parece que en vías de superación. Eso espero. La alternativa a la democracia –prosiguió–, es el despotismo, el gobierno de unos pocos privilegiados sin ser elegidos por nadie. La alternativa es el autoritarismo, la dictadura, sea del tipo que sea, más laxa o más severa.

–¿Laxa? –preguntó Viveka.

–Suave.

–Y no parece una buena idea –dijo Hans–. Pues es mejor la democracia, con la que creemos que decidimos. Pero sólo lo creemos, porque a menudo no gobiernan quienes han ganado las elecciones sino los que tienen mayor o mejor número de socios, eso sin olvidar que también puede ser pertinente hablar de dictadura dentro de nuestras democracias, donde la economía y el dinero, que son el verdadero motor de todo lo humano, el Dios Supremo de todo, están regidos siempre por los mismos grandes grupos internacionales que no han sido elegidos por los ciudadanos. Es el dominio de los más ricos. –el viejo tosió tres veces antes de continuar–. Es otra, la gran incongruencia dentro de la democracia: pensamos que detentamos el poder votando, pero en realidad, sobre lo importante, no tenemos posibilidad alguna de intervención. Debería existir otra vía: el gobierno de los más capaces elegidos por sus méritos, el utópico sueño del gobierno de los mejores, no el de los más acaudalados.

–Utópico. Usted lo ha dicho. Con numerosas incógnitas a la hora de ser llevado a la práctica.

–Estoy de acuerdo. Pero que algo sea difícil, impensable de alcanzar en determinados momentos, no significa que nos tengamos que conformar con lo existente. Mas cuando, dependiendo del lugar o las circunstancias, lo existente, es decir la democracia de la que hablamos, puede ser suspendida o eliminada a conveniencia por los supuestos demócratas llamados a defenderla.

–¿A qué se refiere en concreto?

–A que tampoco parecen estar muy claros los límites de la democracia. Quiero decir: en su país, por ejemplo, si no recuerdo mal, durante la Segunda República las elecciones fueron un instrumento maravilloso para los demócratas de izquierda hasta que los electores decidieron votar a la derecha en unos comicios más o menos limpios; en Palestina, cuando el vencedor por amplia mayoría resultó ser *Hamas*, un grupo que defiende la lucha armada y una cierta forma de integrismo radical frente al estado judío, lo que hicieron las potencias democráticas occidentales, con Israel a la cabeza, fue no reconocer a ese gobierno ni la validez de las elecciones. Lo mismo ocurrió en Argelia cuando, también con amplio apoyo, venció el *FIS*, otro partido religioso radical; la respuesta de los países occidentales fue similar: no reconocer esa victoria y legitimar un golpe de estado prooccidental de un grupo más minoritario. Hay muchos más ejemplos en todas las regiones del mundo, incluso en Europa, donde hoy algunos partidos no pueden presentarse a las elecciones, aún sin haber cometido delito, digamos físico, alguno por el simple hecho de mostrar ideas políticas supuestamente dictatoriales, fascistas o pronazis.

–La defensa de depende qué ideas perniciosas, violentas, racistas, discriminatorias o excluyentes, agresivas, son un peligro para la convivencia y están tipificadas como delito en muchos, en la mayoría de los países libres y democráticos –apuntó Eva, atenta.

–¿Tipificadas? –preguntó Viveka.

–Sí. Tipificadas.

–Es decir –repuso el viejo–, que no todas las ideas tienen cabida en la democracia. Sólo las buenas. Si decir tonterías, amenazar, mentir o insultar fuera siempre un delito –volvió a hablar Hans tras el malentendido de la traducción–, las cárceles del mundo estarían desbordadas de delincuentes, empezando por la inmensa mayoría de los políticos y gobiernos. Y, además –prosiguió–, ¿quién dicta qué tipo de ideas son peligrosas y cuáles no, los gobiernos de turno elegidos democráticamente? Volvemos a estar, creo yo, siempre en el mismo lugar. Sería muy discutible. Siempre hay un gobierno, aunque sea elegido por la mayoría de los ciudadanos, que dicta las normas y trata de definir ideológicamente el bien y el mal. ¿Y si el gobierno elegido está equivocado? ¿Y si el pueblo ha votado mal? ¿Sigue estando legitimado para dictar normas?

–El pueblo nunca vota mal. Vota lo que quiere.

–Oh, vamos, Fraulein Eva, chica terrible, no sea demagógica a estas alturas de nuestra conversación –Pausa. El viejo inhaló una bocanada–. Es usted demasiado inteligente, y estamos ya en el momento de intentar mantener en la charla una reflexión intelectual elevada. ¿No cree que se equivocó el pueblo alemán al elegir masivamente a Hitler?

–Sin duda.

–¿Entonces?

–Aun habiendo sido elegidos democráticamente, debe haber múltiples mecanismos de control, de contrapeso, para que los gobiernos no comiencen a hacer desmanes, para que no atropellen a las minorías ni cometan crímenes.

–Y si la inmensa mayoría de los ciudadanos, hombres y mujeres, ricos y pobres, jóvenes y viejos, trabajadores y patronos, vinateros, cerveceros, oficinistas, panaderos, príncipes, obreros, militares, están de acuerdo con los cambios, con las directrices del gobierno, incluso con las discriminatorias o potencialmente asesinas, ¿qué hacemos? Y si 17 millones de alemanes, ¡17!, votan a Hitler y luego otros tantos o más piensan que las cosas van bien con él, ¿qué hacemos? ¿Decir que fueron todos engañados u obligados a hacerlo, coercionados bajo amenaza de exilio, cárcel o muerte? ¿Deberíamos obligarlos a ser héroes antisistema? Estamos hablando en serio.

—No niego que es un tema complejo. Puedo aceptar que la democracia no es perfecta, pero no hay alternativa mejor —Eva subió algo el tono y endureció las facciones de su rostro.

—Ahora mismo no. Estoy de acuerdo. Pero lo que quiero decir —insistió Hans —es que vivimos en democracias relativas, ¡todo es relativo!, y que cómo nos van las cosas a los pueblos no depende tanto de la forma que tengamos de gobernarnos, como de que tengamos buenos o malos políticos, sea en una democracia o no, y de cómo actuemos cada uno de nosotros. ¿Me comprende?

—Creo que sí.

—¿Y? ¿Está usted de acuerdo?

—Tal vez, en esa cuestión.

—Necesitamos políticos que no hagan demagogia, sin miedo a decir la verdad o a lo que debatan sobre ellos los periodistas, los tertulianos radiofónicos y televisivos o las redes sociales, sin temor, en fin, a la pérdida de las inmediatas elecciones, políticos responsables de sus actos, conocedores de la historia de su país, de su continente, del mundo, sabedores de lo que fueron y lo que pueden ser, con poder de acción y alejados de lo políticamente correcto.

—¿Qué es para usted lo políticamente correcto?

—Muchos, demasiados asuntos, usted los conoce tan bien como yo, seguro.

—Enuméreme algunos, por favor.

El viejo parecía haber recobrado algunas fuerzas juveniles aquel día, disfrutaba con lo que estaba hablando, con las reflexiones que compartía con la historiadora:

habló de la persistencia de la idiotez, de la moda de negar la existencia de listos y tontos, de fuertes y débiles (ahora es posible encontrar incluso a muchachos o muchachas con discapacidad, subnormales –apuntilló–, con carreras universitarias y doctorados cum laude), del pacifismo utópico e idiota ("a veces la resolución de las diferencias insalvables no entiende de diálogo –dijo–, pide una respuesta de sangre y la guerra se torna inevitable"), habló de competiciones oficiales, Juegos Olímpicos, no sólo para los mejores atletas, sino también entre individuos incapacitados y tullidos, de sociedades y culturas más capaces, más desarrolladas y sociedades, culturas, menos cultas, menos desarrolladas, más ancladas en la evolución histórica. "Vivimos sumidos en una imbecilidad infantil que trata de apropiarse, si no lo ha hecho ya –según él –de todos los mecanismos estatales y estratos sociales de nuestra civilización. Todos somos limitados y tenemos nuestras carencias, pero no es menos cierto que unos mucho más que otros. Eso hay que decirlo. Y la minoría que es física e intelectualmente superior, más desarrollada, a menudo se ve postergada al anonimato de la masa cuando el sentido común nos dirigiría a actuar de modo contrario, es decir: dándoles a ellos, a los más dotados, individuos y naciones, la dirección de los asuntos importantes".

–Lo justo, creo, estoy segura –se decidió Eva a responder al anciano–, es que todos podamos tener las mismas oportunidades para contribuir a la comunidad con arreglo a nuestras capacidades. Podemos, seguro, no ser todos iguales, mas la garantía de poder explotar al máximo nuestras virtudes, cada individuo las suyas, es un objetivo fundamental para cualquier sociedad, un objetivo de libertad, igualdad (dentro de la diferencia), de solidaridad y desarrollo justo. Eso sólo es posible en democracia.

Pausa.

—Y con todo ello, si me permite volver de nuevo al principio —reanudó Hans la conversación tras el lapsus en el que estuvo ordenando sus ideas, buscando las palabras adecuadas para la réplica—, suponiendo que todos pudiéramos alcanzar el límite máximo de nuestras capacidades personales, ¿no cree usted que sigue siendo harto complicado poder compatibilizar, si es que se puede hacer, la mediocridad y la excelencia en la toma de las decisiones fundamentales? ¿No cree que la élite intelectual, que siempre existirá, provenga de donde provenga, puede llegar a sentir una irrefrenable ansia de ascenso para sustituir las directrices emanadas de la mayoría, a menudo amorfa, inculta, atrevida o equivocada que somos el pueblo?

—¿Un responsable elegido sólo entre la élite dirigente? ¿Un dictador? —replicó Eva.

—¿Tal y cómo se entendía en la antigua Roma, alguien con todo el poder para afrontar tiempos duros, o tal y cómo se entiende hoy en día, un Stalin, un Hitler o un Franco?

—Tal y como usted quiera.

—Yo preferiría llamarlo —prosiguió él—, un responsable, alguien que no se excuse en votos, opiniones preestablecidas, controversias estériles e influencias mediáticas, corporativas, egoístas o supuestamente bondadosas para tomar las decisiones que debe tomar. Sea hombre, mujer, uno o diez, responsable o responsables que dirijan a pueblos también responsables a su vez. Yo no he votado nunca. Quizás debiera haberlo hecho. Tal vez se me pueda acusar también de irresponsable para con mi nación, pero he conocido muchas personas, mis padres, los

Von Altig, que sí votaron. Y lo hicieron por Hitler. ¿Fueron entonces ellos más responsables que yo?

—Creo no equivocarme si digo que no le agrada en exceso el mundo actual.

—Así es. Ni lo entiendo, ni me agrada. No tenga usted la más mínima duda sobre ello.

—¿Desearía que fuera diferente?

—Sí.

—¿Un mundo en el que las superpotencias dominantes no hubieran sido EE.UU y la URSS?

—Sí. O China, como en la actualidad, o el Islam y la India, como en el futuro.

—¿Un mundo en el que Alemania hubiera tenido un papel más destacado?

—Sí. Sigue teniendo mucha importancia en Europa, pero no tanto a nivel mundial, es un ejemplo de la decadencia de nuestro continente y de la propia civilización occidental.

—¿El mundo de su juventud?

Pausa. Frío inesperado. Tensión. El viejo, aunque a la defensiva, no pareció alterarse de momento. Tras un rato, creyó oportuno contestar.

—Disculpe, Fraulein Eva, no sé qué más quiere usted que le diga exactamente.

—¿Si echa de menos aquella Alemania de su juventud? Esa es una pregunta que, como usted comprenderá, debo, necesito hacerle.

–Pues le contestaré. Verá: de joven fui un chico demasiado sensible e inseguro que vio como sus pretensiones, sus aspiraciones, tanto las amorosas, las afectivas o las sexuales, como las intelectuales, las políticas o las personales, no llegaron a completarse tan plenamente como, en mi insolencia juvenil, pensé que merecía. Los sueños no se correspondieron con la realidad de mi vida.

–Eso nos ocurre a la inmensa mayoría de las personas –interrumpió Eva.

–Seguro. Yo traté con demasiadas personas con las que no debí hacerlo, con personas equivocadas, tuve ideas que no siempre fueron comprendidas, ni entre la gente de mi entorno ni siquiera por mí mismo, viví una guerra dramática y cruel, violenta y sucia, y tras ella conocí las carencias, la miseria y el señalamiento sospechoso, la sensación de culpa. Fui incluso un joven con una salud de hierro frágil y granos en la cara. ¿Por qué demonios iba a desear regresar a mi adolescencia o juventud? No, rotundamente no, no echo de menos nada personal de entonces. Lo único que deseo ya es aprovechar la poca vida que me queda y, cuando sea mi momento, a no mucho tardar, marcharme en silencio.

"Ha visto mucho en esta vida, es posible que haya visto hasta el Arco de Tanhäuser", se imaginaba mentalmente Eva.

–Pero yo no me refería sólo a la añoranza o no de su juventud –dijo–, le preguntaba también por aquella sociedad, por aquella nación, aquella Alemania.

Nueva pausa. Eva callaba. El anciano fumó, bajó la mirada y, de inmediato, la elevó a la altura de los ojos de su interlocutora.

–Supongo que esa es la pregunta. La gran pregunta. Si lo que desea saber es si estoy arrepentido de haber vivido en aquella época, de haber nacido en el momento que lo hice –prosiguió–, de haberme comportado como lo hice, incluso de sobrevivir a todo aquello –Eva no contestó, se limitó a bajar la cabeza en señal afirmativa, sin dejar de fijarse en sus ojos–, la respuesta es sí –continuó el viejo–. Hace muchos años que me arrepiento, hace muchos años que he renunciado a ser aquella persona que fui, aquel joven que no era yo, o al menos que yo ahora ya no reconozco como yo mismo. Hubo un tiempo en que intenté estudiar y leer para comprender, pero hace años que desistí. Ahora intento no pensar en todo aquello, en mi comportamiento y en lo que hicieron los demás, hace años que intento olvidarlo todo. Y lo olvido año a año, mes a mes, día a día, noche tras noche, hora tras hora. Ya no soy aquel. Aborrezco a aquel ser. Eso es por lo que llevo tantos años desaparecido, aletargado, semimuerto. He querido no pensar, he querido tan sólo vivir, limitarme a vivir, no soy culpable de sobrevivir, pero el peso de todo aquello me aplasta como el primer día, claro, sí. Me arrepiento pero mi condena, como la de tantos otros, ha sido tener que seguir viviendo con la ebullición volcánica de mi propia conciencia. No soy aquel, pero sí lo soy, ese es mi gran drama, mi penitencia, mi cruz, si queremos llamarlo así. ¿Es usted religiosa?

–Soy más bien agnóstica.

–Abomino de lo que sucedió, de lo que significó el III Reich, Hitler, su régimen y de lo que hicieron, lo que se hizo, lo que hicimos entre todos. Abomino de los millones de muertos. Me gustaría poder borrarlo así –chascó sus anquilosados dedos con torpeza–, en un instante, eliminarlo de mí, de la vida y de la historia, pero no puedo.

Nueva pausa.

—Pero lo que me perturba más —prosiguió Hans—, es que siento, creo, estoy seguro de ello, una parte de mi tampoco quiere hacerlo. Porque se siente culpable, porque no quiere dejar de torturarse con el recuerdo de aquella barbarie, porque no quiere ser absuelto de su responsabilidad por el paso del tiempo, tal vez porque en el fondo de nuestro ser es imposible renegar de nuestros actos de maldad, son tan nuestros como los hechos de amor. Y la mente, contrariamente a lo que piensa mi hijo o los doctores, no ha podido, o no ha querido borrar de sí la culpa jamás. En definitiva, tal vez no merezca ser perdonado todavía. O no lo merezca nunca. Ni por mí mismo, ni por los demás, ni por Dios, si es que ese hombre está donde muchos suponen.

—No le comprendo bien. ¿Cree que ni arrepintiéndose sinceramente, ni aun pidiendo perdón a quien deba hacerlo, podría usted encontrar la paz?

—¿Qué paz, Fraulein Eva? ¿Una paz con mi vida actual, con el mundo actual?

—Con los dos.

—Como le he dicho, trato de ser benévolo con mi vida, llevo haciéndolo desde hace décadas, intentándolo al menos, y no acabo de conseguirlo. Seguramente porque estar en paz con el mundo actual, le repito, me resulta imposible.

—¿A qué se refiere?

—Cómo puedo explicarle algo que, en teoría, se aleja de toda lógica, cómo explicar una sensación interna, un punzón, un impulso o una pulsión proveniente de lo más hondo de tu ser.

Cómo explicar los instintos, las reacciones milenarias de tu cuerpo que han decidido no adaptarse a la evolución, o supuesta evolución cognoscitiva, al conocimiento, a la inteligencia, a la ciencia, a la sabiduría, a la sensatez o incluso a los propios dictados de la naturaleza.

–¿Cognoscitiva? –preguntó Viveka, perpleja una vez más.

–Cognoscitiva –reafirmó el viejo –y motora de tu propio cuerpo. Cómo explicar si no, por ejemplo, la atracción sexual, el amor o el instinto maternal. Cómo explicar la preferencia natural por la juventud, que una hembra pueda ser madre a los catorce años, siendo una niña, pero no a los cincuenta, siendo una mujer, cómo explicar que los instintos de proteger y cuidar, ya no sólo a los hijos, sino a sus padres, a sus maridos o sus amigos, mediaticen a muchas mujeres, a muchas madres, de tal manera que en ocasiones supera lo racional, y sin embargo algunas no puedan quedarse embarazadas aun siendo ese su mayor deseo; cómo explicar a un individuo atrapado en un cuerpo de hombre con una mente de mujer, o al revés. ¿Es racional la propia sexualidad, el mismo acto sexual, el cometido natural del hombre introduciéndose en la mujer, empujando, violentándola en cierta medida? –Eva escuchaba atónita la sucesión abrupta e inconexa de pensamientos que el viejo exponía con un vigor insospechado en una demostración postrera de fortaleza–. ¿Cómo explicar el ladrido de un perro, Fraulein Eva?

Ahora aspiramos a dar respuestas a todo pero, cómo explicar el espontáneo rechazo interno hacia las mujeres y los hombres que no se sienten hombres y mujeres (es legítimo, cada uno podemos sentirnos lo que nos apetezca) pero van más allá y dicen no serlo, como si el ADN, la morfología y los genes sexuales pudieran ser

alterados; hacia el fundamentalismo resentido y revanchista de cierto feminismo, hacia la posibilidad misma de
prescindir del hombre para la maternidad, hacia la sobre-
exposición reivindicativa de la homosexualidad en nuestras sociedades, la española y la alemana.

–El feminismo –la mujer reaccionó de inmediato–, no
es un movimiento integrista o extremista y mucho menos
revanchista, sólo busca la igualdad real, de derechos y de
hecho entre los hombres y las mujeres. Y lo que me parece irrebatible es que, hasta ahora, la Historia de nuestro
mundo, de nuestras sociedades, ha sido protagonizada y
escrita sobre todo por y para los hombres. Es hora de acabar con ese monopolio. Además, por si ese no fuera suficiente argumento, personalmente, le recuerdo que tiene
usted una nieta lesbiana –saltó al instante la historiadora,
pensando al mismo tiempo en lo mucho que el viejo sabía
de revanchismo.

–Y la quiero con toda mi alma. Estoy de acuerdo con
lo que dice. Pero estoy sincerándome, abriéndome a usted
y a ella como prometí, para que comprenda o para que
tenga verdaderos argumentos para odiarme toda su vida
–respondió Hans–. Porque sí, lo uno no invalida lo otro,
la discriminación histórica de la mujer no justifica las actitudes fanáticas de ciertos colectivos de mujeres incapaces de comprender que la igualdad total entre sexos es y
será, al menos en el aspecto físico o en el de los instintos,
imposible. Creo que existe un lobby feminista, como creo
que existe un lobby homosexual y uno judío.

Siguió una pausa

–Le decía que no sé cómo explicarle ese hastío interior
hacia las aspiraciones vitales vacías, pequeñas, superfi-
ciales e infantiles de una buena parte de nuestra sociedad,

desde la dependencia del teléfono móvil hasta el mal vestir o la generalización de los tatuajes (que antes –recalcó–, sólo se hacían en el antebrazo izquierdo, cerca de la axila, con el grupo sanguíneo); o también hacia la hipocresía de unos países que dicen ser garantes de la vida, que han abolido la pena de muerte, pero defienden el aborto.

–¿Está a favor de la pena de muerte? –interrumpió Eva.

–Depende. En algunos casos sí. Creo que una vez sola es morir, morirnos, poco.

–¿Y del aborto?

–Sí. Como explicar mi hartazgo –prosiguió el viejo–, hacia el ecologismo, el animalismo o el pacifismo demagógicos, abanderados ahora sobre todo por la bondadosa, tierna pero ingenua y cobarde Europa; hacia unos sindicatos lacayos del poder, subvencionados, parásitos e inútiles, hacia la estupidez aplaudida y la hipocresía sobre los padecimientos ajenos, como si no existiera cierta alegría por su mal, *schadenfreude;* hacia la tolerancia impuesta, la libertad dirigida y la igualdad global mentirosa de ciudadanos, países, religiones y civilizaciones. Cómo explicar un mundo en el que personas como Franz han dejado de ser lo que siempre fueron, unos idiotas retrasados que sólo sabe repetir lo mucho que le quiere su hermana, para convertirse en otros individuos con otras supuestas capacidades diferentes.

Cómo explicar mis dudas ante la paparrucha de la globalización y el mestizaje –el anciano, ahora sí claramente nervioso, parecía dispuesto a decir todo lo que pretendía, aunque fuera al límite de sus fuerzas–, ante el mito político alemán (y no sólo alemán) actual, socialdemócrata pero también de la CDU, de la democracia cristiana, que trata de definir al país como un pueblo híbrido –tosió–, multicultural y con mecanismos de integración sobradamente demostrados, como una sociedad sin huella alguna de los errores del pasado, sin fantasmas sobre la raza aria, el superhombre y la pureza de sangre, sobre el veneno de la sangre, como una comunidad democrática, libre, tolerante, europea, globalizadora, abierta y solidaria, capaz de acoger, asimilar y transformar a emigrantes o refugiados procedentes de países subdesarrollados, dictaduras y culturas autoritarias; cómo explicar mis dudas ante ese discurso general cuando, con frecuencia, salen a la luz casos de alemanes plenos, de tercera generación y, por ejemplo, origen turco que, pese a todo, pese a la educación y el tratamiento recibidos, siguen sintiéndose mucho más unidos a su comunidad, a un Islam rígido, incluso de raíz integrista, que a una democracia liberal, laica, de corte occidental; se sienten otras cosas, muchas otras cosas, antes que alemanes y europeos.

–Mina, su asistente, es una mujer con orígenes turcos –saltó como un resorte Eva–, y le quiere a usted.

–Una mujer muy capaz y profesional –respondió el viejo–. Se porta muy bien conmigo y yo también la quiero. Pero pregúntele, pregúntele usted cómo se siente más cómoda, como alemana o como musulmana.

–Se puede ser alemana y musulmana.

–Ya. Aunque yo no lo veré, la mala suerte que tendremos es que dentro de no demasiados años, cuando por simple evolución demográfica y vitalidad expansiva, en oposición a nuestra procreación irresponsable o a la paternidad relajada, Alemania, Europa entera, sea, musulmana, todos estos temas actuales no serán tales, carecerán

365

de importancia y a los que los recuerden les dará mucha risa y más pena evocarlos.

–¿A qué se refiere? –volvió Eva– ¿Qué quiere decir con procreación irresponsable o paternidad relajada?

–A que ahora, por no saber, uno no sabe ni el verdadero motivo por el que se tienen hijos. Nos hacemos demasiadas preguntas y somos muy egoístas; eso no ocurre, al menos de momento, en otras civilizaciones, juveniles, vitales, como la musulmana, esas dudas no afloraban en mí ni en nosotros, en nuestro país, cuando también éramos jóvenes y dinámicos.

–¿En los años treinta?

–Cuando era joven, arrogante y sin dudas.

–Pero usted mismo me ha confesado que no cree haber sido el mejor padre –interrumpió Eva.

–Sí. A pesar de ser un hijo muy deseado y querido, no he sido un buen padre para Hansi. Supongo que, porque ya lo fui demasiado mayor, cargado de prejuicios y dudas. Y eso, como poco, no ha contribuido mucho, creo, al establecimiento de una relación normal con él, como la de cualquier otro padre con su hijo. Lo deseé, sí, lo deseé y lo quiero y lo admiro mucho, pero he de reconocerle, Fraulein Eva, que con quien más quise tener un hijo no fue con Ulrike, sino con Gretchen, en esa época era para mí una prioridad, pero entonces no pude tenerlo. O sí –dudó–, pero no con ella. ¿Se tienen hijos por derecho, por convicción personal, por instinto, por accidente, como culminación de nuestro ser íntimo, por realización personal, por placer, por egoísmo? ¿O se tienen por imperativo vital, para subsistir como especie, para garantizar nuestra evolución? Si es por esta última causa, ¿somos entonces los padres los únicos responsables a la hora de decidir cuántos hijos tener y cuándo? Si la respuesta es afirmativa, ¿tenemos derecho a exigir al Estado ayudas para su cuidado, bienestar y desarrollo? O, habida cuenta de los inevitables vínculos que todos tenemos con nuestra sociedad, ¿ha de ser el Estado el que planifique las políticas de natalidad de acuerdo con la situación y las necesidades reales de la nación en cada momento, atribuyéndose toda la responsabilidad de la materia en detrimento de la elección particular de los padres? No me parece fácil poder compatibilizar los dos modelos, casi diría que es imposible, uno se da más en las democracias y el otro en las dictaduras. El corazón apuesta por el primero y la lógica por el segundo, ¿a quién seguir, Fraulein Eva, al corazón o al cerebro?

–Usted, ¿qué opina? –la mujer no salía de su asombro.

–Que la educación y lo razonable no lo son todo. Como le he dicho, también están los instintos, los arrebatos. Que la supuesta racionalidad y la lógica evolutiva emanadas de mil estudios, especialistas y científicos con la que cada día abruman en los medios de comunicación nos dirigen hacia un pensamiento homogéneo, único, basado en derechos y libertades que, a veces, se oponen de manera frontal con nuestras reacciones o reflexiones primarias. Pero entonces, ahí, en esos momentos, cuando la aplastante lógica científica y la realidad diaria se unen, es cuando esos impulsos internos, esos instintos primarios, esas sensaciones que no atienden a lógicas evolutivas, ni de progreso social o humano, ni a tolerancia, ni lo entenderán jamás, afloran a mi intelecto y a mis entrañas, prolongándose en una mueca de desprecio y asco. No lo puedo evitar. Sí, creo que la naturaleza (que premia a la juventud y a la fortaleza y no a la vejez ni a la debilidad) o los instintos no van al mismo ritmo que la política, el pensamiento o la ciencia. Y aunque los primeros van asociados por norma general a nuestros primeros años de vida y los otros a los finales, yo no he sido capaz de olvidarme nunca de esos instintos primarios ni aún en mi vejez. ¿Es deseable atenerse siempre a la razón o las leyes de la naturaleza? ¿Es sabia de verdad siempre la naturaleza? ¿No es necesario o preferible a veces tratar de quebrar sus leyes? Porque abomino de los millones de muertos, pero viendo el mundo de hoy hay aspectos, imágenes, ideas, sueños de aquella época remota y negra, que comparto y echo de menos, ¡sí, Fraulein Eva, echo de menos!, sobre todo la certidumbre en la ilusión de poder crear un mundo de seres cada vez más perfectos, dirigidos por los más brillantes de los elegidos, lo suficientemente capaces y osados para desafiar las leyes de los hombres, de la naturaleza y de los Dioses, las escritas y las no escritas. Queríamos ser dueños de nuestro propio destino, de nuestro futuro, de nuestra existencia como especie.

—Pero, ¿a qué precio? Herr Hans —intervino de inmediato Eva—, ¿a base de muerte, sangre y destrucción como nunca antes había visto el mundo? Porque el III Reich no creó nada de eso, sino que generó racismo, odio, asesinatos, miseria y la devastación de cualquier principio o valor básico de igualdad y respeto entre los pueblos, llevó a cabo un aniquilamiento de todos los derechos fundamentales del individuo, el intento de volar los cimientos humanistas de la civilización.

—Al precio que fuera. Lo queríamos todo.

—Todo es siempre demasiado —replicó Eva bajando la voz y la vista a su taza de café.

—Sí, ahora lo sé. He dicho que echo de menos los sueños, no las realidades. Pero aun así esa es una tortura interior peor que cualquier otro sentimiento, peor aún que la culpa pasada –el viejo elevó la voz un poco y, al instante, carraspeó–, ¡esa es una culpa presente!, una culpa de hoy que nunca he sido capaz de alejar de mí. ¿Me entiende ahora, Fraulein Eva? ¿Acierta ahora a comprender, aunque sea mínimamente, el alcance de las contradicciones y las luchas intestinas que me corroen desde hace décadas, el desprecio por ser lo que fui y la añoranza de lo que no llegó a ser nunca? –concluyó.

—Sí, creo que sí.

—La razón me dice una cosa y el instinto otra. ¿A quién seguir?

—No sé qué decirle.

—Sí, sí sí que lo sabe.

—Alguien dijo alguna vez que la verdad puede más que la razón. Yo creo que la verdad debe poder más que todo, que la razón y que el corazón.

—Pues yo le he narrado la verdad. Ahí está, ahí la tiene, ya lo he dicho, ya ha conseguido usted la confesión, mi confesión, la confesión con la que muchos de mis enemigos, perseguidores, acusadores y juzgadores (más que jueces) sin argumento sólido alguno, soñarían; la supuesta prueba definitiva que les serviría para deducir la verdad y tener más audiencia o vender más periódicos y libros aún: el viejo decrépito fue un joven inmaduro y manipulable, un nazi, confiesa que sigue siéndolo, o al menos que añora algunos postulados hitlerianos, luego es culpable de todos los asesinatos, delaciones y crímenes de que se le acusa.

Otra pausa prolongada. A Viveka, impávida, le temblaba un poco el labio inferior y una gotita de saliva repiqueteaba en el centro de su labio superior, menos por la prolongada traducción que por el susto. Hans y Eva se miraban. Bebieron. Él fumó y, por fin, continuó.

–Pero la historia, la vida, no es tan simple, usted lo sabe. Que uno, al ver el mundo actual, sueñe con un mundo diferente, incluso con algunas ideas y perspectivas cercanas al nazismo, no lo convierte en asesino. Sobre todo por una razón irrebatible: yo jamás delaté y mucho menos asesiné a nadie. Ni a Juan Antuña ni a ninguna otra persona. Estoy seguro de que usted está tan convencida de ello como yo mismo –el rostro de la mujer reflejaba estupefacción.

Eva se limitó a mirarlo a la cara. Era una mirada introspectiva al máximo, entre incrédula y sorprendida, una mirada, seguro, de despedida. La historiadora sintió que ya no había más que hablar, que todo lo que a partir de ese instante pudiera preguntar sería huero, tan sólo cuestiones absurdas, vacuas, inapropiadas y, mucho peor, reiterativas. Aquellas dudas que al iniciar sus charlas con el viejo Hans la asaltaban de forma recurrente, ¿llegaré al fondo de la cuestión?, ¿tendré tiempo para preguntar todo lo que deseo?, ¿sabré cómo hacerlo?, habían dejado en aquel instante de ser una preocupación razonada para pasar a convertirse en respuestas plausibles, aunque no menos preocupantes. Sí, había preguntado todo lo que debía. Tal vez demasiado.

Y por la forma en que el anciano la miró supo que él también creía que habían finalizado de hablar. Y por la cara con la que Ulrike, después de ser avisada por su marido, entró en el salón donde Hans, Eva y Viveka habían estado departiendo a solas, los miró, supo que también ella intuía que habían concluido. Y por los rostros de Hansi e Irena.

Las buenas palabras, la cordialidad, la educación, los besos y los abrazos emotivos pero fríos que se sucedieron a partir de entonces no pudieron encubrir el aplastante sentimiento de cierre, también de liberación, que envolvió al grupo.

–¿A qué hora regresa usted?, Fraulein Eva –preguntó el viejo ya en el umbral de la puerta exterior.

–Mi avión parte mañana a las cinco de la tarde, pero aprovecharé hasta entonces para volver al centro de la ciudad, al distrito gubernamental, merodearé por la Wilhelmstrasse y sus alrededores.

–Es el centro de la ciudad y ha sido también, a lo largo de la historia, el centro del poder nacional –Hans replicó con media sonrisa.

–Sí, también.

Por eso había decidido volver. Ahora no eran muchos los edificios reconstruidos –algunos de ellos sede de varios ministerios del gobierno federal–, que recordaran al antiguo distrito gubernamental destruido durante o después de la Segunda Guerra Mundial, pero sabía que esas reutilizaciones actuales no eran comparables con la abigarrada concentración de poder existente durante el imperio y el hitlerismo, cuando sólo en esa calle se localizaban los ministerios de Alimentación y Agricultura, el de Justicia, Finanzas, Transportes, Asuntos Exteriores, Ciencia, Educación y Formación del Pueblo, el del Aire (que ahora era la sede del ministerio de Hacienda), el todopoderoso ministerio de Propaganda del doctor Göebbels (actual ministerio de Trabajo y Asuntos Sociales), además del Palacio del Presidente del Reich, la antigua Cancillería, la Oficina Central del sustituto del Führer (actual ministerio de Alimentación, Agricultura y Consumo), la Cancillería privada de Hitler, el Consejo de Estado prusiano o el Palacio del Presidente del Reich. Y necesitaba dar un último paseo por aquellos lugares antes de regresar a España.

—Es una bonita calle, pero las hay aún más bellas e interesantes en la ciudad —se limitó a decir el viejo.

—También pretendo visitar lo que hoy es conocido como la Topografía del Terror —replicó ella.

Se refería a la manzana comprendida entre la propia Wilhelmstrasse y la Niederkircherstrasse, donde se conserva un pequeño tramo del muro, en donde se hallaban las más temidas instituciones del aparato represor nazi: la Oficina Central del Reichsführer de las SS, Himmler, la Oficina Central de Seguridad dirigida por Heydrich, la Casa editorial "Der Angriff", el periódico de propaganda, y la Central de la Gestapo, donde hoy se encuentra un amplio centro de documentación sobre el nazismo repleto de objetos, exposiciones y paneles explicativos.

—Comprendo —volvió a intervenir el anciano, los ojos semicerrados, lacónico—, desea usted aprovechar el tiempo hasta el final.

—Al menos lo intentaré —finalizó ella.

—Le deseo un buen viaje de regreso, Fraulein Eva, que todo le vaya bien y espero que pueda ponerse a trabajar cuanto antes. Me ha resultado muy grato poder conversar con usted. Le aseguro que seguiremos en contacto. Buenas noches.

—*Guten Nacht*, Herr Hans. Ha sido muy enriquecedor para mí hablar con usted, con toda su familia. Le prometo que tendrá noticias mías. *Auf Wiedersehen.*

Tras los últimos saludos al resto de los parientes, a Ulrike, a Irena, a Mina, Hansi se acercó a la mujer, la cogió del brazo y la apartó.

—¿Podemos hablar un momento, Fraulein?

—Por supuesto.

—Debo preguntárselo antes de que se vaya, ¿cómo ha ido todo?, ¿cómo lo ha encontrado?, ¿cómo cree que está su cabeza?

—Le seré sincera —dijo la historiadora circunspecta, en consonancia con el momento y con lo que iba a decir—, yo no soy psiquiatra, no puedo asegurarlo con una base científica, pero creo que ha perdido el juicio.

—Como imaginábamos —respondió Hans, de inmediato, aliviado ante la confirmación de sus propias consideraciones.

—Pero no ahora —continuó, interrumpiéndole, Eva—, ahora creo que tiene una salud física y mental espléndida para un hombre de su edad, una cabeza muy lúcida; y creo que en estos momentos eso es casi peor que haber perdido el juicio por completo. Sería preferible que estuviera sumido en su mundo y que fuera feliz en la inconsciencia, en la ignorancia de su pasado y de su presente. Pero su padre, se lo aseguro, para su propia desgracia, es muy consciente aún de su presente y de su pasado, también de su futuro: ninguno.

Creo que perdió la razón, en efecto, pero de ser así, como otros muchos millones de alemanes, lo hizo en su juventud, hace ya ochenta años.

Los Libros

<<Casi todo el mundo se avergüenza de su juventud, no es muy cierto que se añore como se dice, más bien se relega o rehuye y con facilidad o esfuerzo se confina el origen a la esfera de los malos sueños, o de las novelas, o de lo que no ha existido. La juventud se oculta, la juventud es secreta para quienes ya no nos conocen jóvenes>>

MARÍAS, Javier, Corazón tan blanco

Capítulo Catorce

Los grandes proyectos

Eva había quedado liberada por fin de sus ataduras académicas para poder centrarse en exclusiva en el "asunto Hans" en 2015. Su tesis, pionera en el estudio del tratamiento de la mujer en el cine español, fue leída con éxito y calificada con la máxima puntuación por un tribunal compuesto por reputados historiadores, informados acerca de la cuestión también gracias a una ardorosa y entusiasta introducción de su tutor, Etelvino Cepeda, defensor absoluto de la validez y el rigor del trabajo de su protegida, así como de la demostrada humildad en el empeño. Catedrático y alumna culminaron así ese día el proceso de transformación que les trasladó desde sus particulares status académicos como maestro y pupila hasta convertirse en algo mucho más cercano a la amistad, o cuanto menos, la complicidad cercana y sincera que, a la frialdad institucional, la lejanía intelectual o la diferencia de personalidad de la que habían partido. Fue una aventura de más de seis años inolvidable para ambos, sobre todo para ella, que culminó en aquella densa y trabajada tesis, estrictamente vigilada por el exigente profesor y edificada con solidez por su alumna, un colosal trabajo que en su idea embrionaria había surgido como un merecido homenaje a las mujeres, a las de su generación, pero sobre todo a las de las precedentes, un homenaje a su madre y a sus abuelas. A lo largo de más de mil páginas y casi tantas películas y libros, Eva indagó con minuciosidad entomológica en la evolución del tratamiento de la mujer en el cine español deteniéndose con profundidad en la época de la transición, pero acercándose al tema con un análisis previo de los antecedentes durante la Segunda República, la Guerra Civil y el franquismo, tan extenso como riguroso.

Para Eva, a medio camino entre las folclóricas de siempre, las religiosas, las amas de casa, las cármenes del franquismo y las inclasificables chicas Almodóvar que nacían entre las comedias burdas y el cine de destape, entre los nuevos temas y el cine metafórico, entre la pervivencia del machismo y las nuevas (pocas) directoras, las mujeres del cine de la transición comenzaron a aparecer como personas maduras y, aunque la política en el cine era todavía "cosa de hombres", con ideas políticas y sociales propias; militantes, liberadas (también en lo sexual), rebeldes, modernas, cada vez más felices, con un futuro pleno de esperanza frente a algunos hombres indecisos, fracasados, amargados, acomplejados y desfasados. Mujeres no exentas de problemas y retos que abrieron el paso para que las nuevas generaciones siguiesen desbrozando el camino con más deshimbición, sin complejos de ningún tipo, con nuevos proyectos y enfoques vitales.

Después de defender su tesis, la alegría por el trabajo bien hecho, generosamente recompensado y valorado, lejos de acomodarla en el regocijo, en el disfrute de lo conseguido, catapultó a Eva hacia nuevos proyectos, hacia aquel en concreto que también había ocupado su mente desde hacía años y se había visto obligada a ir aparcando hasta que no culminase su doctorado. Ahora, con la esperanza puesta en la promesa recibida de que su tesis iba a ser publicada ya pudo ocuparse del "asunto Hans", aún más audaz que su ya muy osado trabajo reciente, aún más potencialmente impactante, aún más publicable, toda una bomba con notables posibilidades de estallar ya no sólo en España, sino en toda Europa. El atrevimiento de sus disparados pensamientos pasó entonces a ser sólo comparable con la relevancia de lo que se traía entre manos, un asunto (unido a su revolucionaria tesis) que no podía por más que catapultarla hacia la notoriedad que siempre había deseado hasta entonces. ¿También después?

Con el incuestionable aval de su elogiada tesis doctoral bajo el brazo, sabiendo que un grupo de auténticos expertos acreditados habían refrendado la calidad investigadora y expositiva de su trabajo y que sabía valorar sin hacer juicios de valor, indagar sin prejuicios previos y escribir sin dogmatizar, Eva se dispuso de inmediato a intentar superar el nuevo reto, no en verdad menor: realizar un nuevo libro sobre el nazi vivo más famoso del planeta. Era su oportunidad. A la que llegaba en su mejor momento íntimo. Otra vez. O eso creía. El final de su etapa de maduración, como el queso. Pero, ¿hasta cuándo iba a durar ese proceso o esos procesos? ¿O se extendería indefinidamente?

A la entrevista, las entrevistas grabadas con Hans, siguieron más de tres años de profundo silencio, de trabajo
minucioso y lento para intentar ahormar y asimilar cohe-
rentemente todo el ingente material recopilado, tres años
de inmersión en aquella apasionante historia, un legado
tan doloroso como fascinante, una oportunidad tan enve-
nenada como irrepetible, el trabajo de investigación con
el que había soñado toda la vida, tanto o más que con el
de su tesis doctoral, tan deseado como buscado, ideado y
construido por la historiadora en cuanto vio ante sí una
mínima posibilidad de hacerlo, pergeñado con la misma
pulcritud entomológica con la que ahora se dispuso a
darle forma definitiva. Sabía que no debía hacer un ensayo histórico al uso sino una historia novelada, un for-
mato donde pudiera mostrarse más libre, sin las ataduras
metodológicas del trabajo académico convencional; esto
era algo todavía, si cabe, más personal que una tesis, algo
que tocaba lo íntimo, lo suyo, lo de su familia, lo de Hans,
algo que tocaba su pasado, algo que concernía a su dignidad, a la de todos. El resultado, a medio camino entre
el dolor y el gozo, debía ser digno, pero, sobre todo, ho-
nesto. Sobre su calidad siempre podría dudarse, podría
ser cuestionada, pero sobre su sinceridad no, de ninguna
manera, no lo permitiría.

Hans también permaneció callado, ausente, lejano, a
miles de kilómetros, muchos más que la simple distancia
geográfica entre Gijón y Berlín o Múnich podría indicar,
pero a veces, cada cierta semana, sentía la imperiosa necesidad de preguntar por el estado del proceso, de recordar más bien a la historiadora que el tiempo de todos es
finito pero en su caso ya casi era inminente.

–¿Ha avanzado más, Fraulein Eva? –le inquiría por teléfono (la que lo hacía más bien era Viveka, la traductora,

a la que ambos seguían recurriendo para hacerse entender), con un contrariado aire de preocupación.

–Sí, todo va como debe, no se preocupe. Pero no puedo saltarme los plazos ineludibles que una empresa como esta me obliga a seguir.

Como si de una convalecencia se tratara, cual proceso de recuperación de una enfermedad, Eva trataba de hacer comprender al viejo que, si lo que queremos es la sanación completa de nuestras dolencias y la vuelta a una vida normal lo antes posible, no debemos forzar los tiempos sino adaptarnos a esos plazos naturales de evolución que las lesiones, males o virus nos imponen para ser superados. Podemos querer ir más rápido, podemos perseverar, intentarlo, forzar, forzarnos, pero ese afán de mejora, sin duda encomiable, en vez de ayudarnos tanto física como mentalmente, a veces también puede ser un peligro de retardo mayor que el del mal previo al que podemos, no ya no aliviar, sino empeorar.

–Pararse y pensar es también una forma de avanzar, Herr Hans. ¿Me comprende? le decía.

–Desde luego. Y la respeto –el viejo se tomó una pausa–. A propósito, sabe, he leído su tesis, querida. Deseaba conocer aún mejor cómo trabaja. Y he comprobado que lo hace a conciencia.

–¿De veras? ¿Cómo? Aún no está publicada y mucho menos traducida al alemán –respondió ella sorprendida.

–Pero sí se puede consultar en la Universidad. Eso es algo que no le incumbe. Digamos que he podido hacer un arreglo mercantil con Frau Viveka para que me la tradujera.

—Lo siento por usted y por ella. Ahora que no nos escucha, le diré que la reprenderé seriamente en su momento.

Viveka se limitó a toser con disimulo y a traducir sonriente.

—Pero no sea humilde —continuó el anciano mientras emitía un extraño sonido que simulaba tenue carcajada—. He leído mucho. Es una tesis densa, como todas, pero ni mucho menos lo peor que ha caído en mis manos en los últimos cincuenta años. Otros libros, celebérrimos incluso, supuestamente sublimes obras maestras que no son sino farragosas muestras jactanciosas y que jamás volvería a leer, me resultaron mucho menos atractivos, se lo digo con sinceridad. Su contenido cinematográfico me resultó grato y su lectura amena. Basta ya de refrenar cierta vanidad, cierto amor propio. Sé que la aterra la responsabilidad sobre hijos o alumnos, pero no sobre desafíos como este que, sabe como yo, pueden proporcionarle fama universal. Estoy convencido de que hará usted un gran trabajo, Fraulein. Eso sí, espero que ahora no esté intentando escribir algo virtuoso sin signos de puntuación o con uno sólo, algo tipo Faulkner, algo similar al *Ulises*, *Rayuela*, *La muerte de Virgilio*, o *Las flores del mal*, pues necesitamos que se comprenda y que Frau Viveka u otra estupenda intérprete similar a ella pueda seguir traduciéndola —volvió a sonreír.

Y después de despedirse del viejo, Eva conversaba un rato con el hijo de este, con Hansi, interesándose por su familia, por Marlene y por la salud del anciano padre. "El deterioro físico es más visible cada día, Fraulein Eva, el otro, el de la mente, también. Son más habituales sus despistes, sus incoherencias, sus olvidos, sus ausencias, pero si del primero estoy seguro de que a él le resulta imposible evitarlo, sobre el otro, el de su cabeza, seguimos teniendo más que serias dudas acerca de su propia voluntad de elegir qué, cómo y cuándo hablar, oír u olvidar".

Así, con la calma precisa, fue fraguándose el libro sobre Hans Fritzhofer, sobre su historia y su familia. Eva avanzó despacio, pero sobre seguro. No se trataba de una historia más de Netflix, HBO o Amazon Prime, ni de una serie más de TVE, ZDF o la BBC, ni de otro folletón peliculero rosa, romántico, tipo Rosamunde Pilcher, Inga Lindström o Katie Fforde, ni otro insufrible rollo más de ancianos que aparecen por sorpresa, o inválidos que repasan su vida desde el anonimato de sus perdidas mentes y casas en un pueblo profundo o desde un geriátrico acogedor de ciudad. Tampoco era un modesto proyecto local más sobre recuperación de la memoria histórica en el que se dialoga con los más veteranos del lugar con la intención de que cuenten sus traumáticas vivencias, sus experiencias de lucha, guerra, hambre y supervivencia; proyectos que al final acaban interesando de verdad a unos pocos estudiosos o historiadores y, por supuesto, a los subvencionados artífices de tales, a menudo prescindibles, estudios o a los más incondicionales y fieles seguidores del partido o grupo parlamentario que dirige la alcaldía de turno y promueve la iniciativa correspondiente, orientando el conveniente recuerdo desde su, siempre poco objetivo, punto de vista. No. Esta no iba a ser una historia así. Nunca lo había sido. Era algo distinto, diferente de verdad porque la atañía de forma sorprendente y directa a ella, sólo a ella y a sus más íntimos, porque era una cuestión de sangre.

Aquel descubrimiento, la extraña, súbita y asombrosa aparición de Hans Fritzhofer en su vida, en sus vidas, en la suya y en la de los familiares de ambos, en la de su madre, su hermano Héctor, su sobrino Alejandro, y también en la de Ulrike, Hansi, Irena y Marlene, no era un elemento inocuo más que pudiera añadir a su lejano interés (ya casi obsesión), por la historia, por la Segunda República española y por el nazismo, no iba a ser un libro más, un documental más o un artículo más, ¡desde luego que no! Era, sí, mucho más que eso, ni mejor ni peor que tantos, pero sí un asunto que interpelaba al pasado, al presente y al futuro, a los suyos y a los de los otros, un caprichoso requiebro del destino tan íntimamente personal que, no por cien veces soñado, miles de veces novelado o millones de veces repetido, dejaba de ser imperativo para ella; tan asombroso como extraño, tan increíble como atrayente. Una convulsión intrafamiliar que la acució desde el primer momento a compatibilizar cualquiera otra ocupación personal o profesional, todo lo demás que estuviera haciendo o pensando, con aquel regalo envenenado que había ido acercándose a su vida, a su ser y a su alma, en forma de destino inapartable o gran empresa vital desde el día en que la gran tuneladora Noega hubo de detener su perforación a causa de un inquietante hallazgo que a ella la cambiaría para siempre.

Atrás quedaban las presiones personales propias, todas las del mundo, y también las ejercidas por parte de Hans para acometer tan grande empresa. También el similar número de ellas por parte de algunos otros miembros de la familia (la de él y la de ella) o allegados para que no lo hiciera. Había dejado pasar el tiempo, había dejado reposar, madurar, aún a costa de desavenencias personales muy profundas y deterioros sentimentales sin arreglo (por ejemplo con Ernesto), el proyecto; había visto crecer a una velocidad vertiginosa a su sobrino Alejandro y a Marlene, sopesado su propia responsabilidad e incluso comprobado la propia degradación del mismo túnel del metrotrén origen de toda aquella singladura: en 2014, para ahorrar gastos en momentos de gran crisis, se decidió su inundación y que fuera la propia presión del agua la que garantizase el mantenimiento estructural. Toda una metáfora decepcionante sobre el tortuoso y largo camino que, partiendo de un proyecto ilusionador, a veces concluye en desidia y abandono. Pero ella no iba a abandonar. Sentía que era el momento de ponerse a darle forma a todo aquello y escribir, de encarar el gran reto que, insolente, se había plantado ante su rostro desafiando sus conocimientos, su capacidad intelectual, sus convicciones, su trayectoria académica, a su familia y a su vida entera. Y no se iba a amedrentar ahora ante él; no era una valiente, pero no se amilanaba ante las desgracias ni ante desafíos íntimos, menos aún ante los que se le planteaban como historiadora; no era mujer de bajar la mirada con facilidad ante nada ni ante nadie y se lo había prometido a Hans, a su familia y, sobre todo, a sí misma.

Había detrás demasiados libros, demasiadas lecturas, demasiados cipreses creyentes (o no) en Dios, demasiadas películas y documentales vistos, demasiados pensamientos, esa obsesión por conocer, saber, sentir, vivir como si pudiera estar allí, por poder trasladarse atrás en el tiempo y adueñarse de las mentes de aquellos individuos, de aquellas sociedades, de aquella época; demasiadas ansias de infiltrarse entre ellos refrendadas durante décadas y décadas, desde que en la más temprana pubertad, casi a la par que descubría el amor, en aquel mes de septiembre perpetuo, descubriera también la historia, aquella historia y con ella las dudas y la sed de conocimiento que la acompañaban hasta allí. Ahora tenía bastantes más de cincuenta años, "has comido pizza, robado bragas –se dijo–, eres una salvaje" (casi otra película);

estaba, se suponía, en la edad ideal, en el momento ideal de madurez personal e intelectual para afrontar el reto; las dudas y las contradicciones no habían desaparecido, pero había aprendido a vivir con ellas, ¡le había costado más de cinco décadas conseguirlo! Ya no era tiempo de plática estéril, era tiempo de hacer. Y lo estaba haciendo. Mil y una ideas nuevas y viejas colmataban entonces su cabeza incapaces de burlar el asombro de aquella primera impresión recibida, pero no tardaron demasiado en asentarse sobre un basamento mental sólido que al cabo de pocos días sería capaz de parir una estructura narrativa no menos recia, tan elemental como práctica, tan sencilla como útil, tan singular como colectiva; la estructura, en fin, que creyó idónea: debía de ser una novela biografiada o algo similar a ella pero no igual, una "nivola" en medio de la *Niebla*, debía de haber margen para la ficción, una obra contradictoria y ambigua, la portadora de la noticia de que en verdad no sabemos quiénes somos, de dónde venimos o cuál es nuestro lugar en el mundo, la mensajera de la libertad al precio de la inseguridad; la risa de Dios.

Así fue como el tren de la historia, de esa historia, de su historia, se puso en marcha y como, gracias a esa extraña sensación interna, personal, que sólo aquellos que alguna vez se han plantado ante una hoja en blanco para iniciar un escrito conocen, Eva supo que ya no se iba a detener. Hubo, por supuesto, atascos, cambios, giros inesperados, vacilaciones y dudas, pero, en cuanto hubo escrito apenas un puñado de cuartillas (a mano, nada de ordenador por el momento) supo con certeza, como saben todos aquellos que se ponen a jugar en serio con las palabras, si aquello iba a fluir o no. E intuyó, olió, como si de un escalope en su punto se tratara, que "aquello" de Hans y Juan, de Hans y Teresa, de Hans y Marlene, de Hans y ella misma, fluía sin remedio. Al igual que el agua vertida en un recipiente, por mucho que este se incline, siempre vuelve a buscar la horizontal, ella retornaba al equilibrio de sus conocimientos, sus ideas y sus anhelos en aquel trabajo absorbente, a pesar de los tropiezos y los atascos... de las esquirlas. De hecho, las hojas escritas se multiplicaron pronto.

Poco a poco fue encontrando la manera de hacer crecer aquel relato y de darle una estructura narrativa adecuada. Ojalá el contenido resultante de sus dotes como escritora, pensaba, conformara también un libro tal y como ella lo había imaginado y el viejo Hans había predicho, digno de ser publicado, legible, interesante, entretenido, veraz y, a poder ser, aportador.

Empezó la redacción por el principio, por el prólogo.

Manuscrito de *La resina de los tilos. Franz Fritzhofer habla*. Prólogo. Por Eva Solgarcía.

Esta que ahora da comienzo es una historia sobre grandes preguntas y sobre grandes respuestas, pero también sobre las pequeñas, sobre lo que todos creemos saber y sobre lo que ignoramos la mayoría. En lo que se refiere a las cuestiones mayores, gracias a los medios de comunicación se conocen a grandes rasgos las graves acusaciones que pesan sobre Hans Fritzhofer, las sospechas vertidas por periodistas, abogados, eruditos y familiares de asesinados, sobre sus actuaciones en las décadas de los años treinta y cuarenta en España y en Europa. Conocemos la magnitud del interés histórico y social de su causa y conocemos también la rotunda respuesta de sus abogados a todas y cada una de esas

imputaciones y a las sombras de duda sobre su pasado:
la negación absoluta de todos los cargos.

Pero si descendemos a los asuntos más concretos de
la cuestión, a las acciones diarias y a la personalidad
íntima del personaje, el número de preguntas, por su-
puesto, se dispara tanto como el de las dudas. ¿Qué sa-
bemos de ese Hans Fritzhofer en concreto? ¿Qué le llevó,
por ejemplo, a él y a sus camaradas hasta España? ¿Por
qué volvió enrolado en la Legión Cóndor y qué hizo? Si
nos fiamos (y no hemos de hacerlo) de la versión fantás-
tico-demagógica y fascista del entonces (en 1938) al-
calde de Gijón, Paulino Vigón, en el discurso del 21 de
octubre en homenaje a su camarada Uwe Semmleier:
"¡Aquellos muchachos vinieron (y en algunos casos mu-
rieron) aquí movidos por sentimientos y devociones a un
ideal común tanto a su patria nativa como a nuestra Es-
paña Nacional: el de defender la dignidad y libertad del
hombre en función de unos imperativos deberes sociales
y la creencia y pureza de los principios de la civilización
europea y cristiana frente a la barbarie, el ateísmo y a la
esclavitud que suponían las doctrinas y la conducta bol-
cheviques. Cuando abandonó su patria y su familia para
venir a España, prestándonos voluntariamente sus es-
fuerzos de intrépido aviador, demostró con su actitud ser
un digno exponente de la rapidez, generosidad y com-
prensión con la que el gran pueblo alemán interpretó,
desde los primeros instantes, el significado universal de
esta Cruzada española frente al marxismo en defensa de
los principios maravillosos de la civilización cristiana:
Religión, Patria, Familia, Justicia Social, Cultura, Tra-
bajo y Orden –que en éstas tierras hispánicas sólo en-
carna el Estado que representa el General Franco–, por
los que derramó su preciosa vida juvenil y prometedora
el gran aviador alemán". Y según el punto de vista nazi

encarnado por el cónsul Burbach: "Era un entusiasta que al poco tiempo de estallar el Movimiento se puso voluntariamente a disposición del mismo para aportar su esfuerzo a la liberación de España luchando contra el bolchevismo corrosivo. Dejó su patria, animado por una idea, de la misma idea que a nosotros, los antiguos nacionalsocialistas, nos inspiró y estimuló durante años dispensando la fuerza necesaria para defender nuestro ideal político reconfortándonos en la lucha que mantuvimos contra el mismo enemigo".

Esa pudo haber sido su biografía "oficial" en España, pero dejemos a un lado los discursos repletos de retórica y demagogia propios de la época y hablemos en serio: qué más podemos saber de él, de su verdadera personalidad, su carácter, el grado real de ardor guerrero que poseía, de su fanatismo o nazificación. Fue un soldado alemán voluntario, sí, pero aún en un contexto tan ideologizado y fanatizado en torno al nacionalsocialismo como la Alemania de 1936, lo más probable es que las causas de su viaje a tierras españolas, como las de muchos otros de sus compañeros, no revistiera unos tintes tan extremadamente "idealistas" y sí otros más pragmáticos, aventureros... o sentimentales. Algunas pistas sobre todo ello puede inferirse de las sensaciones expuestas en una carta enviada a su novia Gretchen poco antes de partir conservada por Franz, el hermano de la chica y de su amigo Winfried, y que sólo ahora ha sido dada a conocer:

"Querida Gretchen: en breve no tendrás noticias mías ni de tu hermano Winfried durante algún tiempo. Me mandan de suministrador de bebidas (sic) a esas maniobras especiales del ejército en las que él participará como voluntario y que requieren un constante ir y venir

a diferentes sitios. Así es que no tendréis noticias hasta que no logre un destino estable. Pero estoy muy contento de poder participar en esta fantástica aventura en la que espero adquirir nuevas experiencias y múltiples conocimientos. A mis padres se lo comunicaré también personalmente. Por si las cosas no van bien quiero que sepas que dejo todas mis cosas para ti. ¡Pero espero que eso no ocurra y que pronto podamos hablar! Esta nueva andadura va a iniciarse ya para nosotros. ¿Quién sabe lo que me deparará? Hasta la vuelta. Un beso. Hans".

También sabemos con certeza, por ejemplo, que una vez en España y a pocas fechas del inicio de la campaña del norte, como consecuencia de una tregua en las operaciones militares, la Legión Cóndor sufrió una reestructuración en su vertiente aérea, incorporó los nuevos aviones recibidos desde enero y que tanto Winfried Von Altig como Uwe Semmleier (también Hans) quedaron encuadrados en el grupo de bombardeo K/88 al mando del mayor Fuchs, dentro de la primera escuadrilla (había cuatro) dirigida desde diciembre del 36 por el Oberleutnant Brasser. Y también podemos afirmar sin temor a equivocarnos que su vida, sus vidas, en nuestro país no diferirían mucho de la de cualquier otro compañero, de la de cualquier otro soldado; muchos de ellos fueron acogidos en casas particulares (muy bien pagadas, por cierto) y disfrutarían sus ratos libre como los demás combatientes u operarios de intendencia de cualquier otra guerra, inmortalizando (para fortuna nuestra) su estancia con sus cámaras de fotos Leyca, acudiendo a ver "exóticas" corridas de toros, organizando juergas, frecuentando prostíbulos o alternando con muchachas más o menos casquivanas. Y es seguro, al margen del mayor o menor contacto con la población civil, de la opinión que tuvieran sobre las gentes de España y de las que éstas tuvieran sobre ellos, del problema del idioma y del conocimiento de la realidad de una tierra lejana, lo que podemos garantizar es que todos ellos realizaron sus obligatorios cometidos, los bélicos y los de retaguardia con indudable profesionalidad y eficiencia. Pero, ¿hasta qué punto? ¿Cuál fue su grado de implicación en sucesos como, por ejemplo, la delación y fusilamiento de Juan Antuña? ¿Qué sabía y qué responsabilidad tuvo en ello?

Luego, tras la Guerra Civil española, Hans Fritzhofer regresaría a Alemania donde le aguardarían nuevas y traumáticas experiencias, otra guerra y nuevas oscuras participaciones en terribles episodios de asesinato y muerte. ¿Qué responsabilidad tuvo también en esas experiencias? Más aún: ¿Cómo ha transcurrido su vida desde entonces, desde que, siendo muy joven, se viera envuelto en alguno de los episodios más oscuros del siglo pasado? ¿Qué queda, si es que queda algo, de aquel adolescente que, como el mismo me confesó, escuchó embelesado, igual que la mayoría de los que le rodeaban, las palabras que Hitler dirigió a las Juventudes del partido nazi, les dirigió a ellos, en la reunión de Nuremberg de 1934? Y, sobre todo, ¿interiorizó Hans los valores que para aquella Alemania futura de paz (sic) y prosperidad proclamó aquel día el Führer ante ellos: la unidad, la obediencia, el pacifismo (sic), la valentía, la fortaleza, el sacrificio? ¿Es aún hoy carne de la carne y sangre de la sangre del nazismo, defensor de una Alemania pura y eterna o ha abjurado de todo aquello y solicita con sinceridad el perdón de sus pecados?

Lo que no conocemos sobre ninguno de los dos enfoques, sobre las grandes y más controvertidas acciones, y sobre las rutinas diarias del personaje, es la opinión del propio implicado, sus propias explicaciones, ya que

hasta ahora se ha negado, con el mayor de los hermetis-
mos, a ofrecer una versión detallada de los hechos, una
versión completa. Hasta ahora... Porque Hans Fritz-
hofer, como Greta Garbo cuando se instauró el cine so-
noro, habla. Aún habla. De hecho, ha hablado.

En efecto, yo he podido conversar con él sobre todo
ello; he podido acceder a su archivo personal, y durante
años he trabajado con celo y calma contrastando sus opi-
niones y recuerdos con los hechos reales y documentados
para tratar de ofrecer una biografía completa de su vida.
Las páginas que a continuación presento son el resultado
de tan minuciosa labor.

Los abuelos maternos de Eva

"¿Qué es lo que sabe de la vida de sus abuelos?" –le
había preguntado el viejo Hans en Berlín, el penúltimo
día de su serie de entrevistas. Eva sabía más de la Guerra
Civil española y de lo acontecido en su ciudad durante
esos años que de las biografías familiares, aunque lo uno
iba íntimamente unido a las otras. Cuántas lecturas, cuántas horas de estudio invertidas en ello. Sabía que al fraca-
sado intento de tomar Gijón por parte del jefe del regi-
miento Simancas y comandante militar de la plaza, el co-
ronel Pinilla, el 20 de julio de 1936, le siguió el asedio
republicano y la rendición de los alzados un mes después.
Pero ese primer mes de guerra fue ya muy largo y duro
porque el asalto a los cuarteles sublevados de Simancas
y El Coto llevó el frente a las calles, mientras los bombardeos del crucero Almirante Cervera, fondeado frente

a la costa para apoyar a los alzados, y de la aviación franquista, se convirtieron en una continua amenaza para los habitantes. Los ataques se sucedieron entonces por tierra, mar y aire por ambos lados sobre las posiciones en torno a esos cuarteles y sobre puntos estratégicos o emblemáticos como las estaciones de ferrocarril (de ahí la matanza producida sobre civiles que esperaban la salida de su tren), el Ayuntamiento, los cuarteles de la Guardia de Asalto en la calle Jovellanos, la Casa del Pueblo, el Ateneo Obrero de La Calzada o los depósitos de combustible del puerto de El Musel. Primero fueron ataques diurnos pero, a partir del 4 de agosto también nocturnos, lo que contribuyó a incrementar el miedo, el caos, las huidas y también las represalias sobre civiles simpatizantes de círculos católicos, derechistas o afines a la sublevación militar, como fue el caso del fusilamiento de un grupo de 63 presos (entre los que se encontraba Covadonga Altig, la tía de la abogada Cova Bolaños) la víspera del día de Begoña, el 14 de agosto, en respuesta a la matanza de 54 personas producida pocas horas antes en diversas calles como la de Jovellanos que quedó sembrada de cadáveres.

Estabilizada la dramática situación tras la rendición de los sublevados en El Coto y Simancas, Gijón pasó a ser en 1937 muchas, tal vez demasiadas, cosas a la vez: frente de batalla y retaguardia, punto de encuentro de desplazados y plaza de escape para amenazados (muchos de ellos niños enviados a Rusia), capital política y administrativa de Asturias (Oviedo permaneció en poder de los sublevados desde el comienzo de los combates) y sede del Consejo Soberano de Asturias y León (un experimento revolucionario más en medio del caos de la guerra); era una urbe efervescente en lo social, en lo económico, en lo industrial y en lo político con numerosas atribuciones dentro del bando republicano como para no ser considerada un objetivo estratégico militar (y no sólo militar) prioritario para los sublevados. De poco sirvió que en el ínterin se preparara con denuedo para el futuro inmediato protegiendo sus industrias, sus tiendas, sus calles y, sobre todo, a sus gentes: habilitando refugios antiaéreos eventuales o construyendo otros nuevos, instruyendo a los ciudadanos sobre el mejor proceder en tiempos de guerra, mentalizándolos sobre lo que se avecinaba.

Su destino, como el del resto del frente septentrional, quedó sellado cuando en marzo de 1937, a resultas de sus dificultades para tomar Madrid, Franco decidió trasladar su ofensiva al norte. Gijón sería la última gran ciudad en caer pero antes, durante el verano y el otoño de ese año, padeció los continuos y despiadados ataques, una verdadera tromba (que no orbayu) de fuego a cargo de la poderosa aviación de la Legión Cóndor alemana (unos 200 aparatos) frente a la que apenas pudieron ofrecer ya oposición efectiva alguna los últimos regimientos de soldados en retirada o las escuadrillas republicanas con bases en los aeródromos de Las Mestas, Vega y Carreño que con mucha valentía y pocos medios se les enfrentaban.

A lo largo de quince meses de guerra, de guerra total, se produjo en la ciudad uno de los primeros "urbicidios" de la historia, un bombardeo sistemático anunciado por las sirenas situadas en lo alto del campanario de la *Iglesiona* o en la sede de la Junta de Obras del puerto, precedente de otras múltiples devastaciones masivas que a no mucho tardar se repetirían en Europa. A causa de las acciones del *Cervera* y de las aviaciones franquista y alemana quedaron seriamente dañados o destruidos lugares tan significativos como la plaza de toros en el El Bibio, las Casas Baratas en El Coto, las calles Corrida, Rodríguez Sampedro, Jovellanos, Capua, Marqués de Casa

394

Valdés, Felipe Menéndez, los Moros, 17 de agosto, Libertad, Numa Guilhou, Joaquín Alonso Bonet, la avenida de Portugal, la plaza de El Carmen, el teatro Dindurra, el Palacio de Revillagigedo, la sede de la Junta de Obras del puerto, los depósitos de CAMPSA en El Musel y muchos más, lugares que continuaban en el mismo lugar de entonces y Eva imaginaba con frecuencia como si aún fueran aquellos días. Ese era el turbio y peligroso contexto en el que el caprichoso destino histórico había decidido que vivieran los abuelos de Eva.

Tras la guerra, la labor de descombro de una ciudad en ruinas sería lenta, efectuada principalmente por prisioneros, muchos de ellos internados en campos de concentración como el de El Cerillero, pero con el tiempo, como tantas otras ciudades españolas y europeas, aquellas montañas grises y polvorientas hijas de la destrucción sirvieron de soporte para la nueva urbe del futuro, fueron utilizadas para rellenar zonas pantanosas a la vera del río Piles sobre las que acabaría construyéndose el mayor parque de la ciudad, el de Isabel la Católica.

–Sí, me parece bien –contestó la historiadora–. Le diré lo que sé sobre mis abuelos maternos, que no es demasiado, tan sólo lo que mi madre me ha ido transmitiendo sobre lo que, a su vez, a ella le contó su propia abuela, no mucho realmente.

La abuela de Eva, Teresa, había nacido en Gijón, era hija de una humilde familia de trabajadores, una limpiadora y un obrero, con varios hermanos, sin apenas estudios, que comenzó a trabajar muy jovencita como chica para todo en casa de los Altig. Pasó la revolución de octubre de 1934 con los suyos en el barrio de Cimadevilla, cerca de la Fábrica de Tabacos, y entonces ya padeció los bombardeos del Crucero Libertad. "No pasó nada más grave porque los obreros no tenían munición" –solía decir. Cuando estalló la guerra, no se sabe si aconsejada u obligada, al tiempo que seguía trabajando para los Altig, cosía ropa para los milicianos, rellenaba sacos terreros con arena de la playa y se ocupaba de proteger u organizar la partida de la familia hacia el refugio antiaéreo de su barrio cuando había que hacerlo; pronto, ya en el mes de julio, en cuanto el "Almirante Cervera" y la aviación franquista primero, y la Legión Cóndor alemana un año después, se dedicaron a bombardear la ciudad.

–Por aquellos días –contó Eva–, con poco más de dieciocho años, estaba ya embarazada de un novio miliciano del que desconocemos casi todo al que parece ser que fue a visitar al frente de El Escamplero en un arrebato loco de juventud. Allí sufrieron un duro bombardeo, otro, y cuando salieron del escondite en el bosque en el que se habían resguardado del fuego, descubrieron que todo a su alrededor, árboles, plantas y personas habían quedado arrasadas tras el ataque. Es lo que le contó mi bisabuela a mi madre repetidas veces. Pero eso no dejó de ser sino una mera anécdota –prosiguió–. Los sufrimientos más continuados los padeció en la ciudad, soportando día tras día los bombardeos, con una niña recién nacida, mi madre, a la que, en alguna ocasión, con las prisas, casi se olvidaba de sacar de su cunita para llevársela al refugio, con el padre de la criatura en el frente y la familia, es de suponer, inquieta ante el hecho de tener que alimentar una boca más bajo todas aquellas circunstancias harto desfavorables.

Las preocupaciones, la guerra y la miseria la hicieron enfermar, sospechamos que de tifus, y pocos días antes de la entrada de los franquistas en la ciudad, en octubre de 1937, falleció. No está nada claro, al menos nosotros nunca lo hemos podido saber, si a consecuencia de la enfermedad, de las heridas sufridas durante uno de los bombardeos, asesinada, por todas esas razones o por cualquiera otra. Había ido a Baldornón, un pueblecito de los alrededores, a esconderse o a recuperarse, pero por algún motivo desconocido regresó pronto a la ciudad, probablemente para intentar embarcarse en algún buque en El Musel en el que poder escapar, y fue entonces cuando encontró la muerte. Las autoridades de entonces, los republicanos del Frente Popular, en unos momentos de caos en los que todos trataban ya de salvar su propio pellejo y ponerse a salvo, no informaron a los familiares (o no pudieron hacerlo) del suceso y sólo cuatro o cinco días después, cuando la ciudad ya había caído, fueron los nuevos regidores franquistas los que, de forma escueta, se limitaron a indicarle a su madre el lugar donde aún se hallaba el cuerpo de su hija. Mi bisabuela se quedó sentada en la escalera de casa gritando por su Teresa del alma, desgarrada, mientras sujetaba en el regazo a su nieta de pocos meses de edad. Fue al lugar con una vecina y un pariente, la chica estaba semienterrada, con un brazo y una pierna fuera. Era en La Coría, cerca del río y no muy lejos de Ceares, el cementerio que alberga la fosa común a la que fue arrojada a toda prisa y en el que yace desde entonces. No sé mucho más –la historiadora se detuvo para tomar aliento y beber un trago de su café–. Y de mi abuelo, el supuesto y, para nuestra familia mítico miliciano, nada de nada hasta ahora.

De aquel tiempo, aunque Lourdes hablaba a su hija de la existencia en su día de varias cartas, la familia (ahora Eva en su carpeta), sólo conservó el fragmento final de una de ellas; una manoseada, casi ilegible, nota, enviada a sus abuelos por no sabían quién, con abundantes faltas de ortografía, pero que suponían alguien próximo.

Recivan *pues nuestro más sentido pésame por una pérdida tan grandísima, que* orrible gerra *les ha* arrevatado *y Dios quiera se encuentre al culpable, para que sea castigado, pues sin duda ella al ver unos paisanos cuando estaba en el camino de la Carretera de la Coría vio el cielo* havierto *y no dudó irse con ellos y no* savia *que entre ellos le* iva *a encontrar la muerte.*

Un saludo cariñoso a ustedes y toda su familia y recivan *mis afectos.*

Juan.

Eva recordaba muy bien el dolor de su madre Lourdes por no haber podido conocer a sus padres, un dolor que se transmite de generación en generación, historias de tristeza y muerte que, como los genes y la personalidad, también se heredan; la recordaba lamentándose de no conocer todos y cada uno de los detalles de aquellos días por si hubiera servido de algo para el futuro, lamentándose de la guerra, "una guerra civil es lo peor que puede suceder –repetía–hermanos, familias, vecinos matándose", lamentándose siempre de las ausencias, la del padre y la de la madre, por mucho que sus abuelos (los bisabuelos de Eva) se hubieran portado con ella como tales. Aún ahora, pese a la presencia de un marido, dos hijos y un nieto, seguía echándolos de menos, decía, vaya si lo hacía, en especial a la figura desconocida de su madre, de una madre sencilla, mucho más que a la heroica víctima de una atrocidad, mucho más que al trágico símbolo de un tiempo de la barbarie, mucho más que al trágico símbolo de un tiempo negro y triste, tan lejano como, por fuerza de los hechos y, en especial, los sentimientos, presente. Lourdes era de las personas que, con frecuencia, durante décadas, había acudido a visitar, limpiar y honrar aquellas fosas del cementerio de El Sucu en Ceares.

–En mi familia –continuó relatando Eva–, se habla de mi abuela Teresa como de una mujer trabajadora, optimista, desinhibida, buena cocinera y amante del cine, una chica de su época, moderna y valiente, que disfrutaba yendo, aunque fuera sola, a ver las películas de Harold, de Keaton o de su amado Valentino; se habla de ella aún hoy en día como si la hubiéramos conocido, por la necesidad, supongo, que todos sentimos de mantener viva la memoria de nuestros seres queridos y antepasados, de recordar lo que pasó y tener conocimiento de nuestra propia historia, la de la familia y la de la ciudad, una inquietud por saber y no olvidar que, como se imaginará, en este caso, para mí es, lo ha sido siempre, casi obsesiva.

–La comprendo muy bien, Fraulein Eva. Ahora le diré lo que yo recuerdo.

Pero antes de volver a hablar siguió un largo silencio.

–Conocí a Teresa Alonso a finales de la primavera de 1936, un mes o mes y medio antes de que estallara la guerra –empezó a hablar Hans Fritzhofer mientras encendía otro cigarrillo–. Viajé a España por asuntos de la fábrica junto a Hermann Von Altig, que era mi jefe, y su hijo Winfried, mi mejor amigo, que contaba con un permiso del ejército y decidió acompañar a su padre. Ella trabajaba para la familia de los Von Altig en la fábrica de España, en cuya casa nos alojamos. Era una chica muy despierta, lista y trabajadora al servicio del ama de llaves de la familia, una tal señora no sé qué –el viejo se tomó unos segundos largos, un buen rato, para intentar recordar–, bueno ya no me acuerdo cómo se llamaba, aún más hacendosa y diligente que Teresa, a la que la joven obedecía de inmediato cuando le ordenaba fregar, barrer, limpiar, lavar, planchar, cocinar o recoger la mesa, pero que no le inspiraba (eso me diría ella misma) demasiado respeto y a la que consideraba una pobre infeliz como ella con el rango de gobernanta subido a la cabeza.

A los Von Altig, sin embargo, no sé si les guardaba más respeto por habérselo ganado gracias a sus acciones hacia ella o por un cierto temor distante surgido de la diferencia de, digámoslo así, status. Lo cierto es que nunca la escuché una mala palabra o un reproche, por mínimo que fuera, hacia los dueños de la casa para la que trabajaba; tal vez por eso mismo, por trabajar para ellos y no para su inmediata superiora, aquella dichosa señora no sé qué a la que debía rendir cuentas antes de llegar a los patronos. "Ni sirvas a quien sirvió, ni pidas a quien pidió", decía entre dientes cuando se refería a ella.

Teresa era una chica muy bonita, me gustó desde el primer momento que la vi, tengo que decirlo así, alegre, desenvuelta, con aquel pelo moreno, espeso, suelto, algo rizado, de facciones dulces, ademanes tímidos pero mirada limpia y actitud resuelta; con aquellos ojos absorbentes, grandes, color castaño, habladores, cautivadores, inolvidables. No resultaba extraño que por todo ello tuviera mucho éxito entre los muchachos. En la casa apenas nos dirigíamos la palabra, pero pronto, a los pocos días, coincidimos, o mejor dicho, yo quise coincidir con ella, en una especie de fiesta campestre dominical, una romería creo que llamaban allí.

–Y lo seguimos llamando –interrumpió Eva.

–Ah, ¿sí? Que bien. Bueno –prosiguió el anciano–, el caso es que hice que coincidiéramos forzando a mi amigo Winfried y a otros jóvenes cercanos a la fábrica, a los que ni conocía ni me interesaba conocer, para que acudiéramos a aquella romería y nos acercásemos a saludarla. Lo hicimos. Ella estaba junto a unas amigas y un chico receloso, Juan, que apenas supo disimular su poco entusiasmo por saludarnos.

–¿Juan Antuña? –volvió a intervenir Eva.

–Sí, Juan Antuña. Un muchacho serio, circunspecto, que me desagradó desde el primer momento en que lo ví, nos desagradamos mutuamente, un joven que todo el mundo creía novio, amigo especial o prometido de Teresa. Estaban todos convencidos menos, según pude saber pronto de voz de la propia chica, ella misma –nueva pausa–. Hubo conexión –continuó Hans–, *Hallo, Guten Abend*, congeniamos y nos atrajimos pronto. Pasamos toda la tarde hablando o intentándolo, gesticulando, con monosílabos o palabras sueltas en español y alemán, queriendo comprendernos, bailando sobre el césped o bebiendo, limonada ella y cerveza yo, en la cantina de aquella enorme pradera atestada de gente, de familias enteras con sus cestas repletas de comida, fiambres, tortillas, embutidos, vino, mujeres lindamente aderezadas con vestidos ligeros con amplios y largos vuelos en las faldas y hombres trajeados, con finas corbatas, tocados con diversos sombreros o gorras de muy diferentes forma, tamaño y color. Todos los jóvenes que componían la pandilla de los Altig y la de Teresa se dieron cuenta de la verdad: lo bien, rápido y alegremente que ella y yo habíamos conectado, ¡a pesar de mi lamentable español y su casi nulo alemán! –el viejo alzó la voz–, ¡aún no soy capaz de explicarme cómo diablos nos entendimos! Era difícil que pasara desapercibida la forma en que habíamos creado nuestro propio reducto personal, de ella y mío, en medio de la muchedumbre que nos rodeaba. Y no pasó. Tampoco para Juan Antuña. No recuerdo de quién surgió la idea de hacerse la foto, ni de quién era la cámara Leyca, tal vez del propio Winfried o fue llevada por encargo de él, lo que sí recuerdo es que, si no los únicos, sí éramos uno de los pocos grupos que contábamos con ella y, tras nosotros, fueron unos cuantos más los que solicitaron ser retratados: amigos, empleados, clientes o conocidos de los Von Altig a los que estos complacieron sin dudar. Hubo muchas fotos allí aquel día, pero no es esa, la tomada con prisa sobre un grupo de personas molestas, sorprendidas o alteradas por los efectos de la cerveza, heterogéneas y desconectadas entre sí, una instantánea de la que guarde un recuerdo feliz. Hubo otras, los días posteriores, más personales, sólo con Teresa en el puerto pesquero, cerca de la casa de los Von Altig, en la concurrida calle Corrida, en el paseo marítimo o junto a Winfried, que evocan hoy en mí la misma punzante emoción sentida de aquella primavera, tan lejana y próxima, de hace ochenta años –concluyó Hans.

Aquel domingo primaveral, fresco, cubierto de nubes, con un gris azulado por el que sólo de cuando en cuando lograban infiltrarse algunos rayos de sol, los más valientes, evolucionó a medida que avanzaba la tarde hacia una jornada encapotada de viento frío y cielo negro que amenazó la fiesta con el castigo de un aguacero irredento.

Eva conocía muy bien la foto en cuestión, la misma que había sacado a la luz Xurde Delmiro. No en vano también ella, o mejor dicho, su madre, disponía de una copia y la había estudiado a fondo desde hacía muchos años, desde el momento mismo que salió a la luz pública en 2007, nueve años atrás ya entonces, y comprobó que era la misma conservada por su familia: las prisas por la inminencia de la llegada de la tormenta, el enfado indisimulado de Juan Antuña al verse alejado durante horas de su novia, el exceso de cerveza en el estómago de Winfried (y en el de algunos otros), los vacíos pensamientos que la mente de Hans albergaba respecto a todo lo que no fuera ya Teresa, el estupor de la joven ante el cataclismo sentimental que acababa de sufrir, la perplejidad de sus amigos y el no menos entendible asombro del resto de acompañantes, hacían de la instantánea una especie de vestigio del desorden inesperado surgido en el alma de sus principales protagonistas, así como un presagio alegórico de la tormenta que, en más de un sentido, el literal y el metafórico, se adivinaba sobre el horizonte. El contrapicado con el que el autor la realizó (tal vez sólo se limitó a situar la cámara a la altura de su pecho o vientre) realza las orondas nubes (en la foto parduzcas) de descarga que decoran el cielo y las posturas tensas, extrañas, contorsionadas con las que los individuos posan, a lo que parece, ya no sólo con escasa espontaneidad despreocupada, sino incluso poco entusiasmo. Hay risas, más bien sonrisas, manos sobre el hombro del compañero inmediato y un saludo con el sombrero en la mano, pero las miradas sobre el objetivo parecen estar suplicando el rápido final de aquella actuación forzada a la que, se desconoce fehacientemente por quién, parecen haber sido todos avocados.

—Tal vez la idea de la fotografía partiera de la hermana de aquel Juan Antuña, que simulaba no enterarse de nada, pero actuaba de forma sibilina...

—Sibi, ¿qué? —interrumpió Viveka.

–Sibilina. Oscura, misteriosa –aclaró el viejo–. ¿O tal vez a algún chico de la fábrica le hubiera parecido acertado conservar un recuerdo de aquella jornada tan especial? No lo sé. Yo, desde luego, posé por obligación, separado de Teresa, pero con la clara idea de volver a verla sin estar rodeados de tanta gente que ni me interesaba ni me eran mínimamente gratos ni al trato ni a la vista.

–La hermana de Juan Antuña se llamaba Trini, Trinidad –matizó Eva.

–Es posible.

–Seguro.

–Me es indiferente, pero gracias –replicó el viejo con desdén.

En la parte central de la fotografía conservada por la familia de Eva, de izquierda a derecha aparecen Hans Fritzhofer, Juan Antuña, Winfried Von Altig, sentado y sonriente, Hermann Von Altig, el de más edad, saludando con el sombrero en su mano izquierda, y las chicas, Teresa Alonso y Trini Antuña. Están rodeados de otros muchachos que posan junto a ellos, algunos abrazados, y se ven otros grupos de personas más por los alrededores, aún sentados junto a los árboles o de pie observando con aire de curiosidad al objetivo momentos antes de que el aguacero gestante en los nubarrones que ensombrecen el horizonte descargara sobre la gran finca en la que se celebró la fiesta. Al dorso, aún con dificultades a causa del desgaste de la tinta con que fue escrita, todavía puede leerse una fecha: junio de 1936.

–Comenzó a llover a última hora de la tarde. Se produjo una desbandada un poco disparatada entre los asistentes y nosotros nos metimos en un par de coches para regresar –recordó con claridad el viejo–. Juan Antuña no vino con nosotros. No cabíamos todos. Yo acompañé a Teresa a su casa en la parte antigua de la ciudad, hasta la zona baja cercana al puerto donde había una gran estatua (la del Rey Pelayo), porque el auto no podía subir más a causa de la estrechez de las calles y le pregunté si le parecía bien que nos viésemos al día siguiente. "Nos veremos por fuerza en casa de los señores Altig", me dijo. "Lo que quiero es verte a solas", le dije con pocas palabras en español y muchos gestos. Y me contestó que sí. *Bis bald*. ¿junio de 1936? Efectivamente. Con total seguridad era esa fecha –remató el viejo sin dudarlo.

Luego hubo más días. Se veían casi a diario, por la tarde salían a caminar por el puerto, por el paseo de la playa, bordeando la costa, parándose juntos con las manos en la barandilla de forja a contemplar el mar, el horizonte, escuchando el sonido de las gaviotas extenderse por la bahía confundido entre las conversaciones de viandantes y bañistas; allí, al cobijo de las sombras crepusculares, se dieron el primer beso furtivo en los labios. Siguieron otros, bajo la farola, como la canción *Lili Marleen*, cerca de la puerta de la casa de los Altig. También solían sentarse en uno de los bancos de la plaza de San Miguel, antes de pararse a tomar un refresco, un café o una cerveza en algún establecimiento con terraza del paseo de Begoña o la calle Corrida. Y si llovía iban al cine, había tantos dónde elegir, a mezclarse entre la muchedumbre, intentando pasar unas horas entretenidas viendo a Clark Gable, Joan Crawford, Jean Arthur o Fredric March, aunque él era incapaz de entender apenas nada, salvo unas pocas palabras sueltas (fiesta, amor, guerra, buenos días…) de aquel idioma del diablo tan complicado, el español, en que hablaban las estrellas de Hollywood.

No iban solos, o no siempre. En las fotografías conservadas en los álbumes de Franz aparecía con frecuencia junto a ellos Winfried, probablemente el dueño de la cámara y aficionado a tomar instantáneas. Había fotos individuales, en pareja, varias en las que salían los tres y unas cuantas más en las que el grupo era numeroso, así que era fácil deducir que, en ocasiones, conocidos (o no tanto) se juntaban a ellos para inmortalizarse, atraídos por ese irresistible poder hipnótico que la fotografía ejerce aún hoy, tanto o más que entonces, sobre nosotros. Aquellas fotos de Teresa en el puerto, sentada junto a un bolardo de amarre, mirando a cámara con una pose coqueta y serena, paseando por la plaza del 6 de agosto junto a la estatua de Gaspar de Jovellanos, en la puerta de la casa de los Von Altig, a la entrada de la fábrica de cervezas "El universo", en un merendero, sentados en bancos de piedra o en alguna romería de *prau* de fin de semana, dan cuenta de unos días de final de primavera y comienzos de verano intensos. Aquel de 1936 fue un verano caluroso y seco como hacía mucho tiempo que no se veía, un verano inolvidable asociado desde entonces para siempre a las altas temperaturas ambientales (también en el norte del país) y a los más intensos aún recalentamientos mentales que, en el caso de Hans y Teresa se tradujeron en sentimientos de intenso amor de verano y provocaron un agudo dolor en las entrañas de él cuando a mediados de julio hubo de regresar a su país. Y en los cerebros de otros individuos, demasiados, de aquella región y aquel país, de Asturias y de España, probablemente alimentaron la ira subyacente que a no mucho tardar desembocaría en abismo bélico.

Hans partió y Teresa se quedó.

–La despedida fue dolorosa, muy dolorosa –murmuró apenas el viejo–, en los meses siguientes con apenas dieciocho años, agoté todas mis reservas de tristeza y lágrimas para el resto de la vida. Y eso que a no mucho tardar iba a sufrir otras muchas dolorosas experiencias de muerte y ausencia, guerra y sufrimientos, destrucción y pobreza. Pero aquel vacío, más profundo que cualquier célula, aquella impotencia aplastante y cruel por no poder estar junto a quien amaba, con la única persona del mundo a quien deseaba ver, no se volvería a apoderar de mí ni en los peores instantes que, de inmediato, llegarían. "No me acuerdo de olvidarte" –pensó Eva–. Nunca más la volví a ver, Fraulein Eva, aunque intenté hacerlo más de dos años más tarde, cuando los combates en Gijón ya habían cesado y, como usted sabrá, regresé para participar en los actos conmemorativos de la toma de la ciudad. Pero para mí eran secundarios, me importaba un comino Uwe Semmleier, por muy camarada que fuese de mi amigo Winfried. Hice todo cuanto pude, utilicé toda mi influencia con la familia Von Altig para poder estar en la primera línea de todos ellos sólo por el interés de poder ser reconocido y volver a verla. No lo conseguí –El gesto del anciano, taciturno, triste, perdido en un lugar insospechado del pasado que sólo él podría interpretar, se volvió igual que su mirada–, nunca más lo conseguí –murmuró.

Un vago recuerdo de dolor brotó entonces en la lacerada mente del viejo Hans al evocar aquella segunda visita a Gijón. Era otoño, el 21 de octubre de 1938, el día del primer aniversario de la toma de la ciudad por parte de las tropas franquistas. La Guerra Civil aún continuaría cinco meses más, pero en el norte de España las posiciones estaban ya consolidadas y podían celebrarse las efemérides y los homenajes con total tranquilidad. Entonces volvería a ver otra vez a su amigo Hermann, dos años después, dos años más tarde, dos años lejos, dos años inexplicables e irreconocibles. ¿La volvería a ver a ella también? Eso esperaba. Por eso había vuelto, para intentarlo, aunque tuviera que buscar otras mil y un excusas de amistad y fidelidad al amigo al que también hacía mucho que no veía.

A las diez y media de la mañana, en las ruinas del Cuartel de Simancas, sublevado al inicio de la guerra, asediado y tomado por los republicanos y definitivamente recuperado por los franquistas al entrar en la ciudad, hubo celebración de una misa en acción de gracias en memoria de los héroes caídos durante su defensa. Luego, bajada en peregrinación desde los altos de la ciudad, entre ruinas de edificios, por calles despejadas para la ocasión y desfile militar en el amplio y arbolado Paseo de Begoña, una triste pero orgullosa evocación de las grandes avenidas berlinesas. Los alemanes no estaban obligados a acudir a ninguno de los dos actos y no lo hicieron, pero sí al que tuvo lugar a continuación, al acto central de la jornada que se celebraría en la Plaza Mayor con la asistencia del cónsul General de Alemania en España, Herr Burbach, de las autoridades locales y regionales, y de una representación de la Legión Cóndor encabezada por el general Kirpatrik y de la aviación franquista. Allí pudo volver a ver a Hermann. El abrazo, las lágrimas, la imagen del cónsul y del alcalde observándoles atónitos, emocionados.

Aparatosidad, grandilocuencia, marcialidad, artificiosidad, solemnidad, una Plaza Mayor atestada de público, con enseñas rojigualdas y banderas con la cruz gamada, compañías formadas, bandas de música y silencio.

"Excelentísimos señores –habló el alcalde, el señor Vigón–, señor cónsul general de Alemania, aviadores legionarios y nacionales, pueblo de Gijón: con sincera y honda emoción recibo, como alcalde de la ciudad, el depósito, para nosotros sagrado, de esta lápida conmemorativa del glorioso y abnegado sacrificio del valiente aviador legionario caído. Su sacrificio, como el de tantos otros compatriotas, en holocausto de la España Nacional, única y verdadera, no será olvidado jamás por el pueblo gijonés sobre cuyo cielo una traicionera bala marxista hirió mortalmente al heroico piloto. Su sangre germana, unida a la de miles de españoles, compañeros suyos de armas y de servicios, muertos por el mismo ideal, será la garantía segura de que aquellas doctrinas y sentimientos por los que batallaron florecerán en cosecha espléndida de bienes materiales y espirituales, impulsada y vigilada por la autoridad de un Estado Nacional Sindicalista fuerte y poderoso, cimentado en *substratum* eterno de sus cardinales históricos, en la base inconmovible del amor al trabajo y al trabajador".

Aplausos, un cielo plomizo, nublado, repleto de nubes, amenazante, respuesta del señor Burbach:

"Señores: las emocionantes palabras que acaba de pronunciar el alcalde, señor Vigón, no encontrarán tan sólo la forzosa acogida de los presentes, ya que me estimulan a explicar aquí mis sentimientos, muy satisfecho del honor que se ha tributado a mi compañero".

Vivas a España y a Franco, la multitud gritando ¡Viva Alemania!, Winfried requerido, saliendo de las filas, obedeciendo órdenes, una nueva orden, ingrata y dulce, acercándose a la puerta principal y descubriendo la lápida en honor de Uwe Semmleier, tapada con la bandera de la cruz gamada, sobrio, marcial, emocionado, regreso a las filas, sonó el *Deutschland über alles* y los himnos nacionales y del Movimiento, brazos en alto, respeto.

Finalmente, posado conjunto ante la fachada del Ayuntamiento dejando constancia del histórico momento: allí estaban las autoridades, los jefes militares y algunos soldados, allí estaban Winfried y Hans juntos en el extremo derecho de la formación, serios, orgullosos, inconfundibles, confirmando su presencia para la posteridad, confirmando su presencia setenta años después.

A las dos comida íntima de Plato Único por invitación de la Corporación Municipal y a continuación asistencia a un acto religioso: la bendición de la imagen del Sagrado Corazón de Jesús en la iglesia de los padres jesuitas; ruina, descubrimiento de otra lápida con los nombres de los allí fallecidos. Y, por último, a partir de las seis, gran manifestación de gratitud al ejército y al Caudillo que, partiendo de la Plaza Mayor, avanzó por la calle San Bernardo, paralela a la playa, para finalizar en la Plaza del Generalísimo con el discurso de varios oradores del Servicio Nacional de Propaganda. ¿Recordaba Hans todos esos detalles? No los recordaba todos, pero la prensa, las fotografías y el programa de mano conservado por el tierno Franz sí. Y Eva también guardaba copia de todo ello en su carpeta azul. Hans sólo recordaba con nitidez su estancia en formación, rígido, en la plaza del Generalísimo, la que los gijoneses siempre conocieron como la plaza del Parchís, escuchando sin oír los discursos de los conferenciantes, sintiendo el ulular de la brisa otoñal arrastrando las hojas pardas caídas de los árboles.

–Y entonces la sentí – le confesó el anciano a Eva–. Sentí que caminaba tras de mí y se acercaba, la presentí, su presencia, su olor, su aliento, su ser. Y me tomó la mano, situándose a mi lado en silencio, sin inmutarse, mirando conmigo el frente, a la casa blanca, a la multitud, a las banderas, antes de abrazarnos, de besarnos, de escapar, de escapar para siempre de aquel lugar de triunfo y derrota, triste de recuerdos gratos, ventoso y decadente, antes de huir a vivir nuestra vida ajenos a los acontecimientos que nos oprimían y nos impedían alcanzar nuestros deseos, ajenos a aquel mundo de guerra y muerte. La sentí, sí, Teresa, tan viva como el primer día, tan viva como cuando la conocí, tan bella como siempre, tan dulce como el ser, pero no fue más que un sueño, una sensación, una premonición que respondía más a la esperanza que a la propia realidad. –"Tal vez viva –pensó de inmediato, Eva–, pero, ¿quién vive?"–. Ella no estaba allí, nunca estaría allí, nunca más me volvería a coger la mano. Supe que había fallecido, pero, en principio, nadie me dijo dónde, cuándo ni por qué. Ni siquiera asistí ya a la conferencia programada para después (en el teatro Robledo, a cargo de D. Antonio Goicoechea) a la que estábamos invitados. Quise regresar cuanto antes a mi país pero, aún con la mediación e influencia de Hermann Von Altig, tuve que esperar todavía una semana para hacerlo, por mi cuenta, por tierra, tras un viaje muy complicado. Winfried llegaría al puerto de Hamburgo siete meses después a bordo del trasatlántico Wilhelm Gustloft. Desde Alemania aún quise enviar una carta de condolencias a sus abuelos, pero ya no tuve respuesta, no sé si les llegó siquiera. No supe nada más durante décadas. En realidad, nunca llegué a saber más ni de ella ni de mí mismo –silencio–, hasta ahora, hasta que la conocí a usted, Fraulein Eva, hasta que contactó con mi hijo primero y conmigo después, a propósito de aquella dichosa fotografía conservada por la familia del tal Juan, por el desgraciado Franz y por su propia madre, en la que todos aparecemos. Hasta que usted y yo atamos cabos y supimos que debíamos conocernos –concluyó el anciano, conmovido, exhausto, circunspecto, emocionado ante la no menos estupefacta mujer–. "Elijo la primera parte de mi vida, los primeros veinte años, porque en ellos estaba ella", pensó Eva de inmediato. Otra película–. Oh, vamos, ¿de qué te sorprendes o finges volver a sorprenderte, Fraulein Eva? –el viejo la tuteó por primera vez–, dejémonos ya de subterfugios.

–¿Subterfugios? –preguntó Viveka–, lo siento, no sé traducirlo.

–Rodeos –aclaró el viejo–. Me pediste sinceridad y yo te la prometí sólo a cambio de la tuya. ¿Para qué demonios contactaste conmigo? No sería para saber si eras nieta del dichoso Juan Antuña. Eso podías constatarlo con una prueba comparada de tu ADN y el suyo o el de cualquiera de sus descendientes.

–Ya lo he hecho. Juan no es mi abuelo. Sólo mi familia lo sabe.

En efecto, Eva lo sabía desde hacía nueve años, cuando el laboratorio 01Multigenetic contrastó el ADN de los huesos hallados en el túnel con los de Xurde Delmiro. Desde entonces, cuando, aprovechando esa circunstancia, ella le había solicitado a su amiga Carla y a Pau un nuevo favor, esta vez casi al margen de la legalidad y secreto: la realización de otro análisis comparado de ADN de los huesos encontrados con el suyo propio. "Estos resultados, ¿cómo los traduces, Carla? –le había preguntado a su amiga entonces–, ¿igual que lo hago yo, como negativos?". "Se traducen en negativísimos, Evina –le contestó–: tienes más posibilidades de ser familia de Obama, algún componente del equipo de rugby de Nueva Zelanda, de Mao Tse Tung o de Naruhito que del fiambre ese del túnel.

–Entonces, dejémonos ya de juegos, ¿para qué? –continuó el anciano–.

Has escrito una tesis doctoral feminista, ¿por qué no seguir por ese camino tan poco explorado, por ese campo de investigación, al parecer tan necesitado de reivindicación? ¿Por qué enfangarse con el nazismo? ¿Sólo para escribir otro maldito libro?, aunque sea un bestseller en potencia. ¿Para saber si yo maté a ese individuo, a ese tal Juan, o si influí para que otros lo hicieran? –siguió preguntando Hans–. ¿Fue acaso para preguntarme si delaté o maté a tu abuela? No lo creo. No creo que en principio fuera por ninguno de esos motivos sino por la posibilidad cierta de creerte mi nieta, por la posibilidad de poder, de querer conocer a tu abuelo antes de que fuera demasiado tarde. Sólo luego llegaría la oportunidad de redactar el libro. ¿Por qué demonios crees que accedí a hablar contigo, sólo contigo, por alguna otra razón que no fuera la de que, desde el primer instante –subió el tono de su voz, casi gritando o intentándolo al menos–, deseé que fueras mi nieta?

Y entonces Eva no pudo apartar de su mente la imagen, la nueva fotografía de su querido sobrino Alejandro, la última que los dos se habían hecho juntos, con su nuevo corte de pelo, tan a la moda imperante, con la raya muy marcada y en disminución, por capas, tan cambiado, tan guapo, tan presto para participar en aquel infantil juego de los parecidos en el que desde niña había involucrado también al padre del chico, a su hermano Héctor, o a su amiga Carla Caicoya, pero al que ahora preferiría no volver a jugar nunca más, tan parecido a aquel actor de cine, ¿cómo se llamaba? Sí, Christopher Plummer. ¿O era Maximiliam Schell? Tan parecido al Hans de las fotos de juventud, aquellas en las que aparece junto a Teresa, tan nazi.

Ya no me encuentro con más fuerzas para continuar hoy, ¿le parece a usted que lo hagamos mañana?

—Por supuesto, Herr Hans. Hoy ha sido un día largo.

—Sólo una cosa más.

—No sé si deseo escucharla.

—Debería.

—Dígamela entonces...

Eva y Viveka estaban cansadas. El viejo exhausto.

Las Ofertas

<<–Mejor habría hecho callando –dijo–. Uno siempre quiere ser el más espabilado y decirles a los otros las cosas que tiene en la cabeza>>

STEINBECK, John, *Las uvas de la ira*

Capítulo Quince

Saber o no saber. Decir o no decir

Eva sí volvió a jugar al juego de los parecidos. Lo hizo con su amiga Carla en el altillo del Bariloche mientras miraban pasar a los transeúntes por la calle Jovellanos yendo y viniendo de la playa de San Lorenzo. Habían quedado allí para charlar una vez más de cotilleos y de asuntos trascendentales.

–Tú, ¿qué pensarías? –le preguntó Eva a su amiga tras enseñarle la foto con su sobrino.

–Joder –exclamó Carla–, qué habría de pensar, pues que son casi clavados. Y, además –continuó–, ¿dices que le gusta lo políticamente incorrecto, como a ti?

–Sí.

–¿Y que le gusta Schubert, como a ti?

—Sí.

—¿Y que le gusta leer?

—Sí.

—¿Y el cine, como a ti?

—Sí. ¿Y?

—Nada, nada. Tú misma. La verdad definitiva nos la dará el resultado de una prueba de ADN, no te preocupes. Si quieres, pronto lo sabrás. Pero, de cualquier forma, deja que te diga una cosa: la genética anuncia unas inclinaciones y directrices que ayudan a comprender la evolución vital de cada individuo. Conocer o saber interpretar bien esa información avisa más y mejor sobre quiénes somos, qué somos y, por supuesto, de dónde venimos, pero el futuro no está escrito en nuestros genes sino en nuestras circunstancias y acciones. La osadía de querer saber siempre trae implícita en ella el miedo, ya no sólo a lo desconocido, sino, en ocasiones, también a lo que se descubre. Ya sabes, aquello de atrévete a saber y atente a las consecuencias.

—De pronto te has puesto muy seria.

—Espero que no demasiado, pero es que en la vida, Evina, a veces, al menos una, hemos de atrevernos a formularnos a nosotros mismos una pregunta (o dos) fundamentales: ¿cuánto quiero saber? ¿De verdad deseo conocer la verdad? Si la respuesta a esta última cuestión es sí, debes aprender a afrontar las consecuencias. Si es no, te conviertes en alguien como yo, que lo único a lo que aspira ya es a reírse más y mejor de sí misma. —Carla bajó la mirada y asió con sus dos manos el antebrazo derecho de su amiga—. Ahora, quiero que hablemos de otra cosa.

–Gracias. Lo que tú digas –se limitó a responder la historiadora.

Eva recibió por correo ordinario el primer sobre certificado con remite de una de las más importantes editoriales nacionales a comienzos de 2017, apenas unos meses después de las conversaciones con Hans y de aquella charla entre amigas en el Bariloche. Al poco, le llegó otro de una editorial alemana. Llegarían más. Se limitó a depositarlos todos juntos encima de la mesa del escritorio, abandonándolos; como si necesitara alejarse de ellos, tomarse un tiempo, ignorarlos, como si le fuera imperativo dejarlos reposar, madurar, como si con ello fuera posible demorar, cambiar o paliar la contundencia de sus verdades, la solidez de sus dígitos, la rotundidad de sus ofertas. Quería y no quería saber su contenido. Debía esperar. Por el momento, evitando distracciones, sólo se centró en trabajar en el libro.

Pasaron los días, los meses, tres largos años, y aquel interés científico, académico, crematístico, egoísta por saber el contenido de aquellas proposiciones, fue diluyéndose entre la tinta de las palabras con las que Eva construía de la nada –"literalmente de la nada, pensaba a menudo"–, aquel relato sobre Hans, y los sobres de las editoriales (llegaron algunos más con notificaciones de aviso urgente), como atrayentes pero impuros objetos de tentación, capaces de refrendar pero también de distraer los trabajos, continuaron relegados: abandonados primero en el fondo de uno de los cajones del sifonier de su habitación, entre las bragas, y después en el mueble de entrada, alejados de las estancias íntimas y personales, esperando el demorado momento oportuno en que debieran ser abiertos para mostrar sus sospechosos, tentadores y previsibles secretos. Eva no dijo nada a nadie sobre ello.

Y entonces llegó la pandemia y el tiempo quedó como en espera.

Separada tan sólo por el cristal de una amplia ventana, Eva buscaba la luz exterior cada vez con más frecuencia a medida que la interior, la de su mente, la de su cabeza, la del peso de su aplastante lógica, su racionalidad, su mesura, su cordura, tan buscadas siempre, tanto en su actividad profesional como en la actitud vital, parecían querer alejarse cada día un poco más a la vista de los inexplicables acontecimientos que preocupaban al mundo. De pronto, todas sus ocupaciones, su trabajo y sus aficiones, su modo de ganarse la vida y sus vocaciones personales fueron declaradas no esenciales de un día para otro. Nada, nada de lo que había sido su existencia hasta entonces era esencial en aquella nueva sociedad dividida entre héroes e inútiles. No cabía mayor señalamiento público, más grande *apartheid* individual, no era una trabajadora esencial: al no ser ni médica, ni enfermera, ni celadora, cuidadora, policía, guardia civil, soldado, política, limpiadora, farmacéutica, transportista, agricultora, reponedora o cajera de supermercado, al no ser empleada de ninguna empresa estratégica nacional, al no ser más que una simple vendedora de bragas y una historiadora amante de los libros y de las películas, sólo se esperaba de ella que no estorbara a los esenciales, a los que de verdad importaban en aquellos oscuros momentos. Pensó en *La lista de Schindler*, la película de Steven Spielberg sobre el Holocausto, en las palabras de aquel maestro en el momento en que iba a ser deportado por inútil: "Que no soy esencial.

420

Creo que no sabe lo que significa esa palabra. Que no soy esencial. Enseño Historia y Literatura, ¿desde cuándo no es eso esencial?". Era mejor ser pulidor de metal. Y, ¿desde cuándo no eran esenciales las bragas, los calzoncillos y los sujetadores? ¿Quién dictamina a quienes sí y a quienes no somos esenciales para la sociedad en la que vivimos? Los políticos, sin duda. Y pensó en Hans, en lo que pensaba sobre los políticos. Y por un instante llegó a comprenderlo. Aquello era para ella tanto una solidaria posición moral ante los demás, sobre todo ante los más vulnerables, como una expeditiva cura de humildad personal. Difícil no albergar sentimientos de impotencia, inutilidad y torpeza, difícil no sentir haber equivocado el camino y el sentido de la vida, difícil no adentrarse en la espiral de la derrota y de la depresión.

Pero no estaba dispuesta a permitírselo. <<¿Cómo te va todo? ¿Cómo estás?>>, le preguntaba Carla a través de WhatsApp; <<Mejor por delante que por detrás>>, le respondía ella (otra película), <<pero bien>>. Decía la verdad. Combatiría la ira hasta donde sus fuerzas le permitieran, como siempre lo había hecho. No estaba acostumbrada al desorden, la improvisación, la incertidumbre, la sorpresa ni las restricciones; tampoco acababa de hacerlo a la distancia física con su hermano Héctor, su sobrino Alejandro, sus padres y su amiga, pero en aquellos días estaban confluyendo para ella y para todos tan grande e importante número de novedades que, quizás sí, pensándolo bien, tal vez un receso, una parada, un respiro, el cambio de hábitos, rutinas e inercias domésticas o laborales, la paz del hogar y la soledad de la soltería sirvieran para poder reestructurar las prioridades, pensar, mejor dicho repensar, equilibrar, mesurar sus decisiones de nuevo y encarar el futuro, ese futuro incierto que se adivinaba, con la determinación y la seriedad que las circunstancias requerían. En ello estaba.

La luminosidad exterior, pincelada discordante, borrón diáfano en el diario discurrir de negras jornadas colmadas de noticias de muerte, dolor, colapso, pesimismo, ruedas de prensa gubernamentales, confinamiento y aplausos de balcón vespertinos, de días negros y tristes, envolvían su casa de esa esperanza primaveral reconfortante que incitaba a la acción, a afrontar el trabajo, tanto el profesional, teletrabajando (esa era ahora la palabra de moda) durante la mañana –bueno, y a veces también durante la tarde o la noche–, conectada a sus clientes, a sus pedidos, como el particular: a releer y corregir por enésima vez el libro de Hans, la gran historia con la que jamás, ni aún en sus más audaces, hipotéticos y utópicos sueños –y eso que tanto en su juventud como en su madurez fueron muchos y muy elevados–, pudiera haberse atrevido nunca ni aún siquiera a esbozar. El confinamiento invitaba a pensar otra vez, mucho, tal vez demasiado.

Ahora, cuando por las tardes, tras el almuerzo y la bienhechora cabezada de sofá, antes de telefonear a sus padres, a su hermano o a su sobrino, se apostaba ante su mesa de trabajo, en su estudio, delante de los folios, el ordenador y los muchos documentos, artículos, libros, revistas e informes. ¡Aquella carpeta azul tan manoseada, ya desgastada, descolorida, sucia!, que había ido recopilando y la rodeaban, antes de volver a releer lo ya escrito, inconscientemente solía retomar el pensamiento que con frecuencia la asaltaba mientras cocinaba: en este año loco, en este mundo loco, su vida, como la de los demás, había sido volteada como el escalope de jamón y queso que giraba sobre la sartén buscando dorarse de forma uniforme por ambos lados. Y la gracia que dicho pensamiento absurdo le hacía, se reflejaba en su boca con una media sonrisa. No sabía si de forma uniforme o no pero, desde luego, su vida había dado la vuelta por completo en el curso de unas pocas semanas: la pandemia, el confinamiento y el alejamiento obligado de los suyos y de su rutina eran el colofón a una serie de profundos cambios gestados mucho tiempo atrás, desde su lejana (y, sin embargo, estos días de encierro más próxima) relación y traumática ruptura con Ernesto Besga y, sobre todo, desde que hacía casi trece años ya, ¡qué veloz avanza el reloj de la existencia!, inesperadamente, hubiera irrumpido en su vida, como un tifón oriental desatado y devastador, el conocimiento de la existencia de un anciano enfermo y medio inválido, Hans Fritzhofer, con todo lo que eso iba a suponer para ella. Era como si los materiales de aluvión recogidos y arrastrados por el río, por el río de la vida, de su vida, hasta entonces, hubieran superado la capacidad de absorción del caudal para arribar en el delta de la pandemia, en el punto de máxima tensión previa a la unión con el mar, taponándolo, obstruyéndolo y, por eso, la salida hacia la liberación, hacia la definitiva dispersión anónima y a la vez singular de la inmensidad oceánica, habría de ser por fuerza abrupta. Pero, ¿en qué sentido?

Veinticinco días después de que el gobierno hubiera decretado la primera declaración del Estado de Alarma, Eva recibió una llamada de teléfono desde Alemania. Era Hansi. Recluida como estaba a causa del dichoso confinamiento, tenía especial interés en transmitirles, tanto a él como a su padre, las buenas noticias: que el trabajo estaba ya casi concluido. Pero la conversación fue tan breve como concisa: "Fraulein Eva, mi padre ha muerto. Es más que probable que por culpa del Covid. Quería que usted fuera una de las primeras personas en saberlo". Era sábado ("nunca pensé que fuera en sábado", recordó. Otra película) Fue otra mala noticia que aquel forzoso y triste confinamiento, aparecido él mismo como la última gran sorpresa de la larga lista de ellas que la habían asaltado durante los últimos meses y años, trajo consigo, pero no la definitiva. Hubo reacciones de silencio y, por la prensa o por las redes sociales, supo de algunas más o menos respetuosas e indiferentes, pero también de otras incisivas. Como la de Ernesto Besga en *La Nueva España*:

Descanse en paz. Pero no deja de ser triste para nuestras democracias el que, antes que nuestros sistemas judiciales, haya tenido que ser un virus tan cruel e inhumano, causante de un sufrimiento y un dolor terribles para los enfermos y sus familias, el que mostrase al monstruo, a individuo tan inmisericorde, la cruel cara del sufrimiento, el desamparo, el abandono y la soledad. Incluso la raza superior, a pesar de durar más años que el resto de los mortales, acaba falleciendo.

Que no tardó en ser duramente replicado por Covadonga Bolaños Altig en *El Comercio*:

Aunque me aleja un todo de Hans Fritzhofer, una vida y unas circunstancias, Herr Hans fue en su juventud amigo de mi familia. Lo asumimos. Con su fallecimiento se ha cerrado una etapa para nosotros. Descanse en Paz. Sólo esperamos que otras familias que hasta ahora no han demostrado sino rencor, sepan estar a la altura de la historia y sepan arrumbar también, por fin, su ansia de venganza.

Todo invitaba a la evocación y el análisis. Entre lo mucho que Eva pudo recordar en esos días largos de asueto hubo tiempo también para su querido profesor, el tutor de su tesis, don Etelvino Cepeda. Deseaba guardarse para sí misma aquel imborrable recuerdo académico y personal.

Nacida fría y distante, su relación de complicidad fue intensificándose a medida que la investigación avanzaba o se estancaba y las exigencias, los problemas y el desánimo se presentaban, hasta que, tras notables esfuerzos y sinsabores llegó la hora de la verdad, el día de la lectura ante el tribunal, con toda la solemnidad reverencial que el acto requería: la presentación, la exposición, las objeciones, las preguntas, la deliberación, el veredicto, los aplausos y la comida en común; un día inolvidable para ella y también para él, para ambos.

Pero las tesis no interesan a nadie, y la suya, cuando habían pasado casi seis años desde su aprobación, a pesar de las promesas de su tutor, a pesar de las loas recibidas por parte del Tribunal, los especialistas del Departamento, los expertos en la materia y los propios involucrados en el tema, siguió sin publicarse; quedó congelada, como tantas otras, en el archivo de la Facultad, de otra fría Facultad, esperando la visita furtiva de algún nuevo investigador extraviado, algún otro topo de biblioteca de los que van surgiendo cada nueva generación, con sus gafas de pasta y su cara de despiste, interesados en ese o algún otro tema poco ortodoxo y al margen de las líneas de trabajo habituales y repetidas del Departamento, o presta para ser utilizada por alguno de los cazaideas de Universidad, habituales y voraces habitantes de rapiña del ecosistema académico y editorial, siempre prestos para abalanzarse sobre ideas ajenas aderezadas con nimias supuestas aportaciones propias y devorarlas para hacerlas pasar como suyas. Seres que luego, cuando sus contactos, los colegas o conocidos del cerrado hábitat en el que viven las personas idóneas, las que pueden decidir quién o qué cosa se ha de publicar, cuando en definitiva su cercanía a los cauces generales de difusión se lo permite, las exponen en sociedad enriqueciéndose gracias a algo ajeno en igual proporción de dinero que de degradación moral y vileza personal.

El corporativismo institucional siguió pesando más que las promesas bienintencionadas del prestigioso catedrático ya jubilado y, por fuerza, alejado de la Facultad; los años fueron pasando sin conseguir que la tesis viera la luz, abandonada por su tutor, por el departamento, por algunas de las mujeres protagonistas de la misma, agentes colaboradores durante su elaboración, distantes e indiferentes tras su conclusión, e incluso por la propia autora, Eva, enfrascada ya en otro asunto que la absorbía de forma obsesiva y en el que había depositado tantas o mucho mayores esperanzas de notoriedad, difusión y publicación que en el de su tesis, el de Hans Fritzhofer.

Hasta que, de forma casual, un mal día de confinamiento, otro, buscando en Google una información sin ninguna conexión con el cine y la mujer durante la Transición, su cándida inocencia fue quebrada por el descubrimiento de la reciente publicación, no mucho antes de la pandemia, de un libro de asombroso parecido (por llamarlo de alguna manera) al suyo. Su autora, una profesora licenciada en Historia del Arte –igualita a Katy Jurado–, había sido alumna de la esposa de su tutor ("Todo es autobiografía o plagio", nunca pensó que aquellas palabras pudieran ser tan literales") y (más coincidencias sospechosas), en esos momentos impartía clases en el mismo colegio de Gijón en el que lo hacía Ernesto Besga.

Cuando lo supo, Eva se sintió tan traicionada como ajusticiada, pero el enfado le duró mucho menos de lo que había supuesto. "Le aconsejo que deje al lado su odio –pensó–, porque hasta ahora no se le está dando muy bien", otra película. Plagiada, ¡qué honor!, como los más grandes, ¡incluso a Maquiavelo le había plagiado su *Príncipe* un profesor de Filosofía! Lejos de encolerizarla, tamaña traición sólo sirvió para atemperar aún más su estado de ánimo, en vías de pacificación personal desde hacía meses, desde que en un proceso suave, callado y lento pero imparable, alimentado por múltiples hechos y personas, como la machacona gota de agua que acaricia la superficie para acabar desgastándola, hubiera ido atemperando su espíritu y trivializando sus proyectos, a la vez que alimentaba su comprensión de otros, pensando más en sus ideas, sus comportamientos, sus errores y sus debilidades. Actitud que el confinamiento domiciliario, el haber sido declarada "oficialmente" inútil y la noticia del fallecimiento de Hans no habían hecho sino acelerar, arraigándola en su ser. También el peso de la desidia y de la culpa la ayudaron a superar ese veneno del oprobio y de la traición.

Prefirió quedarse con los buenos recuerdos de Ernesto y de su entrañable tutor, Etelvino Cepeda.

Fue plagiada y no vio publicada su tesis, como tampoco lo habían sido ninguno de los otros dos libros que escribiera antes de afrontar sus estudios de doctorado: una novela erótica y una breve biografía de la deportista Ruth Mecerreyes, la atleta de espectacular palmarés, uno de los mejores del país, *recordwoman* de España de 800 metros desde 1988, con cuyos éxitos nacionales e internacionales, en campeonatos de Europa, del Mundo o Juegos Olímpicos, se aficionó para siempre a correr la historiadora. Tajante, pero por lo general educadamente, sus libros fueron rechazados en todas y cada una de las editoriales a las que los envió e ignorados en los concursos en los que participó; hasta que dejó de hacerlo, dejó de intentarlo. A pesar de estar segura de que lo merecían tanto o más que algunos de los que sí eran alegremente divulgados. Estaba convencida de que no todo era cuestión de calidad y talento, sino también de suerte y, sobre todo, contactos, pero ahora ese secreto anhelo, antiguo y soterrado, ya putrefacto, de escribir y publicar, había dejado de importarle tanto como para convertirse en prioridad absoluta. Ahora tenía en el mueble de entrada de su casa las tentadoras ofertas (con seguridad casi un cheque en blanco) de varias editoriales españolas –aunque no sabía bien si eran sólo una o dos porque casi todas forman parte de unos pocos grupos monopolísticos–, las mismas que le negaron sus manuscritos no tres, sino muchas más veces, y alguna alemana, por su libro sobre Hans Fritzhofer, y estaba dispuesta a ser ella la que les hiciera esperar.

De momento, lo único que le apetecía era salir a pasear, a correr, a *caleyar*. Pues, ¡a correr! Pero, aunque ansiaba hacerlo por la ciudad y sus alrededores como solía en "tiempos normales", los de antes de la dichosa pandemia, de momento tuvo que conformarse con hacerlo un día más en la máquina con cinta situada en la terraza de casa, preparada a tal efecto. Lo que no era poca cosa, dadas las circunstancias.

Embustes y certezas. Sudor y descanso

Los días pasaron lentos, tediosos, idénticos pero inexorables, como el tránsito de las estaciones. El 11 de mayo de 2020, la provincia de Asturias entró en la primera fase de la desescalada del confinamiento total tras superar la inicial oleada pandémica de coronavirus y sus desastrosas consecuencias. Entre las medidas de alivio establecidas por las autoridades desde esa fecha, se encontraban la posibilidad de hacer deporte o pasear en unas concretas franjas horarias y el permiso de apertura y visita a los cementerios municipales, aunque fuera con rígidas medidas restrictivas.

La chica no esencial, Eva, aunque fuera con limitaciones, pudo volver de nuevo a la libertad de moverse al aire libre como años anteriores, por Deva, Santurio, Somió, La Coría o Ceares, y a disfrutar de la explosión primaveral: cuando todo canta y cambia de olor y color, entre aldeanos cuidando sus campos de labor o sus fincas arbóreas, entre mimosales y prados floridos, entre alfalfa y alcacer, entre los rosales, el *lloreu* y el eucalipto o los frutales nutridos de nísperos, cerezas, *nisos*, fresas, escuchando el piar de gorriones, jilgueros o pinzones volando o en sus nidos, en la enramada, y el zumbido de los insectos, el *cuquiellu*, el grillo y la cigarra, abandonada a la visión de la danza multicolor de las mariposas de flor en flor, de los pájaros, las tórtolas, las codornices y las cigarras surcando el cielo o las golondrinas en vuelo rasante, de las hormiguitas desfilar con orden marcial por *les caleyes* hacia sus hormigueros o de la *vacallorina* pretendiendo poseer al anochecer la misma espiritual belleza diurna de las mariposas.

Eva sintió el discurrir suave del primer hilillo de sudor descendiendo por el canal formado entre sus pechos, firmemente domados por el sujetador deportivo negro con el que tan a gusto se encontraba al correr, como el tímido brote habitual que, lo sabía bien, anunciaba el pronto afloramiento de otros riachuelos corporales esparcidos por diversas partes a los que el sol exterior, tan rácano en la ciudad, y el acaloramiento interno producto del ejercicio físico no harían, sino alimentar para acabar convirtiéndolos en pequeños arroyos tibios deslizándose a través de la piel tensionada de la corredora. Brotó el de la espalda (tan querido por Ernesto, recordó), buscando un cauce poco profundo a través de la espina dorsal para concluir en el desfiladero curvo donde la espalda deja de llamarse así; y surgieron brotes de sudor similares en el cuello, la frente, los brazos, las piernas, el pubis, tímidas gotas que al adicionarse tornan a ser hilos, certificando a su propietaria que el ritmo de marcha progresivo adoptado a través de la carretera de la Costa (la vía por la que entraron los franquistas, las brigadas navarras en Gijón – Eva seguía pensando en esas cosas mientras hacía deporte y cuando no), hasta llegar a la altura de la avenida del Llano y el parque de los Pericones, se adecuaba a lo previsto.

A pesar del mucho tiempo de confinamiento transcurrido, su cuerpo respondía una vez más según lo esperado, en una amalgama de sensaciones conocidas, instintivas, automáticas, fluctuando entre el sufrimiento y el goce, a las que, como una yonqui del deporte y de las endorfinas, estaba enganchada sin posibilidad alguna de curación desde hacía muchos años, desde que en la adolescencia descubriera a Ruth Mecerreyes y en su primera juventud certificara que sudar corriendo era productivo para curar penas de amor y aclarar ideas de todo tipo, le daba mejores resultados que hacerlo en un bar o en una pista de baile junto a su amiga Carla en aquellas profundas noches juveniles de desenfreno controlado (o eso pensaban ellas), esbozando contorsiones extrañas al compás de una música machacona y discotequera. Lo uno nunca le había parecido a Eva excluyente de lo otro: le seguía gustando bailar y la nocturnidad, pero poco a poco fue optando más por el día y el correr que por la noche y el bailar, por el sudor natural que por el producido como consecuencia no ya tanto de movimientos corporales como de los efectos deshinbidores de la alta tasa de alcohol en sangre, por pura comodidad de horarios y bienestar físico, por pura lógica de edad, por "madurez", si así podía llamarlo y le gustaba decir a sus allegados, porque Carla ya no estaba cerca para incitarla al "pecado", aunque siempre le recordara que era más divertida borracha; por pura adecuación a las circunstancias.

En aquel soleado día, aquella camiseta roja y aquel pantalón negro con un pequeño detalle a juego sobre las rodillas también en rojo, se amoldaban a su figura remarcándola mientras respiraba, mientras sentía de nuevo el pisar duro del terreno, jadeando ya por el efecto del fuerte ritmo y del creciente desnivel; se sentía bien consigo misma por el parque, se sentía atractiva, con aquellas extremidades brillantes, reflejando los tibios rayos del sol, se sentía mirada, deseada y le importaba un bledo; también sana, bella, incluso feliz, exprimiendo la libertad vigilada de la mañana, su propio cuerpo, la vida, todo cuanto podía. Y sentía el sudor como una unción espiritual, trascendente, como un símbolo del esfuerzo realizado en esos momentos y antes, ahora y en el futuro, como un tributo previo a la llegada, al éxito. Pero al tiempo, también buscaba aún en ese sudor refrigerante, tretas mentales con respuestas al complejo dilema que se

431

le planteaba (cual Dustin Hofmann corriendo por Central Park, pensaba), sin encontrar todavía la solución idónea.

Lamentó no haber tenido demasiado contacto con el anciano Hans en los tres o cuatro últimos años, a pesar de que este se esforzaba por no perderlo preguntando con periodicidad. Habían sido tiempos de silencio, de trabajo oscuro, escogiendo, desechando, descubriendo y cotejando, revisando, buscando, encontrando (o no) datos y, lo que era más complicado, respuestas a aquella imponente colina de papeles, legajos, recuerdos, recortes, noticias y fotografías, sobre todo fotos, apilados en su escritorio, muchos legados por el viejo (con el consiguiente embrollo que significaba tener que traducirlos) y otros prestados por el tierno Franz ("prestadas, sólo prestadas, Gretchen me quiere" –le repitió cien veces seguidas cuando Eva le pidió las fotos y tuvo que hacer copias con presteza para devolvérselas lo antes posible) Y lamentó no haber contestado de inmediato el último mensaje recibido en el correo electrónico, el definitivo, porque cuando se decidió a responder fue ya demasiado tarde. <<Todo marcha bien, Herr Hans. Todo es ya cuestión de pocos meses. Le pido a usted un último esfuerzo, paciencia>>. Pero le imploraba algo, tiempo y paciencia, que, los dos lo sabían, al viejo comenzaba a fallarle ya casi tanto como su propia existencia.

Hacer deporte, correr (como bailar), la relajaba, la oxigenaba, siempre lo había hecho, sobre todo la ayudaba a pensar: mil y una ideas, detalles, inicios, palabras, imágenes o tramas a desarrollar brotaban de su cabeza mientras el cansancio comenzaba a aparecer en sus piernas, en su cuello, los brazos, los riñones, con la misma acompasada alta velocidad con la que sentía el pisar recio de sus zapatillas Nike color fucsia sobre la cinta, la hierba o el asfalto; derecha e izquierda, el sol repelido por sus gafas, la coleta del pelo bailando al compás, era así donde con más frecuencia se sentía a las puertas del alumbramiento, del descubrir, del minúsculo, nimio destello neuronal parido sin previsión aparente, en el lugar más inesperado, como el bebé no buscado que, por encima de la atónita sorpresa inicial, acaba por convertirse en el individuo más deseado y amado del planeta, que le servía como desatascador de dudas inconexas. Sudando se sentía a las puertas de todo, capaz de todo, creativa y despierta, rozando la perfección, cual Julia Roberts, como en esos momentos, corriendo por el parque de los Pericones.

Llegó por fin al alto, a la loma, ante una de las puertas laterales del cementerio principal de la ciudad, la número 7, aflojó su marcha, agachó la cabeza y flexionó su tronco superior sobre el abdomen hasta situarlo en paralelo al firme, se reincorporó, retomó el resuello y recuperó el ritmo normal de respiración mientras contemplaba el perfil de la ciudad, sus edificios, la fina boina neblinosa sobre el mar, los buques atracados en el horizonte y escuchaba el murmullo grave, ahora distante, del tráfico a sus pies. Y recordó el porqué había escogido aquel itinerario: no llevada por un impulso inocente, despreocupado, sino por voluntad propia, movida por una necesidad perentoria que allí, ahora, en ese preciso momento, en uno de esos espléndidos días de comienzos de primavera no tan habituales en la región, la había impelido a querer visitar, tras la obligada reclusión domiciliaria, el enorme camposanto al que primero se resistió a entrar y después no la dejaron hacerlo. Acababan de abrir. Lo bordeo en paralelo al recio muro de piedra que lo delimita, alcanzó el punto más alto, la explanada en la que se ubican la ermita, la floristería y el aparcamiento, penetró por la puerta 4 a uno de los pasillos centrales, descendió la escalinata y, en apenas cien metros, tras girar a derecha e izquierda, se topó con aquel modesto pero imponente monolito múltiple de color negro en forma de libro abierto a diferentes alturas. Estaba rodeado de tumbas y árboles, algunos cipreses, creyentes (o no) en Dios, a los pies de las fosas comunes, a pocos metros de la tapia que servía a los franquistas como muro de ejecución durante la inmediata posguerra; piedra sobre piedra, muescas de bala y casquillos, cadáveres sobre cadáveres, tumbas sobre tumbas, espacio frío en jornada luminosa, sol entre losas, sombras entre hojas e inscripciones fúnebres, vida entre la muerte, recuerdo entre olvido y olvido entre recuerdos, memoria e Historia, monolito rematado por una bandera tricolor republicana, rojo, gualda, morado, "tan admonitorio como el que en el film se revela para avisar de que hemos traspasado, todos, la última frontera" –pensó Eva. Estaba sola allí. A nadie más le pareció que el espacio dedicado a las víctimas republicanas en el cementerio de Ceares, El Sucu, fuera el lugar idóneo para visitar después de semanas de encierro. A Eva sí, lo creyó el ideal. Era una chica rara.

Varias decenas de personas invadían el parque, pero se limitaban a llegar hasta el muro exterior del camposanto. "No tanto por las restricciones de acceso con obligatoriedad del uso de mascarilla y de guardar las distancias de seguridad, como por las ansias de celebrar la vida y no la muerte –dedujo, parece lógico". Parada ante el monumento, mecida por una suave y fresca brisa que le erizó el vello de los brazos como hálito místico, lejano y eterno, frío, llegado de no sabía dónde, sintió el enfriamiento físico e incrementarse otra vez el mental. Se acercó del todo a la mole marmórea, desenfundó su móvil del soporte en donde lo llevaba en el brazo, hizo diversas fotos, leyó la inscripción general: <<A las víctimas de la

represión franquista. Luchadores por la libertad y defensores de la dignidad humana. En su memoria. Gijón, 14 de abril de 2010>>, y las particulares en una de las hojas correspondientes al año 1937, <<Alonso Lavandera, Teresa>>, <<Antuña Rubio, Juan>>. Paseó despacio, dejándose envolver con respeto máximo por aquel silencio evocador, por aquella paz inmortal, meditando sobre la inocencia a reivindicar y la culpa, o cuanto menos la indiferencia, a reprochar, tratando de asimilar los lamentos sordos de justicia de los que allí descansaban. Pensó en su abuela Teresa, en Juan, el tío de Xurde, sus restos y sus recuerdos, y en los vivos, en ella misma, en su propia familia y en la de Hans, también fallecido hacía apenas dos meses, en sus absurdos consejos a Marlene, en Hansi, apartado por decisión propia de las controversias intelectuales, "He llegado a saber demasiado, tal vez no deba saber más".

Aún continuó un rato más allí, abstraída en sus pensamientos. El tiempo se le echaba encima. Regresó a la entrada. Desde el alto, en la lejanía azul del horizonte, divisaba diminutos barcos en la bocana del puerto y en la bahía de la ciudad. "No necesito un barco tan grande" –pensó. Luego descendió por otra de las escalinatas y visitó la tumba de sus abuelos paternos. Le costó un poco de trabajo encontrarlos, pero al fin las halló, tan frías y tristes como las demás, como el saludo con el que contestó a otro visitante que ascendía. Comenzó a calentar de nuevo sus músculos realizando, aún parada, los mismos movimientos que haría en carrera; ascendió con cautela de nuevo las escaleras y retomó el camino de vuelta por la otra vertiente del parque, también moteado por decenas de personas, en dirección a La Coría, "la parroquia donde –pensó– fue hallado el cadáver de mi abuela Teresa (no sabía exactamente dónde) hacía 82 años". El regreso fue veloz.

Al ir acercándose a casa, aceleró el trote aún más y sintió otra vez el fino hilillo acuoso deslizarse por la espina dorsal, por los brazos, las piernas, el cuello, el pubis, y la satisfacción íntima de estar haciendo lo que deseaba y de haberse ganado la ducha. Los rayos del sol, repintando el mosaico del pavimento de la *acerona*, iluminaban sus zapatillas de deporte favoritas, haciendo refulgir aún más el intenso color rosa fosforito, como si fueran las de los niños con luz en las suelas. Comenzaban a estar gastadas, incluso apuntaba un pequeño descosido a la altura del dedo pulgar del pie izquierdo, pero le gustaban porque se las había regalado Alejandro hacía ya tres años, para su cumpleaños.

Al poco, con los ojos semicerrados, bajo el chorro de agua tibia reparador de miembros, de piernas, brazos o cuello, la mente también se reactivó de nuevo.

Se había visto obligada a permanecer confinada en casa durante sesenta días, pero el destino, otra vez el destino, o la suerte, o la mala fortuna, puso ante ella una oportunidad ineludible de repensarse tanto a sí misma como de reflexionar el resultado final del que fuera uno de sus más íntimos anhelos personales, aquel libro tan deseado como esperado, el fruto primaveral en el que había vertido las mil y una ideas, datos, confesiones, verdades en su mayoría, pero también deducciones surgidas de su profesional método de trabajo, de lo mucho visto, leído e imaginado. Pensando en todo ello, después de la ducha, se preparó un bocadillo, un batido, y retomó el manuscrito sobre Hans; repasó el epílogo una vez más:

Manuscrito de *La resina de los tilos*. *Franz Fritzhofer habla*. Epílogo. Por Eva Solgarcía:

Llegados a este punto, creo haber dejado claro que hablar de la vida de Hans Fritzhofer es para mí también hablar, en buena medida, de la historia de mi familia, de las biografías de mi abuela Teresa y de mi desconocido abuelo. Es hablar de mí misma. Hasta aquí lo que sabemos, pero, ¿qué sé de verdad? Tantas décadas después, tantos años después, tantos meses, días, horas después, tantas imágenes después, tantas y tantas horas de investigación después, tantos documentos y testimonios después... tantas páginas después, ¿qué sé con exactitud?

En Gijón se han contabilizado oficialmente más de 2.500 tilos en los distintos barrios de la ciudad. No sé el número de ellos que hay en Berlín, pero desde luego es muy probable que sea muy superior. Una de sus más famosas calles, sino la que más, es célebre de hecho precisamente por la disposición de esta especie a lo largo de toda la avenida: uno de los bulevares más céntricos, históricos y turísticos. En 2015, un año antes de mi encuentro, de mis charlas con Hans Fritzhofer, se produjo en Gijón un hecho singular: el Ayuntamiento se planteó la posibilidad de talar todos los tilos del paseo de Begoña (tan céntrico y principal en la ciudad, a su escala, como Unter den Linden en la capital alemana) y sustituirlos por otras especies, a causa de la incomodidad que suponía para los viandantes la secreción de la melaza de sus hojas goteando sobre el suelo, volviéndolo pegajoso. En realidad, la porquería pringosa producida por los árboles no surgía de su desarrollo normal, por una especie de exudación veraniega, sino por una enfermedad ocasionada por insectos, por pulgones, que, al alimentarse, al clavar su pico en ellos, absorbían la savia de las hojas impidiendo el correcto desarrollo de la fotosíntesis. Así es como la planta enfermaba y exudaba. El mismo problema se produjo en otras varias ciudades españolas y no sería extraño que también en Berlín.

Recordarlo me ha hecho reflexionar sobre la larga vida de los árboles, sobre la historia de las avenidas y los paseos y sobre la historia misma de ambas ciudades. A veces, al caminar por la historia, al indagar en ella, te puedes tropezar con notables e inesperadas contrariedades. Puedes pisar un pringue viscoso y adherente que el calor transforma en pegamento para tus zapatos y la lluvia en barro cenagoso que, en uno u otro caso, te impide seguir avanzando más o mejor. Entonces, la belleza del paseo de una ciudad se transforma en engorroso transitar, igual que la exuberancia de una playa como la de San Lorenzo se convierte en fea y sucia bahía cuando el galipote *negro proveniente de los restos del buque Castillo de Salas, hundido hace ya décadas frente a sus costas, arriba periódicamente en el arenal.*

Algo de eso me ha ocurrido con esta historia, con la investigación sobre Hans Fritzhofer, sobre Juan Antuña, sobre mi abuela Teresa y sobre mí misma.

Estoy convencida de que el viejo Hans sabía más de lo que me dijo o lo que decía recordar. Es un comportamiento habitual en cualquier persona, más aún si es anciana: en nuestras autobiografías, la mental y la narrada, todos simulamos saber menos de lo que parece sobre asuntos comprometidos cuando en realidad suele ser bastante más, y mucho de los temas que nos favorecen, pero a los demás no interesan demasiado. Y el valor de las palabras, de lo dicho y antes recordado, es tan de poco (o mucho) fiar como las fotografías, los documentos, las cartas, los libros y los periódicos, todo depende de la construcción que con ellos seamos capaces de erigir, el argumento historiográfico verosímil que seamos capaces de estructurar, sostener y defender. En este caso, las lagunas, la desinformación, las dudas son mayores que las certezas, aunque también las hay y muchas. Pero juntándolo todo, lo acreditado, lo imaginado, lo plausible, lo falso y lo insostenible, sí pueden lanzarse al aire algunas hipótesis que, mucho más aún que probables, pueden alcanzar el grado de muy verosímiles: en 1936 (probablemente antes) no cabe duda alguna de que mi abuela Teresa Alonso y Juan Antuña mantenían una relación, del tipo que fuera, amigos de infancia, novietes juveniles o novios formales con compromiso, pero una relación sentimental afectivo-amorosa. Se querían o creían amarse con promesas de amor eterno. También es más que probable que se dieran esperanzas mutuas sobre cómo y cuándo proyectar una vida en común a no muy largo plazo. Pero la llegada de Hans (el Juan al que ella se refiere siempre, así en español y no en alemán, en las fotografías donde lo nombra, o con el que es posible que él firmara todos los textos o cartas, como la que aún conserva mi familia, en los que se dirige a ella o sus parientes, sin poder disimular las faltas de ortografía) lo trastocó todo para Teresa, para el propio Hans y para Juan.

Porque el alemán, extraviado como tantos a su edad, entonces y siempre, idealista, soñador, moldeado y torcido por los propios complejos, por la escuela, las lecturas y las circunstancias, por su amigo Winfried, su novia Gretchen, su jefe Hermann y la familia; por demasiadas y heterogéneas influencias, sensible a lo que escuchaba y veía, no pudo evitar enamorarse perdidamente de ella. Fue un amor sincero, novedoso, incondicional, transformado en hálito de pasión, un amor por encima de ideologías, formas de gobierno y guerras, más allá del tiempo

439

y del espacio, un amor eterno, inolvidable, insuperable, el amor único de la primera vez verdadera.

Cuando Teresa cayó embarazada es posible que Juan Antuña pensara que lo estaba de él, o, al contrario, que supiera con certeza que el bebé no podía ser suyo en absoluto; lo que parece plausible es que cuando sospechó que la criatura por llegar podría no llevar su sangre, sino la de Hans, se sintiera despechado, traicionado, herido, que montara en cólera o, como poco, tuviera un enfado de proporciones considerables.

Estamos entre 1936 y 1937, en plena Guerra Civil, con Juan combatiendo a los sublevados, saltando de trinchera en trinchera, soportando la presión final franquista por tierra, mar y aire en un frente que se desmorona día a día, mientras Teresa conlleva en soledad el embarazo y el parto envuelta en subterfugios y medias verdades que sus padres hacen que se crean, soportando bombardeos y penurias al tiempo que no deja de trabajar, dentro de sus posibilidades, hasta el último momento, tanto para el propio mantenimiento y el de su familia como para la causa republicana.

Y mientras tanto, Hans, de vuelta en Alemania, ajeno a aquel caos que se avecina, ignora cuanto sucede en España. El alemán y la chica tenían 19 años, Juan Antuña 22, demasiado jóvenes, demasiado niños, forzados antes de lo aconsejable a madurar en un tiempo que devoraba personas, mujeres y hombres, ancianos y pequeños, sin darles tiempo a preguntarse nada, sin preocuparse por algo más que no fuera lo elemental: vivir o morir.

Pero la frontera entre el cariño o el amor y la herida del odio causada en el orgullo por el desamor, por un derrote inesperado del ser querido y del destino, es demasiado inapreciable y sus consecuencias inmediatas demasiado profundas como para que puedan ser olvidadas al instante sin cicatrices, incluso en medio de una guerra. O, mejor dicho: sobre todo en una guerra, cuyo combate desenfrenado de desorden y ruina, miedo y tensión, nervios y muerte, favorece el recalentamiento de las mentes y de la sangre de los hombres y las mujeres que buscan un consuelo de goce familiar, sentimental o sexual rápido en sus carnes o en sus mentes que les haga olvidar las penurias del día a día. El Juan Antuña herido de guerra y herido de orgullo, bien pudo tener un rabioso arrebato de venganza y amenazar a Teresa con decir la "verdad" a las autoridades del Frente Popular sobre la posible paternidad del hijo que la joven esperaba. Y ella, ya enferma, se sintió superada, perdida, confusa, triste, acorralada entre un nuevo amor y la "traición" a Juan Antuña.

El niño, la niña, Lourdes, mi madre, nació en la primavera del 37. En octubre de ese mismo año, en días, apenas horas, se produjo el cambio de Gobierno. Todo es confusión sobre confusión a partir de entonces, preguntas sobre preguntas que he ido tratando de responder en este libro: ¿delató en verdad el Juan herido a Teresa ante las autoridades "rojas", viéndose ésta obligada a esconderse en los alrededores de la ciudad, en la zona rural, mientras él continuaba la lucha? ¿Ignoraron tal acusación o fue apresada? ¿Enfermó más aún de lo que ya estaba tras su paso por la cárcel? ¿Fue herida grave durante los bombardeos previos a la llegada de los franquistas? ¿Lo fue él? Con los sublevados ya a las puertas de Gijón, ¿intentó Juan salir por mar? ¿Intentaron ambos a última hora llegar hasta el puerto de El Musel y embarcar para escapar? ¿Se encontraron? ¿Discutieron? ¿Cómo murió ella? ¿A causa de la enfermedad, de

441

las heridas provocadas por los bombardeos, ajusticiada, asesinada? Y, ¿cómo murió él, Juan? ¿Buscó la muerte en combate, desesperado, cerca de la estación intentando salvarse? ¿Se suicidó? ¿Fue asesinado?

¿Iban Juan (o Teresa) a casa de los Altig en busca de venganza o ayuda cuando encontraron la muerte? ¿Delató alguien del entorno de Teresa a Juan tras la entrada de los franquistas? ¿Asesinaron éstos a los dos? ¿Puede ser todo más simple y fueron delatados los dos, Juan y Teresa (o al menos alguno de ellos) por otro u otros? ¿Otros compañeros de fábrica o camaradas? ¿Por alguno que ni tan siquiera aparece en la famosa primera fotografía? ¿Pudo Trini, la hermana de Juan y supuesta amiga de la chica, delatar a Teresa? ¿Estaba Winfried enamorado de Teresa y pudo delatar a los dos, tanto a Juan como a Teresa? Y finalmente: ¿Pudo Hans delatar a Juan?

Simpatizante nazi, cuando no ideológicamente afín, fuertemente influenciado por su amigo Winfried y por los Von Altig (que sin duda eran nazis convencidos), Hans era un chico voluble al que disgustaba la competencia amorosa y que, según su propia confesión, chocó frontalmente con Juan Antuña, con sus posiciones políticas y, en especial, con sus posiciones sentimentales respecto a Teresa, desde el momento mismo en que lo conoció. ¿Pudo desear su desaparición? ¿Pudo haber dejado entrever a sus allegados, a Winfried en especial, o a Hermann, su incompatibilidad y beligerancia hacia Juan? Más aún: ¿Participó en acciones bélicas en España primero y en el Holocausto después? Él lo niega. Lo niega todo. Lo sucedido durante la Guerra Civil y lo sucedido después en los campos de concentración. Pero… ha de ser cada uno quien juzgue en base a los argumentos argüidos en este relato.

En la juventud todos nos equivocamos, todos tomamos decisiones no lo suficientemente razonadas, todos pecamos, sobre todo, de arrogancia. La juventud nunca sale gratis. La juventud daña. Lo que varía es la profundidad y grosor de la cicatriz, del mal que nos deja en herencia, así como la capacidad de superarla.

Nuestra biografía pasada pesa y permanece, no es posible orillarla, mudarla, ignorarla, cambiarla, mentirla, por mucho que lo pretendamos. Aunque también tenemos derecho a aprender y rehacernos, a reinventarnos, al cambio, a la mejora –intentarlo al menos–, las veces que sea necesario, porque no somos una única persona a lo largo de la vida, sino muchas, muchas a las que juzgar; tenemos derecho a la redención de los males y locuras juveniles, a derrotar a la vanidad y la absurda soberbia que le son características.

Finalizada la Segunda Guerra Mundial, Hans trató de rehacer su vida y, como tantos, de olvidar, pero si bien consiguió en parte lo primero, es seguro que en absoluto alcanzó lo segundo.

Nuestro cerebro, a pesar de los importantes avances producidos en su estudio durante las últimas décadas sigue siendo un gran desconocido, pero está demostrado científicamente que durante la "fabricación" de nuestros pensamientos, las emociones juegan un papel esencial y coadyuvan a que no siempre elijamos la opción más acertada. A nuestra memoria, por ejemplo, le debemos todo o casi todo lo que somos, pero hay que ser muy cautelosos con ella porque yerra con mucha, demasiada, frecuencia para lo que solemos creer; y la memoria, a *menudo, se opone a las impresiones o los instintos más profundos de nuestra especie.*

Nuestra mente tiende a no dudar. No es la ignorancia la respuesta más definitoria de nuestra especie; tendemos a explicarlo todo con un chaparrón de argumentaciones o, al menos, intentarlo; sobre todo en lo relativo a nuestras acciones, nuestras elecciones, nuestras decisiones o preferencias. Podemos no conocer qué es lo que nos ha inducido a hacer lo que hacemos, pero siempre intentamos defender nuestros hechos. Lo que nuestro cerebro consideraría entonces crucial no sería encontrar la verdad, sino sentirse cómodo con la respuesta dada a un determinado problema que se nos plantee; una respuesta lo más verosímil y permisible posible tanto para uno mismo como para los otros, a pesar de que no sea exactamente verídica.

Todo parece indicar pues que, incluso para los propios neurocientíficos, los expertos en el estudio de nuestro cerebro –Eva pensaba en su amiga Carla y usaba mucho de lo dialogado con ella respecto a estos temas –, *este sea un órgano pleno de bondades; es obvio que, con frecuencia, también se decanta por reacciones, en teoría, tan poco racionales y humanas como la maldad. Somos pura contradicción, inteligentes, sí, pero, con una inteligencia no siempre utilizada para el bien sino para objetivos tan mezquinos como la vanidad, ese afán incontrolable por querer enseñar a los demás nuestras trascendentes y únicas virtudes, un objetivo vital con resultados demoledores para la opinión que de nosotros pueden formarse los otros, pero, en especial, para nosotros mismos, para nuestro conocimiento real sobre la verdadera ubicación que ocupamos en la sociedad y el mundo al que pertenecemos. ¿Por qué nos cuesta tanto, nos parece casi impensable, imposible, presentar a la duda como la única respuesta posible?*

Pero hay otra opción menos agresiva que el diluvio expositivo en la explicación de nuestras decisiones o de los procesos, sobre todo históricos, de nuestras vidas y nuestro mundo. Una opción más lenta, pero más profunda: la de la explicación pausada, enriquecida por las mentes de otros, reposada, abierta a la espera de la controversia y la refutación, incluso la propia.

En Asturias, el llover suave, fino, cadencioso, persistente, el orbayu, es primero en muchas ocasiones orpín; orpinar es una forma de llover aún más débil, más absurda, más perezosa, un calabobos aburrido que, a menudo, se entremezcla con la bruma de las montañas o el fuerte viento nordeste de la costa. Ni el uno, el orpinar, ni el otro, el orbayar, son perceptibles apenas sobre el cuerpo, sobre uno, hasta que es demasiado tarde y, sin apenas darte cuenta, acabas por comprobar que te ha calado y te está enfriando. La vida, el paso del tiempo, siempre es como el orbayu. Algo que penetra en tu ser y en el de los demás de forma suave e inflexible, tal y como deberían ahormarse también siempre las explicaciones, las personales y las colectivas.

Ya sé que la moda actual sobre novelas, sobre política o sobre cualquier otra materia no tiende demasiado hacia las preguntas, se prefieren las verdades absolutas, los asertos incontestables y las afiliaciones inquebrantables, pero desnuda de sinceridad como estoy ante este relato, yo elijo la segunda opción y hago tan mías las muchas respuestas como las aún demasiadas preguntas. He llegado, como profesional del estudio del pasado, como hija y como nieta, hasta donde me han permitido, hasta donde he podido y hasta donde he sabido.

Punto final.

No era totalmente cierto. Eva se callaba toda la verdad otra vez. Lo que no había relatado en el epílogo, ni en el prólogo, ni siquiera en el cuerpo del relato, era que sabía no ser la nieta de Juan, ni la verdad sobre su interés en aquella historia y sobre su plan: trascender. Un plan ideado en paralelo a aquel increíble golpe de suerte que supuso el hallazgo de los restos en el túnel del metrotrén. Porque si lo deseaba, Eva podría disponer de la baza final aún no escrita, la posibilidad de poder añadir a su libro un dato más, no precisamente menor, para la comprensión de los hechos que con tanto denuedo se había esforzado en narrar: los resultados de un análisis comparado de su ADN con el del viejo –al que Ulrike, la esposa, siempre se negó, y que ya era demasiado tarde para hacer–, o con los de Hans y Marlene, estos sí, perfectamente realizables en cualquier momento, en cuanto ambas partes se pusieran de acuerdo. Esa sería la prueba definitiva para saber si el viejo había tenido (o no) en los años treinta el hijo (o la hija) que tanto deseaba y que no pudo tener con Gretchen. Si lo quería… porque ese test Eva tampoco lo llegaría a hacer jamás.

–Sólo una última cosa más –le había dicho el anciano en el instante de despedirse el penúltimo día de conversación.

–No sé si deseo escucharla.

–Debería.

–Dígamela entonces.

—Su abuela y yo jamás hicimos el amor. La respetaba demasiado. El nuestro fue un amor breve e intenso, pero puro.

Esa confesión había roto sus sospechas y truncado su estrategia. El mítico miliciano, su abuelo, había existido realmente, pero, si no era Juan, ni tampoco Hans, ¿quién era? ¿Qué otro hombre hubo en la vida de su abuela Teresa en aquellos meses? Ofertas, desde luego, parece que no le faltaban. ¿Jugaba su abuela "mártir" con varias bazas, a dos o más bandas? ¿Era una muchacha casquivana? Nada había resuelto pues, pero eso no la arredró a seguir contando al mundo la historia del viejo alemán, su legado. Y ahora, en ese momento, al acabar de leer su obra, Eva no pudo evitar verse una vez más como lo que era, una impostora –"Unos me llaman doctor(a) y otros, otras cosas", recordó. Otra película–, una farsante, una embaucadora que lo único que podría nunca escribir sería un pequeño tratado sobre las formas y los tamaños de las partes más íntimas o de ropa interior, de camisetas, calzoncillos, bóxer, bragas, biquinis, tangas, slips, *shortys*, sujetadores con o sin relleno, calcetines, leotardos, pijamas, *bodies*, picardías, ligueros, medias, enaguas, *leggins*, *babydolls*, *Hunkermöllers*, batas… única materia sobre la que de verdad había acumulado una cierta sabiduría, que la mantenía en un contacto real con la gente y en la que resultaba útil para los demás y para sí misma, pues proporcionaba bienestar a otros y le daba de comer a ella.

Se vio como una falsaria historiadora que no poseyendo el conocimiento mínimo indispensable para afrontar la tesis que pretendía, optó por "la otra"; y, sobre todo, por último, se vio a sí misma como la tramposa mujer, tan sectaria como el que más, como todos, que, aprovechándose del extraordinario golpe de fortuna del destino que para ella supusieron los hallazgos del metrotrén, contando con Hans y Ernesto como colaboradores necesarios, ideó un artero plan basado en fotografías comunes y lejanos, vagos o presuntos parentescos, para intentar estructurar una biografía que en realidad tenía también demasiado (a nadie podía engañar) de autobiografía –es decir, de exageración, ficción y superávit de ego, de enésima ofrenda al ara de la arrogancia–, con la que creyó tener la llave maestra de apertura a la aventura de la publicación y el éxito, la puerta de entrada hacia la trascendencia.

Nada podía fallar. Era la autora de una tesis rompedora, alabada por los expertos, y de una historia de impacto mundial con todos los ingredientes ideales para triunfar: vida y muerte, amor y odio, celos y venganza, bondad y crueldad, familia, guerra, nazismo… un apasionante libro de intriga. Impresionante. "Iniciático". Órdago a la grande. Nada podía fallar, o sí. Tal vez su tesis no fuera todo lo "buena" feminista que algunos y, sobre todo, algunas, esperaban. Y tal vez lo de Hans no fuera tan escandaloso. O enmienda a la totalidad. "¿Te he impresionado? Me impresionarías si pensara en ti". Otra película. Demasiadas películas, demasiadas historias peliculeras sobre resina y tilos, cerveza y sidra, strudel y arroz con leche, nieve y *orpinar,* galipote y ocle.

Y con la Historia –pensó–, no se debe jugar. No es posible adentrarse en ella en el momento que uno desea, cuando quiere, el día que elige, simplemente dejándose arrastrar por una tormenta magnética, tal y como sucede en el film *El final de la cuenta atrás,* "la Historia no es tan moldeable como usted cree". Como la física y las

448

matemáticas, la Historia (y la política) está también en todas partes, desde luego, tan compleja como los números complejos, tan necesaria como los naturales. Su estudio, más allá de lo aprendido y de lo ya olvidado, los seis años de carrera, los casi nueve de doctorado y la investigación del caso Hans, despertaban en ella los mejores recuerdos. Estudiar Historia, la Historia misma, dedicarle mucho de su tiempo, aunque a veces creyera que acertaban quienes pensaban que no era más que un pasatiempo, como la fotografía, la filatelia, el maquetismo o los juegos de rol, inútil y caro, no había sido un error, desde luego que no, había sido una de las decisiones más acertadas. Pero ser alguien así, con genes y formación de historiadora, analítica con todo, absorbida por la neutralidad, física y mentalmente incapacitada para "mojarse" sin oponer "pero" alguno en cualquier asunto personal, político o histórico por diminuto o magno que fuera, no por cobardía, timidez o inconsistencia de pensamiento, sino por una capacidad real, innata y contumazmente trabajada, de observar la realidad (o al menos intentarlo) desde el mayor número de puntos de vista posibles, esforzándose por comprender las posiciones o los razonamientos de todos, de los demás, de los afines pero, sobre todo, de los más distantes en lo vital, en lo ideológico o hasta en lo deportivo, ser alguien así, tan cabal, una aspirante a ver algo más que el nosotros y el ahora, ¿la había servido en el desempeño personal de su día a día? Esa irreconciliable dicotomía de la personalidad, su inteligencia, o inteligencias, tal y como distingue la teoría de las inteligencias múltiples, sus innatas actitudes lingüísticas, inter e intrapersonales, pero también su ambición infundada, esa forma de ser demasiado inteligente para asuntos sencillos, los de todos los días y, al tiempo, demasiado limitada para las complejas profundidades intelectuales que pretendía poder afrontar, sólo la habían conducido a un punto intermedio vacío, a la insatisfacción perenne y la frustración consciente, a más libertad pero, ¿a más felicidad? Y a nivel profesional: ¿servía la Historia para algo más que para que sus estudiosos pudiesen corroborar en la repetición mimética de muchos comportamientos y hechos, en los errores y en los aciertos, lo poco que aprendemos de ella? Aquel asunto de Hans, aquel magno desafío profesional e intelectual, la misión de toda una vida, qué significaba, al fin y al cabo. ¿Quién creía ser? ¿Alguna historiadora, profesora, aventurera de esas que inundan la ficción y menos la realidad? ¿Quién era de verdad? ¿Qué era aquello de tener una tarea vital, de dejar un legado? ¿Había concluido, logrado su objetivo? ¿Qué objetivo? ¿No era ese legado simplemente su gran aportación a la ya prolija historia de la arrogancia?

Y ahora, ¿qué? Y mañana, ¿qué? "Nunca hago planes a tan largo plazo". Otra película. ¿Debía olvidarse de la vida entre libros que apenas dan respuestas, incluso los de Historia, sobre todo si son buenos? ¿De los temas de investigación, el cine visto, el "asunto Hans" y hasta el ejercicio físico, el salir a correr? "Yo ya no leo nada –recordó lo que le había dicho su amiga Carla, mintiendo, en el Bariloche–. Yo quiero ser feliz". ¿Había valido todo ello para algo? ¿Y si ella misma, tal y como la habían catalogado durante aquella maldita pandemia, no fuera sino una trabajadora "no esencial", tan no esencial como la biografía de Hans? ¿Y si no fuera nada de ello realmente esencial? ¿No le habría ido mejor saltándose las disciplinas, permaneciendo tumbada en el sofá, móvil en mano, engullendo porquerías, bolsas enteras de patatas fritas o *snacks* de maíz, atiborrándose de gominolas y galletas de chocolate, mientras jugaba a la Play o veía películas, comedias románticas y pornografía? Siempre había sido una chica responsable. Una responsabilidad, un equilibrio interior, un tener la cabeza "bien" asentada sobre los hombros que admiraban tanto quienes la trataban como ponía en duda ella. Unas supuestas inteligencia y racionalidad que cada vez le resultaban más alejadas de su propio ser, más detestaba de su apariencia ante el mundo. Nada resulta más mezquino que intentar mentirse a una misma ridículamente sobre tu patética vida. ¿No era hora ya de dejar de hacerlo? ¿No era ya hora de defraudar a todos, de defraudarse y ser ella misma o, al menos, ser otra parte de sí misma?

Pensó en la vida "sin complicaciones" de Hansi y en cómo el viejo Hans, el padre, el abuelo de Marlene, había abandonado los libros porque tampoco le habían servido del todo para acabar de comprender. Pensó otra vez en sus ideas, en sus confesiones, en su opinión sobre la política actual, nuestro mundo y nuestras sociedades, sobre la oposición entre el corazón y el cerebro. ¿A quién seguir, Fraulein Eva?

La "verdadera" profesión con la que se ganaba la vida, la "real", era vendiendo ropa interior y de casa. *Confecciones Organdí* era un pequeño comercio, no tan pequeño, situado en la calle José Las Clotas, cercano a la plaza del 6 de agosto y a su domicilio. Un negocio familiar de los de "toda la vida", historia de sí mismo, de sus propietarios y de su fiel clientela, de su calle, sus vecinos y su ciudad; un microcosmos plural y singular como el de tantos pueblos y barrios, en horas bajas, pero empeñado en subsistir a pesar de los desmesurados impuestos, la renta, la feroz competencia legítima (y la no tan legítima, la desleal), las grandes superficies comerciales, las ventas ambulantes, el comercio *on line* y las cíclicas crisis económicas. Una supervivencia basada en la apuesta firme, sin ambigüedades, por un modelo de ventas riguroso, cada vez más profesional pero cercano y amable, con un trato sincero y físico, y un manual de estilo centrado en la facilidad y la confianza mutua entre el vendedor (que nunca va a mentir o engañar, al menos de forma consciente), y el cliente (que sabe que no va a ser engañado), en equilibrio con la adaptación a los nuevos tiempos y las modernas tecnologías. Y así, aun pendiendo siempre de un hilo tan fino o –por suerte para ella hasta entonces–, tan grueso como sus clientes, el verdadero soporte para la existencia de cualquier negocio, quieran tejer, había pasado Eva los mejores años de su vida: trabajando, soñando, madurando, aprendiendo y equivocándose, sufriendo y disfrutando, muchos días y muchos años, buenos, malos y regulares, conviviendo con personas muy heterogéneas que deben ser tratadas, todas ellas, por fuerza, de igual forma, con todo respeto y profesionalidad.

Y con aciertos, errores, seriedad y gratitud, aun habiendo sido declarada también una actividad no esencial (todo en ella parecía no esencial), estaba dispuesta a continuar tantos años como pudiera o la dejasen. No. Eso tampoco era un error.

Tenía una buena vida, una familia, amistades, un trabajo, una casa. "Tenemos cena y el alquiler pagado". Una nueva película. Había conseguido más de lo que se pudiera haber esperado de ella, de lo que ella misma hubiera esperado de sí. ¿Qué más pretender? "Cobrador, lo siento, ¿le importaría parar?". "¿Nos abandona tan pronto?". "Sí. Es que necesitaba ir en dirección opuesta". "Es al único sitio donde no vamos, señora". Otro diálogo de cine.

Volvió a pensar en el asunto de la publicación, en su dependencia de aquellas editoriales y sus jugosas ofertas, de terceras personas y opiniones ajenas, y eso la hizo darse cuenta también, por vez primera, de su poder, de su extraordinario poder, de su responsabilidad, esa sí, única e indelegable, en la NO publicación, en la decisión personal, la opción moral si cabe, de no hacerlo. ¿Necesitaba el mundo en verdad otra historia familiar más de conexiones con el pasado, con la Historia, la de España y la de Alemania? ¿Interesaba a alguien más que a los propios implicados? ¿Existe alguna familia acaso que no tenga tales vínculos, que haya sido ajena al discurrir de los acontecimientos en los que les ha tocado vivir? ¿Quién en España no ha crecido oyendo a sus abuelos o a sus padres los recuerdos y las vivencias de la Segunda República, la Guerra Civil, de la posguerra y el franquismo o de la Transición, los dramas que allí se vivieron y las esperanzas que se concibieron, su memoria temerosa y callada o su memoria osada y vociferante? Memoria, que no Historia.

Y, sobre todo, ¿había alguien de verdad en el planeta que precisase disponer de un libro más sobre el nazismo y sobre el impacto de este en una familia concreta, una familia más, no especialmente significada, influyente o esencial para el conocimiento de aquella época? ¿No existe ya demasiado de todo sobre el III Reich, demasiados libros, series y películas, documentales y hasta pódcast? ¿No existen ya demasiados filmes con Peter O´Toole, Ian McKellen o Lawrence Olivier como oscuros ancianos protagonistas de crímenes o actos ignominiosos de juventud, demasiados dramas de viejecitos en las últimas, arrepentidos (o no) por sus acciones pasadas y demasiadas supervivientes, demasiadas Helen Mirren, dispuestas a vengarse de ellos?

¿Deseaba de veras –se preguntaba Eva–, contribuir a la sobredosis y al atasco de información con otro libro más sobre abuelos turbios y nietas que descubren su identidad real y la verdad de sus antepasados? ¿Deseo contribuir a la indiscriminada publicación de libros, engordar una estantería más de una librería más, de una Biblioteca más, repletas ya de ejemplares de todos los géneros y de las más diversas, variopintas y sorprendentes temáticas? ¿Deseaba de veras contribuir a la deforestación amazónica, el enriquecimiento de la industria de la celulosa y al anonimato de autores y libros novedosos? ¿Y en qué género se incluiría: biografías, viajes, novela negra, erótica, romántica, en nimiedades intrascendentes sobre cuestiones regionales, locales o, incluso, vecinales? ¿En plagios, refritos con ínfulas de variación sobre un mismo tema, pseudohistoria falsa, autores malditos (malditos más bien por haber venido a este mundo para martirizarnos), memorias de ilustres insignificantes, de hijos de, superventas insufribles, ensayos mal ensayados, libros polémicos y provocadores de candente actualidad que no escandalizan a nadie y se pasan de moda el mismo día de su lanzamiento, consejos de desaconsejables? Tal vez mejor en comedia o humor. La nómina de bagatelas que cada día engordan la llamada sociedad de la información le parecía de verdad interminable e insufrible. ¿Podemos digerir tantos libros? ¿Los necesitamos? ¿Hay tantos lectores? ¿Hay tantos dignos escritores? Creía, por supuesto, en la información, la diversidad de fuentes, la variación de puntos de vista, el triaje de noticias, la comparación, el acceso universal al conocimiento, pero no en la utilidad de la saturación.

Y esa continua dicotomía que flagelaba su ánimo, siempre tan dubitativo, convivía en ella sin ser capaz de encontrar una respuesta válida y definitiva.

Recordó que los enemigos políticos de Manuel Azaña afirmaban de él que en realidad era un escritor frustrado en busca de lectores y que estaba dispuesto a emprender cualquier aventura, incluso política, por disparatada que fuera, con tal de ser leído. Mientras, él se defendía diciendo que en España no hay mejor forma de guardar un secreto que publicando un libro. Eva había estado dispuesta a todo o a casi todo, incluso a mentir, por publicar. Ahora que tenía la posibilidad de hacerlo, ¿deseaba en verdad publicar? ¿Debía hacerlo? ¿Y si llegaba el éxito? ¿Se vería obligada a hacer presentaciones, dar entrevistas y conferencias, participar en debates y congresos, opinar sobre lo que no sabía ni le interesaba, a participar en un espectáculo mediático y expositivo que detestaba? "Lo único a lo que aspiro yo ya de verdad es a reírme más y mejor de mí misma, Eva", pensó en lo que le había dicho su amiga Carla. ¿Acabaría convirtiéndose en una de esas personas detestables, doña IMPORTANTE, que creen ser el soporte del mundo entero y les pesa demasiado, esas personas reconocidas y respetables que se toman muy en serio a sí mismas o renuncian al humor, a reírse de lo propio y lo ajeno tratando de explicarlo todo cuando ni todo se puede explicar ni una es nadie para ni siquiera intentarlo? "Cada vez me atraen más las personas que, al ir cumpliendo años y dejar atrás tanto la belleza como la juventud, son capaces de tomarse muy poco en serio y reírse de sí mismas. Cómo decirlo, me gusta mucho más el Robert De Niro de *Los padres de ella* que el de *Toro salvaje* y *El Padrino* o el Jack Nicholson de *Mejor imposible* o *Cuando menos te lo esperas* que el de *Alguien voló sobre el nido del cuco* y *El resplandor*"–. Volvió a las palabras de Carla Caicoya.

Todo es egoísmo y vanidad, toda la cuota de vanidad –pensó recordando ahora lo dicho por Hans, y también en la Biblia, Cicerón, Napoleón–, vanidad en sí misma, en el viejo, en Ernesto, en la plagiadora, en el tutor y hasta en su admirada Ruth Mecerreyes, que había acabado escribiendo libros ejemplarizantes y ganando un reality show extremo en televisión. Todo es autoestima y fatuo afán de éxito, fama y dinero –sonreía para sí a la par que aleteaba el aire con la palma de la mano derecha con un gesto de despreocupación–, ¡me da igual!, ¡al diablo!, ¡no me importa! Y pensó en Paul Newman y en que ya no sabía si era ella misma, la posible nieta de Hans o la sobrina de Tyrell. Era momento de sustituir la frívola, fútil y presuntuosa vanidad por el amor propio o por el grave, hermético y callado orgullo; orgullo por lo realizado hasta ese momento. Lo importante, lo que pocas personas consiguen en su vida, tener una buena idea, incluso dos, escribir un buen libro, incluso dos, aunque fueran una tesis que no interesa a nadie o una historia real de amor y sangre edificada en embustes, y no tanto el publicarlos, ya estaba hecho, lo demás no era asunto suyo. Podía no escribir más para los demás; pensó en Rimbaud, Verlaine, en Melville o en los que rompen con todo lo público y saben alejarse, retirarse, en Greta Garbo y Pepa Flores.

Fue hasta el mueble de entrada, abrió un cajón, tomó en su mano derecha los sobres certificados que yacían sin abrir, los miró y los balanceó, como calibrando no ya tanto su peso como su valor. Suspiró. Entregaría un manuscrito del libro, del material del que están hechos los sueños a su familia, otro a la de Hans y un tercero a Carla. A nadie más. "Iniciático" –pensó. Sí, iniciático. Y también terminal.

En esos mismos momentos, a varios centenares de metros de distancia de su casa, el túnel del metrotrén se hallaba ya libre de los 160 millones de litros de agua que lo habían inundado desde 2014 hasta el año anterior. Y también a cientos, pero de kilómetros, Franz, recluido como todos en su residencia, sentado sobre su cama, con la mitad de la lengua asomando por la boca y la mirada bailona, saltando a derecha e izquierda, rebuscaba una vez más entre sus recuerdos amontonados en cajas y remiraba los álbumes de fotografías con la ingenua sorpresa de quien lo hace por primera vez, con una tenacidad introspectiva digna del mejor investigador. "Gretchen me quiere, Gretchen me quiere, Gretchen me quiere, Gretchen me quiere", repetía sin cesar.

Meses más tarde, en septiembre, unos días después de su cincuenta y cinco cumpleaños, en verano aún, Eva se sentía joven; se sentía joven casi por vez primera en su vida y seguía corriendo. Después de haber concluido "sus trabajos", seguía haciéndolo sola o en grupo. Y también seguía paseando; con frecuencia, como en aquella misma jornada, una luminosa tarde de final de verano, en compañía de su hermano Héctor o de su sobrino Alejandro, con los que se esforzaba por pasar más tiempo. Pero ahora lo hacía más sosegada, relajada, disfrutando de la compañía y de la charla, sin pensar en decisiones trascendentales, sin tomar resolución alguna.

A ello contribuía también una tímida nueva ilusión, la de un incipiente y flamante amor –no tanto en realidad–, igual de latente para ambos durante años que repleto de escepticismo para ella ahora: Abel, un apuesto y serio hombre, separado y padre de tres hijos mayores, con el aspecto de John Malkovich. El viejo cliente de su tienda, compañero, casi amigo, miembro del grupo con el que, desde hacía años, salía a correr, libre entonces ya, en teoría, de la férrea atadura conyugal que lo paralizaba. Un romance cercano y aburrido surgido, sobre todo, a causa del ansia explosiva por volver a vivir, a vivirlo todo, posterior al trauma pandémico.

–¿Has olvidado algo, acaso el paraguas? –le preguntó ella al verlo regresar después de haber realizado su compra: una confortable bata con la que cubrirse mientras teletrabajaba.

–Sí –le respondió él–, me faltaba esto. La abrazó, se bajó la mascarilla que le cubría la boca y le dio un beso. Durante años –continuó–, he seguido viniendo aquí para verte, a pesar de saber que un universo familiar me separaba de ti y que resultabas inalcanzable para mí. Muchas veces he salido también a correr para estar contigo y, en parte, aún sigo haciéndolo ahora.

Eva fingió entonces sorpresa ante aquel fulgurante arrebato de valentía improbable en un compañero caballeroso y divertido, aunque siempre frío y distante, en exceso dependiente de su esposa. Pero durante años había esperado en vano un detalle así, súbito y ardiente, con el que poder comenzar a poner fin a aquella larvada y absurda tensión sexual; más profundo que los pequeños gestos de complicidad entre camaradas deportivos o de la conexión personal, la elocuente afinidad, entre vendedora y cliente. Pero ahora, a esas alturas… bueno, el romance duraría lo que tuviera que durar, es posible que hasta que ambos se conociesen de verdad, o hasta que, por comodidad, rutina o miedo, él acabara volviendo con su mujer si ella se lo pedía, equivocándose de nuevo; no sería la primera vez, ni la segunda, ni la tercera. Quién sabe.

Para entonces, lo que sí sabía ya Eva con certeza era que su familia, sus padres, Héctor y Alejandro, habían leído el manuscrito. También Hansi y Marlene. Percibió el callado orgullo de su padre y los mismos sinceros sentimientos, pero más explícitos, de su madre, "Al leer el libro no he podido evitar emocionarme y llorar" –le había dicho–, y de su hermano. También de Hansi: <<Ha hecho usted un soberbio trabajo, Fraulein Eva –le escribió–, riguroso y veraz. Digno para ambas familias>>. Y de Carla: <<Ya leí el rollo de tu segundo libro, el del viejo chocho. Enhorabuena, perra. ¡Qué *celebro* tienes! –whatsappeó–, deberías, sin duda, intentar publicarlo>>

Había sido Alejandro el que animó a su padre y a su tía a pasar de nuevo aquella tarde juntos en el Jardín Botánico Atlántico, en Cabueñes, rodeados de árboles, de hayas, abedules, robles, alcornoques, de plantas, vides, olivos, frutales, de hierbas, entre huertos, molinos, piscinas, lagunas, puentes, canales, ríos y riachuelos, entre diferentes ecosistemas, aromas y sensaciones.

–¿Qué más puedes decirme de esa chica, de Marlene Fritzhofer? –A Eva no le sorprendió la pregunta de su sobrino mientras los tres caminaban por la finca de la isla.

–Pues que contactó conmigo en una ocasión, hace seis o siete años, antes de comenzar a escribir el libro, pero no lo ha vuelto a hacer más.

–¿Por qué?

–Bueno, digamos que ella quería respuestas directas a preguntas complicadas y entonces no se las supe dar. Más o menos me vino a decir que sólo le ofrecía recomendaciones y consejos, metáforas, tecnicismos de Universidad y palabras rebuscadas.

–Y tenía razón. Das demasiadas vueltas para explicar las cosas. A mí me parece todo más sencillo. Sigo pensando que al final todo se ha reducido a una larga charla con un constructor alemán en las últimas –sonrió el joven guiñándole un ojo.

–Es posible, pero es que las acciones de las personas son complejas. Somos complicados. A veces es muy difícil distinguir si actuamos como lo que parecemos ser o somos como actuamos.

–Lo ves. Te enrollas demasiado. Pero, ahora en serio –continuó Alejandro–, también creo que sincerarte y abrirte a los demás como lo has hecho en este trabajo, es un admirable ejemplo de humildad, no de vanidad como tú piensas. Has escrito un libro estupendo, puedes estar segura. Es posible que Marlene te entienda mejor ahora.

–Eso espero. Aunque siempre quedan cosas que contar.

–He contactado con ella por Internet, por Instagram. También lo ha leído y tal vez quedemos en vacaciones para vernos y hablar. O intentarlo. Estamos de acuerdo en que, si por nosotros fuera, lo publicaríamos.

–A mí también me encantaría poder volver a dialogar con ella.

De pronto, pensando en los dos jóvenes, Eva se sintió cansada. "Si por nosotros fuera…". Las articulaciones de las rodillas comenzaron a resentirse, el cuerpo a decir basta.

Pero reanudó la marcha y los tres, padre, hijo y tía, continuaron paseando: contemplando como algunas siembras vistas durante el primer paseo posterior al confinamiento habían sido ahora sustituidas por trigales y hierba segada; como las impetuosas corrientes primaverales del río Peñafrancia, que se habían convertido primero en veredas calmas plenas de remansinas, lo eran ahora de sequedad; a las presurosas lagartijas correr hacia sus rendijas, a los caracoles babeando. Y sintieron el zumbido del viento nordeste contra las hojas de los árboles ornamentar los sonidos de las aves, antes de que la luminosidad musical de aquel día de verano fuera dando paso al crepúsculo, a las nubes panzudas y grises del horizonte y, a última hora de la tarde –nadie, ni las personas, ni tampoco las regiones, pueden dejar de ser ellas mismas–, a la fina lluvia, al *orpinar*.

europa
ediciones